Inhalt

Anhang

Der Tod des Marat

Revolution des Menschenbildes

Jörg Traeger

Der Tod des Marat

Revolution des Menschenbildes

CIP-Kurztitel der Deutschen Bibliothek

Traeger, Jörg:

Der Tod des Marat : Revolution d. Menschenbildes / Jörg Traeger. — München : Prestel, 1986.

Printed in Germany
Satz: hb-druck, Holger Bosch, München
Druck: Dr. C. Wolf & Sohn, München
Bindung: Bückers, München
ISBN 3-7913-0778-9

Vorwort

Die vorliegende Untersuchung, entstanden seit Anfang 1984, wurde begleitet durch eine Vorlesung über französische Staatsmalerei von 1789 bis 1815 sowie ein Seminar über den »Tod des Marat« an der Universität Regensburg. Zunächst war nur ein Aufsatz zur ikonographischen Wurzel des Pietàmotivs geplant. Diese Gedanken habe ich im November 1984 vor dem Städelschen Museumsverein in Frankfurt a.M. und an der Universität Wien vorgetragen. Die untrennbare Einheit in der zusammenhängenden Vielfalt der Probleme ließ die Fragestellung alsbald ausfächern und eine Publikation in Buchform angezeigt erscheinen.

Zu danken habe ich zunächst allen, die am Lehrstuhl für Kunstgeschichte der Universität Regensburg durch Unterstützungsarbeiten zur zügigen Entstehung des Manuskripts beitrugen, ferner den Institutionen, die Fotografien zur Verfügung gestellt haben, insbesondere der Bibliothèque Nationale in Paris. Für freundlich gewährte Auskunft fühle ich mich den Archives de France und dem Institut d'Etudes et de Recherches Maçonniques in Paris, der Bibliothèque Municipale in Rouen und dem Deutschen Freimaurermuseum in Bayreuth verbunden, für das nach meinen Angaben gezeichnete Schema in Abb. 30 Fräulein stud.phil. Karin Willenbrink (Universität Regensburg). Dem Prestel Verlag in München danke ich für die verlegerische Betreuung des Buches. Wertvolle Hinweise sachlicher und bibliographischer Art haben die Kollegen Wolfgang Kemp (Universität Marburg), Karl Möseneder und Gosbert Schüßler (Universität Regensburg) gegeben. Ihnen gilt mein besonderer Dank.

Regensburg, im Sommer 1986 — Jörg Traeger

»Jeder von uns unterstellt
gemeinschaftlich seine Person
und seine ganze Kraft der obersten
Leitung des Gemeinwillens, und wir
nehmen als Körper jedes Glied als
untrennbaren Teil des Ganzen auf«

Jean-Jacques Rousseau,
Contrat social, 1762

»Ich habe die Stimme des Volkes
vernommen, ich habe gehorcht«

Jacques-Louis David,
14. November 1793

Einleitung

Der »Tod des Marat« (Tafel I) ist eines der großen Symbole der Kunstgeschichte. Jacques-Louis David selbst hat das Gemälde für sein bedeutendstes Werk gehalten. Das Bild des Menschen, der hier dargestellt ist, steht für eine Revolution des Menschenbildes. Nach ihrem Selbstverständnis hat diese Revolution den Menschen aus der Abhängigkeit von König und Kirche in die Freiheit, Gleichheit und Brüderlichkeit und damit zurück in den Stand der Natur geführt. Sie hat den Untertan zum Staatsbürger gemacht, zum Souverän seiner Gesetze und seiner Geschichte. An der neuen Bildgrenze schlug Vergangenheit um in Zukunft, Kunst in Politik, Illusion in Wirklichkeit.

Die Wirkungsgeschichte des weltbekannten Kunstwerks zu schreiben, wäre eine lohnende Aufgabe. Im wesentlichen wäre sie die Geschichte einer vom Künstler so nicht gewollten Wirkung. Sie vollzog sich als abhängige Variable im Spannungsfeld der revolutionären Realitäten und ihrer historischen Beurteilung. Sieht man einmal ab vom schieren Sensationsbedürfnis, das sich bis heute an den aufsehenerregenden Mordfall zu heften scheint, so liegen die Ursachen entweder in einer mehr oder minder politisch begründeten Parteinahme der Nachwelt für die Mörderin und gegen das Opfer oder aber in einer entsprechenden Opposition, die Marat, den Märtyrer eines linken Radikalismus, gern als Ahnherrn in Anspruch nimmt. Zu untersuchen wäre vor allem die Rolle, welche Davids Bild für die zahlreichen Bühnenbearbeitungen des Stoffs und ihre Inszenierungen gespielt hat, bis hin zu Peter Weiss' »Die Verfolgung und Ermordung Jean Paul Marats dargestellt durch die Schauspielgruppe des Hospizes zu Charenton unter Anleitung des Herrn de Sade« (1964) und zur Verfilmung des Stückes durch Peter Brook (1966). Vielleicht würde von hier aus auch der Einfluß Davids auf das Gemälde des Salonmalers Paul Baudry (Abb. 13) in einem neuen, theatralisch gebrochenen Licht erscheinen. Eine Grundlage bietet die Arbeit von Michael Marrinan über die Wandlungen der Charlotte-Corday-Ikonographie (1980). Für die Umdeutung der Thematik ins Erotische durch Edvard Munch gab es ebenfalls Vorläufer am Theater. Dabei zeigt seine Serie von Marat-Bildern z.T. deutliche Anklänge an Davids Schöpfung. Die Mörderin erscheint als Partnerin, das Ganze eingebettet in die entpolitisierte Sphäre der Beziehungen zwischen Mann und Frau (Abb. 1a-c).

Einen bemerkenswerten inhaltsgebundenen Reflex ganz im Sinne Davids finden wir indessen bei Honoré Daumier. Seine am 11. September 1834 in »La Caricature« erschienene Lithographie (Abb. 2) bezieht sich auf Ereignisse im Zusammenhang mit den Aprilaufständen von 1834 in Lyon und Paris. Eine große Zahl führender Republikaner war dabei ins Gefängnis geworfen worden. Dargestellt ist Louis-Philippe als Arzt am Lager eines in

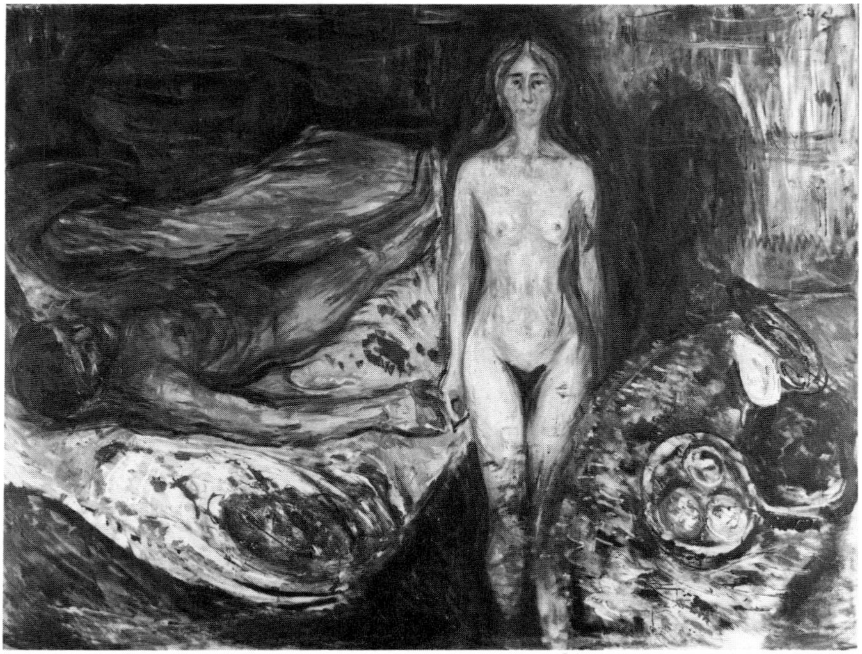

1a

der Haft gestorbenen Republikaners. Die Gestalt des Toten spielt in den Motiven des Kopfumschlags und des über die Bettkante zu Boden gesunkenen Armes deutlich auf Davids »Marat« an. Den Puls am anderen Armgelenk fühlend, sagt der Bürgerkönig zum Polizeipräfekten Gisquet: »Den da kann man in Freiheit setzen! Er ist nicht mehr gefährlich«.

Ein näherer Abriß der umfangreichen wissenschaftlichen Literatur hätte die Bemerkungen der Biographen Marats und seiner Mörderin zu unserem Thema zu berücksichtigen. Auch müßten die einschlägigen Ausführungen in den zahlreichen David-Monographien gewürdigt werden. Der »Tod des Marat« fehlt in kaum einer Gesamtdarstellung der klassizistischen Epoche.

Von seiner ungebrochenen Faszination zeugt vor allem eine Reihe von Einzelabhandlungen. Zu den eher dokumentierenden Arbeiten von Jules David (1867), E. Durand-Greville (1889), Charles Saunier (1913) und Georges de Batz (1945) kommen die deutenden Arbeiten. Michail W. Alpatow (1938) verwies erstmals auf den Zusammenhang mit der Grabplastik des 18. Jahrhunderts und legte eine knappe, aber eindringliche Gestaltungsanalyse vor. Auch sah er im Motiv des herabhängenden Armes eine Beeinflussung durch Caravaggios »Grablegung Christi« (Abb.37), zog daraus jedoch keine inhaltlichen Schlußfolgerungen. Dies getan zu haben, ist das methodische Verdienst der Abhandlung von Klaus Lankheit, erschienen 1962 im Rahmen der von Carl Georg Heise herausgegebenen Werkmonographien zur bildenden Kunst. Lankheit verglich das Motiv von herabgesunkenem Kopf und rechtem Arm mit der Pietà Michelangelos in St. Peter (Abb.36) und parallelisierte es mit bestimmten, christlich geprägten Erscheinungen des Kults um Marat im Anschluß an dessen Ermordung. Peter H. Feist (1976) griff den Gedanken auf, unterwarf ihn der marxistischen Doktrin von der Erbeaneig-

Abb. 1. a) Edvard Munch: Tod des Marat I. 1907 (Oslo, Munch-museet)
b) Edvard Munch: Tod des Marat II. 1907 (Oslo, Munch-museet)
c) Edvard Munch: Marat und Charlotte Corday. 1933/35 (Oslo, Munch-museet)

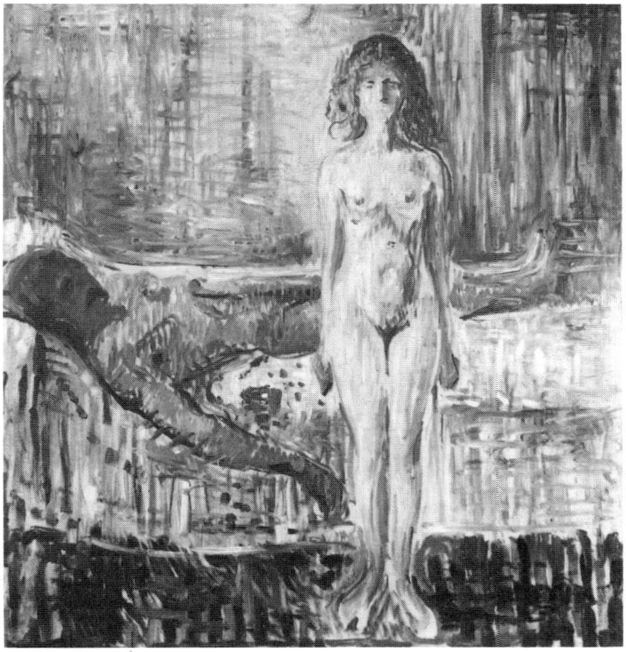
1b

nung verschiedener Traditionen, darunter der christlichen Kunst, und postulierte zudem ein »realistisches« Element, das im Stilgewand des Klassizismus dem revolutionären Anliegen der Epoche diene. Unter dem Titel »...als ob einem die Augenlider weggeschnitten wären« versuchte ich 1980, den Realitätsgrad des »Marat«, die plastische Überpräsenz der Darstellung und ihr Umschlagen in die Wirklichkeit des Reliquienkults und des Wachsfiguren-

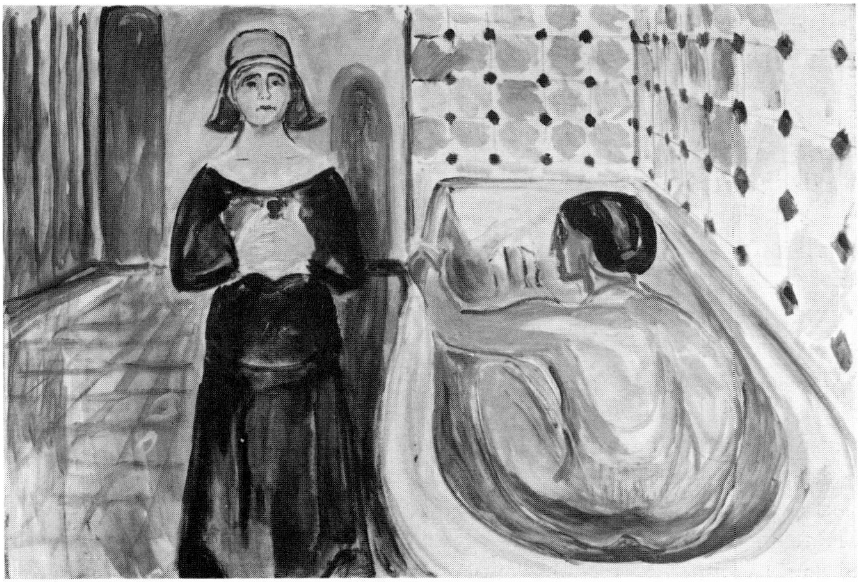
1c

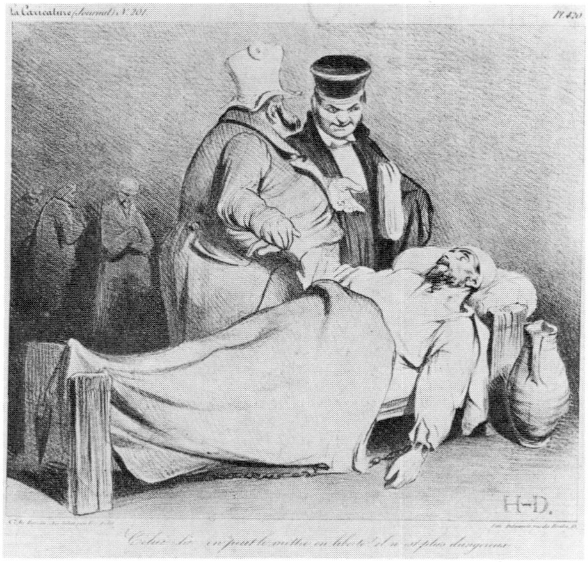

Abb. 2. Honoré Daumier: „Den da kann man in Freiheit setzen! Er ist nicht mehr gefährlich" (La Caricature, 11. September 1834)

kabinetts aufzuzeigen. Dem phantasmagorischen Kolorismus William Turners gegenübergestellt, wurden dabei die beiden Extrempositionen in der Malerei der Epoche auf ein gemeinsames Bilddenken zurückgeführt, das zur Aufhebung der ästhetischen Grenze tendiert. 1983 stellte Hanno-Walter Kruft einen Motivvergleich an mit einem antiken Vasenrelief, das in der Renaissance »Bett des Polyklet« und im 18. Jahrhundert »Venus und Adonis« hieß. Willibald Sauerländer zog 1983 die sakrale Festlegung der Bildaussage in Zweifel, indem er, nach einer Schilderung der spektakulären Vorgänge um die Person Marats, die christlichen Elemente im Kult um den toten »Ami du peuple« herunterzuspielen suchte und die Pathosformel des herabhängenden Arms aus dem klassizistischen Frühwerk Davids ableitete. Ihm widersprach Klaus Herding (1983). Er legte eine genau differenzierende Analyse der Frömmigkeitsstrukturen bzw. der sozialen Gruppierungen des Jahres 1793 vor, bestätigte Lankheits bahnbrechende Einbeziehung des Marat-Kults in die Interpretation von Davids Gemälde und kam zum Ergebnis eines Sowohl-als-auch. Dabei habe David bewußt auf eine Verständnisalternative hingearbeitet. Sie hätte einem noch in christlichen Glaubensvorstellungen befangenen »Volk« eine christliche Wahrnehmung nahelegen sollen, dem bildungsgesättigten Publikum im Nationalkonvent dagegen eine antikisch-klassizistische, um so die auseinanderstrebenden Kräfte zu revolutionärer Einheit aufzurufen.

Soviel zum Stand der Dinge. Meine erneute Beschäftigung mit dem Thema ist durch die Lektüre der beiden zuletzt genannten Arbeiten ausgelöst worden. In grenzüberschreitender Betrachtungsweise wird eine Methodik angestrebt, die das Einzelwerk aus seiner Vereinzelung zu lösen vermag. In die Vereinzelung ist der »Tod des Marat« keine zwei Jahre nach seiner Vollendung geraten. Dies geschah mit der staatlichen Rückgabe des Gemäldes an den Maler am 9. Februar 1795. Eine grundsätzliche Änderung trat auch dann nicht ein, als es genau ein Jahrhundert später seinen Status als Privateigentum der Erben Davids gegen den Status eines Sammlungsstücks im Königlichen Museum von Brüssel eintauschte. Die Öffentlichkeit, welcher David sein Bild für alle Zeiten zugedacht hatte, war damit zwar wiedergewonnen, seine Isolierung aber blieb eine endgültige. Sie soll hier für das geistige Auge so weit wie möglich rückgängig gemacht werden.

Der dabei zu beschreitende Weg führt durch die ebenso idealischen wie blutigen Gefilde der Französischen Revolution. Am Beginn steht eine Bestandsaufnahme des Mordes an Marat und seiner verfassungsrechtlichen Deutung durch die Jakobiner, am Ende die Frage nach dem Weiterleben königlicher Kultvorstellungen im Bild des sterbenden Republikaners. Eine Rekonstruktion der außergewöhnlichen Auftragslage, der ursprünglichen Bestimmung und Programmeinheit hat zunächst den historischen Ort und Funktionszusammenhang des Bildes festzustellen. Erst wenn diese Plattform erreicht ist, kann die Frage nach den Bildelementen und vor allem auch nach der Bildlogik gestellt werden. Ihre Beantwortung hängt einmal ab von der genauen Beobachtung des künstlerischen Tatbestands, zum anderen von einer möglichst ebenso genauen Berücksichtigung des kriminellen Tatbestands. In nahezu allen Punkten sind die Unterschiede beträchtlich. Diese Unterschiede ergeben zusammen mit den rekonstruierten Programmbezügen die Argumente des Künstlerpolitikers David. Es sind die Argumente einer genialen Intelligenz, die ihre Gedanken in Bildern denkt.

Der Raffael in der Malerei seiner Epoche war zugleich ihr größter Rationalist. Das Pathos seiner verbalen Verlautbarungen widerspricht dem nicht. Im Gegenteil, es ist erfüllt von der Größe des Ideals, ein inhaltsgebundener Bestandteil von Aussagen, die sich ganz bewußt in die Überlieferung klassischer Geschichte und Literatur stellen und den geistigen Anspruch des Kunstwerks spiegeln. Auf Staatskosten gedruckt, will diese dichte Rhetorik mit ihren vielen versteckten Anspielungen als offizielle Erklärungshilfe verstanden und auf das Bild bezogen sein. Das gilt ähnlich für die im selben Kontext stehenden Äußerungen der politischen Gesinnungsfreunde Davids. Auch sie können dazu beitragen, die Revolution des Menschenbildes im »Tod des Marat« auf der Ebene ihrer geschichtlichen Bedingungen und Verflechtungen nachzuvollziehen und die Betrachtung frei zu halten von unangemessenen Bewertungen oder uneingelösten Erwartungen der später Geborenen.

Nie zuvor habe ein Künstler so genau die Instinkte der Menge zu treffen vermocht wie David, meinte Julius Meier-Graefe. Das mag sein. Auch hat man sich angewöhnt, dem politischen Verhalten Davids opportunistische Züge nachzusagen. Seine Kunst freilich läßt diesen Rückschluß nicht in höherem Maße zu als etwa die Kunst eines Tizian oder Rubens. Im Gegenteil, sie spricht viel stärker von persönlicher Überzeugung, als es in der Staatsmalerei älterer Epochen jemals vorausgesetzt war. Was David ins Werk gesetzt hat, war nicht Instinkt, sondern Vernunft. Die Wirklichkeit, die er um ihretwillen in Kauf nahm, billigte, ja aktiv mitgestaltete, war schrecklich, die Zukunft hoffnungsvoll. In der Perspektive dieser Zukunft leben wir.

1. Die Verfassung und das Attentat

Aus dem Leben der Demokratie ist der »Tod des Marat« (Tafel I) hervorgegangen. Das berühmte Kunstwerk war zuallererst Teil einer neuen staatlichen Wirklichkeit. Sie bestimmte die Faktoren seiner Entstehung wie die Ziele seiner Verwendung. Auch gehörte sie im weiteren Sinn zu den Voraussetzungen des dargestellten Ereignisses, und sie prägte im engeren Sinn die besondere Weise seiner Darstellung. In diesem Licht muß man sich den Lauf der Dinge und ihre Verflechtung mit der grundsätzlichen Kategorie vergegenwärtigen. Diese ist benannt mit dem Stichwort Konstitution.

Bei der Versammlung der Generalstände in Versailles am 17. Juni 1789 hatte sich der Dritte Stand, der 96% der Nation vertrat, selbst zur Nationalversammlung erklärt. Drei Tage später schwor sie im Ballhaus von Versailles, sich bis zur Festlegung einer Verfassung für das Königreich nicht wieder zu trennen. Am 14. Juli fand der Sturm auf die Bastille statt. Am 26. August 1789 wurde die »Erklärung der Menschen- und Bürgerrechte« verkündet. Schon damals trat Jean Paul Marat, Arzt, Journalist und Naturforscher, mit einem eigenen Verfassungsprojekt hervor. Die Schrift erschien 1789 in Paris unter dem Titel: »La Constitution ou projet de Déclaration des droits de l'homme et du citoyen, suivi d'un plan de constitution juste, sage et libre. Par l'auteur de *l'Offrande à la Patrie*«. Dabei schwebte ihm eine konstitutionelle Monarchie vor. Als gemäßigt müssen auch die politischen Ansichten Davids zur damaligen Zeit eingestuft werden, wie Philippe Bordes dargelegt hat. Am 15. Januar 1790 ersetzten 83 Départements die alten Provinzen. Am 19. Juni 1790 erfolgte die Abschaffung des Adels, am 2. März 1791 die der Zünfte und Korporationen. Am 3. September 1791 wurde die erste geschriebene Verfassung Frankreichs als erste Repräsentativverfassung des Kontinents verabschiedet. In diesem Zusammenhang entstand zur Erinnerung an das auslö-

3

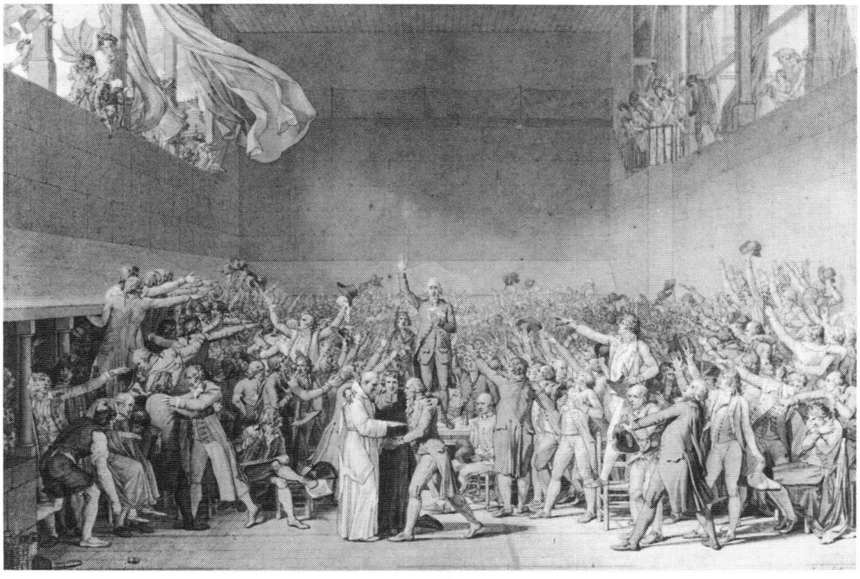

Abb. 3. Jacques-Louis David: Der Schwur im Ballhaus. 1791 (Paris, Louvre, als Leihgabe in Versailles, Musée National du Château)

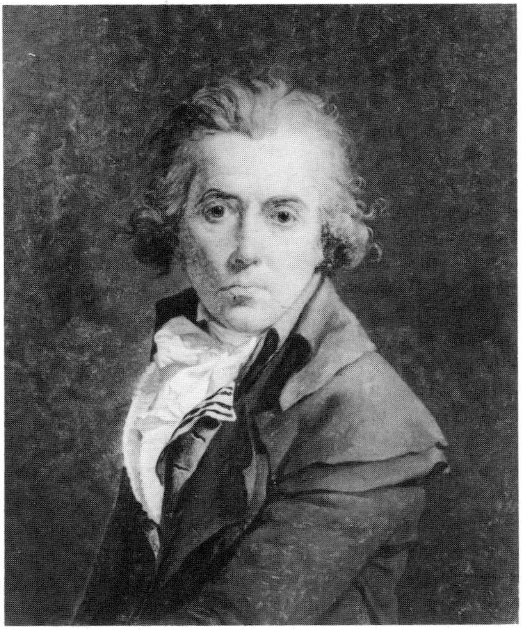

Abb. 4. Jacques-Louis David: Selbstbildnis. 1790/91 (Florenz, Uffizien)

sende Ereignis Jacques-Louis Davids »Schwur im Ballhaus« (Abb. 3). Am 1. Oktober 1791 trat die »Assemblée législative« zusammen. Seit 1791 wurde die Kirche Ste. Geneviève nach den Dekorationsprogrammen von Quatremère de Quinzy zum Panthéon der neuen Nation und ihrer Helden umgestaltet. Über dem Haupteingang stellte ein Relief des Bildhauers Guillaume Boichot die »Droits de l'homme« in einer Allegorie der Natur dar. Im Zuge der Rechristianisierung der Kirche seit 1806 unter Napoleon ist es zerstört worden[1].

Die Verfassung von 1791, von David zum Thema eines unausgeführten Bildprojekts (Abb. 131) gemacht, war die einer konstitutionellen Monarchie. Sie wurde bereits ein knappes Jahr später im Gefolge des Volksaufstands vom 10. August 1792, des Sturms auf die Tuilerien und der Gefangennahme der königlichen Familie außer Kraft gesetzt.

Vom 2. bis 7. September 1792 wurden etwa 3000 Royalisten und Geistliche in Paris und im ganzen Lande getötet. Danton, der Justizminister, ließ diese »Septembermorde« zu. Gleichzeitig, am 6. September, schlug Marat der Wahlversammlung von Paris die Kandidatur von Jacques-Louis David (Abb. 4) zum Abgeordneten des neuen Nationalkonvents vor. Die Nominierung des vierundvierzigjährigen Künstlers (geb. 30. August 1748) erfolgte unverzüglich. Am 20. September kam der Vormarsch der unter Führung des Herzogs Karl Wilhelm Ferdinand von Braunschweig in Frankreich eingedrungenen preußisch-österreichischen Armee zum Stillstand. Militärisch ist die ganze Kampagne kläglich gescheitert, literarisch ist sie durch den Teilnehmer Goethe zum Erfolg geführt worden. »Von hier und heute geht eine neue Epoche der Weltgeschichte aus, und ihr könnt sagen, ihr seid dabeigewesen.« Den berühmt gewordenen Satz Goethes anläßlich der Kanonade von

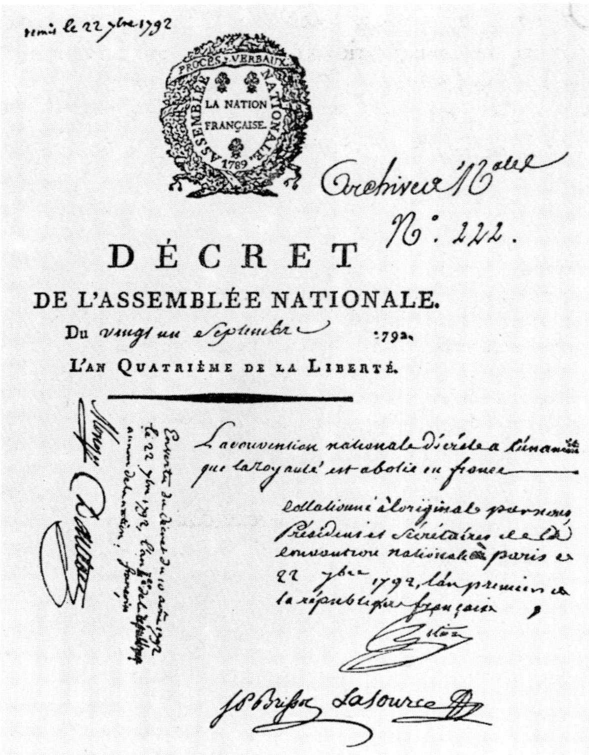
PROCÈS-VERBAUX

ASSEMBLÉE NATIONALE

LA NATION FRANÇAISE

1789

DÉCRET

DE L'ASSEMBLÉE NATIONALE.

Du vingt un Septembre 1792.

L'AN QUATRIÈME DE LA LIBERTÉ.

La convention nationale décrète à l'unanimité que la royauté est abolie en france

Abb. 5. Dekret des Nationalkonvents über die Abschaffung der Monarchie. 21. September 1792 (Paris, Musée de l'Histoire de France)

Abb. 6. Anatole Devosge nach David: Le Peletier auf dem Totenbett. 1793/94 (Dijon, Musée des Beaux-Arts)

Valmy hätten mit viel mehr Berechtigung einen Tag später die Abgeordneten in Paris auf sich anwenden können. Denn am 21. September 1792 trat erstmals der neue Nationalkonvent zusammen. David nahm seinen Sitz unter den Montagnards ein, der radikalen Partei der Jakobiner und Cordeliers, zusammen mit Marat, Danton, Robespierre, Collot d'Herbois und Dubois-Crancé[2]. Gleich in der ersten Sitzung wurde die Monarchie abgeschafft und die einheitliche, unteilbare Republik ausgerufen. Das Dokument trägt u.a. die Unterschrift Dantons (Abb. 5). Am 11. Dezember begann der Prozeß gegen Ludwig XVI. (Abb. 130). Am 19. Januar 1793 wurde mit Davids Stimme die Hinrichtung des Königs ohne Aufschub beschlossen[3]. Der Maler war zum Politiker geworden, der Künstler als Volksvertreter legitimiert. Einen Tag nach der Abstimmung wurde der Abgeordnete Michel Le Peletier de Saint-Fargeau, der ebenfalls für die Hinrichtung votiert hatte, von einem ehemaligen königlichen Leibwächter erstochen. Wiederum einen Tag später, am 21. Januar 1793, wurde Ludwig XVI. hingerichtet (Abb. 133). Den Leichnam Le Peletiers, des ersten Märtyrers der Republik, ließ David am 24. Januar auf dem Sockel von Girardons gestürzter Reiterstatue Ludwigs XIV. auf der »Place des Piques« (Place Louis-Le-Grand bzw. Place Vendôme) feierlich aufbahren (Abb. 116)[4]. Am 25. Januar schlug David den Abgeordneten die Ausschreibung eines Wettbewerbs für ein Marmordenkmal Le Peletiers vor. Es wurde nicht ausgeführt. Doch schuf David, anscheinend ohne besonderen Auftrag, ein Gemälde des ermordeten Abgeordneten, das ihn in den Monaten Februar und März beschäftigte. Am 15. Februar wurde im Namen des »Comité de Constitution« dem Nationalkonvent ein Verfassungsprojekt vorgelegt. Das Le-Peletier-Bild konnte David bereits am 29. März vollendet dem Nationalkonvent überreichen (Abb. 6,115). Die Rede, die er dabei hielt, wurde auf Befehl des Konvents gedruckt[5]. Sie lautet (Quellen I):

Mitbürger!

»Jeder von uns ist dem Vaterland gegenüber verantwortlich für die Talente, die er von der Natur empfangen hat; mag auch die Form verschieden sein, der Zweck muß für alle derselbe sein. Der wahre Patriot muß begierig alle Mittel ergreifen, um seine Mitbürger aufzuklären und ihnen ohne Unterlaß die erhabenen Züge des Heldentums und der Tugend vor Augen zu führen. Das ist es, was ich mit der Huldigung, die ich in diesem Augenblick dem Nationalkonvent darbringe, zu tun mich bemüht habe, eines Gemäldes, das Michel Le Peletier darstellt, feige ermordet, weil er für den Tod des Tyrannen gestimmt hatte.

6

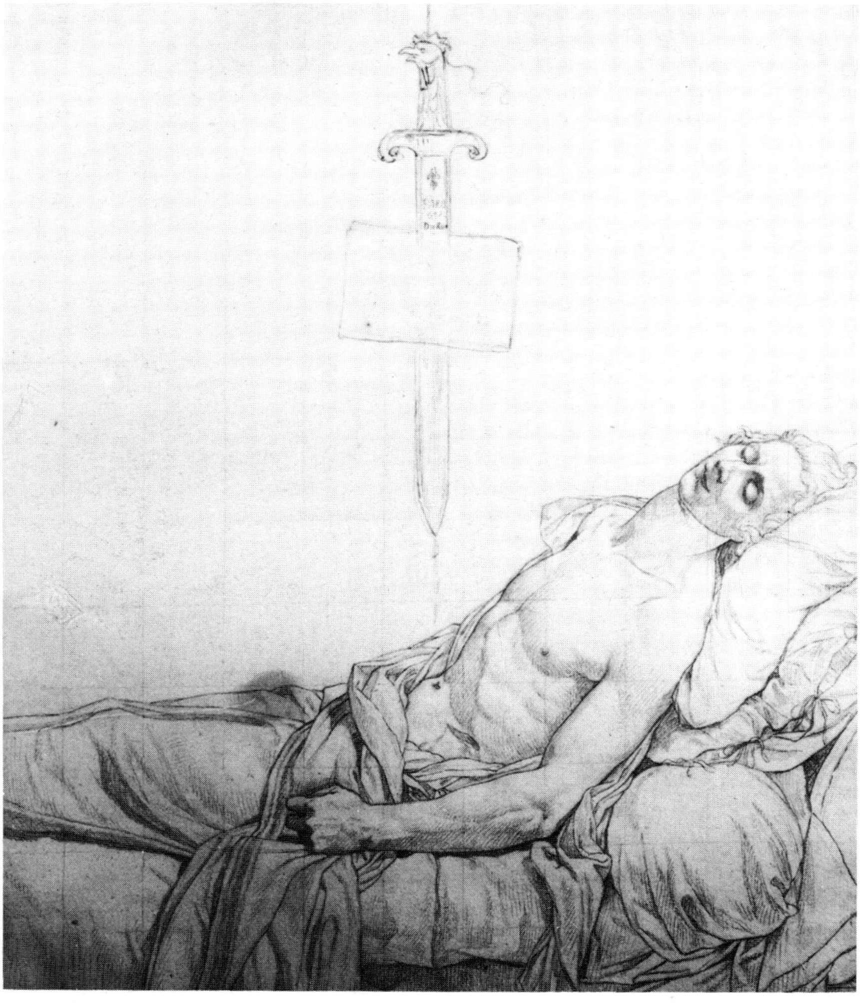

Bürger, der Himmel, der seine Gaben unter alle seine Kinder verteilt, hat es gewollt, daß ich meine Seele und mein Denken durch das Organ der Malerei ausdrücke und nicht durch die erhabenen Töne jener überzeugenden Beredsamkeit, welche sich unter euch die tatkräftigen Söhne der Freiheit vorbehalten. Voller Ehrfurcht vor seinen unabänderlichen Beschlüssen schweige ich, und ich hätte meine Aufgabe erfüllt, wenn ich eines Tages einen alten Vater, umgeben von seiner zahlreichen Familie, dazu bringe zu sagen: »Kommt, meine Kinder, kommt, um denjenigen eurer Vertreter zu sehen, der als erster gestorben ist, um euch die Freiheit zu geben; seht seine Züge, wie zufrieden sie sind; das liegt daran, daß, wenn man für sein Vaterland stirbt, man sich nichts vorzuwerfen hat. Seht ihr dieses Schwert, das über sein Haupt gehängt ist und das durch nichts als durch ein Haar gehalten wird? Nun gut, meine Kinder, das will besagen, welchen Mut Michel Le Peletier und auch seine großherzigen Kollegen haben mußten, um den ruchlosen Tyrannen, der uns seit so langer Zeit unterdrückte, zur Hinrichtung zu schicken, da nun einmal bei der geringsten Bewegung dieses Haar gerissen wäre und sie alle zusammen unmenschlich hingeopfert worden wären.

Seht ihr diese tiefe Wunde? Ihr weint, meine Kinder! Ihr wendet die Augen ab! Aber lenkt eure Aufmerksamkeit auch auf diesen Kranz, es ist derjenige der Unsterblichkeit: das Vaterland hält ihn bereit für jedes seiner Kinder; verdient ihn euch; an Gelegenheiten wird es großen Seelen überhaupt nicht mangeln. Wenn jemals, zum Beispiel, ein Ehrgeizling zu euch von einem Diktator, von einem Tribun, von einem Regulateur spräche oder versuchte, den geringsten Teil der Souveränität des Volkes zu usurpieren, oder auch ein Feigling es wagte, euch einen König vorzuschlagen, dann kämpft oder sterbt lieber wie Michel Le Peletier als dem jemals zuzustimmen; dann, meine Kinder, wird der Kranz der Unsterblichkeit euer Lohn sein.«

Ich bitte den Nationalkonvent, die Huldigung meines schwachen Talents anzunehmen. Ich würde mich zutiefst belohnt fühlen, wenn er geruhte, sie freundlich aufzunehmen.«

Am 29. Mai wurden dem Wohlfahrtsausschuß zur Ausarbeitung eines neuen Verfassungsprojekts fünf Abgeordnete beigeordnet, unter ihnen Hérault de Séchelles und Saint-Just. Am selben Tag nahm der Nationalkonvent eine neue Erklärung der Menschenrechte an. In ihr wurde u.a. festgestellt, daß die nationale Souveränität wesensmäßig beim ganzen Volk liege. In die Zeit vom 31. Mai bis 2. Juni fielen ein Aufstand der Sansculotten, die Verhaftung von 27 Abgeordneten und Wortführern der Girondisten und der Beginn der Jakobinerherrschaft. Am 2. Juni wurde eine tägliche Beschäftigung des Nationalkonvents mit der Verfassung jeweils von Mittag bis 6 Uhr abends beschlossen. Die Volkssouveränität war auch eine Hauptbestimmung der am 23. Juni vom Nationalkonvent verabschiedeten »Déclaration des droits de l'homme et du citoyen« (Abb. 7). Diese Erklärung wurde als Kopf der neuen, maßgeblich von den Montagnards ausgearbeiteten und am 10. Juni im Konvent verlesenen republikanischen Verfassung vom 24. Juni 1793 veröffentlicht. Laut Präambel hat das französische Volk diese geheiligten und unveräußerlichen Rechte beschlossen, auf daß alle Bürger, indem sie ohne Unterlaß die Taten der Regierung mit dem Zweck jeder gesellschaftlichen Institution vergleichen können, sich niemals durch Tyrannei unterdrücken und erniedrigen lassen; auf daß ferner das Volk immer die Grundlagen seiner Freiheit und seines Glücks (»de son bonheur«) vor Augen habe, der Beamte die Regel seiner Pflichten und der Gesetzgeber den Gegenstand seiner Aufgabe[6].

Abb. 7. Anonym, erschienen bei Jean: Die Erklärung der Menschen- und Bürgerrechte. 1793 (Paris, Bibliothèque Nationale, Cabinet des Estampes)

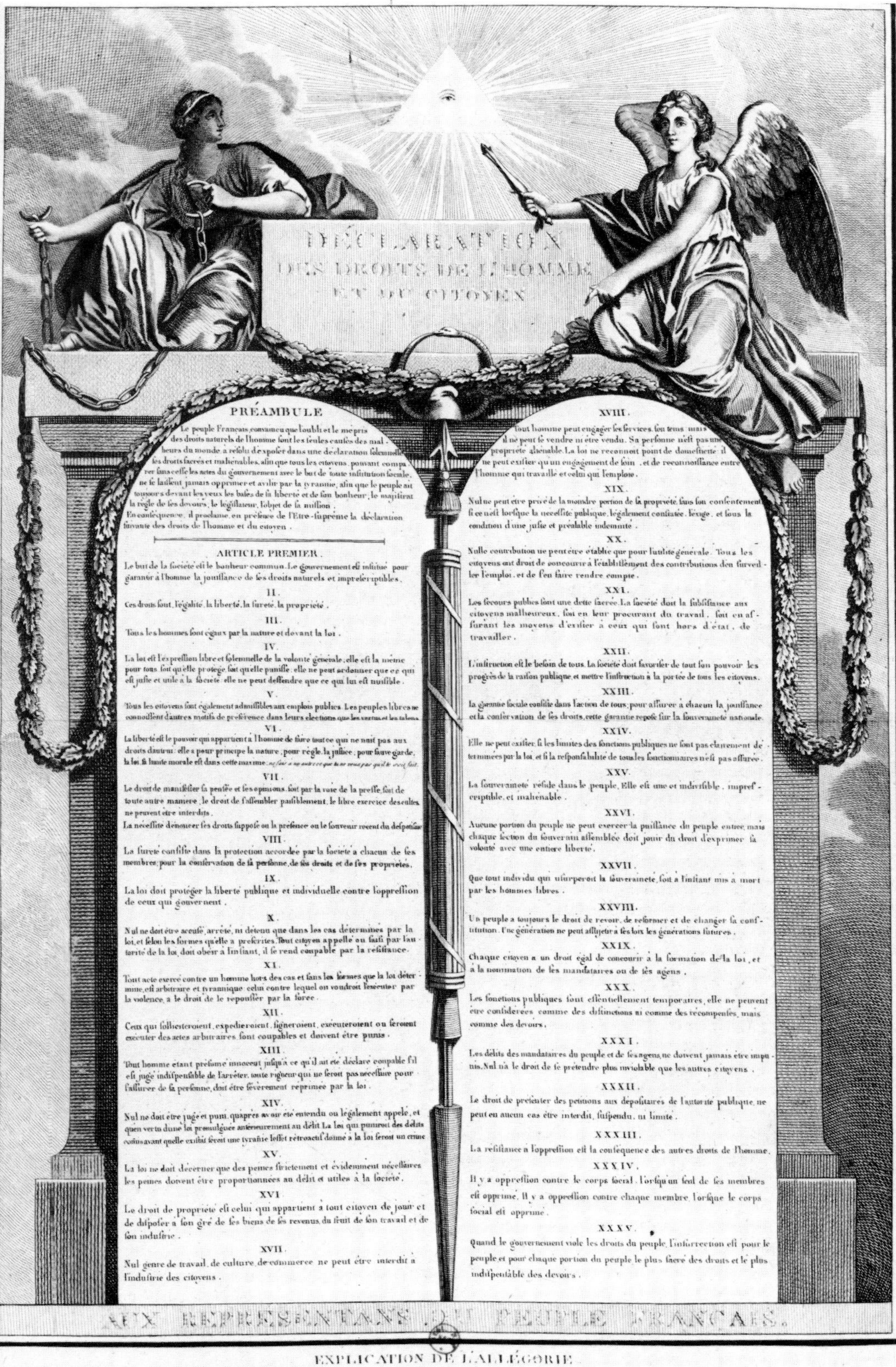

EXPLICATION DE L'ALLÉGORIE

Sur un large piedestal surmonté d'un socle où est inscrite la déclaration des droits, supporté sur son plinthe, d'un côté la France ayant brisé ses fers, de l'autre la loi indiquant du doigt les droits de l'homme et montrant avec son sceptre l'œil suprême de la raison qui vient dissiper les nuages de l'erreur qui l'obscurcissoient.

Les tables des droits de l'homme attachées et soutenues sur ce piedestal par une lance en faisceau surmonté d'un bonnet, d'un serpent et le tout orné d'une guirlande de chêne tombant de chaque côté en pendentif, présente tout à la fois l'union des départements de la Rép. la liberté, [illegible] la prudence et la [illegible] du gouvernement

à Paris chez le Citoyen Jean, M.d d'Estampes, rue St. Jean de Beauvais, N.o 4.

Am 4. Juli wurde David beauftragt, dem »Comité d'instruction publique« ein Projekt für das Fest des 10. August vorzulegen.[7] Am 11. Juli, zwei Tage vor Marats Ermordung, machte er im Namen des »Comité d'instruction publique« im Konvent sein Projekt für das am 10. August zu begehende Fest der »Réunion républicaine« bekannt (Quellen III). Für den großen Umzug waren als Eröffnungsgruppe die in Masse marschierenden »societés populaires« vorgesehen, ein Banner mit dem Auge der eine dichte Wolke durchbrechenden »Surveillance« tragend, als zweite Gruppe der Konvent geschlossen, darunter acht Abgeordnete mit einer Bahre, auf ihr eine offene Lade mit den Tafeln der Menschenrechte und der Verfassungsakte. Die Kommissare der Beauftragten der Primärversammlungen der inzwischen 86 Départements hatten in der Hand eine Pike (»pique») zusammen mit einem Schriftband zu tragen, das den Namen des Départements angab, und sollten um den Nationalkonvent eine Kette bilden. Die dritte Gruppe sollte sich zusammensetzen aus der achtbaren Masse des »souveränen Volkes« und das Ganze in fünf Stationen abgewickelt werden. In der fünften, dem Höhepunkt auf dem Champ-de-Mars, sollte, nach Niederlegung aller Abstimmungsakten zu den Primärversammlungen durch den Präsidenten des Nationalkonvents auf dem Altar des Vaterlandes, das Gelübde des französischen Volkes auf die Verfassung proklamiert werden, in Gegenwart aller Abgesandten des Souveräns und unter dem Gewölbe des Himmels. Das Volk hatte den Eid zu leisten, die Verfassung bis zum Tode zu verteidigen. Der Präsident sollte die ihm übergebenen Piken der 86 Kommissare mit einem Trikolorenband zusammenbinden und, gemeinsam mit den Verfassungstafeln, das eng vereinte Faszienbündel dem Volk zurückgeben als Sinnbild dafür, daß es unbesiegbar sei, wenn es sich nicht zerteile.

Einen Tag nach Bekanntgabe dieser Festkonzeption suchten die Abgeordneten Jacques-Louis David und Nicolas Maure im Auftrag der Jakobiner Marat auf, um Neuigkeiten von ihm zu erfahren (Quellen IX, X). Wiederum einen Tag später, am 13. Juli 1793, wurde Marat, der politische Mentor Davids, neunundvierzigjährig, in der Badewanne, wo er Linderung von seiner Hautkrankheit suchte, von Charlotte Corday erstochen.

Der volle Name der 25-jährigen, in Caen wohnhaften Attentäterin (geb. 27. Juli 1768) lautete Marie-Anne Charlotte de Corday d'Armont. Obgleich sie aus altem Adel stammte, hegte sie für den schwachen Ludwig XVI. und die Monarchie insgesamt keine Sympathie. Ihre durchaus republikanischen Ideale lagen im alten Rom und in Sparta. Den jakobinischen Radikalismus aber verabscheute sie und damit vor allem den Agitator Marat. Der Umgang mit in die Normandie geflüchteten Girondisten bestärkte sie in ihrer Auffassung. In Marat sah sie die Wurzel der vaterländischen Selbstzerfleischung. Mit dem Vorsatz, ihn zu töten, ist sie am 9. Juli aus Caen nach Paris gereist, wo sie am 11. Juli eintraf. Hier kaufte sie sich am Morgen des 13. Juli in den Arkaden des Palais Royal die Mordwaffe, ein Küchenmesser mit schwarzem Ebenholzgriff. Gegebenenfalls wäre sie bereit gewesen, das Attentat im Nationalkonvent selbst zu verüben. Nachdem sie jedoch erfahren hatte, daß Marat dort wegen seiner Krankheit schon seit Wochen nicht erschienen war, führte sie es unter Ausschluß der Öffentlichkeit in seiner Wohnung aus[8].

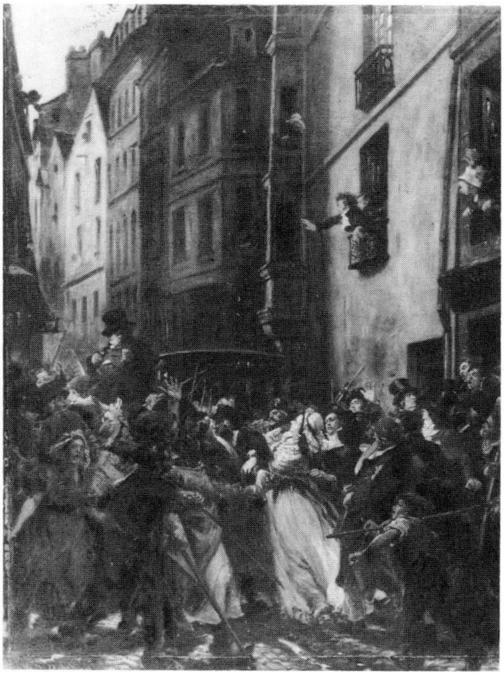

Abb. 8. Alfred Dehodencq: Die Verhaftung der Charlotte Corday. 1868 (Paris, Louvre)

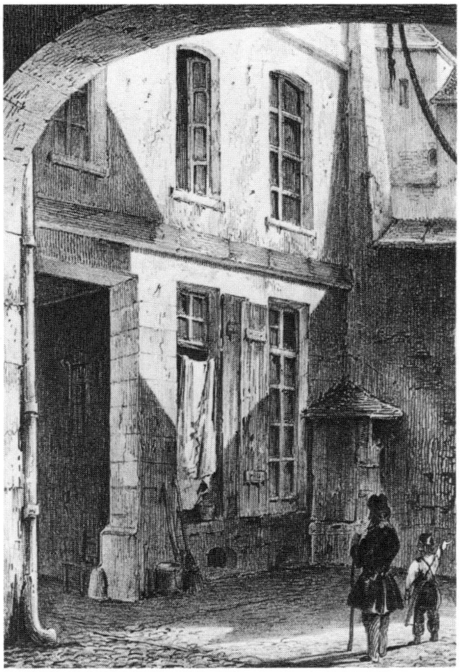

Abb. 9. Jean Jacques Champin nach Regnier: Hof des Wohnhauses von Marat. Lithographie, vor 1860 (Paris, Bibliothèque Nationale)

Marat lebte in einem bescheidenen barocken Bürgerhaus, genannt Hôtel de Cahors, in der Rue des Cordeliers Nr. 30, später genannt Rue de l'Ecole de Médicine (Nr. 22), Ecke Rue de Paon. Bis zum Jahre 1876, als das Haus beim Durchbruch des Boulevard Saint-Germain der Spitzhacke zum Opfer fiel, blieb es nahezu unverändert erhalten. Die Hofansicht zeigt eine Lithographie von Jean Jacques Champin (1796-1860) nach Regnier, die Straßenfront ein 1868 gemaltes Bild »Die Verhaftung der Charlotte Corday« von Alfred Dehodencq (Abb. 8,9). Jules Michelet hat das Haus in seiner 1847 bis 1853 erschienenen »Histoire de la Révolution française« beschrieben: »Marat bewohnte das dunkelste Stockwerk in diesem dunklen Hause, die erste Etage, die bequemste für einen Zeitungsmann und Volkstribun, dessen Haus gleich der Straße jedem offen steht, wo fortwährend Austräger und Zettelanschläger ein- und ausgehen, Korrekturbogen gebracht und geholt werden, wo ein beständiges Hin und Her von Menschen aller Art herrscht. Das Innere, die Möblierung, bot einen seltsam widerspruchsvollen Anblick, ein treues Abbild der Dissonanzen, die für Marat und sein Schicksal bezeichnend sind. In den sehr dunklen Zimmern, die auf den Hof hinausblickten, standen alte Möbel, schmutzige Tische, auf denen man die Zeitungen faltete; sie machten den Eindruck einer armseligen Arbeiterwohnung. Wenn man weiter hineinging, so überraschte ein kleiner Salon, dessen Fenster auf die Straße wiesen; er hatte Damastmöbel in Blau und Weiß, zarte und gefällige Farben, schöne Seidenvorhänge und Porzellanvasen, in denen häufig Blumen standen. Of-

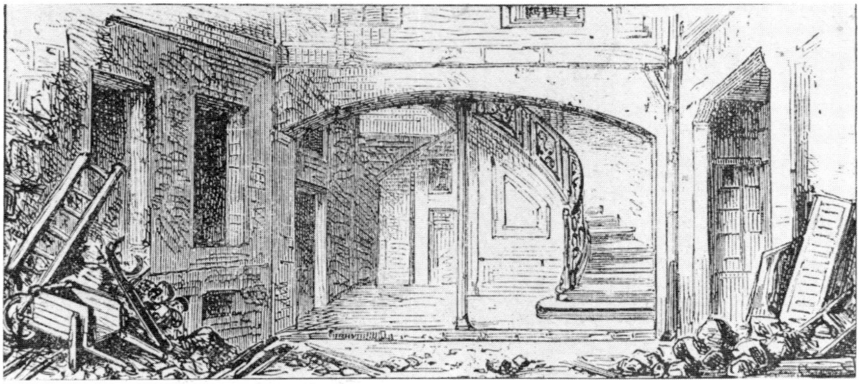

Abb. 10. Treppe zur Wohnung Marats. Nach einer Fotografie aus der Zeit des Abbruchs 1876 (nach Cabanès)

fenbar wurde er von einer Frau bewohnt, einer guten, aufmerksamen und zärtlichen Frau, die dem aufreibender Arbeit gewidmeten Manne sorgsam die Ruhestatt bereitete.« Gemeint ist Marats Lebensgefährtin Simonne Evrard. Innenansichten vom Treppenhaus und von der Wohnung (Abb. 10,11) sind aus der Zeit des Abbruchs überliefert, ebenso eine Grundrißskizze von Victorien Sardou, dem Komödiendichter (Abb. 12). Das kleine Zimmer mit der Badewanne befand sich rückwärts und besaß ein Fenster zum Hof. Der authentische Raum ist wiedergegeben in dem 1860 entstandenen Gemälde »Charlotte Corday« von Paul Baudry, der nachweislich den Originalschauplatz aufgesucht hat, als das Haus noch existierte (Abb. 13). Baudry zeigt die Badewanne an der dem Fenster gegenüberliegenden Wand, während Sardous Grundrißskizze sie in der Ecke zwischen dem Fenster und der Wand gegenüber der Tür ansiedelt. Dort hängt bei Baudry eine Landkarte von Frankreich, auf die demnach der Blick des Badenden gefallen wäre. In der Tat ist die Existenz einer solchen Landkarte zur Zeit des Mordes in dem kleinen Raum überliefert. Doch war er darüber hinaus mit einer weißen Tapete, die ein

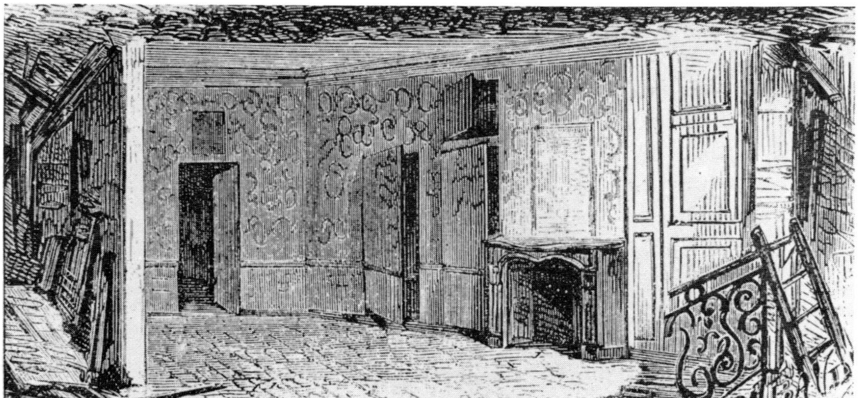

Abb. 11. Zimmer in der Wohnung Marats. Nach einer Fotografie aus der Zeit des Abbruchs 1876 (nach Cabanès)

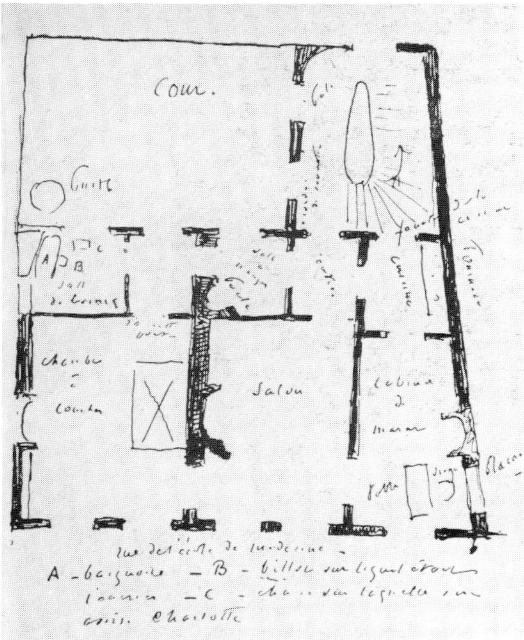

Abb. 12. Victorien Sardou: Grundriß der Wohnung Marats. Zeichnung, um 1876 (nach Cabanès)

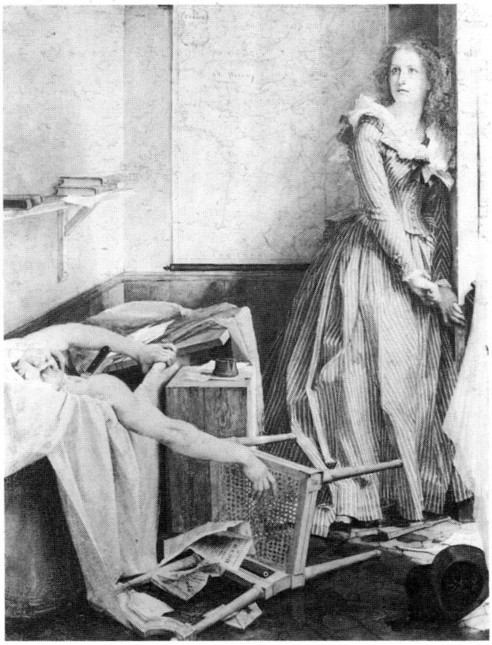

Abb. 13. Paul Baudry: Charlotte Corday. 1860 (Nantes, Musée des Beaux-Arts)

barockes Säulenornament aufwies, sowie mit einem Paar an der Wand hängender Pistolen geschmückt[9].

Ein Mitarbeiter Marats, Laurent Bas, 29 Jahre alt, war gerade mit dem Falzen der Nummern des »Ami du Peuple« beschäftigt, als das Attentat geschah. Der Basset-Stich macht ihn, entgegen den Tatsachen, in Gestalt des entsetzten Mannes im Türrahmen zum unmittelbaren Zuschauer des Attentats (Abb. 14). Auch das Motiv des Stuhls in dem ansonsten kahlen Raum dürfte die protokollierten Aussagen dieses Hauptzeugen reflektieren. Demnach stieg Charlotte Corday am Samstag, dem 13. Juli 1793, um halb acht Uhr abends aus einem Mietwagen und verlangte Marat zu sprechen. Sie verwies darauf, daß sie an diesem Tag schon zum dritten Mal komme, sowie auf einen Brief, den sie ihm am Morgen geschrieben habe (Quellen IV). Nach einem Wortwechsel mit der Pförtnerin bzw. Simonne Evrard ließ Marat sie zu sich ins Badezimmer kommen, wo er in der Wanne las und schrieb. Sieben bis acht Minuten später hörte man draußen seinen Hilferuf. Während sich »die drei Bürgerinnen«, d.h. wohl Simonne Evrard, deren ebenfalls bei Marat wohnende Schwester Catherine Evrard und die Köchin Jeanette Maréchal, um das Mordopfer bemühten bzw. nach der Wache riefen, wurde Charlotte Corday von Bas überwältigt (Quellen VIII).

Unter den herbeigeeilten Anwohnern war der Zahnarzt Antoine-Clair Michon Lafondée. Er veranlaßte den Transport des Körpers aus der Badewanne auf ein Bett, drückte Kompressen auf die Wunde in Erwartung des Chirurgen Pelletan, der bald darauf erklärte, daß alle Hilfe nutzlos sei. Laut Polizeibericht über die Versiegelung der Wohnung, die in Anwesenheit der

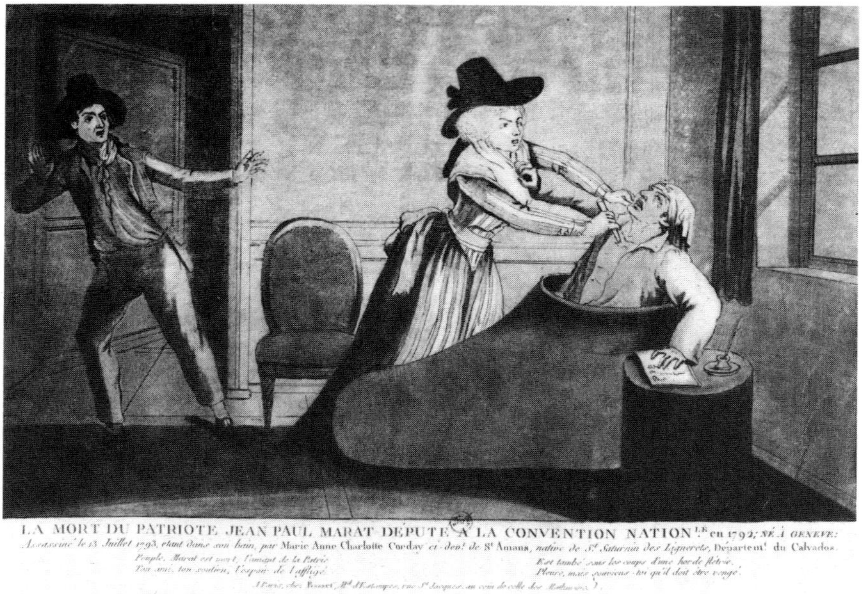

14

Abgeordneten Maure, Chabot, Drouet und Legendre, sowie der vom »Conseil général« der Gemeinde Paris benannten Bürger Laudragin, Bergot und Hébert stattfand, lag der völlig blutüberströmte, auf der rechten Seite über der Brust durchbohrte Leichnam Marats auf einem Bett in dem Zimmer zur Rechten des Salons. Der Name Davids taucht nicht auf[10].

Charlotte Corday ließ sich widerstandslos verhaften. Ihr Prozeß fand am 16. Juli vor dem am 10. März 1793 eingerichteten Revolutionstribunal statt. Den Vorsitz führte Jacques-Bernard-Marie Montané. Öffentlicher Ankläger war Antoine-Quentin Fouquier-Tinville. Die Attentäterin bekannte sich uneingeschränkt zu ihrer Tat. Der Maler Johann Jakob Hauer erhielt die Erlaubnis, sie zwischen ihrer Verurteilung und Hinrichtung aufzusuchen. Er vervollkommnete dabei sein während der Verhandlung gezeichnetes Porträt der Charlotte Corday. Eine zeitgenössische Quelle rühmt die vollkommene Ähnlichkeit zwischen ihr und dem Bildnis, das zugleich die außerordentliche Seelenruhe dieser Frau vermittle. Das bereits am 27. Juli der Öffentlichkeit annoncierte, von Jean Joseph François Tassaert nach Hauers Bildnis geschaffene Schabkunstblatt zeigt Charlotte Corday in Dreiviertelfigur mit dem schwarzen Hut, den sie beim Mord getragen hat (Abb. 15). In der Linken hält sie den von Bas erwähnten Fächer, in der Rechten das Messer mit dem schwarzen Griff. Die Scheide, in der sie die Waffe zum Attentat gebracht hatte, lugt aus dem Dekolleté. Die Gestalt strahlt Gelassenheit aus. Hauer fertigte nach seiner Bildniszeichnung selber auch ein hausbackenes Ölporträt an, das auf die Attribute des Attentats verzichtet. Das Schafott hat Charlotte Corday am 17. Juli, wie Augenzeugen berichten, lächelnd bestiegen. Sie grüßte die Menge und wollte vom Blutgerüst aus das Wort an sie richten. Doch wurde sie daran gehindert. Das Haupt legte sie selber unter das Fallbeil, das langsamer als gewöhnlich fiel. »Der Henkersknecht zeigte dem

Abb. 15. Jean Joseph François Tassaert nach Johann Jakob Hauer: Bildnis der Charlotte Corday. 1793 (Paris, Bibliothèque Nationale, Cabinet des Estampes)

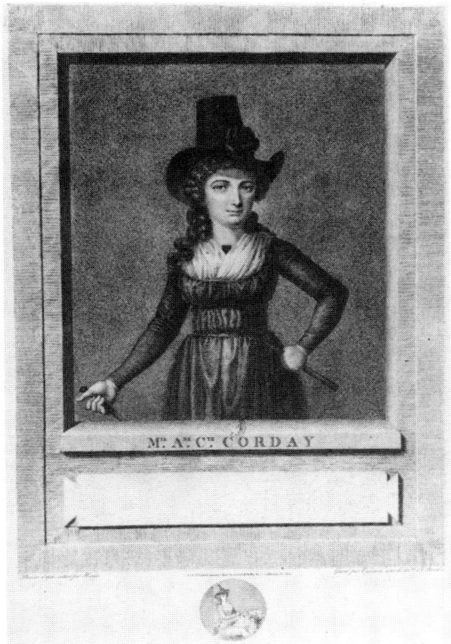

Abb. 14. Anonym, erschienen bei Basset: Die Ermordung Marats. 1793 (Paris, Bibliothèque Nationale, Cabinet des Estampes)

Volk das blutige Haupt. In den Zügen des Gesichts sah man noch deutlich die Spuren des Lächelns. Der Elende aber war so gemein, dieses Haupt zu ohrfeigen.« So schilderte der Deutsche Klause die Hinrichtung. Man hörte nur wenige Rufe: »Es lebe die Nation! Es lebe die Republik!« Dem Henkersknecht wurde für sein schändliches Verhalten eine öffentliche Maßregelung zuteil[11].

2. *Der Bericht des Abgeordneten Chabot und das Referendum*

Um die parlamentarische Qualität von Davids Gemälde erfassen zu können, muß man den dokumentierten Tatbestand scharf unterscheiden von den politischen Verlautbarungen über den Fall. Auf den ersten Blick lassen sich demgemäß auch die künstlerischen Aktivitäten Davids einteilen. Als Zeugnis einer Bestandsaufnahme wäre auf dieser Betrachtungsebene die von ihm angefertigte Porträtzeichnung des Toten heranzuziehen (Abb. 121), bis zu einem gewissen Grad und ungeachtet ihres bescheidenen künstlerischen Ranges auch die Reihe der mehr oder minder genauen zeitgenössischen Bildreportagen des Attentats (Abb. 14,48,49,68,69,73,74). Die Gestaltung von Davids Gemälde hingegen (Tafel I) lag schon entstehungsgeschichtlich ganz auf der Ebene der politischen Verlautbarungen, d.h. auf der Propagandaebene der Verherrlichung des Ermordeten durch das neue Staatswesen.

Der Stilisierungsprozeß setzte bereits am Tag nach dem Mord ein. Die »Société des Jacobins, Amis de la Liberté et de l'Egalité«, die bis zum 22. September 1792, d.h. bis zum Beginn der Republik, den Namen »Société des Amis de la Constitution« geführt hatte, lud den Zeugen Laurent Bas zu ihrer

Sitzung am 14. Juli ein, um von ihm den Bericht über die letzten Augenblicke des »Ami du peuple« entgegenzunehmen. Präsident war seit dem 16. Juni David, gewählt für einen Monat (Abb. 4). Er stellte Bas der Versammlung vor, die ihm Dankbarkeit und Wohlwollen für seinen Mut bei der Festnahme der Mörderin bekundete. David gab ihm den Bruderkuß. Da Bas jedoch zu müde zur Berichterstattung war, wurden zwei Kommissare, Gaillard und Desfieux, bestimmt, seine Zeugenaussage aufzunehmen. Seine so redigierte Erklärung (Quellen VIII) wurde bei den Jakobinern am 15. Juli verlesen und eine Kopie an Fouquier-Tinville (1746-95), den öffentlichen Ankläger im Revolutionstribunal, gesandt, der sie selbst dem Kriminaldossier beifügte[12].

Besondere Bedeutung kommt vor allem der Behandlung des Falls in der Konventsitzung vom 14. Juli 1793 zu. In den amtlichen, auf Befehl des Nationalkonvents gedruckten Sitzungsprotokollen findet man überraschenderweise nur eine sehr unvollständige Aufzeichnung der Debatte. Die Ermordung Marats spielt darin kaum eine Rolle. Es könnte den Anschein haben, als hätten bei der Drucklegung interessierte, dem Andenken Marats feindlich gesonnene Kräfte ihre Hand im Spiel gehabt. Doch erklärt sich das weitgehende Schweigen hinlänglich aus der Tatsache, daß der Nationalkonvent eine gesonderte Publikation des vom Abgeordneten François Chabot erstatteten Mordberichts beschlossen hat. Wir halten uns im wesentlichen an die Berichterstattung von »Le Moniteur«. Das war die wichtigste Zeitung der Revolution. Sie brachte, ein Kuriosum in der Geschichte der Tageszeitungen, getreulich Tag für Tag eine genaue Wiedergabe der Erörterungen des Nationalkonvents ohne Rücksicht auf deren jeweilige Wichtigkeit, Leidenschaftlichkeit oder Langweiligkeit, ohne Kommentar und ohne Wertung[13]. Nichts war dabei zu trivial, um weggelassen zu werden. Das Blatt ist deshalb eine erstrangige historische Quelle.

Zunächst wurde dem Nationalkonvent aus den verschiedensten Teilen des Landes die Entgegennahme der Verfassungsakte zur Kenntnis gebracht. Dies muß mit dem eingeleiteten Referendum und mit dem Datum der Sitzung, dem 14. Juli, d.h. dem vierten Jahrestag des Sturms auf die Bastille, zusammen gesehen werden. Es war ein Sonntag. Dann ergriff der Präsident des Nationalkonvents Jean Bon Saint-André (Abb. 16) mit ergriffener Stimme das Wort. Die Versammlung war von tiefem Schweigen beherrscht: »Bürger, ein großes Verbrechen ist an der Person eines Volksvertreters begangen worden. Marat ist daheim ermordet worden ...«. Darauf verlas er eine Adresse der »Section du Panthéon«, unterzeichnet vom Polizeikommissar (Quellen VI). Sie begann mit dem Satz, einer unserer Brüder, einer der Gründer der Republik, ein Vertreter des Souveräns, sei ermordet worden. Darauf folgte der Vorschlag, Marat, diesen illustren Märtyrer der Freiheit und französischen Cato, ins Panthéon aufzunehmen. Nach dem Beschluß, in einer Stunde den Mordbericht des »Comité de sûreté générale« in der Sitzung entgegenzunehmen, wurde eine Abordnung der »Pariser Section du Contrat social« in den Saal geführt. Ihr Sprecher Guirault beklagte den Tod Marats, wobei er die vielzitierte Aufforderung an den Maler richtete, das Bild Marats für die Nachwelt zu schaffen (Quellen VII)[14]. Den vollen Wortlaut seiner kurzen, aber inhaltsreichen Rede bringen wir im nächsten Kapitel.

Abb. 16. Jacques-Louis David: Bildnis Jean Bon Saint-André. 1795 (Chicago, The Art Institute, Joseph and Helen Regenstein Collection; courtesy of The Art Institute of Chicago)

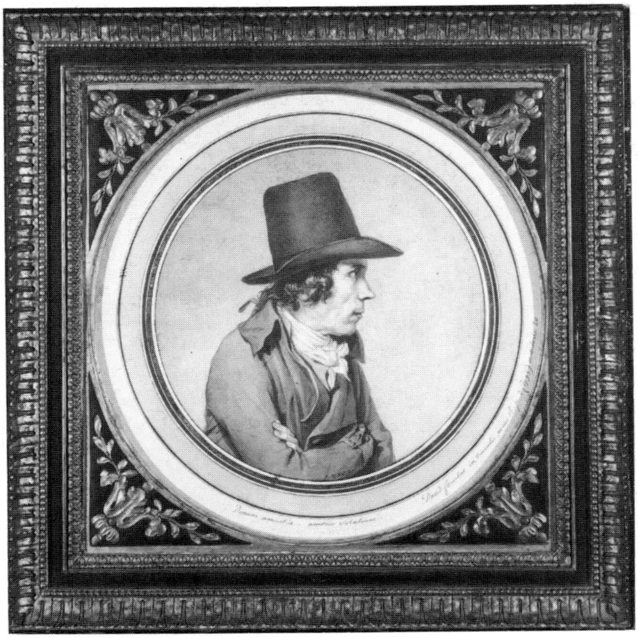

Nun ergriff der Montagnard François Chabot (1759-1794) im Namen des »Comité de sûreté générale« das Wort. Chabot, ehemaliger Superior des Kapuzinerklosters von Rodez, bischöflicher Vikar von Blois, Jakobiner und Abgeordneter von Loir-et-Cher, war als Radikaler bereits Mitglied der »Assemblée législative« gewesen. Im Umkreis Marats hatte er in den Debatten um den Wahlmodus zum Nationalkonvent eine Rolle gespielt. Am 7. September 1792 setzte er sich in der »Société des Amis de la Constitution«, d.h. bei den Jakobinern, in einer leidenschaftlichen und listigen Rede für die Kandidatur Marats zum Abgeordneten des Nationalkonvents ein, nachdem dieser einen Tag zuvor David vorgeschlagen hatte. Seit März 1793 diente Chabot als Verbindungsmann zwischen den Jakobinern und den ultralinken Enragés um dem Abbé Jacques Roux. Die neue Verfassung hat er in der Gesellschaft der Jakobiner zunächst hart kritisiert. Sie schien ihm zu wenig volksfreundlich, ja sogar eine Falle, welche die Diktatur wieder aufgreife und eine Exekutivgewalt schaffe, die unabhängig von der Nationalversammlung riesenhaft und freiheitmordend von neuem mit dem Königtum beginne. In der Angst, mit seiner Kritik vor seinen politischen Freunden zu weit gegangen zu sein und das Schlimmste für seine Person befürchtend, nutzte er alsdann den Umstand, daß der Marquis de Condorcet eine Schrift gegen die Verfassung geschrieben hatte. Chabot zeigte Condorcet an, sorgte für seine Verhaftung und drang auf seinen Tod[15]. Der Autopsie Marats und dem Verhör der Charlotte Corday hatte Chabot beigewohnt. Bei letzterem hatte er einige Fragen gestellt und aus dem Blusenausschnitt der Attentäterin das Bulletin von Calvados der in Caen abgehaltenen Versammlung geächteter und flüchtiger girondistischer Abgeordneter an sich genommen. Wenige

Monate nach seinem Konventsbericht über Marats Ermordung sollte Chabot sein Leben auf der Guillotine beenden[16].

Chabot also sprach zuerst ausführlich von einem großen Komplott, das zum Fest des 14. Juli, dem Jahrestag des Sturms auf die Bastille, vorbereitet worden sei, von der geplanten Ausweitung der Verschwörung auf ganz Frankreich, von der Mitwisserschaft einiger Abgeordneter und von einer Manifestation gegen die Verfassung. Da das Volk bislang nicht aufgewiegelt werden konnte, habe man das rechte Mittel in der Ermordung Marats zu finden geglaubt. Als gestern die Journalisten das Ereignis meldeten, habe man in der Konventssitzung auf der Rechten Lächeln und Geflüster bemerkt. Aber, so fügte er an diese Seite gerichtet hinzu, vergeblich würde man diejenigen zu ermorden suchen, die für den Tod des Tyrannen gestimmt haben. Denn das Volk würde allen seinen Feinden Gerechtigkeit widerfahren lassen. Applaus. Der über eine zahlreiche Anhängerschaft im Volk verfügende Marat sei als Ziel ausgewählt worden, um durch die Tat einen Bürgerkrieg zu entfesseln. Weiter klagte Chabot, wieder nach rechts gerichtet, die Intriganten an, welche die Verfassung revidieren wollten, um die Anarchie und das Interregnum der Gesetze zu verewigen, und das in einem Augenblick, da das Volk so dringend diese Verfassung benötige und sie mit lautem Schrei beanspruche. Der erste Zweck jener Clique sei es gewesen, die tatkräftigsten Patrioten des Konvents umbringen zu lassen. Dabei hätten sich die Verschwörer eines besonders willfährigen Werkzeuges in Form der Vorstellungswelt einer Frau bedient, die sie bis zu einem unfaßlichen Grad von Verwegenheit und Irrsinn zu fanatisieren vermochten. Dann malte Chabot die verbrecherischen Züge dieser Frau aus. Sie sei eines jener Ungeheuer, welches die Natur von Zeit zu Zeit zum Unglück der Menschheit ausspeie. In stark verkürzter Form referierte der Abgeordnete darauf den Brief, mit welchem Charlotte Corday am Morgen des 13. Juli zunächst vergeblich um die Audienz bei Marat nachgesucht hatte (Quellen IV). Chabot übernahm aus ihm korrekt nur die Einleitungsworte zum zweiten Satz (»votre amour pour la patrie ...«) und kommentierte sie mit der Bemerkung, Charlotte Corday werde dem Staatsbürgertum Marats gerecht, habe sie ihm gegenüber doch vom Vaterland sprechen müssen, um die Audienz zu erlangen[17]. Am Abend habe sie ein zweites Billet geschrieben, das sie bei sich getragen habe (Quellen V). Den originalen Wortlaut zitierte Chabot im wesentlichen richtig, jedoch ebenfalls nicht kommentarlos. Bevor er den letzten Satz des zweiten Briefes vortrug, erläuterte er ihn dahingehend, daß Charlotte Corday den Tugenden Marats wiederum Gerechtigkeit widerfahren lasse. Sie wisse nämlich, daß ihn niemals ein Unglücklicher (»malheureux«) vergeblich um seine Hilfe und um seinen Schutz (»ses secours et sa protection«) angefleht habe[18]. Das sind Begriffe, die auch in der »Déclaration des droits de l'homme et du citoyen« vorkommen, welche die erst drei Wochen alte Verfassung vom 24. Juni 1793 eröffnete. Vermutlich hatte bereits Charlotte Corday selbst sich durch die Wahl der Begriffe »malheureuse« und »droit« auf »protection« dem Montagnard Marat empfehlen wollen. In Artikel 8 der Deklaration heißt es, die Sicherheit bestehe aus dem Schutz (»protection«), den die Gesellschaft jedem ihrer Mitglieder zur Erhaltung seiner Person, seiner Rechte (»droits«) und seines Eigentums gewähre, und in Artikel 21 ist die Rede von der geheiligten Pflicht der Gesellschaft, für den Lebensunterhalt der »citoyens malheureux« zu sorgen[19]. Auffallenderweise hat Chabot jedoch die »protection«, das letzte Wort aus Charlotte Cordays zweitem Brief, in seinen eigenen Kommentar hineinverlegt und im Zitat selbst ersetzt durch das Wort »estime«.

Den Attentatsbericht leitete Chabot mit der Feststellung ein, selbst bei seinen Mördern sei Marat wegen seiner Liebe für das Volk bekannt gewesen, dem er seine Zeit und seine Existenz geopfert habe. Es mußte die Abgeordneten eigentümlich berühren, wenn der ehemalige Kapuziner, der im November 1792 bei den Jakobinern sich gegen jedes staatliche Entgegenkommen zugunsten der katholischen Religion ausgesprochen hatte[20], dann fortfuhr, Marat würde sein Blut für die Unglücklichen gegeben haben. Er habe es für das Volk vergossen, und dieses Opfer, seine Kraft mit dem Schmerz und dem Abscheu verbündend, gebe ohne Zweifel die Waffe ab, um es zu rächen und die Freiheit zu verteidigen, wann immer sie bedroht sei und die Verschwörer ihre kriminellen Komplotte vorantrieben[21]. Damit hat Chabot das Tatmotiv der Charlotte Corday und deren Selbstinterpretation umgedreht und auf Marat übertragen. Denn in der eigentlichen, erst zum Schluß abgegebenen und unter Vorzeigung der blutigen Tatwaffe illustrierten Schilderung des Mordhergangs berichtete Chabot: »Befragt nach den Motiven, die sie zu diesem Verbrechen geführt haben, hat sie geantwortet, daß sie, nachdem sie den Bürgerkrieg im Begriff sich zu entzünden gesehen habe, und überzeugt, daß Marat der Hauptverursacher sei, das Opfer ihres Lebens gebracht habe, um ihr Land zu retten (»le sacrifice de sa vie pour sauver son pays«)«[22].

Die Rede klang aus mit der Wiedergabe seines persönlichen Eindrucks von der Attentäterin, mit erneuten Drohungen gegen die konterrevolutionären Verschwörer und Verfassungsgegner, sowie mit einer Verlesung des Polizeiprotokolls. Der Konvent beschloß darauf die Drucklegung des Berichts und der Rede und deren Verschickung an alle Départements und Truppen, sowie die Veröffentlichung und Aushängung in allen Gemeinden der Republik. Eine lebhafte Debatte über die parlamentarischen Komplizen des Mordes an Marat schloß sich an. Beendet wurde die Sitzung laut Protokoll, indem alle verfaßten Autoritäten und alle Sektionen von Paris unter Beifall und den Rufen »vive la Convention, vive la Constitution, vive la République une et indivisible, vive la Montagne« in den Nationalkonvent eingelassen wurden und der »Procureur de la Commune« eine energische Rede hielt, deren Drucklegung ebenfalls beschlossen wurde. Er kündigte an, daß alle Sektionen die Annahme der Verfassung feiern würden, daß zu ihrer Aufrechterhaltung ein und derselbe Geist alle Bürger beseelen würde und legte die Protokolle über die Annahme der Verfassung auf den Tisch. Von den Bürgern wurden patriotische Hymnen angestimmt, begleitet von Militärmusik, welche alle Herzen, wie es heißt, mit wahrhaft vaterländischer Begeisterung erfüllte. Die Bürgerinnen trugen Bürgerkränze und Sträuße zum Tisch und warfen Blumen auf die Montagne[23].

Bei den Protokollen über die Annahme der Verfassung handelte es sich um diejenigen der Stadt Paris, wo das Referendum seit Beginn des Monats Juli lief. Im größten Teil der Départements fand es jeweils sonntags am 14. und 21. Juli statt, in den Basses-Alpes, Hautes-Alpes und im Var am 4. und 11. August, und zwar nach der Proklamation der Ergebnisse, in den vom Krieg heimgesuchten Départements im November und Dezember und in der Gemeinde von Brasparts im Finistère gar erst am 4. April 1794.Das Ergebnis des Plebiszits war bemerkenswert. Die Verfassung wurde mit 1.801.918 gegen 11.610 Stimmen, allerdings bei mindestens 4.300.000 Enthaltungen, angenommen. Im Gegensatz zu ihrer Nachfolgerin vom 22. August 1795 ist die übereilt und hauptsächlich aus taktischen Erwägungen verabschiedete Verfassung von 1793 praktisch nicht in Kraft getreten. Das ändert jedoch nichts an ihrer grundlegenden geschichtlichen und an ihrer aktuellen propagandistischen Bedeutung[24].

In dieser politischen Perspektive muß die Koinzidenz der Übergabe des Pariser Verfassungsplebiszits an den Nationalkonvent mit Chabots Mordbericht bzw. mit dem Bildauftrag an David am 14. Juli gesehen werden. In der am selben Tag erschienenen Ausgabe der Zeitung »Père Duchesne« hat ihr Redakteur, der einflußreiche Montagnard Jacques-René Hébert, ebenfalls ein Zeuge der Autopsie Marats, einen Zusammenhang hergestellt einerseits zwischen der Hinrichtung des Königs und dem Mord an Le Peletier, andererseits zwischen der den Départements zur Annahme vorgeschlagenen Verfassung und dem Tod Marats als eines Opfers der Aristokratie. Hébert verlangte, daß der Nationalkonvent die Ehren der Apotheose für Marat fordere, den z.B. ein volkstümliches Trauergedicht als eine der stärksten Säulen der Verfassung bezeichnete. In einem von der Sektion der Künstler veranstalteten Umzug folgte auf die Büsten Le Peletiers und Marats u.a. eine von Leuten aus dem Volk getragene Bahre mit dem Buch der Verfassung. In Versailles wurde zum Fest des 10. August 1793 eine »Apothéose de Marat et Lepelletier« in Form eines lyrischen Gesangs, komponiert vom Kirchenmusiker Giroust, an einem Altar der Freiheit gefeiert. Der konstitutionelle Zusammenhang des Attentats klingt noch im Echo der Verdammung nach. Nach der Schließung des Jakobinerklubs (11. November 1794) ließen Royalisten einen Auszug aus Marats Verfassungsprojekt von 1789 nachdrucken, versehen mit perfiden Kommentaren, um Marat als treueste Stütze der Monarchie erscheinen zu lassen[25].

3. Der Bildauftrag

Im Hinblick auf Davids Gemälde ist an der Konventssitzung vom 14. Juli 1793 über die Einbettung des Mordberichts in die Verfassungsthematik hinaus Verschiedenes höchst bemerkenswert. Man gewinnt den Eindruck, daß ihr Ablauf von einer jakobinischen Regie außerordentlich geschickt gelenkt worden ist. Gewiß hatte David seine Hand im Spiel.

Vorab als großes Verbrechen an einem Volksvertreter (»représentant du peuple«) bewertet, erfolgt zunächst die offizielle Bekanntgabe des Attentats durch den Konventspräsidenten. Noch im selben Atemzug kommt eine der Pariser Sektionen zu Wort. Mit dem Gemeindegesetz vom 21. bis 27. Juni 1790 waren die 60 Pariser Distrikte in 48 Sektionen umgewandelt worden. Die neue Verwaltungseinteilung bildete eine der Grundlagen für die praktische Politik des Volkes. Durch die von Marat am 21. Juni, also drei Wochen vor seinem Tod geforderte und durch Dekret vom 9. September 1793 dann herbeigeführte Abschaffung der Permanenz der Sektionsversammlungen wurde das Gemeindeleben unter die Kontrolle der sich formierenden Jakobinerdiktatur gebracht[26]. Gleich nach Bekanntgabe des Mordes und vor aller weiteren Erörterung fordert die »Section du Panthéon«, Volkes Stimme also, durch den Mund des Konventspräsidenten für Marat die Ehren des Panthéon (Quellen VI). Die Beleuchtung, in der Marat und sein Tod zu sehen sind, ist damit eingestellt. Nach einigen eher belanglosen Wortmeldungen betritt sodann die Abordnung einer anderen Sektion den Sitzungssaal. Es ist die »Section du Contrat social«. Sie trägt den Namen eines Hauptwerks von Jean-Jacques Rousseau, der 1762 in Amsterdam erschienenen Schrift »Du Contrat social ou Principes du Droit politique« (Abb. 89), welche zu den wichtigsten Grundlagen der Revolution und der Verfassung von 1793 gehört[27].

Zwischen der geforderten Aufnahme Marats ins Panthéon und dem Namen der fordernden »Section du Panthéon« besteht ein offenkundiger Sinnbezug. Ein solcher wird auch für den Bildauftrag im Verhältnis zur ihn formulierenden »Section du Contrat social« nahegelegt. Die inhaltliche Bedeutung dieses Regieeinfalls wird sich noch im einzelnen zeigen. Hier ist zunächst nur festzuhalten, daß der von dieser außerparlamentarischen Gruppe durch ihren Sprecher Guirault bekundete Wunsch, das Bild des Volksvertreters Marat durch David der Nachwelt zu überliefern, demjenigen nach Aufnahme Marats ins Panthéon verwandt ist und ebenfalls als unmittelbarer Volkswille vorgebracht wird. Der Volksvertreter David macht ihn sich in Gegenwart der versammelten Volksvertretung sofort und für alle vernehmlich zu eigen.

Es liegt auf der Hand, daß Guiraults Auftritt - gleich demjenigen von Dubois-Crancé beim Auftrag für den »Schwur im Ballhaus« - mit David abgesprochen war. Die bisher in der Literatur vertretene Meinung, daß seine Aufforderung an David eine spontane Äußerung gewesen sei oder gar das Ausbleiben eines offiziellen Auftrags seitens des Nationalkonvents belege, verkennt die staatsrechtliche Bedeutung des ganzen Vorgangs. Nach Artikel 54 der Verfassung vom 24. Juni 1793 wurden die öffentlichen Ehrungen zum Andenken der großen Männer unter die Gesetze gezählt. Der Anwendungsfall dieses Artikels war knapp drei Wochen später mit der von der »Section du Panthéon« geforderten Pantheonisierung und der von der »Section du Contrat social« verlangten bildlichen Verewigung Marats gegeben. Zu bedenken ist dabei die Auffassung von Rousseau selbst, in dessen Namen sozusagen Guirault den Bildauftrag formuliert hat. Laut »Contrat social« waren die Abgeordneten des Volkes nicht seine Repräsentanten, sondern nur seine Beauftragten. Deshalb forderte Rousseau für alle parlamentarischen Gesetze die unmittelbare Bestätigung durch das Volk selbst[28]. Offenkundig war sich David dieses staatsrechtlichen Aspekts bewußt. Darauf deutet seine Aussage bei der Bildübergabe am 14. November, er habe die Stimme des Volkes vernommen, er habe »gehorcht« (Quellen XIII).

Sieht man einmal von dem ähnlich gelagerten, aber nicht vollendeten »Schwur im Ballhaus« ab (Abb. 3), so suchen Ort und Art der Auftragserteilung in der Kunstgeschichte ihresgleichen. Von dem, was dabei der Sprecher Guirault sagte, hat die kunsthistorische Literatur bislang stets nur den Passus des eigentlichen Bildauftrags an David herausgegriffen. Es kommt aber darauf an, die Einbettung der Auftragserteilung in ihren Kontext wahrzunehmen, da sie z.T. schon die inhaltliche Ausrichtung des zu schaffenden Gemäldes enthielt. Zusammenhängend also hat Guirault folgendes gesagt (Quellen VII): »Vertreter des Volkes, der Übergang vom Leben zum Tode ist ein sehr kurzer Augenblick, Marat ist nicht mehr ... Volk, du hast deinen Freund verloren! Marat ist nicht mehr ... Wir kommen nicht, um dich zu verherrlichen, unsterblicher Gesetzgeber! Wir kommen, dich zu beweinen: wir kommen, um den schönen Handlungen deines Lebens zu huldigen. Die Freiheit war in unauslöschlichen Buchstaben deinem Herzen eingeprägt. O Verbrechen! eine vatermörderische Hand hat uns den unerschrockensten Verteidiger des Volkes geraubt. Er hat sich fortwährend für die Freiheit geopfert: hier sein Lohn. Unsere Augen suchen ihn noch unter euch. O furchtbares Schauspiel! er ist auf einem Totenbett. Wo bist du David? du hast der Nachwelt das Bild des für das Vaterland sterbenden Le Peletier übereignet; es bleibt dir, noch ein Bild zu machen.« - An dieser Stelle vermerkt das Protokoll in Klammern den Zwischenruf Davids: »Ich werde auch das machen.« - Guirault fuhr fort: »Und ihr, Gesetzgeber, dekretiert ein Gesetz zu dem Sachverhalt. Die fürchterlichste Todesstrafe genügt nicht, um für die Nation ein so außerordentliches Attentat zu rächen. Rottet für immer die Ruchlosigkeit und das Verbrechen aus. Lehrt die Wüteriche das, was das Leben anpreist; und daß, anstatt daß sie es wie einen Faden zerschneiden, das Entsetzen über die Schmerzen die vatermörderischen Hände entwaffnet, welche die Köpfe der Vertreter des Volkes bedrohen.« Hier sei vorerst nur die bereits zu diesem Zeitpunkt ins Auge gefaßte Pendanthaftigkeit des zu schaffenden Gemäldes vermerkt. Ausgangspunkt und unmittelbare Einleitung zu dem Auftrag ist das Grundmotiv des Le-Peletier-Bildes (Abb. 6). Auch Marat »ist auf einem Totenbett«. Das von David in seiner Rede zur Übergabe des »Le Peletier« am 29. März 1793 benannte Motiv des Schwertes, das über dem Haupte des Abgeordneten an einem einzigen Haar hängt, wobei das Haar bei der geringsten falschen Bewegung reißen kann (Quellen I), dieses Motiv klingt auch bei Guirault als Krönung seiner Rede an. Statt zuzulassen, daß der Faden von den Wüterichen zerschnitten werde, fordert er die Entwaffnung der vatermörderischen Hände, welche die Köpfe der Vertreter des Volkes bedrohen.

Nach einer längeren Debatte folgt sodann der vom Konvent geforderte Bericht über den Mord an Marat. Er wird im Namen des »Comité de sûreté générale« von Marats und Davids Parteifreund Chabot geliefert. Seine Rede hört David mit den Ohren des bereits beauftragten Künstlers. Statt sachlich, gemäß Verhörprotokoll, zu berichten, malt der Abgeordnete zunächst einmal das düstere Bild einer großangelegten konterrevolutionären Verschwörung aus. Der Mord an Marat erscheint darin als ein Anschlag auf die neue Verfassung. Chabots Kommentierung der beiden Briefe der Charlotte Corday verstärkt diese Interpretation des Falls. Dabei eröffnet seine Zitierweise einen gewissen Spielraum im Umgang mit dem historischen Dokument. Dies wird in bezug auf die Abänderung des letzten Wortes »protection« für Davids Bild bedeutsam werden. Nicht zuletzt aber zeichnet sich wie bei Guirault, so auch bei Chabot eine Opfer- und Erlösungsthematik ab. Marat kann jetzt als Märtyrer der revolutionären Verfassung aufgefaßt und als solcher den Verfassungsgegnern im Konvent vorgestellt werden. Die Reliquie dieses Martyriums, das blutige Messer, taucht hier schon auf.

Mit diesen Vorgaben ist der Weg, der zur Bildfindung des Abgeordneten David führt, durch die Konventssitzung vom 14. Juli 1793 selbst bereits beschritten.

4. Von der Aufbahrung des Leibes zur Ausstellung des Bildes

Am 15. Juli setzte David einen weiteren Akzent. Er bat den Konvent, Marat in der Haltung zur Schau zu stellen, wie er selbst ihn noch am Vorabend des Mordes angetroffen hatte (Quellen X):

»Am Vorabend des Todes von Marat schickte die Gesellschaft der Jakobiner uns, Maure und mich, um uns über seine Neuigkeiten zu informieren. Ich fand ihn in einer Haltung, die mich frappierte. Er hatte neben sich einen Holzblock, auf welchem sich Tinte und Papier befanden, und seine Hand, aus der Badewanne herauskommend, schrieb seine letzten Gedanken für das Wohl des Volkes nieder. Gestern ließ mich der Chirurg, der seinen Körper einbalsamiert hat, fragen, nach welcher Art wir ihn für die Blicke des Volkes in der Kirche der Cordeliers ausstellen sollten. Man kann einige Partien seines Körpers keinesfalls entblößen, denn ihr wißt, daß er einen Aussatz hatte und daß sein Blut verbrannt war. Aber ich habe gedacht, daß es interessant wäre, ihn in der Haltung darzubieten, in der ich ihn vorgefunden habe, 'schreibend für das Glück des Volkes'«. Mit letzterer Wendung bezog sich David, unausgesprochen wiederum, auf ein Verfassungsziel, nämlich auf den »bonheur« des Volkes, wie er in der am 23. Juni 1793 vom Konvent beschlossenen Erklärung der Menschen- und Bürgerrechte verankert war[29].

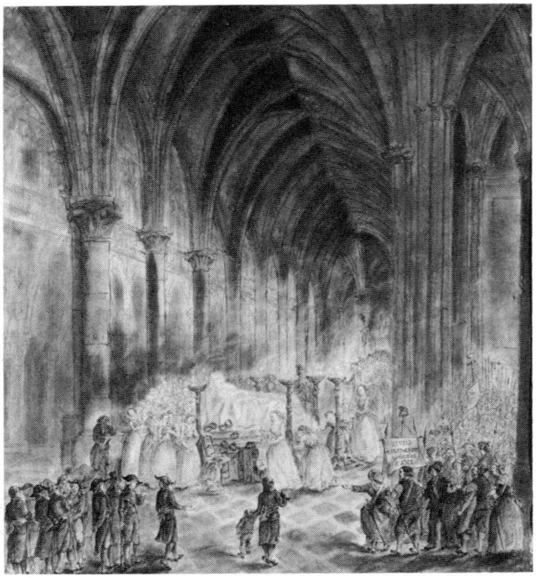

Abb. 17. Anonym: Marat auf dem Totenbett in der Kirche der Cordeliers. 1793 (Versailles, Musée Lambinet)

Die rasch fortschreitende Verwesung erzwang dann eine Aufbahrung in anderer Form am 16. Juli in der Kirche der Cordeliers, und zwar mit einer von Zeit zu Zeit besprengten feuchten Draperie und mit den zur Schau gestellten Reliquien seines letzten Wirkens, Badewanne, Holzklotz, Schreibzeug, blutgetränktem Tuch und blutgetränktem Hemd. Die Situation wird überliefert durch das bekannte Gemälde eines unbekannten Malers im Musée Carnavalet (Abb. 125), sowie durch eine wenig bekannte aquarellierte Zeichnung (Abb. 17) im Musée Lambinet zu Versailles (Quellen XI). Die Zeremonie und die anschließende Beerdigung (Abb. 18) sind später genauer zu besprechen. Das Grab entwarf der Bildhauer J.-F. Martin nach Davids Idee (Quellen XI). Es bestand aus einem Hügel von Steinblöcken und sollte, sagt Alfred Bougeart, eine Anhäufung von Granitfelsen vortäuschen als Symbol der unerschütterlichen Kraft, mit welcher der »Ami du peuple« die Schläge des konterrevolutionären Sturms ausgehalten hatte, Symbol auch der Vergeblichkeit der Anstrengungen der Feinde der Freiheit, Marats Prinzipien auszulöschen (Abb. 19,20). In einer Spalte zwischen zwei dieser Blöcke öffnete sich eine Art von unterirdischem Gewölbe, das ein eisernes Gitter verschloß. Dieses unterirdische Gewölbe habe, so Bougeart, das ganze politische Leben Marats zurückgerufen, seine Leiden und Verfolgungen, seine dreijährige Flucht vor der Polizei und sein Höhlendasein im Dunkel seines Gefängnisses. Auf dem Hügel über diesem »letzten Asyl« Marats erhob sich eine viereckige Pyramide, bekrönt von einer Urne. Darauf stand geschrieben: »Ici repose Marat, l'Ami du peuple, assassiné par les ennemis du peuple, le 13 juillet 1793.« Die Kosten des Grabes beliefen sich auf 668 livres, 2 sous und 8 deniers[30].

Ende Juli wurde ein provisorisches, von den Sansculotten finanziertes »monument funèbre« in Form eines Obelisken bzw. einer Pyramide aus Holz zu Ehren Marats als Vorläufer für ein geplantes Denkmal aus Granit errich-

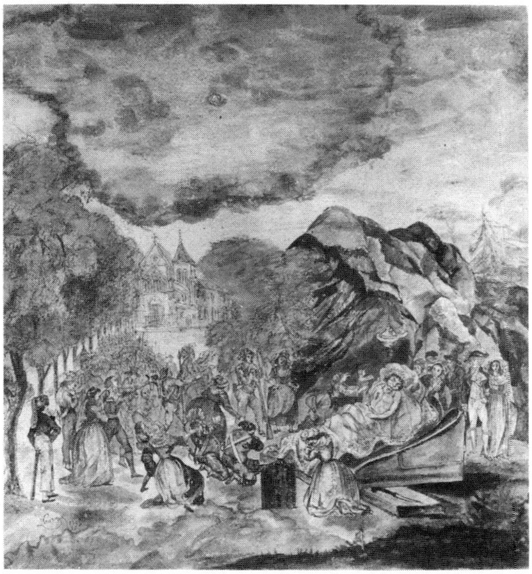

Abb. 18. Laurent: Marats Leichnam im Garten der Cordeliers. 1793 (Versailles, Musée Lambinet)

tet, für das die Sektionskommissare, die »Assemblées populaires« und die »Société révolutionnaire des citoyennes« Sorge trugen (Abb. 21). Es befand sich auf der »Place de la Réunion«, d.h. auf der Place du Caroussel, also auf dem damals zum Teil mit Häusern bebauten Areal zwischen dem Tuilerienschloß als dem Sitz des Nationalkonvents und dem alten Louvre. Das hölzerne Marat-Monument trat an die Stelle der Guillotine. Diese hatte dort vom 21. August 1792 bis zum 7. Mai 1793 ihre Funktion ausgeübt, bevor sie auf der »Place de la Révolution« (Place de la Concorde) neu installiert wurde. Das provisorische Denkmal enthielt im Inneren zwei Sarkophage, einen zu Ehren Marats, den anderen zu Ehren des Polen Lazowski. Letzterer gehörte zu den Helden des 10. August. Nach seinem plötzlichen, möglicherweise durch Gift verursachten Tod hatten die Montagnards die sterblichen Überreste dieses zweiten ihrer Märtyrer nach Davids Planung am 23. April 1793 zur Place du Caroussel getragen und am Fuße des Baums der Brüderlichkeit, wo er das Signal zur Erstürmung der Tuilerien gegeben hatte, beigesetzt. In dem neuen Obeliskenmonument waren in einer Art Krypta außer den beiden Sarkophagen die Badewanne, der Tisch, die Lampe und das Schreibzeug Marats als Reliquien zu sehen. Sie wurden dorthin am 19. August zusammen mit seinem Schreibpapier und einer Porträtbüste feierlich auf Bahren überführt und dann Tag und Nacht von einem Wachposten beaufsichtigt. Der Stich von Nicolas Ransonette zeigt die Einweihung der Marat-Büste und überliefert die auf dem Monument angebrachten Inschriften. An der Stirnfläche des Obelisken standen die Worte: »Au fond de son noir souterrain il fit trembler les traitres«. An der linken Seite, dem Betrachter zugewandt, liest man: »Une main perfide le ravit à l'amour du peuple«. Auf dem Schlußstein der darunter befindlichen Bogenöffnung entziffert man: »Aux mânes de Marat. 13 juillet, an I«. Jede Woche sah man nach Paul Fassy Prozessionen von »clubistes« mit roten Mützen ihre Station am Caroussel machen, gefolgt

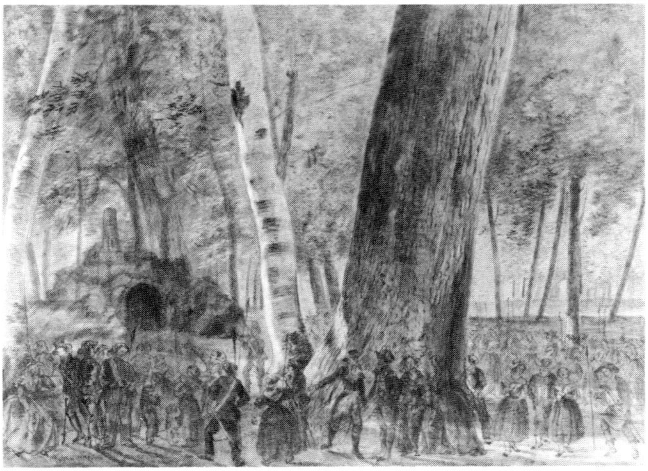

Abb. 19. Charles Thévenin: Das Grab Marats im Garten der Cordeliers. 1793 (Versailles, Musée Lambinet)

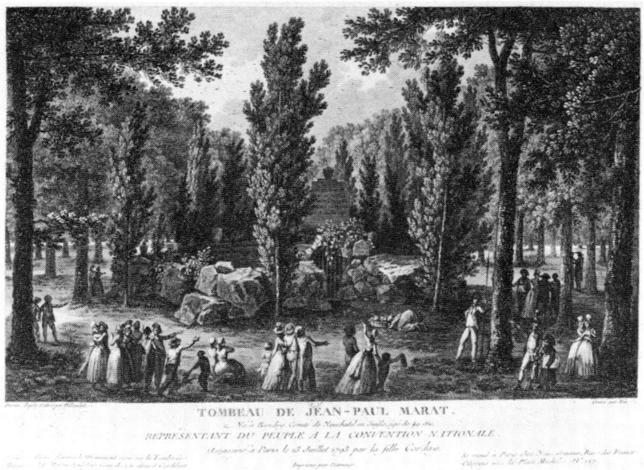

Abb. 20. François Denis Née nach Jean Pillement: Das Grab Marats im Garten der Cordeliers. 1793 (Paris, Bibliothèque Nationale, Cabinet des Estampes)

von Frauen, genannt »Furies de Guillotine«, und angeführt von den Mördern von Avignon und vom 2. September[31].

Am 9. August forderte David im Nationalkonvent die Prägung einer Erinnerungsmedaille für das Verfassungsfest des 10. August, ferner, daß die Verfassungslade und das Faszienbündel der Einheit aus dem Fest im Herzen der Versammlung deponiert würden. Am 10. August wurde unter der Präsidentschaft von Hérault de Séchelles das große, von David organisierte Fest der »Réunion ou de l'Unité et de l'Indivisibilité de la République« mit 200.000 begeisterten Teilnehmern gefeiert (Abb. 22), gipfelnd in der Übergabe der neuen Verfassung und des Faszienbündels der Einheit auf dem Champ de Mars (Quellen III). Zwar gehörte die Place du Caroussel anscheinend aufgrund von Unstimmigkeiten unter den Jakobinern und Cordeliers nicht zu den Stationen des Verfassungsfests. Doch ist festzuhalten, daß das Andenken Marats durch das Monument auf der »Place de la Réunion« unmittelbar mit dem symbolträchtigen Datum der »Réunion« des 10. August und mit dem Sitz des parlamentarischen Souveräns verknüpft worden ist. Am Abend wurde die Verfassung in der prächtigen Lade aus Zedernholz eingeschlossen und im Sitzungssaal des Nationalkonvents zu Füßen des Präsidenten deponiert. Am 13. August erhielt David vom »Comité d'Instruction publique« den Auftrag, dem Nationalkonvent das Projekt der Erinnerungsmedaille für das Fest vom 10. August vorzulegen, was er am 20. August mit einem ausführlichen Bericht auch tat. Auf der einen Seite trage sie die Gestalt der Natur und der rührenden Szene der Wiedergeburt; auf der anderen Seite erblicke man die Verfassungslade und das Bündel, Symbol der Einheit und Unteilbarkeit[32].

Am 5. September begann die Terreur, die Schreckensherrschaft. Am 14. Oktober teilte David dem Konvent mit, daß die Museumssektion sich anschicke, am nächsten Mittwoch die »honneurs funèbres« zum Gedächtnis von Le Peletier und Marat zu veranstalten. Er, David, sei von der »Section du

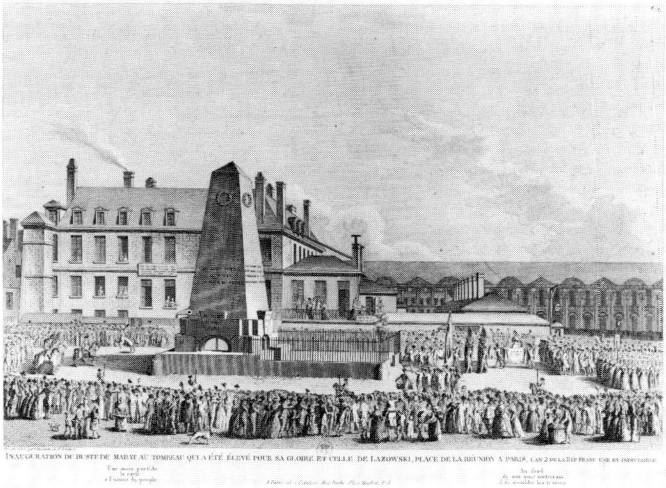

Abb. 21. Nicolas Ransonette: Einweihung des provisorischen Marat-Monuments auf der »Place de la Réunion« (Place du Caroussel). 1793 (Paris, Bibliothèque Nationale, Cabinet des Estampes)

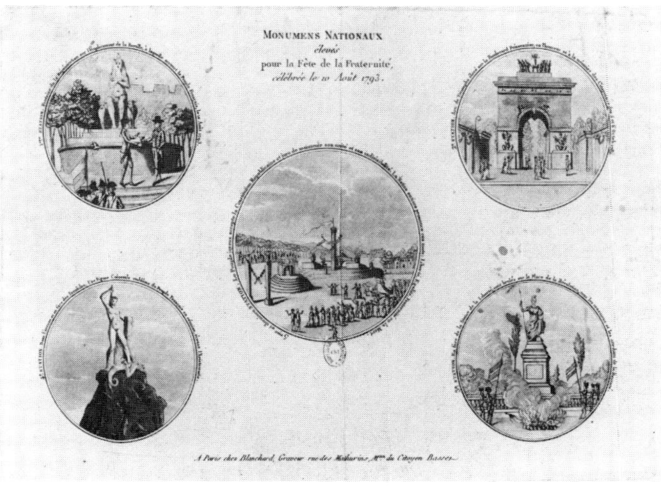

Abb. 22. Anonym, erschienen bei Blanchard: Die fünf Stationen des Verfassungsfests vom 10. August 1793 (Paris, Bibliothèque Nationale, Cabinet des Estampes)

Museum«, und im Herzen des Museums - Davids Atelier befand sich im Louvre - stehe er im Begriff, das Bild zu vollenden, das Marat, »bei seinem letzten Seufzer« darstelle. Dabei bat er seine Kollegen um die Erlaubnis, es vor der Übergabe an sie, zusammen mit dem Le Peletiers, im Louvre seinen Mitbürgern von der Museumssektion zur Bezeigung »der staatsbürgerlichen Ehren« vorstellen zu dürfen. Außerdem bat er darum, beide Bilder bei ihm für etwa zwei Wochen vor den Augen der Öffentlichkeit ausstellen zu dürfen, welche ihm gegenüber oft den Wunsch danach bezeugt habe, und seine Kollegen lade er als erste dazu ein, die beiden Bilder ab nächsten Samstag bei ihm im Louvre zu besichtigen (Quellen XII)[33].

Am Nachmittag des 16. Oktober 1793 war der »Tod des Marat«, in Öl auf Leinwand gemalt, 165 cm hoch, 128 cm breit (Tafel I), zusammen mit dem genauso proportionierten »Le Peletier auf dem Totenbett« (Abb. 6), im Hof des Louvre Ziel einer langen Prozession der Museumssektion. Sie bewegte sich durch die Straßen um den Louvre und betrat die Cour carrée durch die Kolonnade. Die Spitze bildeten Trommler und Kanoniere; dann kamen volkstümliche Vereinigungen mit ihren Abzeichen, die verschiedenen, von ihren Bannern angekündigten Pariser Sektionen und die verfassungsmäßigen Körperschaften, sowie eine bewaffnete Abteilung, voran Fahne und Trommeln, dann die Masse der Museumssektion. Es folgten ein Musikcorps und eine Konventsabordnung, sowie erstmals dienstverpflichtete junge Leute mit Eichenzweigen in der Hand, welche die Bürgerinnen der Sektion einfaßten. Diese waren weißgekleidet, führten ihre Kinder an der Hand und trugen Blumen. Eine Abordnung der Armee beschloß den Zug. Vor den beiden Märtyrerbildern wurde eine Trauerfeier zelebriert mit Hymnen und staatsbürgerlichen, von verschwommener Religiosität gefärbten Reden[34].

5. Übergabe an den Nationalkonvent

Am 7. November 1793 forderte David die Errichtung einer 15 Meter hohen Kolossalfigur auf dem Pont-Neuf, darstellend das französische Volk über den zu einer »montagne« getürmten Trümmern der Königsstatuen von Nôtre-Dame. »Dieses Bildnis, imposant durch seinen Charakter von Kraft und Einfachheit, trage auf der Stirn in großen Lettern das Wort: 'Lumière'; auf der Brust: 'Nature, Vérité; auf den Armen: 'Force'; auf den Händen: 'Travail'.« In der einen Hand hätte die Gestalt die Personifikationen der Freiheit und Gleichheit halten sollen. Die Keule in der anderen Hand sei »schrecklich und wirklich, angesichts derer die des alten Herkules nichts als ein Symbol war«. Die Begründung dafür ergibt sich aus dem zehn Tage später, am 17. November, erlassenen Dekret des Nationalkonvents über die Errichtung dieser Statue. Die Keule hätte nämlich die Menschenrechte, die Verfassung in Erz, die Medaille zur Erinnerung an das Verfassungsfest des 10. August und das Dekret selbst in sich bergen sollen[35].

Zwischen diese beiden parlamentarischen Verlautbarungen über die geplante Kolossalfigur des französischen Volkes mit ihrer Verfassungskeule fiel die Übergabe des Marat-Bildes an den Nationalkonvent. Sie erfolgte am 24. Brumaire des Jahres II (14. November 1793). Im Salon von 1793 war David bezeichnenderweise nicht vertreten. Seine Kunst war zur Politik geworden. Ihr Forum hatte sich in den Nationalkonvent verlagert. Wie im Falle der Auftragserteilung muß auch hier der Stellenwert des Ereignisses im Rahmen des Sitzungsablaufs beachtet werden. Die einzelnen Wortmeldungen, die der Rede Davids vorausgingen, vor allem aber das parlamentarische Ritual, das ihr folgte, standen, wie sich noch zeigen wird, in engem inhaltlichen Bezug zum Gemälde. Wiederum scheint es, daß der Maler die Regie der Konventssitzung beeinflußt hat. Präsident der Sitzung war P. A. Laloy (1749-1846), Advokat und Abgeordneter von Haute-Marne. Vier Tage zuvor, am 10. November, hatte er an der Spitze des geschlossen erschienenen Nationalkonvents am »Fest der Vernunft« in Nôtre-Dame teilgenommen. Die »Vernunft«, dargestellt durch die Bürgerin Momoro, war dabei von ihrem Thron herabgestiegen und hatte den Konventspräsidenten Laloy geküßt[36].

Zu Beginn[37] gab der Präsident das Schreiben eines Kuriers bekannt, wonach Lecarpentier, Volksvertreter aus der Nachbarschaft der Ardennenarmee, zwei Pakete abgesandt habe, das eine an den Präsidenten des Nationalkonvents, das andere an den Wohlfahrtsausschuß (»Comité de salut public«), d.h. an die seit dem 25. März 1793 amtierende Regierungsbehörde des Nationalkonvents, in der seit seiner Zuwahl am 27. Juli Robespierre den Ton angab. Ein Zivilkommissar des Exekutivrates (»conseil exécutif«) habe das erste Paket in Saint-Germain-en-Laie zurückgehalten und nur das zweite passieren lassen. Dieser Fall bot Anlaß zur Empörung. Der Abgeordnete Merlin verlangte, den Kommissar zur Rechenschaft zu ziehen. Der Abgeordnete Clausel verwies auf eine vom Exekutivrat bislang nicht durchgeführte Verfügung des Konvents über die Entlassung der Zivilkommissare, welchen man die Unbotmäßigkeiten unserer Armeen verdanke, und forderte die Durchführung dieses Gesetzes. Es sei Zeit, diese öffentlichen Blutsauger zu entfernen. Die Anträge von Merlin und Clausel wurden durch Dekret bestätigt.

Darauf folgte das Schreiben des angeklagten Generals Houchard, Oberbefehlshaber der Nordarmee, an den Konvent mit der Bitte um Beschleunigung seines Verfahrens, damit er seine Unschuld durch seine Armeekameraden bezeugen lassen könne. Houchard hatte in der Schlacht von Hondschoot bei Dünkirchen am 6.-8. September durch sein Zaudern nur einen halben Sieg errungen und am 13. September bei Menin eine Niederlage erlitten, war daraufhin abgesetzt und am 20. September verhaftet worden. Am 15. November wurde er hingerichtet. Houchard äußerte in dem Schreiben sein Erstaunen über die Anklage, er, der doch bis zu 40mal den Feind erfolgreich zurückgeschlagen, 82 Kanonen erbeutet, 3 Generäle bei Hondschoot getötet und Dünkirchen befreit habe. Darauf erklärte der Abgeordnete Levasseur, daß Houchard nicht die Wahrheit sage. Vielmehr habe er Houchard seinerzeit gesehen, wie er sich hinter einer Hecke versteckte. Vor dem Revolutionstribunal würden die Zeugen die Wahrheit sagen. Dann ging man zur Tagesordnung über.

Danach verabschiedete der Konvent zwei Dekrete. Das erste betraf den Widerruf eines Erlasses, betreffend die Bürgerin Egalité, sowie deren Überstellung durch das »Comité de sûreté générale« nach Paris, um entsprechende Maßnahmen im Interesse der allgemeinen Sicherheit zu ergreifen. Dabei handelte es sich um die seit 1792 von ihrem Mann getrennt lebende Gemahlin des Herzogs Louis Philippe von Orléans, der, Jakobiner und Abgeordneter der Montagnards, sich selber den Namen Philippe Egalité beigelegt hatte, dann aber wegen des Verdachts, nach der Königskrone zu streben, am 6. November 1793 hingerichtet worden war. Das zweite Dekret bekräftigte abermals ein älteres Dekret, das am 28. Juli, d.h. zwei Wochen nach Marats Ermordung, erlassen worden war und Cussy, den ehemaligen Abgeordneten von Calvados, d.h. der Heimat der Charlotte Corday, zum Vaterlandsverräter erklärt hatte.

An dieser Stelle ergriff David das Wort zu der Rede, mit welcher er die Übergabe seines Gemäldes erläuterte. Er sagte (Quellen XIII):

> »Bürger, das Volk forderte seinen Freund zurück, seine verzweifelte Stimme ließ sich vernehmen, es rief nach meiner Kunst, es wollte die Züge seines treuen Freundes wiedersehen: David! Nimm deine Pinsel, rief es, räche unseren Freund, räche Marat; aufdaß seine besiegten Feinde noch beim Anblick seiner entstellten Züge erbleichen, zwinge sie, das Los dessen zu beneiden, den sie, da sie ihn nicht korrumpieren konnten, feige ermorden ließen. Ich habe die Stimme des Volkes vernommen, ich habe gehorcht.
>
> Eilt alle herbei! Mutter, Witwe, Waise, unterdrückter Soldat, ihr alle, die er unter Gefahr seines Lebens verteidigt hat, tretet näher! und betrachtet euren Freund; der, der die Wache hielt, ist nicht mehr; seine Feder, der Schrecken seiner Verräter, seine Feder entgleitet seinen Händen. O Verzweiflung! unser Unermüdlicher ist gestorben. Er ist gestorben, euer Freund, indem er euch sein letztes Stück Brot gab; er ist gestorben, ohne selbst irgendetwas zu besitzen, um sich beerdigen zu lassen. Nachwelt, du wirst ihn rächen; du wirst unseren Enkeln sagen, wieviel er an Reichtümern hätte besitzen können, hätte er die Tugend nicht dem Glück vorgezogen. Menschheit, du wirst denen, die ihn einen Blutsäufer nannten, sagen, daß dein geliebtes Kind niemals, daß Marat dir niemals Anlaß zu Tränen gegeben hat.
>
> Dich selbst beschwöre ich, abscheuliche Verleumdung; ja, eines Tages, und dieser Tag ist nicht fern, werde ich dich mit deinen beiden Händen deine ausgetrockneten Schlangen erwürgen sehen, sterbend vor Wut und deine eigenen Gifte schlürfend. Dann wird man sehen, wie sich die erschöpfte, verwirrte Aristokratie nicht mehr zu zeigen wagt.
>
> Und du, Marat, auf dem Grund deines Grabes werden deine Überreste sich freuen, du wirst deine sterbliche Hülle nicht mehr beklagen, deine ruhmreiche Arbeit wird erfüllt sein; und das Volk, ein zweites Mal deine Mühen krönend, wird dich auf seinen Armen ins Panthéon tragen.
>
> Euch, meine Kollegen, bringe ich die Huldigung meiner Pinsel dar; indem eure Blicke die fahlen und blutbefleckten Züge Marats durchwandern, werden sie euch an seine Tugenden erinnern, die niemals aufhören dürfen, die euren zu sein.
>
> Bürger, als unsere Tyrannen, als der Irrtum noch die öffentliche Meinung fehlleiteten, trug diese öffentliche Meinung Mirabeau ins Panthéon. Heute haben die Tugenden und Anstrengungen des Volkes jenes Ansehen zerstört; die Wahrheit zeigt sich, vor ihr zerrinnt der Ruhm des Freundes der Könige wie ein Schatten, auf daß das Laster, auf daß der Betrug aus dem Panthéon entfliehen, das Volk beruft den hinein, der es niemals betrog. Ich fordere für Marat die Ehren des Panthéon.«

Unmittelbar darauf ergriff der Montagnard Gilbert Romme das Wort. Er sagte: »Ich verlange ebenfalls für Marat die Ehren des Panthéon. Außerdem verlange ich, daß die Bilder von Marat und Lepeletier gestochen und dem beauftragten Stecher 10.000 livres für jedes Bild ausgehändigt werden, ferner, daß David die Stichausführung überwache und daß ihm die Platten übergeben werden.« Nun wurden Marat die Ehren des Panthéon zuerkannt. Die Vorschläge von Romme wurden durch Dekret sanktioniert.

Romme fuhr fort: »Da ihr Marat die Ehren des Panthéon zugestanden habt, verlange ich den Widerruf der Verordnung, wonach diese Ehren einem Bürger erst zehn Jahre nach seinem Tod zuerkannt werden können«. Darauf erklärte der Abgeordnete Charlier, er habe sich den für den »Ami du peuple« beschlossenen Ehren nicht widersetzt; die öffentliche Meinung rufe ihn seit langem ins Panthéon. Doch widersetze er sich dem von Romme geforderten Widerruf der Verordnung. Das Leben eines Bürgers müsse geklärt sein (»éclairée«), bevor sein Andenken geehrt werde. Charlier forderte deshalb, daß im Dekret für Marat die Ausnahmebestimmung verankert werde. Dieser Vorschlag wurde angenommen. Auf Vorschlag von Merlin verordnete der Konvent sodann die Einfügung der Rede Davids ins Bulletin. Nachdem der Abgeordnete Granet verlangt hatte, daß Mirabeau aus dem Panthéon entfernt werden solle, um Marat Platz zu machen, stellte der Präsident fest, Marat solle niemanden ersetzen. Diese Meinung sei »souverän«, meinte darauf Sergent, dies sei die Stimme des Volkes. Das »Comité d'instruction publique« sei mit einem Bericht über Mirabeau beauftragt worden, und er verlange, daß er demnächst gemacht werde. Auch dies wurde dekretiert.

Das all diese verschiedenen Vorschläge betreffende Dekret wurde in folgendem Wortlaut angenommen (Quellen XIV):

»Art. I. Die Ehren des Panthéon sind für Marat beschlossen worden, den Freund und Vertreter des Volkes. Der Nationalkonvent handelt damit dem Dekret vom ... bezüglich des Zeitraums, in welchem diese Ehren beschlossen werden müssen, zuwider.

II. Das Comité d'instruction publique wird den Plan für die Zeremonie vorlegen.

III. Die Bilder Le Peletiers und Marats, gemalt von David und von ihm der Nation dargebracht, werden im Sitzungsort der Volksvertreter angebracht.

IV. Sie werden unter der Leitung Davids, der selbst die Stecher auswählt, gestochen werden.

V. Das nationale Schatzamt wird 24.000 livres zur Verfügung des Innenministers bereitstellen, um die Kosten für Stich und Druck zu subventionieren.

VI. Tausend Exemplare von jedem Stich werden an die Volksvertreter und an die Départements verteilt; der Rest wird in den Archiven deponiert.

VII. Nachdem tausend Exemplare abgezogen sind, verbleiben die Platten bei David.

VIII. Nachdem die Bilder an Ort und Stelle der Sitzungen des Nationalkonvents gestochen worden sind, können sie daraus durch die Gesetzgeber, die ihm folgen werden, unter keinerlei Vorwand mehr entfernt werden.«

Nun baten zwei verwundete Soldaten, der eine aus der Nordarmee, der andere aus der Armee in der Vendée, den Konvent um Hilfe. Darauf meldete sich der Abgeordnete Richard zu Wort: »Der Konvent hat beschlossen, den Müttern und Frauen der Vaterlandsverteidiger seine Hilfe zu gewähren. Unterdessen sind die betroffenen Bürgerinnen nicht in den Genuß der Wohltaten dieses Dekrets gekommen. Sie erhalten bislang nicht die Entschädigung, auf die sie ein Recht haben«. Richard forderte deshalb vom »Comité des secours« einen Bericht über die Durchführung des Dekrets. Sodann erstattete die Abordnung eines nach Alan entsandten Trupps der Revolutionsarmee Meldung über die schlechte Qualität des Brotes, mit dem sie versorgt werde. Sie wurde an den Kriegsminister verwiesen.

Darauf trug die Gemeinde von Choisi-sous-Eionne das priesterliche Schrifttum (»les lettres de prêtrise«) des Pfarrers und des Kaplans zusammen mit dem Silberzeug (»argenterie«) ihrer Pfarrei, d.h. also wohl vor allem Meßbücher und Meßgeräte, herbei und bat im Austausch um die Büste von Marat. Auch begehrte sie, ihren Namen in »Choisi-Marat« umzuändern. Dann bot die Gemeinde Fontainebleau 216 Silbermark an. Die Gemeinde von Orbec im Département Calvados, aus dem sich seinerzeit Charlotte Corday zum Attentat nach Paris aufgemacht hatte, bat den Konvent darum, auf dem Posten zu bleiben. Die Gemeinden von Dorce, Boulogne und Belleville offerierten sodann das Silbermobiliar aus ihren Kirchen. Dasselbe tat die Gemeinde von Saint-Cloud. Sie bat darum, in Zukunft den Namen »Pont la Montagne« tragen zu dürfen. Alle Eingaben wurden an die zuständigen Comités verwiesen.

Bürger des Département Vaucluse dankten dem Konvent für die Schaffung dieses Départements und baten ihn, auf seinem Posten zu bleiben, sowie darum, daß Poullier und sein Kollege, beide abgesandt zum Organisieren des Département Vaucluse, in ihrer Aufgabe fortfahren sollten. Ein gewisser Pons aus Verdun verlas ein langes Projekt für ein Dekret zur Zerstörung aller Überreste des Feudalsystems, worauf sich eine Diskussion anschloß.

Sodann stellte die »Société populaire« von Clermont-sur-Oise dem Konvent erstens eine Frau namens Barbier vor, die sich wegen einer staatsbürgerlichen Aktion eine Krone von Eichenlaub verdient habe. Es wurde auf die Requisitionen zur Versorgung des Vaterlandes hingewiesen, wobei es jedoch an Pferden zur Überführung dieser Hilfsmittel nach Paris gefehlt habe. Die Bürgerin Barbier meldete sich zu Wort und lud ihre »Schwestern« zur Nachahmung ein: Sie seien es gewesen, welche die Wagen nach Paris geführt hätten. Zweitens stellte die genannte »Société populaire« einen ehemaligen Priester und eine ehemalige Nonne als Ehepaar vor. Die Bürgerin Barbier, mit einer besonderen Mission der »Société populaire« von Mery beauftragt, erhielt das Wort, machte dem Vaterland mehrere Gold- und Silbergegenstände zum Geschenk und bekam dafür eine ehrenvolle Erwähnung im Bulletin. Nun kam der Priester an die Reihe. Er berichtete dem Konvent über die Verehelichung mit seiner Begleiterin, der ehemaligen Nonne. Dieser sei aufgrund ihrer staatsbürgerlichen Gesinnung die Ehre zuteil geworden, in einer öffentlichen Zeremonie die »Freiheit« darzustellen. Ihrerseits bat sie den Konvent um die Erlaubnis, ihrem Namen denjenigen der »Freiheit« hinzufügen zu dürfen.

Dieser Teil der Petition gab Anlaß zu Debatten. Merlin bezweifelte, daß man Namen dieser Art annehmen könne. Die Liberté, die Egalité, sagte er, gehörten der ganzen Republik; alle Franzosen sollten sie lieben, aber niemand sie als Namen tragen. Merlin verlangte die Tagesordnung über diese Petition. Darauf meldete sich nochmals Romme zu Wort. Auch er fordere die Tagesordnung, aber aus einem anderen Grund. Er denke, daß jeder frei sei, den ihm liebsten Namen anzunehmen. Würde der Konvent derartige Ausnahmen bestätigen, so müßte man die Liste der staatsbürgerlichen und moralischen Tugenden auf den Index setzen, was eine Verletzung der Freiheit sei. Mit dieser Begründung ging der Konvent zur Tagesordnung über.

Zum Schluß verlas ein Sekretär den Brief eines Offiziers in den Armeen der Republik namens Aubry, Sohn der vom Revolutionstribunal zum Tode verurteilten Olympe de Gonges. Der Sohn sagte sich darin von dieser Frau los. Er beklagte sich, nur deshalb entlassen worden zu sein, weil sie ihn geboren habe. Indessen sei er weit davon entfernt, die unstaatsbürgerlichen Ansichten seiner Mutter zu teilen; und die zahlreichen Beweise seiner staatsbürgerlichen Gesinnung, sein Blut, das er bei mehreren Gelegenheiten vergossen habe, würden dies beweisen; feierlich beteuerte er seine Ergebenheit der Republik. Darauf wurde die Übersendung des Briefes an den Kriegsminister beschlossen und festgestellt, daß dieser den Offizier wieder einsetzen werde, sofern es für seine Entlassung keinen anderen Grund als die Verurteilung seiner Mutter gegeben habe.

Die Sitzung wurde um 4 Uhr geschlossen.

6. *Wachsamkeit und Vervielfältigung*

Der Text von Davids Rede, gedruckt auf Befehl des Nationalkonvents, will Wort für Wort gelesen sein. Wir haben ihn hier neu übersetzt, da die älteren Übersetzungen von Lankheit und Katharina Scheinfuß in einigen, scheinbar geringfügigen, tatsächlich jedoch bedeutungsschweren Nuancen von der originalen Aussage und damit von Davids eigener Sicht seines Werkes abweichen. Er enthält manchen Fingerzeig für die Deutung des Bildes. Hier sei zunächst der konstitutionelle Zusammenhang betont.

In Anbetracht der Konventssitzung vom 14. Juli konnte David mit Fug und Recht sagen, den Auftrag zu dem Bild vom »Volk« erhalten zu haben. Die »honneurs funèbres« am 16. Oktober im Louvre-Hof und die öffentliche Besichtigung in Davids Atelier können als plebiszitäre Bestätigung des Volksauftrages verstanden werden. Nun übergab der Volksvertreter seinen »Kollegen« die »Huldigung seiner Pinsel« (Quellen XIII). Die grundsätzliche Bedeutung des Vorgangs bestand darin, daß der demokratische Souverän sich das von einem seiner Mitglieder auf Geheiß des Volkes geschaffene Kunstwerk in einem Akt des Parlamentarismus zu eigen gemacht hat, um es für immer an seinem Tagungsort vor Augen zu haben. Der ständigen Anbringung der beiden Märtyrerbilder im Nationalkonvent, sanktioniert durch das Dekret vom 14. November 1793 (Quellen XIV), kam im Sinne der Verfassung Gesetzesrang zu und im tieferen, Rousseauschen Sinn auch Gesetzeskraft. Das durch Chabot am 14. Juli 1793 angestimmte konstitutionelle Verständnis des Attentats auf Marat war damit ans Ziel gelangt.

Auch darf die Rede nicht, wie bisher stets geschehen, aus ihrem parlamentarischen Kontext herausgelöst werden. Berücksichtigt man den Gesamtzusammenhang, so erweist sich die Übergabe des Bildes als feierlicher Höhepunkt einer Tagesordnung, deren symbolträchtiger Ablauf durchaus in Analogie zum revolutionären Festwesen gesehen werden kann. Der Brennpunkt der rituellen Sinnbezüge lag dabei im Gemälde Davids. Wir werden bei der Interpretation darauf zurückkommen.

Eine erste parlamentarische Funktion des Kunstwerks liegt jedoch hier schon klar auf der Hand. Der »Tod des Marat« sollte, ebenso wie »Le Peletier auf dem Totenbett«, die Abgeordneten zur Wachsamkeit mahnen. Deshalb besteht ein innerer Zusammenhang zwischen Davids Aussage »der, der die Wache hielt, ist nicht mehr« und der aus dem Département Calvados, d.h. aus der Heimat der Charlotte Corday vorgetragenen und von Bürgern des Département Vaucluse wiederholten Bitte an den Nationalkonvent, auf dem Posten zu bleiben. Auch den konstitutionellen Gehalt der Wachsamkeit hat David beim Namen genannt. Der Blick auf die fahlen, blutbefleckten Züge Marats werde die Abgeordneten an Marats Tugenden erinnern, die nie aufhören sollten, auch die ihren zu sein. Beim Fest der »Réunion ou de l'Unité et de l'Indivisibilité de la Republique« am 10. August hatte nach Davids Planung der Konventspräsident die Verfassung unter den Schutz aller Tugenden gestellt, welche auch Gegenstand des einschlägigen Medaillendekrets waren (Quellen III).

Die Verbreitung durch Reproduktion war deshalb ein demokratisches

Anliegen. Bereits am 24. November 1793 richtete die »Société populaire des Gardes françaises« ein Gesuch an den Nationalkonvent, die Bilder Le Peletiers und Marats in allen Revolutionstribunalen anzubringen[38]. Verschiedene Formen der Vervielfältigung sind dokumentiert. Am 10. Mai 1794 beschloß der Nationalkonvent einen Gobelinauftrag nach beiden Gemälden. Im Nachlaß Davids befanden sich zwei Kopien des Marat-Bildes[39]. Wie eng David die Vervielfältigung seiner beiden Bilder in konstitutionellem Zusammenhang sah, zeigt der Wortlaut seiner Empfehlung vom 13. Januar 1794 an den Konvent, die beiden Künstler Jean Baptiste Wicar und Anatole Devosge für ihre gezeichneten Kopien nach dem »Marat« und dem »Le Peletier« (Abb. 6) zu belobigen. Die Erinnerung an die Royalistenmorde zu verewigen, so David, sei Aufgabe des Konvents, des Stifters einer Republik auf der Basis der Gleichheit und Freiheit und der »Vertreter eines Volkes, das keine andere Unterscheidung kennt als diejenige nach Tugenden und Talenten.« Die natürlichen Rechte der Gleichheit und Freiheit waren in Artikel 2 der Menschen- und Bürgerrechtserklärung vom 23. Juni verankert, ebenda in Artikel 5 die Zulassung aller Bürger für öffentliche Aufgaben, wobei die freien Völker keine anderen Auswahlgründe kennen würden »als die Tugenden und Talente«. Schon in seiner Rede bei der Übergabe des Le-Peletier-Bildes an den Nationalkonvent hatte David auf diesen Grundsatz angespielt (Quellen I). Das alleinige Auswahlkriterium nach Tugenden und Talenten war bereits in der Menschen- und Bürgerrechtserklärung vom 26. August 1789 (Artikel 6) und in den Grundsatzbestimmungen der Verfassung von 1791 (Artikel 1) enthalten[40].

Am 7. Februar 1794 präsentierte der Stecher Jean-Antoine Constantin den Jakobinern einen Stich des Marat-Bildes. David traf dann aber am 14. Februar mit dem Stecher Antoine-Alexandre Morel eine vertragliche Vereinbarung zur Wiedergabe des »Marat«, wonach die Platte im Dezember 1794 abzuliefern sei. Eine Quittung vom 1. Januar 1795 belegt, daß Morel seinen Auftrag erfüllt hat. Den »Le Peletier« hatte der Stecher Pierre-Alexandre Tardieu zu reproduzieren[41]. Die Zeichnung von Devosge (Abb. 6) ist ein Bilddokument ersten Ranges, weil sie das verschollene Gemälde als Ganzes überliefert. Auch Etienne Delécluze, ebenfalls Schüler Davids und späterer Biograph des Meisters, hat eine Zeichnung nach dem Le-Peletier-Bild angefertigt. Von Tardieus Stich nach dem Gemälde hat sich lediglich ein beschädigtes Exemplar ohne obere Hälfte erhalten (Abb. 115). Was aus den »Marat«-Stichen geworden ist, wissen wir nicht[42].

Wichtiger ist für uns der geplante Verwendungszweck der Stiche, nämlich, laut Dekret des Nationalkonvents vom 14. November 1793, sie jeweils in 1000 Exemplaren herzustellen, an jeden Abgeordneten, sowie an jede Départmentverwaltung je ein Exemplar zu verteilen und den Rest der Auflage in den Archiven zu deponieren (Quellen XIV)[43]. Die bildliche Mahnung zur Wachsamkeit wäre also auch unabhängig vom Konventsraum in individueller bzw. behördlicher Zuständigkeit gestreut worden.

7. Der Sitzungssaal und seine Ausstattung

Als Sitzungssaal diente dem Nationalkonvent das kleine ehemalige, 1660 bis 1662 von Le Vau erbaute Hoftheater in den 1871 abgebrannten Tuilerien. Den hauptsächlichen Zugang bildete nach Michelet »die scheußliche Gasse Delorme, eng, schmutzig und stinkend, zwischen hohen schwarzen Hinterhäusern, Sammelplatz der Abfälle der Rue-Saint-Honoré«. Für die Menge war es schwierig, sich von dort über die schmalen Treppen und Gänge des Schlosses Zutritt zu dem viel zu engen, 60 Fuß hohen, 130 Fuß langen und 45 Fuß breiten Saal zu verschaffen, in welchem die 750 Mitglieder des Nationalkonvents bei schlechter Akustik ihre Debatten führten. Michelet hat ihn in düsteren Farben geschildert, als ein Gefängnis, eine Gruft: »Alle litten vom ersten Augenblick an darunter, einander so nahe zu sein. Der kleine Raum, der die Todfeinde trennte, erlaubte keinem Wort, keinem feindlichen Blick, sich unterwegs abzuschwächen. Die einen wie die anderen wurden von lebhaften Angriffen auf der Stelle niedergedonnert. Selbst in den Zeiten des Waffenstillstandes herrschte die ungesunde Luft des Hasses hier im Saal.« Seiner ursprünglichen Theaterfunktion nach war er für die Nacht und künstliche Beleuchtung berechnet. Ansonsten herrschte darin Dämmerung. Wie der Stich von Jean Duplessi-Bertaux (1747-1819) zeigt (Abb. 23), fiel das Tageslicht lediglich durch eine sehr hoch ansetzende Reihe von fünf Fenstern und Lunetten an einer der beiden Langseiten, d.h. vom Garten her ein. Ihre Gestaltung entsprach derjenigen der fünf rechteckigen bzw. lunettenförmigen Logenemporen im Mittel- und Obergeschoß auf der gegenüberliegenden Langseite. Die Orientierung dieses länglichen Kastenraums hatte man für den neuen parlamentarischen Zweck um neunzig Grad gedreht. Die ehemalige Logenlangseite war dadurch zur neuen, gegen die Place du Caroussel gerichteten Stirnseite geworden. Dort befand sich die Präsidententribüne mit dem von David entworfenen Präsidentenstuhl als erhöhte Mitte vor der zentralen Öffnung der untersten, hier auf drei reduzierten Logenreihe und

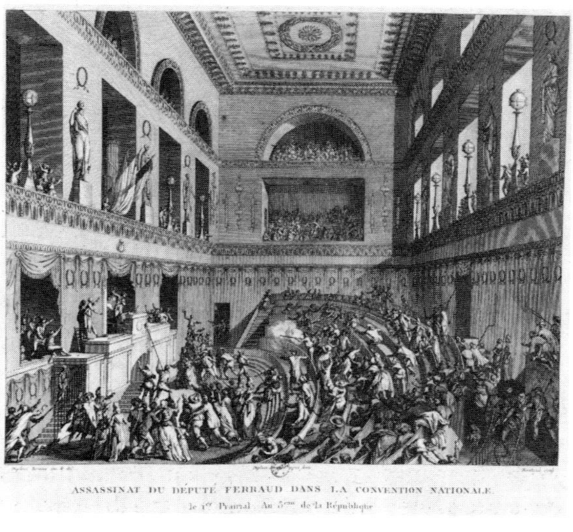

Abb. 23. Jean Duplessi-Bertaux: Der 1. Prairial des Jahres III (20. Mai 1795). Vor 1801 (Paris, Bibliothèque Nationale, Cabinet des Estampes)

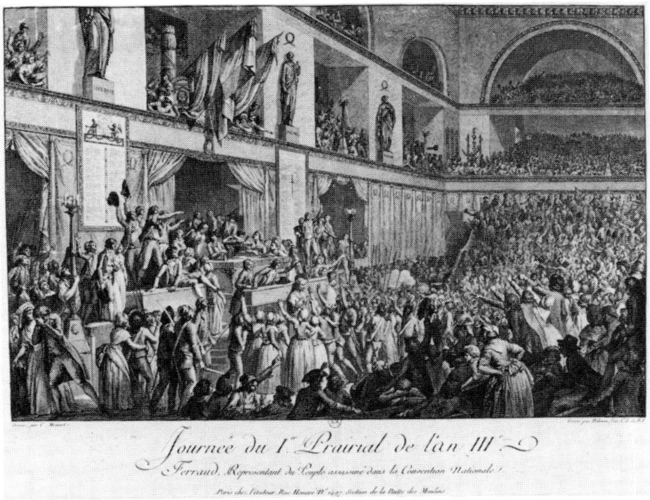

Abb. 24. Isidore Stanislas Helman nach Charles Monnet: Der 1. Prairial des Jahres III (20. Mai 1795). 1796/97 (Paris, Bibliothèque Nationale, Cabinet des Estampes)

darüber eine Uhr. Den Tisch des Präsidenten flankierten, tiefer gestaffelt, die Tische der Schreiber. Ein wenig davor und darunter kam nach der für künftige Parlamente typenbildenden Anordnung die Rednertribüne. Auf diese Symmetrieachse waren die konzentrisch nach Art eines Amphitheaters ansteigenden zehn Sitzreihen der Abgeordneten ausgerichtet. Die Anräume und Logen boten Platz für 1400 Zuhörer. Die Situation bestätigt ein anderer Stich, geschaffen von Isidore Stanislas Helman (1743-1806?) nach Charles Monnet (1732-1808). Er vermittelt trotz der horizontalen Dehnung der steilen Proportionen zugleich einen guten Eindruck von der körperlichen Bedrängnis, der die Abgeordneten ausgesetzt waren (Abb. 24). Die beiden Stiche bildeten offenbar eine Grundlage für die ausführliche Beschreibung des Saals in Victor Hugos Roman »Quatrevingt-Treize«, erschienen 1874. Im Jahre 1796 wurde er als Versammlungsraum des »Rates der Alten« genutzt und seine Dekoration z.T. verändert. Dies geht u.a. aus einer 1797 vom deutschen Baumeister Friedrich Gilly gezeichneten Innenansicht, die eine noch präzisere architektonische Vorstellung als die beiden Stiche vermittelt, und aus einer Tagebuchnotiz Wilhelm von Humboldts aus dem Jahre 1798 hervor (Abb. 25). 1806 wurde der Saal von Pierre François Fontaine für Napoleon wieder in ein Theater umgewandelt[44].

Besondere Bedeutung kommt dem Ausstattungsprogramm der Präsidiumswand zu. Es war das Ergebnis einer schrittweisen Vervollständigung, die ihren vorläufigen Abschluß mit der Übergabe des Marat-Bilds an den Nationalkonvent fand.

Der Beschluß, das Theater in den Tuilerien als Halle der Legislative zu nutzen, war im September 1792 noch durch die alte Nationalversammlung gefällt worden. David gehörte dem vierköpfigen Ausschuß für die Neugestaltung an. Durchführt wurde sie vom Architekten Guy Gisors (1762-1835), dessen Projekt dank Davids Fürsprache den Zuschlag erhalten hatte. Über den Türen eines vorgelagerten Eingangsraums wurden die Attribute der Freiheit und Gleichheit, sowie bronzierte Stuckmedaillons angebracht. Sie stellten Brutus und Solon dar. Von da kam man in den sog. Salon der Freiheit. Er war bemalt mit Steinimitation und beherbergte Antoine Léonard Dupasquiers kolossale bronzierte Statue einer thronenden »Freiheit«. In der Linken hielt sie eine phrygische Mütze, in der Rechten einen Globus, mit den Füßen trat sie auf ein zerbrochenes Joch. Am 21. Juli 1793 bot ein Bürger namens d'Issy ein der Erinnerung an Marat gewidmetes Gemälde an. Es wurde im selben Salon der Freiheit untergebracht, ebenso anläßlich der Feier des 10. August 1793 die Statuen von Voltaire und Rousseau, sowie vermutlich dann eine am 6. August 1793 genehmigte Marat-Büste. Im Saal des Nationalkonvents selbst wurden im Obergeschoß auf die Wandstücke zwischen den Logenemporen der Langseite über dem Präsidium acht Fuß hohe, also relativ großformatige Figuren gemalt, entworfen von Gisors. Der Maler hieß Jean-François Strasbeaux. Die Bilder täuschten Bronzestatuen vor und stellten dar: Demosthenes, Lykurg, Solon und Platon. Ihnen antworteten auf der gegenüberliegenden Langwand die fingierten Standbilder von Camillus, Publicola, Brutus und Cincinnatus. Die Staatstugenden dieser antiken Persönlichkeiten sind zumeist bei Plutarch überliefert. Über den vom Acker zur Diktatur berufenen und nach erledigtem Auftrag zu seinem Acker zurückgekehrten Cincinnatus berichtet Livius. In den Ecken waren Faszienbündel und Legionszeichen gemalt. In der unteren Zone wurde eine Drapierung von grünem Stoff angebracht. Er war mit Kränzen und roten Bordüren geschmückt und wurde von gleichfalls roten Schnüren gerafft. In diesen ihren neuen Konventssaal sind die Volksvertreter, die bis dahin in der Manège getagt hatten, am 10. Mai 1793, also noch zu Lebzeiten Marats, eingezogen[45].

Einen weiteren Bestandteil des Wandprogramms legte die Verfassung vom 24. Juni 1793 fest. In Artikel 124, ihrem letzten, bestimmte sie, daß die Erklärung der Menschenrechte (Abb. 7) und die Verfassungsakte auf Tafeln im Herzen des gesetzgebenden Körpers und in den öffentlichen Orten zu gravieren seien. Das Musée Carnavalet besitzt davon je ein untermannshohes, nach Art von Tafelbildern mit einem - wohl modernen - grün gestrichenen Rahmen eingefaßtes Exemplar. Das Material ist weißes Papier. Auf weißem Grund ist der Text der 1793 beschlossenen Erklärung der Menschen- und Bürgerrechte bzw. der Verfassungsakte schwarz aufgedruckt. Laut Firmeninschrift rechts unten wurden sie hergestellt und gedruckt in der »manufacture des papiers peints« der Bürger Daguet in Paris, boulevard du temple, Nr. 27. Die ebenfalls aufgedruckte Rahmenbordüre besteht in beiden Fällen aus grünem Eichenlaub mit bronzierten Höhungen. Oben in der Mitte wird das Dreieck mit dem Auge Gottes jeweils flankiert von weiblichen, monochrom grünen Allegorien. Grün ist auch das von Trikolorenbändern umwickelte Faszienbündel, das die Symmetrieachse für die beiden Schriftkolumnen bildet. Dieser Gestaltung entspricht ziemlich genau die Tafel mit den Menschen- und Bürgerrechten links im Stich von Helman/Monnet (Abb. 24). Auch hier ist deshalb für das Faszienbündel und die das Dreieck mit dem Auge Gottes flankierenden Allegorien, vor allem aber auch für die Eichenlaubbordüre eine grüne Kolorierung anzunehmen. Durch sie konnte im Sitzungssaal des Nationalkonvents ein farblicher Anschluß an die grüne

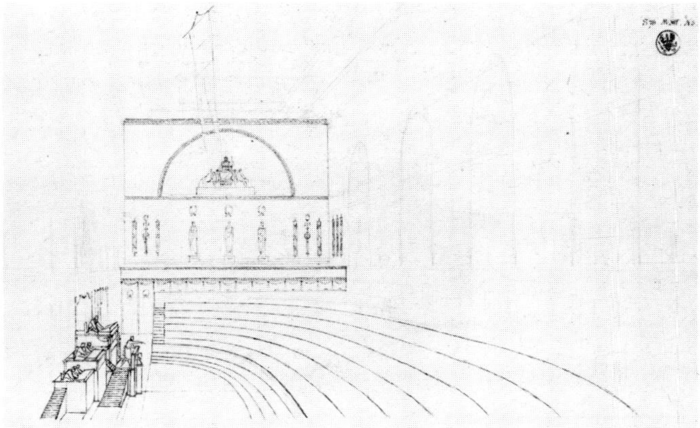

Abb. 25. Friedrich Gilly: Der Saal des Rates der Alten in den Tuilerien. 1797 (Berlin/DDR, Staatliche Museen, Nationalgalerie, Kupferstichkabinett)

Vorhangfolie mit den ornamentalen Laubkränzen, d.h. stilisierten Bürgerkronen, hergestellt werden. Bronzierte Höhungen beim Eichenlaub würden dabei zugleich gut zu den fingierten Bronzefiguren in der Wandzone darüber gepaßt haben. Die Tafel mit der Verfassungsakte wies dagegen nach Ausweis des Stiches einen anderen ornamentalen Modus auf. Eingefaßt wurde sie von einem einfachen Rahmenband. Außer der groß gedruckten Überschrift fehlte eine den Text krönende Dekoration. Anstelle eines Faszienbündels markierte hier die Mittelachse ein mit der Spitze nach unten zeigendes Messer oder Kurzschwert. Beide Tafeln könnten identisch gewesen sein mit den Tafeln der Menschenrechte und der Verfassungsakte, die gemäß Davids Konzeption beim Verfassungsfest vom 10. August 1793 in der Gruppe des Nationalkonvents von acht Abgeordneten auf einer Bahre in einer offenen Lade einhergetragen wurden (Quellen III). Die Lade, am Abend des 10. August gemäß Davids Forderung im Nationalkonvent zu Füßen des Präsidenten deponiert, kann man auf dem Stich von Helman/Monnet in der Mittelloge über dem Präsidenten unter den drei Fahnen erkennen. Sie trägt in einer Kartusche, gebildet durch einen Bürgerkranz, die Inschrift *»Loix França ...«*. Dahinter erhebt sich in der Mittelachse aufrechtstehend ein Faszienbündel. Es besteht aus zahlreichen Spießen oder Lanzen. Sie sind unterhalb ihrer Spitzen jeweils mit Quasten geziert. Die Schäfte werden durch ein schmales Band zusammengehalten. Die Unterbringung des Liktorenbündels der Einheit aus dem Verfassungsfest im Nationalkonvent war von David gleichfalls am 9. August gefordert worden[46].

Genetisch müssen die Gesetzestafeln mit dem dritten Bereich der Dekoration, den Bildern Davids, zusammengesehen werden. Denn der »Le Peletier« gehörte seit dem 29. März dem Nationalkonvent, und der Auftrag für den »Marat« wurde erteilt, als die Anbringung der Gesetzestafeln bereits beschlossene Sache war. 1826 erinnerte sich Matthieu-Guillaume-Thérèse Villenave (1762-1846) im Zusammenhang mit dem Verkauf des »Le Peletier« daran, dieses Bild im Frimaire des Jahres III, d.h. zwischen 21. November und 20. Dezember 1794, und dasjenige des in seiner Badewanne ermordeten Marat, das zu dem Gemälde Le Peletiers das Pendant gebildet habe, im Saal des Nationalkonvents gesehen zu haben, und zwar »zur Rechten und zur

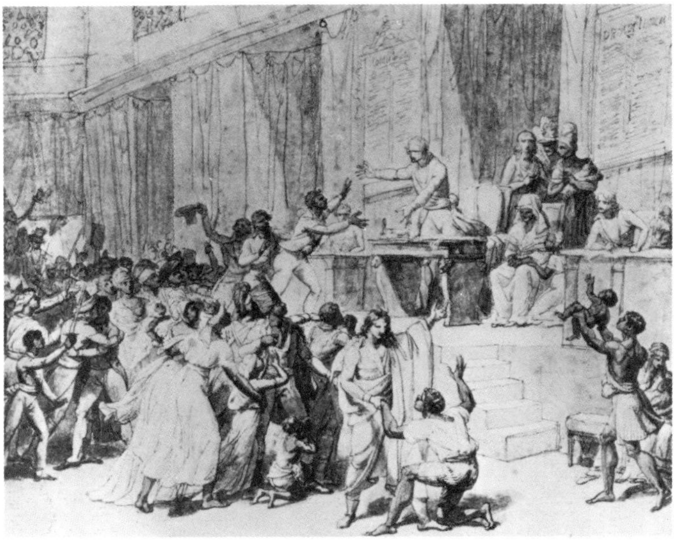

Abb. 26. Nicolas-André Monsiau: Die Abschaffung der Sklaverei am 4. Februar 1794. Undatiert (Paris, Musée Carnavalet)

Linken des Präsidenten und der Tribüne« (Quellen XV)[47]. Das ist eine ziemlich genaue Angabe. Dabei legt die additive Ausdrucksweise den Schluß nahe, daß mit »tribune« die Rednerbühne im engeren Sinne gemeint war. Bis zu ihrer Entfernung am 9. Februar 1795 müssen die beiden Bilder demnach an den die Mittelöffnung rahmenden Pfeilerwänden bzw. auf den sie verdeckenden Stoffdraperien gehangen haben. Ein konfrontierendes Verhältnis zwischen Bild und Abgeordnetenversammlung ist auch in Davids Rede vorausgesetzt: »... indem eure Blicke die fahlen und blutbefleckten Züge Marats durchwandern, werden sie euch an seine Tugenden erinnern, die niemals aufhören dürfen, die euren zu sein« (Quellen XIII). Eine solche Anbringung bedeutete zugleich optimale Ausnutzung der ungünstigen Beleuchtungsverhältnisse. Die Lichtquelle im Rücken hoch über ihren Köpfen, blickten die Abgeordneten auf die hell beschienene Saalfront mit den Gesetzestafeln und den beiden Märtyrerbildern, eine im übrigen durchaus symbolträchtige Situation.

Eine vierte, vollplastische Dekorationszone bezeichnete schließlich die Büste des altrömischen Tugendhelden Brutus, der aus Staatsräson seine eigenen Söhne hinrichten ließ. Ihn hatte David 1789 zum Thema seines berühmten Gemäldes gemacht (Abb. 91). Man erkennt die Büste auf dem Stich von Helman/Monnet in der Mitte vor der Stirnseite der Rednerschranke (Abb. 24). Sie war zunächst begleitet gewesen von Büsten Le Peletiers und des im Mai 1793 als Revolutionsgeneral gefallenen Marquis Auguste-Marie-Henri Picot Dampierre. Dazu gesellte sich laut Konventsbeschluß vom 25. Juli 1793 eine Marat-Büste. Diese durch Davids »Tod des Marat« gewissermaßen entbehrlich gewordene Büste scheint es gewesen zu sein, welche am Tag der Übergabe des Gemäldes im Nationalkonvent von der Pfarrgemeinde Choisi als Tauschobjekt für ihre Meßbücher und Silbergeräte erbeten wurde. Im Jahr darauf kam noch eine Büste, die des am 27. Mai 1794 von den Engländern strangulierten Charles Nicolas Beauvais de Préau, in den

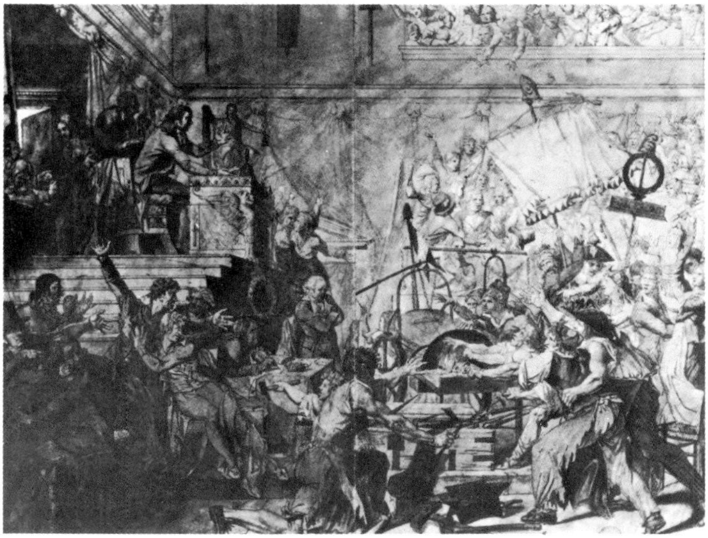

Abb. 27. Fulcran-Jean Harriet: Die Schmiede im Nationalkonvent beim Salpeterfest am 20. März 1794. Undatiert (Paris, Musée Carnavalet)

Sitzungssaal. Es gab auch eine Büste des Abgeordneten Joseph Chalier, der als Vorsitzender der Jakobiner in Lyon am 16. Juli 1793 von royalistischen Rebellen enthauptet worden war (Abb. 88). Die vier geschmackvollen Vasen, die, mit Wasser und Weidenzweigen gefüllt, im Sommer 1793 in den vier Ecken des Saales aufgestellt wurden, dienten zusammen mit einem Ventilator der Verbesserung der klimatischen Verhältnisse[48].

Nur zwei Innenansichten, welche sich auf Ereignisse aus der Zeit beziehen, als Davids Bilder im Nationalkonvent hingen, sind bislang bekannt. Eine Feder- und Pinselzeichnung des Buchillustrators und Historienmalers Nicolas-André Monsiau (1754-1837) zeigt den Beschluß zur Abschaffung der Sklaverei am 4. Februar 1794 (Abb. 26). Über den Beisitzertischen neben dem Präsidenten erscheinen zwei stark schematisierte Texttafeln zu je zwei Kolumnen, rechts im Bild mit der Überschrift »Droit de l'homme«, links im Bild mit dem Titel »Constitution«. Die räumliche Perspektive entspricht im wesentlichen einer Umkehrung des Interieurs von Helman/Monnet einschließlich der Plazierung der beiden Gesetzestafeln und der Tür hinten in der Ecke. Der Umstand, daß der Nationalkonvent von Beifall klatschenden Negern bevölkert ist, von denen einer halbnackt und beglückt dem Präsidenten sein Kind entgegenstreckt, deutet auf eine eher allegorische als authentische Darstellung. Auch die zweite Innenansicht läßt uns im entscheidenden Punkt leider im Stich (Abb. 27). Sie wird Fulcran-Jean Harriet (gest. 1805) zugeschrieben und stellt dar »Die Schmiede im Nationalkonvent beim Fest des 30. Ventôse des Jahres II (20. März 1794)«, d.h. beim Salpeterfest. Die Saalhälfte ist viel zu kurz geraten. Vor der Frontseite des über die sehr breite seitliche Treppenrampe erreichbaren Podiums mit dem Präsidententisch und -stuhl, zu dessen Seite man ganz links zurückversetzt einen Schreiber erkennt, befindet sich auf dem Fußbodenniveau des Saals ein Tisch. Die Rednertribüne und die Gesetzestafeln fehlen. Im übrigen hat der Künstler die Präsidentenbühne gerafft aus einer so nahen und starken Untersicht wiedergegeben, daß von der für uns in Frage kommenden Zone nichts zu erkennen ist. Unklar bleibt auch hier die Datierung und damit der zeitliche Abstand zum dargestellten Ereignis[49].

Der Stich von Helman/Monnet trägt das Datum »l'an 5 de la R.F.«. Er ist also zwischen 22. September 1796 und 21. September 1797, mithin frühestens eineinviertel Jahre nach dem dargestellten Ereignis entstanden. Dasselbe Ereignis ist auch das Thema des undatierten, erst 1804 erschienenen, jedoch vor 1801 entstandenen Stichs von Duplessi-Bertaux (Abb. 23). In beiden Fällen geht es um den »1. Prairial des Jahres III«, d.h. um die Besetzung des Nationalkonvents durch die Menge beim Aufstand der Sansculotten am 20. Mai 1795. Zu dieser Zeit waren die beiden Gemälde Davids bereits seit mehr als einem Vierteljahr aus dem Nationalkonvent wieder verschwunden. Daß dabei auch die Gesetzestafeln entfernt worden wären, wird nirgends gesagt. Bei Duplessi-Bertaux fehlen sie jedoch. Insofern könnte man auf den Gedanken kommen, daß bei Helman/Monnet (Abb. 24) nicht mehr die Verfassungstafeln von 1793, sondern die einschlägigen Texte des Jahres III gemeint sind. Diese neue, stabilisierende Verfassung, seit dem 11. April 1795 vorbereitet und diskutiert, bildete die Grundlage für eine die Diktatur ausschließende Regierungsform, wobei das Recht auf Erhebung weggelassen und der Druck radikaler Minderheiten ausgeschaltet wurde. Vorgelegt wurde sie von François-Antoine Boissy-d'Anglas, welchem als dem Präsidenten der Sitzung vom 1. Prairial des Jahres III der Kopf des ermordeten Abgeordneten Jean Féraud drohend auf einer Stange vorgehalten wird. Dabei riefen die Aufrührer »Brot und die Verfassung von 1793!«. Die neue Verfassung ist indessen erst am 5. Fructidor des Jahres III (22. August 1795), also drei Monate nach dem dargestellten Aufstand, verabschiedet worden. Bei Helman/Monnet ist somit der Zustand wiedergegeben, als die Gesetzestafeln von 1793 noch im Nationalkonvent hingen. Das Fehlen von Gesetzestafeln bei Duplessi-Bertaux spiegelt dagegen eine neue, erst nachträglich eingetretene Situation. Denn die Verfassung des Jahres 1795 hat, im Gegensatz zu ihrer jakobini-

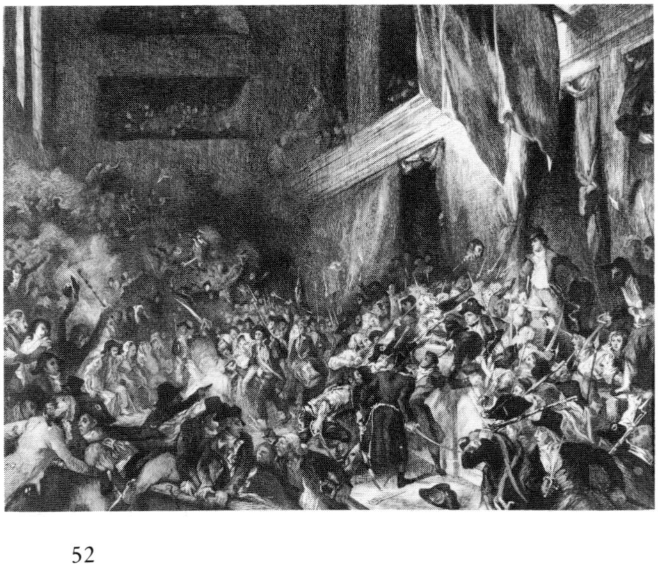

Abb. 28. Eugène Delacroix: Der 1. Prairial des Jahres III (20. Mai 1795). 1830 (Paris, Musée Carnavalet)

Abb. 29. Auguste J.-B. Vinchon: Der 1. Prairial des Jahres III. Lithographie, 1830/31 (Paris, Bibliothèque Nationale, Cabinet des Estampes)

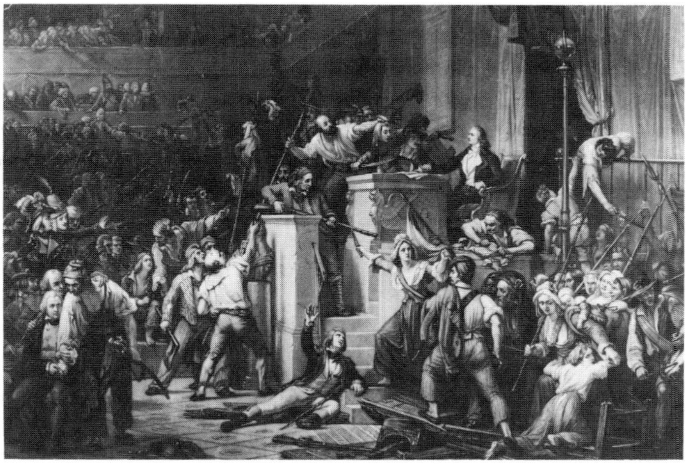

schen Vorgängerin von 1793, auf die Forderung nach Anbringung der Gesetzestafeln im Nationalkonvent verzichtet. Ihr letzter Artikel vertraute die Verfassung lediglich der »fidélité du Corps législatif« an, ferner des »Directoire exécutif«, der Administratoren und der Richter, sowie der Wachsamkeit der Familienväter, der Gattinnen und Mütter, der Liebe der jungen Bürger (»affection des jeunes citoyens«) und dem Mut aller Franzosen. Die Formulierung ist fast wörtlich aus der ersten Verfassung von 1791 entlehnt, die ebenfalls kein Wort über im Saal der Legislative anzubringende Gesetzestafeln enthalten hatte[50].

Nach der Julirevolution von 1830 wurde durch die Regierung ein Wettbewerb ausgeschrieben. Drei riesige Bilder mit Massenszenen aus der französischen Geschichte sollten das neuerbaute Parlamentsgebäude schmücken, darunter eine Darstellung des 1. Prairial des Jahres III[51]. Der Stich von Duplessi-Bertaux gab offenbar das Vorbild ab für den Beitrag Delacroix' (Abb. 28). Dafür spricht die Fensterreihe im Rücken hoch über den Abgeordneten, wobei Delacroix die fatalen Beleuchtungsverhältnisse des Saales dramatisch ausgenutzt hat, ferner die strenge Ausgrenzung der Emporenbesucher durch die querrechteckige Loge der Schmalwand, sowie das Fehlen der Gesetzestafeln zu seiten des Präsidenten Boissy-d'Añglas. Der Wettbewerbssieger, Auguste Jean-Baptiste Vinchon (1789-1855), hielt sich dagegen mehr an den Stich von Helman/Monnet (Abb. 29). Die Fenster sind durch die spärliche Lichtwirkung nur zu erschließen, die Emporenbrüstung der Schmalseite läßt der Besuchermenge Spielraum bis in die Raumecke hinein, zu Seiten des Präsidiums erscheinen die Gesetzestafeln. Auch diesen Darstellungen kommt bis zu einem gewissen Grad Quellenwert zu. Sie stammen aus einer Zeit, als die Tuilerien noch existierten. Bei wesentlich tiefer genommenem Blickwinkel vermitteln sie, ungeachtet des nach der Revolution veränderten Raumprogramms, eine Vorstellung von den Höhenverhältnissen an der Präsidiumswand aus der Sicht der Abgeordneten.

Tatsächlich dürften Davids Gemälde verhältnismäßig niedrig gehangen haben. Darauf deutet nicht nur die immanente Bildregie, über die noch zu sprechen sein wird, sondern auch die Proportionierung eines Projekts der Architekten Jean-Nicolas-Louis Durand und Jean Thomas Thibault zu einem »Temple à l'Egalité« (Abb. 90). Die an der Stirnwand in der unteren Zone vorgesehenen Wandmalereien nach Davids »Le Peletier auf dem Totenbett« und »Tod des Marat« sind zu Querformaten geworden[52]. Faßt man die in der oberen Zone befindlichen Bildfelder in ihrem hochgestreckten Format als Reflex auf die Dimensionierung der parlamentarischen Gesetzestafeln auf, so entspricht dies einer zweigeschossigen Anordnung an der Stirnwand im Nationalkonvent. Demnach hingen die beiden Gemälde Davids unter den Gesetzestafeln und somit verhältnismäßig nahe über den Schreibertischen des Präsidiums. Die günstigste Optik hatten dabei die oberen Ränge des Nationalkonvents, also die Montagnards und Gesinnungsgenossen Marats. Der Plan von Durand und Thibault läßt zugleich einen Rückschluß zu hinsichtlich der symmetrischen Anordnung im Nationalkonvent. Durch die Stichwiedergabe erscheinen »Le Peletier« und »Marat« seitenverkehrt und damit in ihrer Anordnung auch seitenvertauscht. Den Abgeordneten im Nationalkonvent muß sich deshalb umgekehrt der »Le Peletier« auf der rechten Seite des Präsidiums präsentiert haben, der »Marat« auf der linken, die Oberkörper jeweils zu den äußeren Rändern hin aufsteigend.

Vergegenwärtigt man sich alle herangezogenen Belege, so ist für das Anschauungsensemble, mit dem sich die Volksvertreter konfrontiert sahen, folgende Anordnung als die wahrscheinlichste anzusehen (Abb. 30):

Die Mitte bildete, überhöht durch die Uhr, der Präsidentenstuhl und -tisch und die Rednertribüne. Eingerahmt wurde sie durch zwei übereinander geordnete Dreiergruppen, die in jeder Zone zugleich ein horizontales Pendantverhältnis ergaben. Zuoberst wurde dabei das Verfassungsthema paarweise und prototypisch in seinen beiden berühmtesten griechischen Vertretern, Lykurg und Solon, angeschlagen. Darunter folgten die Schrifttafeln mit den Menschen- und Bürgerrechten bzw. mit der Verfassungsakte vom 24. Juni 1793. In der untersten Zone war dem lebendigen Zentrum des republikanischen Geschehens spiegelgleich von den Seiten her jeweils im Bilde die sterbliche Hülle seiner beiden Märtyrer Marat und Le Peletier zugeordnet, rahmend und mahnend. Der vom Zuschauer aus links angeordnete »Marat« befand sich unter der Tafel mit der Erklärung der Menschen- und Bürgerrechte, der »Le Peletier« unter der Tafel der Verfassungsakte.

Eine ästhetische Verklammerung mit den Schrifttafeln kam in dem auffallenden Stellenwert des geschriebenen Wortes in beiden Gemälden zum Ausdruck. Sie wurde zudem durch die symbolischen Motive in der Mittelachse beider Tafelkolumnen betont. Das über dem »Le Peletier« mit der Spitze nach unten zeigende Schwert des Gesetzes kehrte im Gemälde, zum Motiv des Damoklesschwerts verwandelt, über dem toten Abgeordneten wieder. Das Faszienbündel auf der Pendanttafel, Sinnbild der einheitlichen und unteilbaren Republik bzw. nach Davids Konzeption zum Verfassungsfest vom 10. August 1793 der Unbesiegbarkeit des Volkes durch Unteilbarkeit (Quellen III), ließ sich auf Marat beziehen, den unermüdlichen Streiter für die demokratische Einheit. So zeigt die allegorische Gruppe im Vordergrund

Abb. 30. Schema der Präsidiumswand im Nationalkonvent

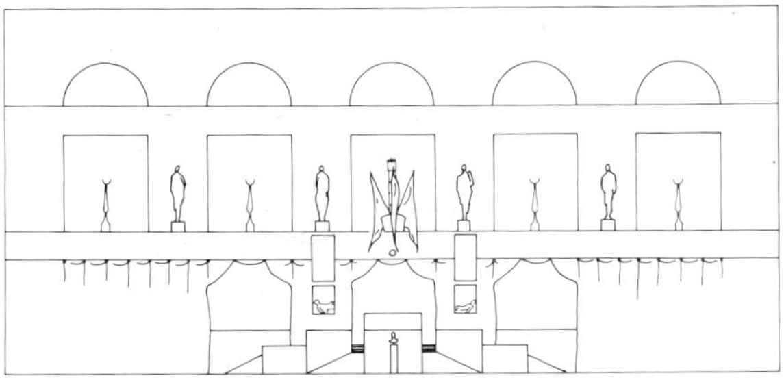

des anonymen Bildes von der Aufbahrung des Volksfreundes in der Kirche der Cordeliers (Abb. 125) ein durch das Band zusammengehaltenes Faszienbündel. Es wird von einer Statue der einen und unteilbaren Republik bekrönt und von einem durch seine Schärpe als Abgeordneter gekennzeichneten Mann mit dem Arm umfaßt, während er zugleich eine weibliche Gestalt mit dem Fuß zu Boden tritt. Diese personifiziert das gegnerische Prinzip, benennbar mit dem Namen der Charlotte Corday. Beide Gemälde Davids erweisen sich somit als Bestandteile eines ausgeprägt konstitutionellen Programmzusammenhangs. Er verschränkte sich in der oberen Zone mit der gemalten Reihe der anderen antiken Staatslehrer und -helden. Im »Marat« paßten zugleich die Motive des Schreibzeugs bzw. der Schreibfeder in der herabgesunkenen Hand gut zur Anbringung über dem darunter befindlichen Schreibertisch. Die vollplastischen Büsten unten stellten die Verbindung mit dem körperlichen Bereich der Abgeordneten her.

Nichtsdestoweniger seien auch andere denkbare Varianten ins Auge gefaßt. So schließt ein Vergleich von Villenaves Zeugnis (Quellen XV) mit den Innenansichten des Sitzungssaales eine Anbringung in der drapierten Wandzone unter der Emporenöffnung über den Treppenstufen neben den beiden äußeren Schreibertischen nicht völlig aus. In diesem Fall ergäbe sich in der untersten Zone eine schräge Versetzung im dekorativen Ordnungsgefüge. Doch wäre auch hier eine Zusammenschau mit den beiden höheren Ausstattungselementen durch den aufsteigend zentralisierenden Präsidiumsaufbau gewährleistet gewesen. Gegen diese Anbringung sprechen die Nachteile einer allzutiefen Position bei den oft tumultuarischen Vorgängen in diesem Bereich und die ungünstigeren Sichtverhältnisse. Denn für jeweils etwa die Hälfte der Abgeordneten wäre das entferntere Bild dabei durch den Präsidiumsaufbau wohl eher verdeckt worden.

Eine Hängung im Bereich zwischen den unteren Seitenlogen und den beiden Raumecken ist aufgrund von Villenaves Formulierung »zur Rechten und zur Linken des Präsidenten und der Tribüne« ebenfalls nicht ganz auszuschließen. Gegen sie sprechen aber die räumliche Enge und die Verschattung dieser durch die ansteigenden Sitzreihen bedingten Korridorzone. Außerdem hätten weder die »Blicke« der im Zentrum noch die der seitlich sitzenden Abgeordneten die Züge Marats und dementsprechend auch Le Peletiers »duchwandern« können (Quellen XIII). Aber selbst bei solcher Hängung würde sich an den grundsätzlichen Programmbezügen nichts Entscheidendes ändern. Auch hier wären beide Bilder auf die parlamentarische

Mitte hin ausgerichtet gewesen. Der »Marat« würde sich ebenfalls, wenn auch weniger entschieden, so doch immer noch deutlich genug, der Tafel mit den Menschen- und Bürgerrechten und dem darüber befindlichen »Lykurg« zuordnen, der »Le Peletier«, unter dem »Platon«, der Tafel mit dem Verfassungstext und dem darüber befindlichen »Solon«. Der Zentralbezug würde in diesem Fall den reinen Vertikalbezug zweifellos überwiegen. Denn als ehemalige Mitglieder der Gesetzgebenden Versammlung sind Marat und Le Peletier unmittelbar mit den Gesetzgebern Lykurg und Solon verbunden, welche diese Eigenschaft mit keinem der anderen in der Oberzone dargestellten antiken Staatshelden teilten und denen deshalb folgerichtig, gemäß der Funktion des Nationalkonvents, die beiden bedeutendsten Ausstattungspositionen eingeräumt waren.

8. Der Polizeikünstler

Der Volksvertreter David (Abb. 4) leistete unterdessen seinen praktischen Beitrag zur Volkswohlfahrt. Die Sansculotten des Quartier Saint-Germain-des-Près haben ihn im Mai und Juni 1793 mit Marat, Danton und Robespierre (Abb. 65) verglichen und als »einen der Gründer der Republik und einen der wärmsten Freunde des Volkes« bezeichnet. Im Nationalkonvent hat er, ungeachtet der miserablen Akustik und eines Sprachfehlers, etwa hundertmal das Wort ergriffen. Von seinen mehr als 25 größeren Reden wurde ein Dutzend auf nationale Kosten gesondert gedruckt. Im August 1793, während er am »Tod des Marat« arbeitete, war er unter der Präsidentschaft Dantons Sekretär des Nationalkonvents. Vom 5.-20. Januar 1794 fungierte der Maler als Präsident des Nationalkonvents, flankiert von seinen beiden Märtyrerbildern. David hat in mehr als zwanzig Kommissionen mitgewirkt. Zwei davon waren von grundsätzlicher Bedeutung. Bereits am 13. Oktober 1792, wenige Wochen nach der Konstituierung des neuen Nationalkonvents, ist er als führender Kunst- und Festplaner zum Mitglied des »Comité d'instruction publique de la Convention« ernannt worden. Am 3. September 1793 wurde er zum Sekretär dieses Ausschusses gewählt. Am 14. September, neun Tage nach Beginn der Terreur und wenige Wochen vor Vollendung des »Marat«, wurde der größte Künstler Frankreichs zum Mitglied des vierzehnköpfigen »Comité de sûreté générale«, des obersten Polizeigremiums der Republik, ernannt. In erster Eigenschaft sorgte David für die äußere Selbstdarstellung der Republik, in der zweiten für ihre innere Sicherheit. Das Polizeihauptquartier mit seinem weitverzweigten Spitzelsystem befand sich im Hôtel de Brionne an der Place du Caroussel vor den Tuilerien, wo das provisorische Marat-Denkmal mit seinen Reliquien (Abb. 21) die Erinnerung an den »Ami du peuple« wachhielt[53].

Davids politische Wirksamkeit offenbart nun ihr Janusgesicht. Die Kehrseite der Erziehung heißt Schreckensherrschaft.

Vom 15. September bis zum Sturz Robespierres (Abb. 65) am 27. Juli 1794 erließ das Polizeigremium 4737 Dekrete. Davon tragen 406, d.h. etwa neun Prozent, wie D.L. Dowd nachgewiesen hat, die Unterschrift Davids. Als Vorsitzender der Sektion für die Verhöre und zuständig für die Sicherheitsmaßnahmen in der Region Paris, dazu im Januar 1794 auch als Präsident des »Comité de sûreté générale«, war David mitverantwortlich für die Verhaftung und Überstellung verdächtiger Personen an das Revolutionstribunal, für die Ausfertigung von Reisepässen und Visa und für die Überwachung seiner Abgeordnetenkollegen im Nationalkonvent. Der Künstler hat sein Amt unparteiisch, unbestechlich und ohne Grausamkeit, mithin tugendhaft ausgeübt. Er hat Haftbefehle gegen Aristokraten unterschrieben, die, wie Madame du Barry, die alternde Mätresse Ludwigs XV., oder Alexandre de Beauharnais, der erste Ehemann der künftigen Gemahlin Napoleons, vom Revolutionstribunal zum Tode verurteilt wurden, sowie gegen hohe Beamte, Priester und Abgeordnete, die ebenfalls unter der Guillotine endeten. Er war Zeuge, als der Dauphin beim Verhör am 7.-8. Oktober 1793 seine Mutter Marie Antoinette in monströser Weise belastete. Vor dem Revolutionstribunal warf Hébert ihr vor, sie habe versucht, den Dauphin zur Unzucht zu verleiten. Von den Schriftstellern und Künstlern, die von David verhört wurden, scheint keiner das Schicksal der Hinrichtung erlitten zu haben, obgleich er selbst die Verbesserung eines Gesetzes über die Todesstrafe für konterrevolutionäre Propaganda vorschlug, um auch Künstler zu erfassen, die ihr Talent zur Untergrabung der Republik benutzten. Der bedeutendste Dramatiker der Französischen Revolution, Marie-Joseph Chenier, der mit seinem Stück »Timoleon« in antiker Einkleidung die Diktatur der Montagnards angegriffen hatte, bekannte im Hôtel de Brionne seine Irrtümer, dankte dem »Comité de sûreté générale« für die Erleuchtung, verbrannte in dessen Gegenwart das Manuskript seines Dramas und erhielt dafür eine von David unterzeichnete Bescheinigung. Im November 1793, ein Vierteljahr nach seiner im Namen des »Comité de sûreté générale« gehaltenen Konventsrede über das Attentat auf Marat, ist der Abgeordnete Chabot im Zusammenhang mit einer Verrats- und Bestechungsaffäre festgenommen worden. Den Haftbefehl vom 18. November hat David unterschrieben. An ihn auch appellierte Chabot am 12. Januar 1794, sich seinem Gnadengesuch im Konvent, dessen Präsident zu dieser Zeit David war, nicht entgegenzustellen. Am 5. April wurde Chabot hingerichtet. David wurde mit der amtlichen Versiegelung beauftragt[54].

Als Anspielung wohl weniger auf den schon drei Monate toten Marat selbst als auf die polizeiliche Tätigkeit des Künstlerkollegen David muß eine aquarellierte Zeichnung von Hubert Robert verstanden werden. Sie zeigt Marat ganz unheroisch schlafend im Bett (Abb. 31). Seine Rechte mit der Schreibfeder ist ähnlich über die Bettdecke geführt wie bei David über den Rand der Wanne. Ansonsten erinnert seine Haltung an den großen Pestkranken in Davids »Madonna mit dem Hl. Rochus« von 1780 (Abb. 82). Auf dem Tisch erscheint das Tintenfaß mit der Schreibfeder, ferner eine Assignate. Statt des beigefügten Zettels, der sie in Davids Gemälde als Zeugnis für Marats milde Menschlichkeit ausweist (Tafel IV), hat Robert einen

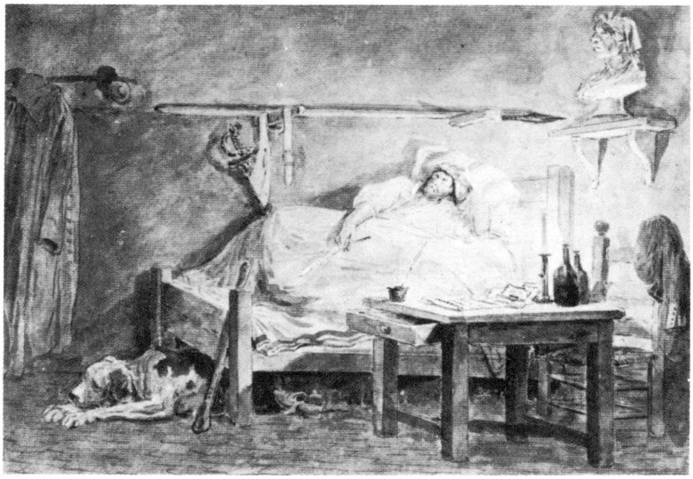

Abb. 31. Hubert Robert: Marat in seinem Bett. 1793 (Wien, Graphische Sammlung Albertina)

Zettel dazugelegt mit den Worten »denonciat[ion] de Robert par Baudoin«. Tatsächlich stand der lebensfrohe Robert aufgrund einer Denunziation seit dem 3. Oktober 1793 unter Anklage. Nach Elisabeth Vigée-Lebrun soll er von David selbst angezeigt worden sein. Bevor Robert Ende Oktober in Haft genommen wurde, hatte er Gelegenheit, die im Louvre-Hof ausgestellten Gemälde Davids zu besichtigen. Ein Säbel hängt über dem Bett Marats an einem Wandbolzen. Dieser stützt zusammen mit einem zweiten Bolzen eine quer darauf gelegte Lanze. Ein solches Waffenarrangement findet man bereits in dem in Stichwiedergabe verbreiteten »Testament des Eudamidas« von Nicolas Poussin (Abb. 32), vielleicht ein versteckter Hinweis auf das große Stilvorbild Davids und zugleich eine Anspielung auf das Lanzenmotiv im »Schwur der Horatier« (Abb. 84). Drohend zeigt die Spitze jetzt aber auf die Büste über Marat. Sie weist dessen Züge und das Motiv des Kopftuchs auf. Gisela Hopp vermutete, daß der an der Wand hängende Säbel auf das parlamentarische Pendantbild des »Le Peletier« anspiele (Abb. 6). Dabei kann man unterstellen, daß bereits Robert das »Testament des Eudamidas« (Abb. 32) als ein Vorbild für den »Le Peletier auf dem Totenbett« ansah, wie es viel später der Kunsthistoriker Michail W. Alpatow tat[55].

Offenbar wollte Robert in der Parodie auf den »Tod des Marat« das wahre Gesicht des jakobinischen Polizeikünstlers David entlarven. Die Aussage ist klar. Niemand, die eigenen Parteigänger eingeschlossen, ist vor David sicher. Auch Marat selbst, lebte er noch, hätte sich vor dieser Staatswaffe in acht zu nehmen. Dies soll wohl auch der Wachhund unter Marats Bett besagen, der übrigens auch in den Stichreportagen von Marats Ermordung vorkommt (Abb. 68,73). Die Keule neben ihm verweist auf den neuen Herkules. Das Motiv brachte in der vierten Station des Verfassungsfests vom 10. August 1793 (Abb. 22), ähnlich wie in der von David geplanten Kolossalfigur, die Stärke des Volkes zum Ausdruck (Quellen III).

Am 5. April 1794 wurde Danton hingerichtet. Der Haftbefehl weist nicht Davids Unterschrift auf, ebensowenig der Haftbefehl gegen Lavoisier, den David 1788 zusammen mit seiner Frau porträtiert hatte. Der weltberühmte

Abb. 32. Nicolas Poussin: Das Testament des Eudamidas. Um 1653 (Kopenhagen, Statens Museum for Kunst)

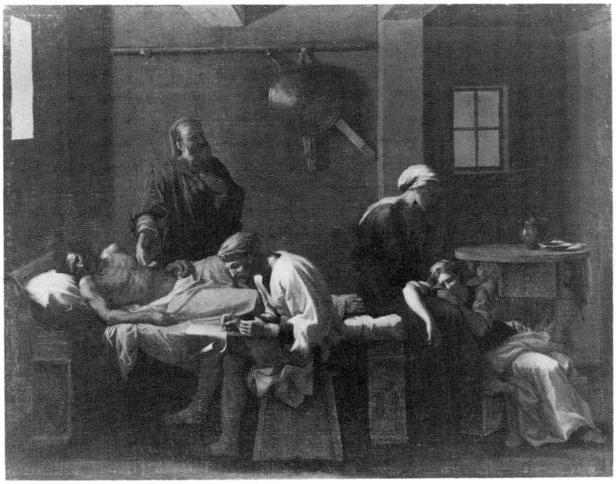

Naturwissenschaftler starb am 8. Mai 1794 unter der Guillotine. Am 8. Juni hat David das »Fest des Höchsten Wesens« (Abb. 55) mit einer auf dem Champ de Mars errichteten »Montagne« organisiert. Es war sein letztes Revolutionsfest. Zwei Tage später begann die Grande terreur. Am 9. Thermidor des Jahres II (27. Juli 1794) wurde Robespierre (Abb. 65) verhaftet und tags darauf hingerichtet, dazu bis zum 12. Thermidor über 100 seiner Anhänger. David war der Konventssitzung vom 9. Thermidor ferngeblieben. Nach eigener Aussage hatte er an diesem Tag ein Brechmittel eingenommen. Es rettete ihm das Leben. Der Maler wurde erst eine Woche später, am 2. August, verhaftet und vom »Comité de sûreté générale« bis zum 28. Dezember ins Gefängnis geschickt. Angezeigt hatte ihn die Museumssektion. Sie erklärte, daß David niemals ihr Vertrauen besessen habe[56].

9. Verdammung

Während David als Gefangener im Luxembourg saß, wo er sein »Selbstbildnis mit Palette« schuf (Abb. 33), ging der Antrag, den er bei der Übergabe des Marat-Bildes gestellt hatte (Quellen XIII), in Erfüllung: Am 21. September 1794 wurden die sterblichen Überreste Marats ins Panthéon überführt. Die Maßnahme muß paradoxerweise im Lichte einer posthumen Distanzierung der Thermidorianer von der Terreur gesehen werden. Die Kehrtwendung gegen die Jakobinerherrschaft traf aber zwangsläufig alsbald auch das Andenken ihrer Märtyrer. Bereits am 8. Februar 1795 wurden Marats sterbliche Überreste wieder aus dem Panthéon entfernt. Die offizielle Grundlage bildete ein Dekret des Nationalkonvents vom selben 8. Februar 1795. Danach sollten keinem Bürger die Ehren des Panthéon und die Aufstellung seiner Büste im Nationalkonvent oder an anderen öffentlichen Orten vor Ablauf einer Zehnjahresfrist nach seinem Tod gewährt werden[57].

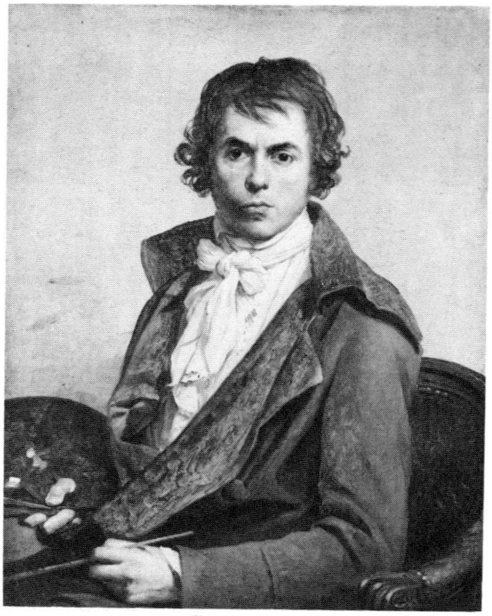

Abb. 33. Jacques-Louis David: Selbstbildnis mit Palette. 1794 (Paris, Louvre)

Abb. 34. Anonym: Büste Le Peletiers. 1793 (Paris, Musée Carnavalet)

Abb. 35. Anonym: Büste Marats. 1793 (Paris, Musée Carnavalet)

Gleich zu Beginn der Sitzung des nächsten Tages wurden, zusammen mit den Gemälden Davids, die Büsten Marats, Le Peletiers, Dampierres und Beauvais' aus dem Nationalkonvent verbannt. Nur die Brutus-Büste blieb im Saal. Überhaupt hatte sich der Kult um den »Ami du peuple«, mehr noch als der um Le Peletier (Abb. 34), u.a. in einer Inflation von Bildnisbüsten niedergeschlagen (Abb. 35). Marat-Büsten waren nicht nur im Nationalkonvent und in allen Gemeindeverwaltungen von Paris aufgestellt worden, sondern auch an allen anderen öffentlichen Orten. In den Revolutionstribunalen ersetzten sie das Bild Christi. Marat-Büsten hatten Ehrenplätze in den Cafés, in den Konzertsälen, in den Theatern, in den Privathäusern und in den Schulen erhalten, wo sie von Schülern regelmäßig in Prozessionen auf ihren Schultern getragen wurden. In den Nischen an den Straßenecken waren sie an die Stelle der alten Madonnen unter Beibehaltung der ewigen Lampe oder der rahmenden Kerzen getreten. Soweit in öffentlichen Gebäuden aufgestellt, wurden sie nun zertrümmert, soweit sie Privathäuser zierten, aus den Fenstern geworfen. Zehntausend Marat-Gesellschaften soll es in Frankreich gegeben haben. Straßen, Brücken, Plätze, Städte und Kinder sind nach Marat benannt worden. Der Montmartre war zum »Mont-Marat« geworden, Le Havre-de-Grâce zu »Havre-Marat«. Am selben Tag, an dem Marats sterbliche Überreste das Panthéon wieder verließen, begann man mit dem Abbruch des Obeliskendenkmals auf der Place du Caroussel (Abb. 21), nachdem, wie Paul Fassy sagt, einer der Wachposten als letztes Opfer Marats dort erfroren war. Die Bürger halfen den Arbeitern dabei. An der Stelle des Denkmals schlugen die Händler ihren Laden auf und verkauften die Broschüre »Crimes de J.-P. Marat«. Jugendliche zogen zum Garten der Cordeliers, tanzten auf dem ehemaligen Grab Marats (Abb. 19,20) und zerstörten es[58].

Zwischen 1793 und 1797 ist mindestens ein halbes Dutzend durch den Tod Marats inspirierter Theaterstücke erfolgreich aufgeführt worden (Abb. 45),

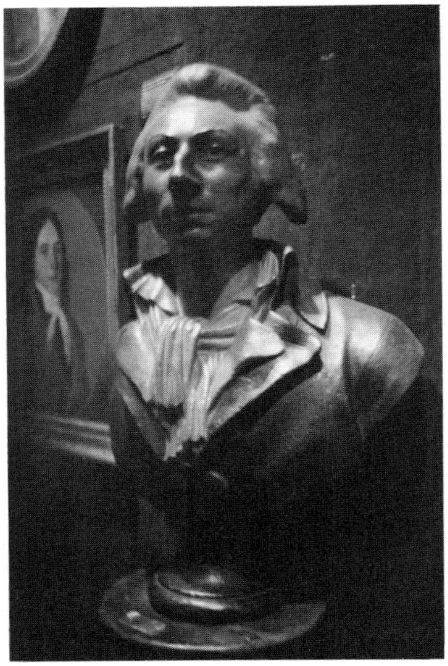

34

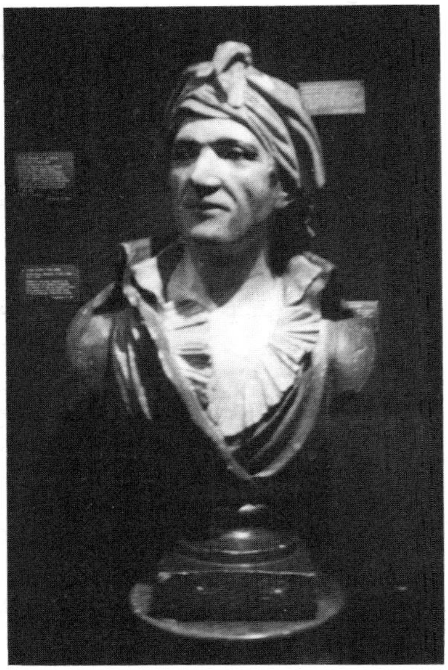

35

das erste, verfaßt von Gassier Saint Amand, bereits am 8. August 1793, also nur drei Wochen nach dem Attentat, im Théâtre des Variétés Amusantes. Eines der Stücke soll sogar schon vor Marats Ermordung geschrieben worden sein. Spätestens nach seiner Depantheonisierung haben sich die inhaltlichen Akzente ins Gegenteil verkehrt. Charlotte Corday (Abb. 15) war nun die Heldin, Marat das Scheusal und ist es in den zahlreichen Dramatisierungen und bildlichen Darstellungen des Stoffs mehr oder weniger bis heute geblieben[59].

Nach dem Sansculottenaufstand vom 1. Prairial des Jahres III (Abb. 23,24,28,29) wanderte David (Abb. 33) vom 29. Mai bis zum 3. August 1795 erneut ins Gefängnis. Dort zeichnete er u.a. ein Porträt seines ehemaligen, jetzt ebenfalls inhaftierten Konventskollegen Jean Bon Saint-André, der seinerzeit als Präsident die Debatte vom 14. Juli 1793 über die Ermordung Marats geleitet hatte (Abb. 16). Die Inschriften am Rand lauten: »Donum amicitiae. amoris solatium«, und »David faciebat in vinculis anno R.p. 3 (1795) messidoris 20«, also am 8. Juli. Am 26. Oktober 1795 wurde David amnestiert[60]. An diesem Tag bot der Künstler dem »Comité d'instruction publique«, dem er einst selber angehört hatte, die Rückgabe der Restsumme an, die ihm zur Bezahlung der Stecher für den »Marat« und den »Le Peletier« (Abb. 115) überlassen worden war. Zugleich forderte er die beiden Gemälde als sein Eigentum zurück[61].

Der weitere Weg des Staatsmalers David stand im Zeichen Napoleons (Abb. 132). Die Stationen bezeichnen u.a. die Porträtstudie Bonapartes für eine nicht ausgeführte Bildkomposition des »Friedens von Campo Formio«, »Bonaparte auf dem Großen St. Bernhard«, die »Krönung Napoleons« und die »Verteilung der Adler«[62]. Dieser Weg führte schließlich 1816, nach dem zweiten Sturz Napoleons, in die politische Emigration nach Brüssel. Den »Le Peletier auf dem Totenbett« und den »Tod des Marat«, die im Atelier seines

Schülers Jean-Antoine Gros durch weiße Übertünchung getarnt worden sind, nahm David ins Exil mit. Bis an sein Lebensende am 29. Dezember 1825 hat er dieses künstlerische Vermächtnis des revolutionären Frankreich als einen kostbaren Menschheitsschatz gehütet. Eine Überführung und Beisetzung der sterblichen Hülle des Künstlers auf französischem Boden wurde von der Bourbonenregierung verweigert. Sie befürchtete Demonstrationen gegen die Monarchie[63].

Der öffentlichen Ausstellung des Le-Peletier- und des Marat-Bildes im Hinblick auf den Nachlaßverkauf am 17. April 1826 in Paris ist ein besorgter Briefwechsel zwischen dem Innenminister und dem Polizeipräfekten vorausgegangen. Villenave notierte, daß der Verkauf von Davids Bildern und Skizzen keinerlei Fremde angezogen habe und wenig ergiebig gewesen sei. Viele der Bilder seien zurückgezogen worden. Das ihren Vater darstellende Gemälde (Abb. 6) hat Madame de Mortefontaine, die Tochter Le Peletiers, eine glühende Monarchistin, für die gigantische Summe von 100.000 Francs erworben. Der Vertrag zwischen ihr und Eugène David, dem Sohn des Malers, war am 24. März nahezu abgeschlossen. Bereits am Morgen des 10. April wurde das Gemälde verpackt in die Wohnung der Käuferin, 43, rue du Faubourg Saint-Honoré gebracht. Nach den Erinnerungen von Villenave ist es zerstört worden. Der Baron Jérome Pichon, Eigentümer und Herausgeber von Villenaves Manuskript, bemerkte jedoch 1894 dazu, beim Verkauf aus Davids Nachlaß sei, sonst allerdings anscheinend nicht nachweisbar, der Käuferin zur Bedingung gemacht worden, das Bild nicht zu zerstören. Madame de Morfontaine (sic) hätte ihr Versprechen gehalten, das Gemälde aber nach dem Transport in ihr Schloß hinter einer Wandfüllung verschwinden lassen (»dissimulée derrière le panneau d'un mur«). Man wisse nicht, ob es noch existiere. Tatsächlich war es ein letztes Mal im Jahre 1845 von einem Verwandten der 1829 verstorbenen Tochter Le Peletiers als im Schloß von Saint-Fargeau befindlich erwähnt worden. Deshalb ist die Möglichkeit nicht auszuschließen, daß eines der großen Werke der europäischen Malerei eines Tages vielleicht doch wieder zum Vorschein kommt. Le Peletiers Tochter sorgte auch für die weitgehende Beseitigung der Stichauflage (Abb. 115). Für den »Tod des Marat« fand sich kein Käufer. Er blieb auch nach einer weiteren Verkaufsaktion am 11. März 1835 in Paris im Familienbesitz. 1893 vermachte Jules David, der Neffe des Malers, zum Dank für die Aufnahme, die sein Onkel in Brüssel gefunden hatte, das Bild des sterbenden Republikaners dem Königlichen Museum dort[64].

Abb. 36. Michelangelo: Pietà. 1498/99 (Rom, St. Peter)

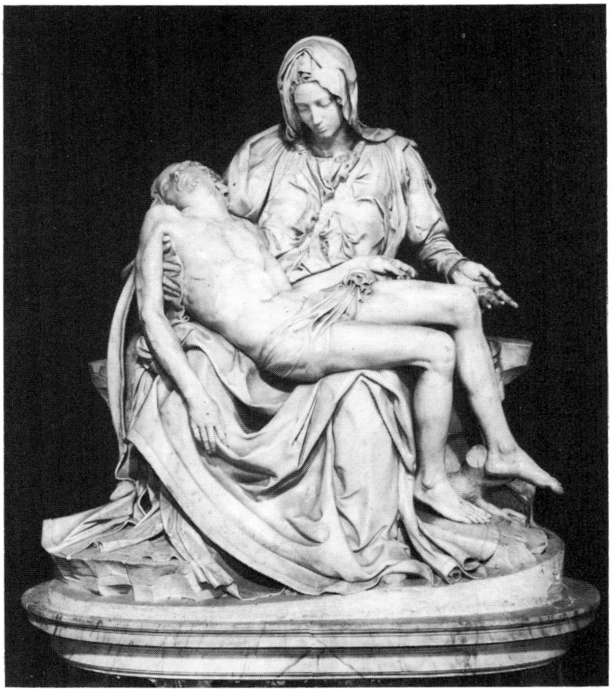

10. Pietà und Heldentod

Das Verhältnis des auf die Schulter geneigten Hauptes zum herabgesunkenen rechten Arm (Tafel I) erinnert unwillkürlich an das Bild des toten Heilands. Dem Motiv der stützend unter die Achsel greifenden Hand entspricht dabei der stützende Widerstand des Badewannenrands. Neben Michelangelos Pietà (Abb. 36), die Lankheit in seiner bahnbrechenden Arbeit zum Vergleich herangezogen hat, taucht sofort auch Caravaggios vatikanische »Grablegung Christi« (Abb. 37) vor dem geistigen Auge auf. Auf sie wies Alpatow hin[65]. Die Beobachtung gewinnt an Gewicht, wenn man bedenkt, daß auch eine zweite Gestalt aus Caravaggios Bild bei David in vergleichbarem Trauerzusammenhang Nachfolge fand, nämlich die klagende Frau am rechten Bildrand, welche Arme und Hände mit ausdrucksvoll einzeln abgestreckten Fingern erhoben hat. Abgewandelt kehrt das Motiv wieder in der den toten Hektor beweinenden Andromache von 1783 (Abb. 38), sowie in der verzweifelten Mutter des Brutus-Bildes von 1789 (Abb. 91). Diese empfängt mit solcher Gebärde klagend die hereingetragenen Leichen der Söhne. Im »Tod des Marat« hat David die caravaggeske Beziehung durch die Lichtführung stilistisch unterstrichen.

Eine stilisierende Absicht geht allein schon daraus hervor, daß, im Gegensatz zur Nacktheit im Gemälde, der historische Marat bei seiner Ermordung laut Kriminaldossier in der Badewanne mit einem »peignoir«, also einer Art Bademantel, bekleidet war. So zeigt ihn der anonym bei Basset erschienene

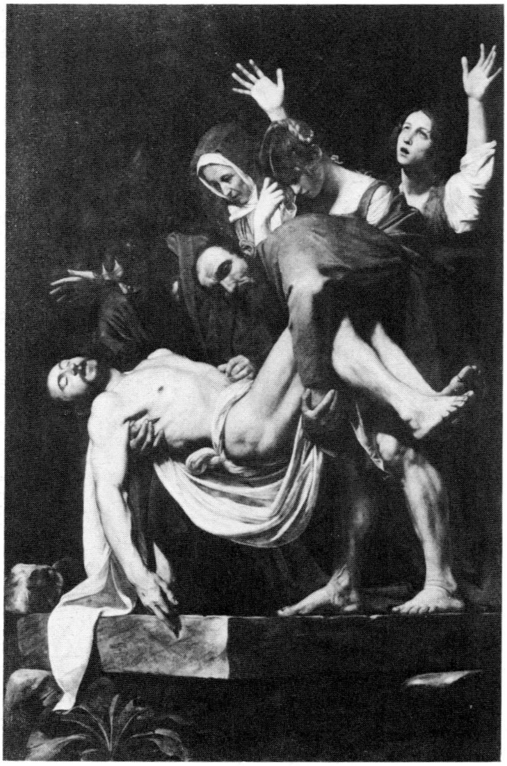

Abb. 37. Caravaggio: Grablegung Christi. 1602-04 (Rom, Pinacoteca Vaticana)

Stich (Abb. 14), der den Todesstoß selbst wiedergibt, grundsätzlich richtig mit einem auf der Brust offenen, langärmeligen Hemd. Das gilt auch für den Stich von Brion de la Tour, die Vignette unter Tassaerts Bildnis der Corday nach Hauer und die von letzterem gemalte »Ermordung Marats« im Musée Lambinet zu Versailles, signiert und datiert 1794 (Abb. 15,48,69). Der Maler hat sich in diesem Punkt gegenüber seiner im Salon von 1793 gezeigten »Charlotte Corday« (Abb. 100) korrigiert, während er sich in einigen anderen Punkten, z.B. in der Haltung der Arme, wieder an Davids Bild orientierte. In der Tat hat sich das blutbefleckte Hemd unter den zur Schau gestellten Reliquien bei der Aufbahrung Marats in der Kirche der Cordeliers befunden (Abb. 17,125). Andere Stichdarstellungen des Attentats zeigen Marat dagegen wie in Davids Bild nackt und machen, auch darin zweifellos von ihm abhängig, Gebrauch vom Pietàmotiv des herabhängenden Arms (Abb. 49,68,74). Die christliche Assoziation steht im Einklang mit anderen Erscheinungen des Kults um den Märtyrer der Revolution, etwa mit der Verehrung des Herzens Marats, soweit sie sich in der Nachfolge der Herz-Jesu-Verehrung sah. Die Parallele zu Jesus wurde auch in der Provinz in zahlreichen Trauerreden gezogen. Victor Fournel hat die christlichen Züge des populären Marat-Kults schon 1884 in einer grundlegenden Arbeit auf breiter Basis nachgewiesen. Eine ideelle Verwandtschaft des durch Arbeit und Armut ausgezeichneten Marat mit Christus lag umso näher, als sie, wie jüngst Herding gezeigt hat, in die 1789 geborene Vorstellung vom »Jésus

Abb. 38. Jacques-Louis David: Andromache beweint Hektor. 1783 (Paris, Ecole des Beaux-Arts, als Leihgabe im Louvre)

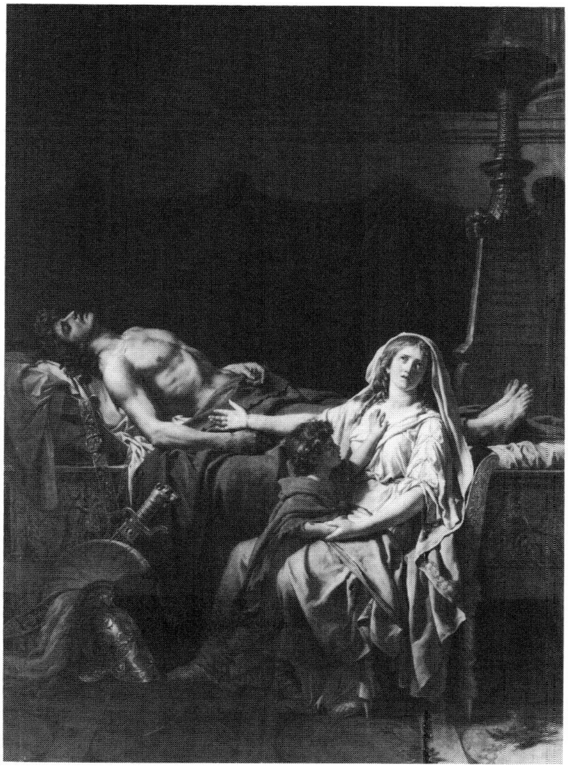

sansculotte« bzw. vom »Jésus prolétaire« eingebettet war. Die von Sauerländer bestrittene christliche Komponente ist dem Gemälde Davids auch von marxistischer Seite bescheinigt worden. Nach Feist beruht die starke Wirkung des Bildes gerade auf dieser Bedeutungsaura[66].

Allerdings wird man sich hüten müssen, die christlichen Züge des populären Marat-Kults mit der entsprechenden Assoziation, die Davids Bild auslöst, sogleich kurzzuschließen. Der kunstgeschichtliche Vorgang ist komplexer, sein künstlerisches Ergebnis zugleich einfacher. Vorgang und Ergebnis müssen im Zusammenhang mit ähnlichen revolutionären Phänomenen gesehen werden, z.B. mit der Umwidmung von Kirchen. Am 10. November 1793, vier Tage vor der Übergabe von Davids Bild an den Konvent, wurde in der zum »Tempel der Vernunft« erklärten Kathedrale Nôtre-Dame beim »Fest der Vernunft« vor einer anstelle der Muttergottes errichteten Statue der »Freiheit« die Befreiung des Menschen durch Gesänge gefeiert. Zwar wurde diese Bewegung von Robespierre als »Maskerade« abgetan und bereits am 6. Dezember durch die offizielle Bestätigung der Religionsfreiheit wieder gebremst[67]. Doch fielen ihre Entfaltung und Kulmination ziemlich genau zusammen mit der Entstehung und Vollendung von Davids Gemälde. Je nach politischem Standort mochte man in diesem Maskenspiel eine sakralisierende Nobilitierung oder eine säkularisierende Provokation erkennen. In jedem Fall ging es darum, die Überwindung des Christentums und seiner Erscheinungsformen durch die Revolution programmatisch sichtbar zu ma-

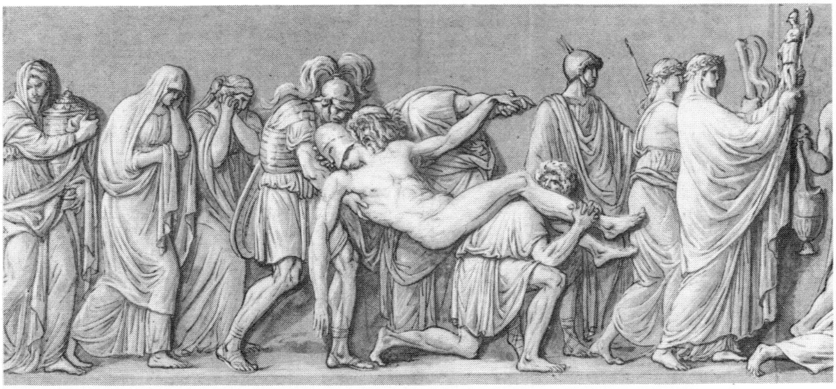

Abb. 39. Jacques-Louis David: Antiker Fries (Heimtragung des Meleager), 1780 (Sacramento/California, Crocker Art Museum; by courtesy of the Crocker Art Museum, Sacramento, California, USA)

chen. Dies setzte die Verwendung bzw. Umwandlung eben jener Erscheinungsformen voraus.

Ebenso klar erscheint Davids »Marat«, wie Sauerländer richtig gesehen hat, aber auch eingebettet in das antikisierende Muster des zu Grabe getragenen Helden. Dabei hatte David das Motiv des schlaff herabhängenden rechten Armes bereits in seinem 1780 datierten »Antiken Fries« verwendet (Abb. 39). Die Szene trägt in der Literatur fälschlich den Titel »Leichenbegängnis des Patroklos«, versehen mit einem Fragezeichen. In dem ein Jahr zuvor entstandenen »Leichenbegängnis des Patroklos« liegt der Held allerdings in einer ganz anderen Pose auf dem Totenlager. Oberkörper, Kopf und Arme hängen in einer komplizierten barocken Drehung über den Rand des Paradebetts nach unten[68].

Als Bildvorlage für den »Antiken Fries« diente eindeutig die »Heimtragung des Meleager« auf einem der zahlreichen römischen Meleager-Reliefs. Allein in Rom existieren heute noch etwa fünfzehn derartige Darstellungen. Sie entstammen im wesentlichen der zweiten Hälfte des 2. Jahrhunderts und zeigen die Gestalt des sterbenden oder toten Meleager stets nach demselben Schema, im Halbprofil von links nach rechts, getragen von zwei oder drei männlichen Figuren. Die hintere, nur wenig gebeugt, aufrechtgehend, zumeist, wie bei David, in Rüstung, hält den Oberkörper Meleagers unter der Achsel fest, während dessen rechter Arm kraftlos herabhängt. Die vordere Figur, wie bei David mit einem gegürteten Hemd, gebückt, beinahe in der Hocke befindlich, hat die Beine Meleagers über die Schultern gelegt. Hinzukommen verschiedene Begleitpersonen in mehr oder minder engem körperlichen Kontakt mit dem Helden. In Davids »Antikem Fries« (Abb. 39) erinnert die Gruppe am ehesten an den Typus, den die Beispiele im Museo Capitolino und im Palazzo Mattei in Rom vertreten (Abb. 40,41). Lediglich der vordere, gebückte Träger erscheint verändert, indem er mit dem linken Bein auf dem Boden kniet. Doch hat David zweifellos eine andere unmittelbare, wenn auch nicht mehr identifizierbare Reliefvorlage benutzt. Das beweist seine lavierte Zeichnung im Album 7 des Louvre. Die Anziehungs-

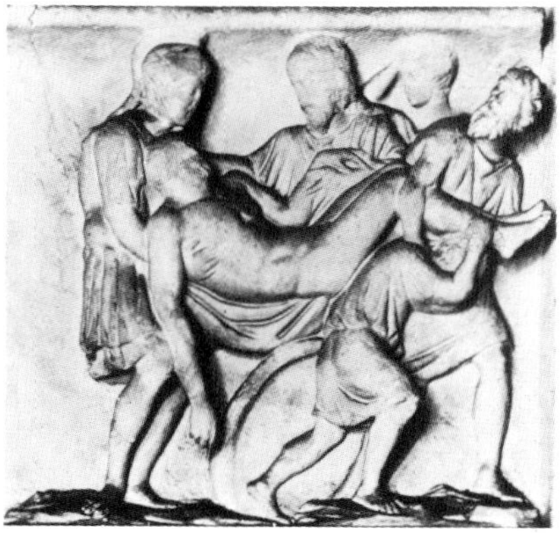

Abb. 40. Heimtragung des Meleager. 2. Jahrhundert n. Chr. (Rom, Museo Capitolino)

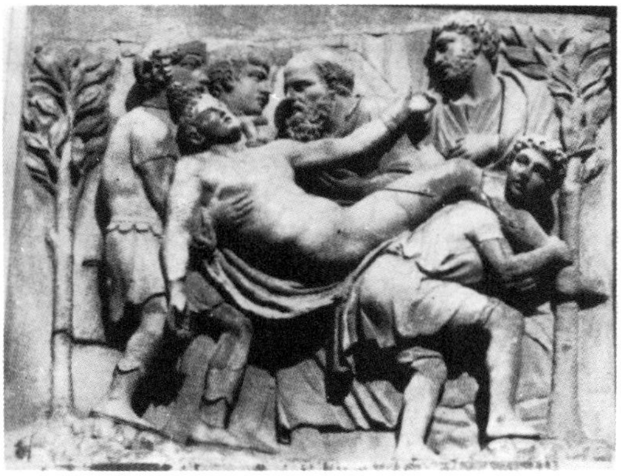

Abb. 41. Heimtragung des Meleager. 2. Jahrhundert n. Chr. (Rom, Palazzo Mattei)

kraft des Meleager-Themas im Klassizismus belegt u.a. auch eine Zeichnung von Antonio Canova[69].

Daß sich David im Zusammenhang mit der Entstehung des »Marat« an diese Reliefs erinnert hat, kann man auch aus dem verlorenen Pendantgemälde schließen (Abb. 6). Le Peletier liegt in der gleichen Weise auf dem Totenbett, wie ihn David auf der Place Vendôme öffentlich hatte aufbahren lassen (Abb. 116), im Halbprofil von rechts nach links, Kopf und nackter Oberkörper auf Kissen hochgebettet, der Unterleib vom Nabel an durch ein faltenreiches Laken verhüllt[70]. Dies stimmt nun weitgehend überein mit den römischen Reliefs, welche die Aufbahrung Meleagers auf der Kline zeigen. Schon Poussin hatte sie in seinem »Tod des Eudamidas« zum Vorbild genommen (Abb. 32). Am meisten ähnelt der tote Meleager auf dem Relief in Castel Gandolfo (Abb. 42) dem »Le Peletier auf dem Totenbett«. Auch bei ihm ist der nackte linke Arm, im Gegensatz zu den meisten anderen Reliefassungen (Abb. 43), der ganzen Länge nach frei zu sehen. Eine nur geringfügig verändernde Kopie nach diesem Typus (Abb. 44) hatte David um 1777 gezeichnet[71]. Unter dem Kopfende sind neben dem Totenbett Helm und

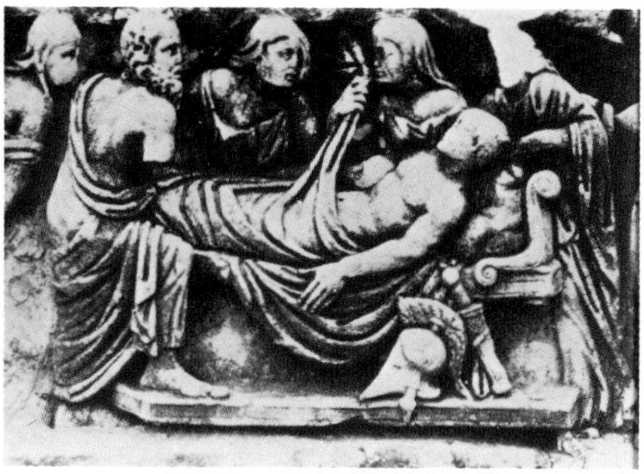

Abb. 42. Meleager auf dem Totenbett, 2. Jahrhundert n. Chr. (Castel Gandolfo, Villa Barberini)

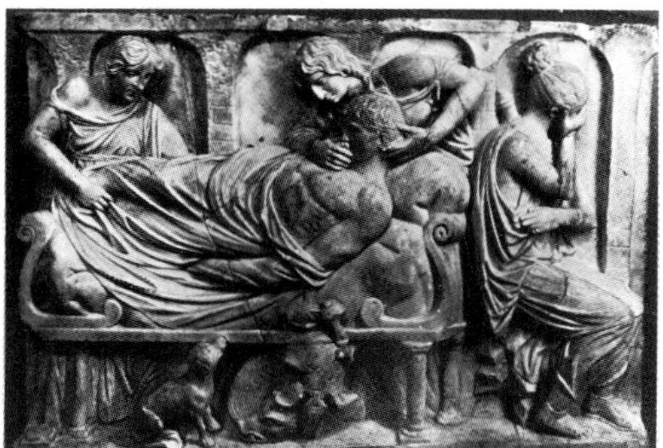

Abb. 43. Meleager auf dem Totenbett, 2. Jahrhundert n. Chr. (Paris, Louvre)

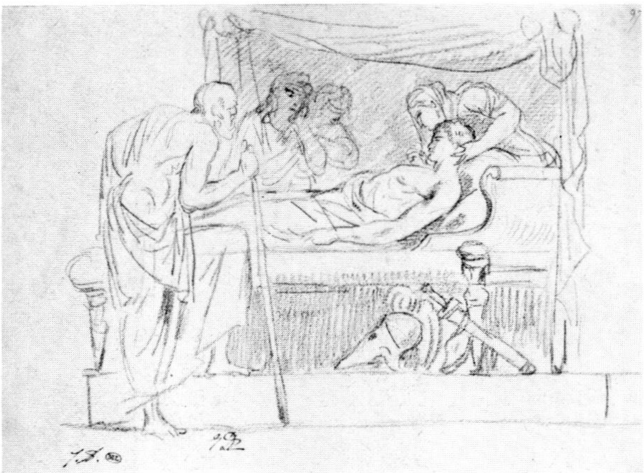

Abb. 44. Jacques-Louis David: Meleager auf dem Totenbett. Um 1777 (Paris, Louvre, Cabinet des Dessins)

Abb. 45. E. Lesueur: Huldigung an Marat. 1793 (Versailles, Musée Lambinet)

Abb. 46. Raffael: Grabtragung Christi. 1507 (Rom, Galleria Borghese)

Schwert des antiken Helden angeordnet, was in Seitenverkehrung auch im Hektor-Bild der Fall ist (Abb. 38). Dementsprechend ließ David bei der öffentlichen Aufbahrung Le Peletiers an analoger Stelle den Säbel des Abgeordneten anbringen (Abb. 116).

Dieser Anordnung folgte der Maler auch bei der Aufbahrung der Leiche Marats in der Kirche der Cordeliers. Nur die Liegerichtung des Toten erscheint auf dem anonymen Gemälde im Musée Carnavalet (Abb. 125) gegenüber der »Aufbahrung des Meleager« vom Typ Castel Gandolfo (Abb. 42) umgekehrt. Diesem gleicht ansonsten sowohl das Motiv des auf Kissen hochgebetteten und bis zum Nabel nackten Oberkörpers mit dem der ganzen Länge nach sichtbaren Arm als auch die Einhüllung des Unterleibs in ein faltenreiches Laken. Von demselben antiken Typus ist auch die liegende Gestalt des Toten in einer von E. Leseur gezeichneten »Hommage rendu à Marat« abgeleitet (Abb. 45). Darüber thront in einer Apsis eine plastische Figur der Freiheit. Zahlreich haben sich trauernde Menschen mit Kränzen und Blumen um den Leichnam versammelt. Wahrscheinlich handelt es sich bei der Szene um eine Theaterapotheose. So folgte z.B. in einem am 3. Februar 1794 erstmals im Théâtre de la République in Toulouse aufgeführten Stück auf die Tragödie die Apotheose. Die Bühne zeigte einen öffentlichen Platz. Der Körper Marats wurde hereingetragen und ehrfurchtsvoll in den Schatten eines »Baums der Freiheit« gelegt. Ein Bürger ergriff das Wort zu Marats Andenken[72].

Bereits auf dem sehr wahrscheinlich von David inspirierten Projekt von Jacques Cellerier für den Wagen, mit dem Voltaire am 11. Juli 1791 ins Panthéon überführt wurde (Abb. 117), hatte man den Philosophen in ganz ähnlicher Form plastisch auf seinem Sarkophag liegend dem Publikum vor Augen geführt. Anstelle des Schwertes bzw. Säbels war ihm als Attribut eine Lyra beigegeben (Abb. 118). Im Unterschied zur Aufbahrung Le Peletiers und Marats diente als Vorbild damals jedoch der »Meleager auf dem Totenbett« nicht in der Fassung des Reliefs in Castel Gandolfo, sondern in dem häufiger vorkommenden Typus mit verhülltem Unterarm. Diesen Typus

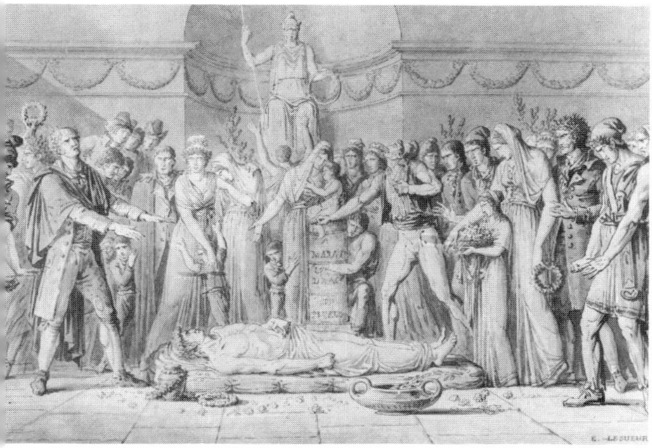

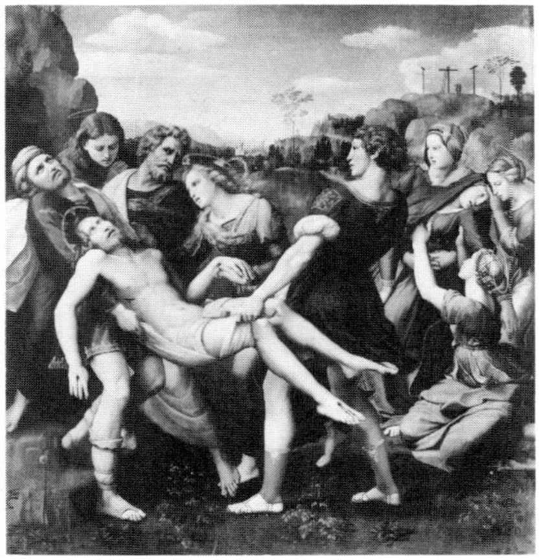

45 46

vertritt z.B. der Meleager-Sarkophag aus der Sammlung Borghese (Abb. 43), der 1807 dann in den Louvre gelangen sollte[73].

»Le Peletier« und »Marat« sind, wie die Rekonstruktion ihrer Anordnung im Nationalkonvent ergeben hat (Abb. 30), hinsichtlich der Liegerichtung einander im Gegensinn zugeordnet. Das entspricht der jeweiligen Gerichtetheit des Helden in den Reliefs mit der Heimtragung Meleagers bzw. mit der Aufbahrung auf der Kline. Die Liegerichtung unterscheidet zugleich den »Le Peletier« vom toten Helden in Davids »Andromache beweint Hektor« (Abb. 38). Ein Vergleich mit den Meleager-Reliefs ist auch in funktioneller Hinsicht sinnvoll. Gemäß der Inschrift im »Le Peletier« brachte David im »Marat« auf der Holzkiste die Worte an: »A MARAT. DAVID. L'AN DEUX« (Tafel II). Durch die Widmungsinschriften erhielten die beiden Gemälde den Charakter von Epitaphien. Die genannten Meleager-Motive wiederum sind Bestandteile von Sarkophagen.

Von den römischen Reliefs unterscheidet sich der tote Krieger in Davids »Antikem Fries« (Abb. 39) vor allem durch das sehr viel ausgeprägtere Motiv des nach außen, zum Betrachter gekehrten und auf die rechte Schulter gesunkenen Hauptes. Hier ist kein Sterbender, sondern wirklich ein Toter dargestellt. Die Anregung dazu dürfte von christlichen Pietà- und Grablegungsbildern gekommen sein. Auch wenn sich Raffaels »Grabtragung Christi« in der Villa Borghese (Abb. 46) in diesem Punkt unterscheidet, so wird sie ihren Eindruck auf David mit Sicherheit nicht verfehlt haben. Das zeigt die um 1775 entstandene Zeichnung einer »Grablegung«, offenbar eine Variation zu Raffaels klassischer Darstellung des Themas[74].

In ihr war nun freilich auch bereits die Verschmelzung des christlichen mit dem antiken Element vorgeprägt. Es wird David nicht entgangen sein, daß Raffael weitgehend dieselben Motive des heimgetragenen Meleager verarbeitet hat wie er selber in seinem »Antiken Fries«. Schon Leon Battista Alberti hatte in einem solchen antiken Werk in Rom Meleager mit allen Merkmalen eines Toten völlig überzeugend dargestellt gefunden und darin ein Kennzeichen großer Kunst erblickt. So wird man für den toten Christus in Michelangelos Pietà in St. Peter (Abb. 36) ebenfalls das Vorbild der Meleager-Reliefs annehmen dürfen. Es ist sehr deutlich wirksam gewesen auch in Pontormos »Grablegung Christi«, wo sogar die später auch von David abgewandelte kauernde Figur des vorderen Leichenträgers vorkommt (Abb. 47). Und schließlich hat sich auch Caravaggio in seiner »Grablegung Christi« (Abb. 37) an die Meleager-Reliefs erinnert. Auf sie geht nicht nur die Haltung des toten Christus, sondern auch das hier seitenverkehrt verwendete Motiv des die Knie Christi umgreifenden Trägers zurück. Dies dürfte David ebenfalls kaum übersehen haben. Nach all dem überrascht es nicht, daß Brion de la Tour in seinem Stich vom Tod Marats (Abb. 48) aus Davids Bildidee eine vielfigurige Szene entwickelt hat, die an Raffaels »Grabtragung Christi« ebenso erinnert wie an eine römische »Heimtragung des Meleager«[75].

Damit tritt sowohl für die sakralen Vorbilder des »Marat« als auch für den »Antiken Fries« eine gemeinsame römische Wurzel zutage. Wenn der »Antike Fries« einen Ausgangspunkt Davids für den »Tod des Marat« gebildet hat, wofür vieles spricht, so schloß dies gerade auch die Möglichkeit zu einer religiös gefärbten Sinnverwandlung mit ein.

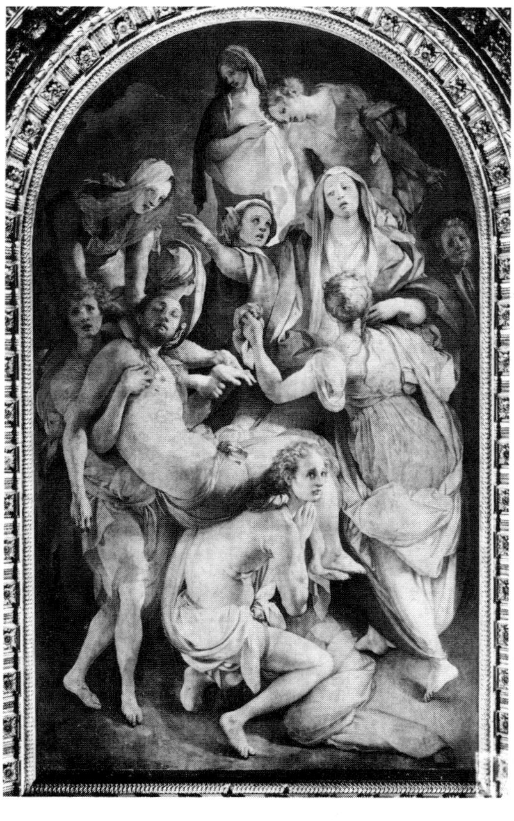

Abb. 47. Pontormo: Kreuzabnahme. Um 1526-28 (Florenz, S. Felicita)

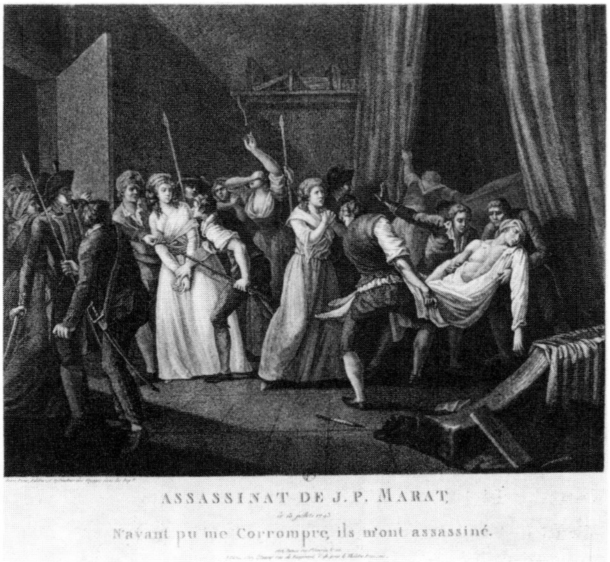

Abb. 48. Louis Brion de la Tour: Der Mord an Marat. 1793 (Paris, Bibliothèque Nationale, Cabinet des Estampes)

11. Grabesluft

Die Verschmelzung der heroischen und der messianischen Züge, welche in der Zusammenschau des toten Christus mit dem Bild des heimgetragenen Meleager angelegt war, diese Ambivalenz von Heldentod und Pietà, spiegelte sich im Zeremoniell der »honneurs funèbres« der Museumssektion für die beiden Gemälde in der Cour carrée des Louvre. Der Gedanke an profane Kriegerehrungen und der Gedanke an Fronleichnamsprozessionen drängen sich gleichermaßen auf. Ähnlich den Reliquien im provisorischen Marat-Monument auf der benachbarten Place du Caroussel (Abb. 21) befanden sich die beiden Gemälde laut Journal de Paris »in einer Art von Leichenkrypta«. Dort hatte sie David über Sarkophagen anbringen lassen. Von diesen wird man sich, wie bei den seit 1790 errichteten »Altären des Vaterlandes«, in stilistischer Hinsicht eine antikische Vorstellung machen müssen[76].

Das Arrangement insgesamt aber geht auf das System katholischer Altäre zurück. Diese waren durch die in ihnen befindlichen Reliquien immer schon als Heiligengräber zu begreifen. Der Gedanke hat im 16. Jahrhundert zur Ausbildung von Altären in Sarkophagform geführt, einer Gestaltung, die im 18. Jahrhundert, zumeist aus Stuck und Holz, bis in den Klassizismus hinein auch in Frankreich weiteste Verbreitung fand[77]. Somit ordnete der Maler den »Le Peletier auf dem Totenbett« und den »Tod des Marat« in der Art von Retabeln oder Reliquiensärgen auf dem Altar an.

Deshalb ist es erlaubt, auch in einigen anderen Bildmotiven einen sepulkralen Doppelsinn zu erkennen. Dies hat David zunächst dadurch erreicht, daß er die überlieferte Form der Badewanne veränderte. Aus der gekurvten Bauchigkeit nach Art eines großen Schuhs wurde ein quaderförmiger, breitgelagerter Behälter. Die Literatur hat deshalb immer wieder auf die nahelie-

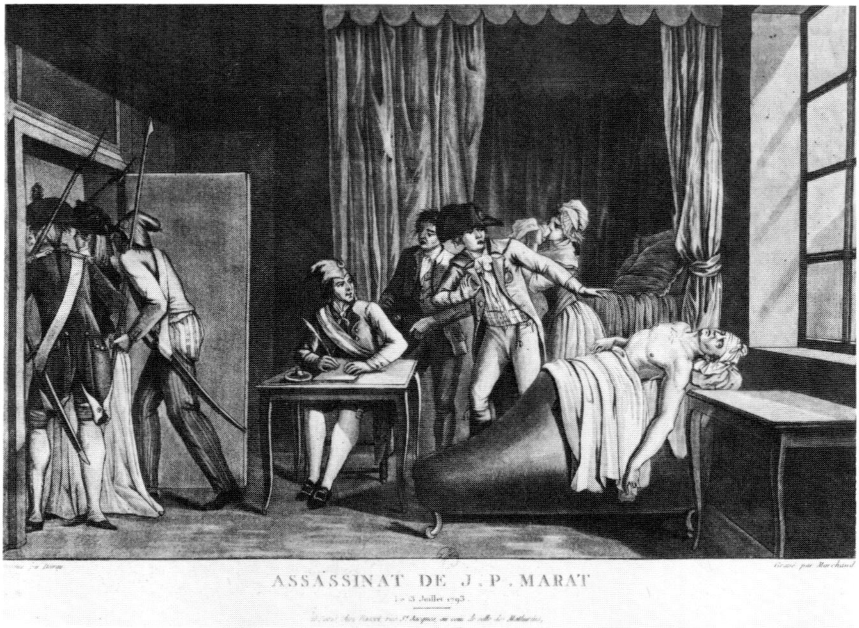

49

gende Assoziation eines Sarkophages hingewiesen. Da es sich jedoch nicht um einen Behälter aus Stein, sondern aus Holz handelt, wird man richtiger von einem Sarg sprechen müssen. Durch die verhältnismäßig tiefe Anordnung von Wanne und Kiste bleibt mehr als die Hälfte des hochformatigen Bildes leer, minimal moduliert allein durch einen flockig aufgetragenen Braungrauton. Er widerspricht von Grund auf dem barocken Tapetenmuster, das in Wirklichkeit den Tatort zierte. Von tiefer Finsternis links über dem Haupt Marats hellt sich die neutrale Dunkelheit langsam zur rechten Seite hin auf. Ihre Benennbarkeit wurde vom Maler offen gelassen. Eine gegenstandsbezeichnende Funktion, etwa im Sinne einer Wand wie in den Stichdarstellungen des Ereignisses, kann ihr kaum zugeschrieben werden. Die von David auch sonst gern in Porträts angewandte Technik des sog. Frottis dient primär der Erzeugung eines gestaltlosen und unbestimmten räumlichen Gegensatzes zur nahegerückten und präzisen Körperlichkeit des Vordergrunds[78]. Im Zusammenwirken mit dem von einer unsichtbaren Lichtquelle außerhalb des Bildes einfallenden caravaggesken Kellerlicht, das durch Schattenkontraste wesentlich zur kühlen Ausformung von Gestalt und Gegenständen beiträgt, wird der Eindruck eines Kellers oder einer Gruft hervorgerufen.

Dieser Eindruck paßt zugleich zur Idee des gleichsam unterirdischen Martyriums Marats. Sie kam bei der Gestaltung seines Grabes im Garten der Cordeliers (Abb. 19,20) ebenso zum Ausdruck wie in dem kryptenartigen Gewölbe des provisorischen Holzmonuments auf der Place du Caroussel, das außer den Sarkophagen u.a. die Reliquie der Badewanne aufnahm (Abb. 21). Am 6. November 1793, drei Wochen nach der zeremoniellen Bezeigung der Totenehrungen für Davids Bilder im Louvre-Hof, wurde in der Opéra-Comique National in Paris ein Theaterstück des Bürgers Mathe-

Abb. 49. Marchand nach Claude Louis Desray: Die Ermordung Marats. 1793 (Paris, Bibliothèque Nationale, Cabinet des Estampes)

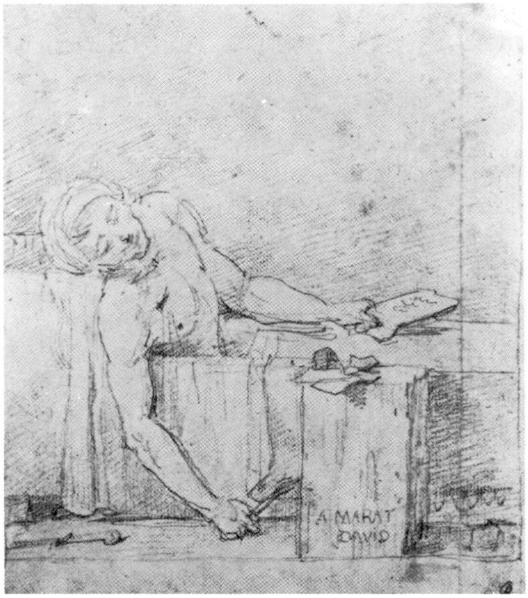

Abb. 50. Jacques-Louis David: Skizze zum Tod des Marat. 1793 (Buenos Aires, Privatbesitz)

lin uraufgeführt. Es trug den Titel: »Marat in den Kellern der Cordeliers oder der Tag des 10. August« (»Marat dans le souterrain des Cordeliers ou la journée du 10 août«) und behandelte in freier Weise den »Tod« Marats, gefolgt von einer glorreichen Auferstehung. Der von den Aristokraten Verfolgte hat in den Kellern der Cordeliers Zuflucht gefunden, ein Gedanke, der auch in Villeneuves »Diogenes«-Blatt zum Ausdruck kommt (Abb. 76). Um Mitternacht ertönt die Alarmglocke, und bei Anbruch der Morgendämmerung taucht Marat aus dem Untergrund auf, um die Revolution zu begrüßen, die er von seinem »Grab« aus geleitet hat. Nach dieser Metaphorik hat sich Marat selbst in den Kellern des Klosters »lebendig begraben« lassen. Die geschlossene Schanze, »bestens geeignet zur Beherbergung der Toten«, öffnet sich gegen Ende des Stücks triumphal, und die Menge bejubelt den aus der Finsternis Auferstandenen mit den Worten: »Lang lebe unser Freund, lang lebe Marat!«[79].

Die sepulkrale Suggestion führt in Verbindung mit der kryptenartigen Unterbringung des Werks bei der Schaustellung im Louvre-Hof zu einer zweiten, metaphorischen Lesart des weißen Leinentuchs, mit welchem das Innere der Badewanne ausgeschlagen ist. Zwar finden wir es auch in den Bildreportagen von Cl. L. Desray (Abb. 49), Brion de la Tour und Duplessi-Bertaux (Abb. 48,73). Doch läßt David es in wenigen großen Falten über den Rand der Wanne feierlich bis auf den Boden herabfallen. Der Rand des Kopfendes ist, in Abänderung der authentischen Wanne, stufenartig erhöht (Tafel V). Es handelt sich , entgegen Herding, weder um ein verhangenes Bett, noch um ein Kissen, auf welchem Marats Haupt ruhe. Ein Bett ließe sich mit den beengten Raumverhältnissen von vornherein nicht vereinbaren (Abb. 12,13). Offenbar liegt eine Verwechslung vor mit dem verschatteten Leinen auf der rückwärtigen Wand der Badewanne. Auch in der anscheinend einzigen erhaltenen Vorzeichnung Davids (Abb. 50) ist die räumliche Situation des ungeteilten großen Leinentuchs klar angegeben. Es faßt den erhöhten und den niedrigeren Wannenrand zusammen. Den Beweis für diese durchgehende Einheit bilden im Gemälde die beiden identisch geformten Stützenfüße der Wanne. Sie lugen am linken Bildrand und links neben der Holzkiste unter dem Saum des Leinentuchs hervor (Tafel III). Auf den erhöhten Rand des Kopfendes der so ausgelegten Badewanne ist Marats Haupt gestützt. Wir müssen das weiße Laken in Analogie zu einem Sarg- oder Grabtuch auffassen. Ein Blick auf das 1774 von Jean Baptiste Pigalle geschaffene Marmorgrabmal des Grafen d'Harcourt in Nôtre-Dame (Abb. 51) bestätigt diese Deutung. Der Sarkophag ist hier mit einem großen Sargtuch ausgelegt, das ebenfalls über den Rand nach außen herabhängt und dem ausgemergelten Leichnam als Hülle dient[80].

Im »Tod des Marat« erinnert die Verbindung mit dem Pietàmotiv des herabhängenden Arms zugleich an das »reine Leinentuch«, in das Christus im Felsengrab gehüllt worden ist (Matth. 27, 59; Luk. 23, 53). Man kommt dann nicht umhin, mit Lankheit den blutenden Einstich unter dem Schlüsselbein in Entsprechung zur Seitenwunde Christi zu sehen. Dazu paßt, daß Marat auch in Davids »Triumph des französischen Volkes« (Abb. 52) als Märtyrer der Revolution vorkommt, seine Wunde vorweist und damit von ferne die Erinnerung an den auferstandenen Christus weckt[81].

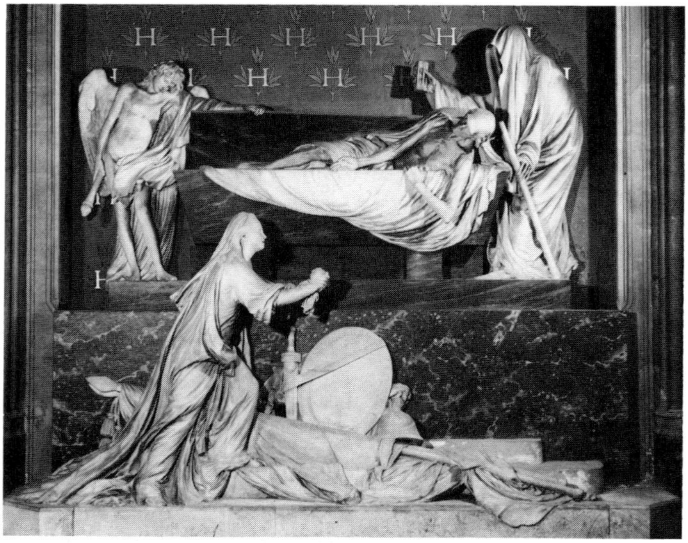

Abb. 51. Jean Baptiste Pigalle: Grabmal des Grafen d'Harcourt. 1774 (Paris, Nôtre-Dame)

Abb. 52. Jacques-Louis David: Der Triumph des französischen Volkes. 1794 (Paris, Musée Carnavalet)

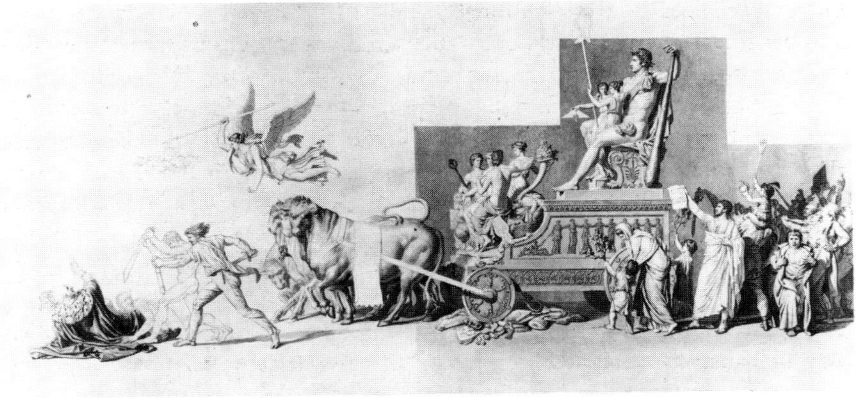

52

12. Die Religion des Staatsbürgers

In der Aura des Grabes hat David den Tod Marats somit gleichermaßen mit dem Ernst klassischen Heldentums umgeben wie mit der Weihe religiöser Verehrungswürdigkeit. Die bildliche Doppelqualität klingt nach in der Gegensätzlichkeit zweier Äußerungen des 19. Jahrhunderts.

Den Geist der Antike spürte Charles Baudelaire heraus: »Das Drama liegt vor uns, wie es in seiner ganzen beklagenswerten Schrecklichkeit lebt, und durch eine seltsame Kraftanstrengung, die aus diesem Gemälde das Meisterwerk Davids und eine der großen Sehenswürdigkeiten der modernen Kunst macht, hat es weder Triviales noch Unwürdiges an sich. Das Erstaunlichste an diesem ungewöhnlichen Gedicht ist, daß es mit äußerster Schnelligkeit gemalt ist, und wenn man an die Schönheit der Zeichnung denkt, so liegt etwas den Geist Verwirrendes darin. Dies ist das Brot der Starken und der Triumph des Spiritualismus; grausam wie die Natur, hat das Bild doch die ganze Ausstrahlung des Ideals. Worin sollte denn jene Häßlichkeit bestehen, die der heilige Tod so schnell mit seinem Flügelende ausgewischt hat? Marat kann es fortan mit Apoll aufnehmen, der Tod hat ihn soeben mit seinen Liebeslippen geküßt, und er ruht in der Stille dieser Verwandlung. In diesem Werk liegt etwas Zärtliches und Ergreifendes zugleich; in der kalten Luft dieses Zimmers, auf diesen kalten Mauern, in dieser kalten und traurigen Wanne eine umherschwebende Seele.«[82]

Paul Cézanne wiederum scheint die im christlich anmutenden Aspekt des Bildes enthaltene Humilitas in künstlerische Geringschätzung umgesetzt zu haben. Der weiteste Abstand des 19. Jahrhunderts zu den Grundlagen Davids wird dabei markiert durch das tiefste Mißverständnis. Er kenne nichts Kälteres als Davids »Marat«, sagte Cézanne zu Joachim Gasquet: »Welch kümmerlicher Held! Er war sein Freund gewesen, war eben ermordet worden, ihn sollte er verklären in den Augen von Paris, von ganz Frankreich, der gesamten Nachwelt. Hat er ihn nicht zur Genüge mit seinem Laken verkleinert und ihn farblos gemacht in seiner Badewanne? Er dachte daran, was man von dem Maler sagen würde, aber nicht, was man von Marat denken sollte. Schlechter Maler. Und er hatte den Leichnam vor seinen Augen gehabt. --

Immerhin, ich liebe Stellen aus der »Krönung« [Napoleons], den Chorknaben, den Kopf zwischen den Leuchtern, man könnte sagen, schon ein Stück Renoir. -- Es war ihm wohler bei diesen Parvenüs als bei dem heiligen Herzen, das jener andere durch die Straßen von Paris trug.«[83]

Als Baudelaire und Cézanne ihre Urteile fällten, hatte der »Tod des Marat« längst seinen geschichtlichen Ort verloren. Er war zum Gegenstand reiner Kunstbetrachtung geworden. Für die Absichten Davids galten ganz andere Bedingungen.

Der These Herdings, daß der Maler eine je nach Adressat verschiedene Betrachtungsweise habe nahelegen wollen, um dem noch in religiösen Glaubensvorstellungen befangenen Volk einen christlichen Marat und den gebildeten Schichten im Konvent einen klassizistischen Marat anzubieten, kann nicht zugestimmt werden. Gegen sie spricht allein schon, daß das Bild, wenn auch vom »Volk« in Auftrag gegeben, gar nicht dem »Volk«, sondern den Volksvertretern zugedacht war. Unter diesen gab es wiederum auffallend viele Geistliche bzw. Renegaten. Chabot oder Grégoire wären hier z.B. zu nennen. In dem gemeinsamen Schriftcharakter des großen »*A Marat*« und des kleineren »*David*« auf der Holzkiste (Tafel II) kommt neben der sichtbar vorgetragenen Bescheidenheit des Malers auch Kollegialität zum Ausdruck. Sieht man das Werk in der verfassungsrechtlichen Perspektive, so wird klar, daß es dem Künstler und Abgeordneten David weniger um die Abhebbarkeit der christlichen von der antikischen Marat-Interpretation gegangen ist als vielmehr im Gegenteil um deren Aufhebung. Ikonographisch war, wie gezeigt, die Trennung der Lesarten bereits an der Wurzel überwunden. Hier liegt die anschauliche Ursache für das scheinbare »Paradox« des Bildes[84].

Durch die Übertragung auf den ermordeten Konventspatrioten war die Ebene eines weltgeschichtlichen Neuanfangs erreicht. David hat sie im Gemälde auch ausdrücklich benannt, und zwar durch das *L'an Deux* der Widmungsinschrift auf der Holzkiste. Am 6. Oktober 1793, acht Tage vor der angekündigten Fertigstellung des Gemäldes (Quellen XII), ersetzte der Konvent offiziell die christliche durch die bereits gebräuchliche revolutionäre Zeitrechnung. Das Jahr I der Freiheit hatte demnach rückwirkend mit dem 22. September 1792 begonnen, d.h. mit dem ersten Tag der einheitlichen und unteilbaren Republik. Die neue Zeitrechnung muß nach Hans Maier als Ausdruck des bewußten Bruchs mit der Vergangenheit und zugleich als Zeichen jenes religiösen Messianismus verstanden werden, der in der Revolution den Anfang einer neuen Zeit und den Beginn der Erlösung des Menschengeschlechtes erblickte. Auf den parlamentarischen Beschluß über die neue Zeitrechnung scheint der Abgeordnete David unverzüglich reagiert zu haben. Neben den Worten *L'an Deux*, die auf der Bleistiftvorstudie (Abb. 50) noch fehlen, erkennt man im Gemälde (Tafel II) links und rechts an den unteren Ecken der Holzkiste deutlich je zwei übermalte Ziffern der Jahreszahl »1793«, also der christlichen Zeitrechnung. Ihr ist dagegen Charlotte Corday mit dem Datum auf ihrem Zettel noch unterworfen (Tafel IV). Es ist sicher kein Zufall, daß bei der Übergabe des Bildes unmittelbar im Anschluß an Davids Rede der Montagnard Gilbert Romme sich zu Wort gemeldet, Davids Forderung nach Aufnahme Marats ins Panthéon bekräftigt und die Vervielfältigung der beiden Gemälde im Kupferstich verlangt hat. Romme war der Urheber des Revolutionskalenders. In seinem am 20. September 1793 dem Nationalkonvent vorgelegten »Rapport sur l'ère de la République« hatte der Mathematikprofessor die sinnbildliche Tatsache nachgewiesen, daß am 22. September, dem Datum des republikanischen Neubeginns, die Sonne in die Tag- und Nachtgleiche des Herbstes eintrete und die beiden Pole der Erde gleichermaßen erleuchte[85].

Es ging demnach um die Aufhebung des antikischen und des christlichen Elements in einer dritten, gemeinsamen Größe. Diese war der »Bürger« bzw. der »Mensch« der republikanischen Verfassung. Die sakrale Weihe läßt sich gerade auch unter staatsrechtlichem Aspekt nicht auf die im Pietàmotiv enthaltene christlich-kirchliche oder auf die antik-soldatische Bildtradition reduzieren.

Stattdessen scheint sie zum einen auf die »religion de l'homme« im Religionskapitel von Rousseaus »Contrat social« beziehbar zu sein. Diese entspringt allein dem menschlichen Empfinden, da in jedem Menschen eine natürliche Güte (»bonté naturelle«) enthalten sei. Sie kennt weder Tempel noch Altäre oder Riten und beschränkt sich auf die »rein innerliche Verehrung des höchsten Wesens und auf die ewigen Pflichten der Moral«. Diese Menschheitsreligion war für Rousseau das ursprüngliche Christentum, die »reine und einfache Religion des Evangeliums«, und von der »religion naturelle« nicht unterschieden. Sie hält uns zu allumfassender Menschenliebe an, macht uns friedfertig und leidensbereit. »Durch diese heilige, erhabene und wahrhaftige Religion erkennen sich die Menschen, Kinder des einen und selben Gottes, als Brüder an, und die Gemeinschaft, die sie vereint, wird selbst im Tode nicht aufgelöst«. Allerdings hat diese Religion einen schweren Nachteil. Sie »steht in keiner besonderen Beziehung zu dem politischen Körper und läßt daher den Gesetzen nur die Kraft, die sie aus sich selbst ziehen«. Im Staatsleben, dem der »Contrat social« überall die höchste Priorität einräumte, hielt Rousseau deshalb diese Idealreligion für unbrauchbar. In die Praxis übertragen müsse sie, angesichts der tatsächlichen Menschennatur, zur Vernichtung der wenigen edlen und frommen Seelen und zu unumschränkter Tyrannenherrschaft führen. In den »Briefen vom Berge« hat er das präzisiert. Die christliche Religion sei durch die Reinheit ihrer Moral immer gut und zuträglich im Staate, »solange man nicht aus ihr einen Teil der Verfassung macht und solange sie hier nur als Religion, Gefühl, Meinung und Glauben zugelassen wird; aber als Grundgesetz ist das dogmatische Christentum eine schlechte Verfassung«[86].

Damit wurde die sakrale Weihe im Bilde Davids hauptsächlich von einer anderen Spielart der Religion gemäß »Contrat social« ausgestrahlt, von der Religion des Staatsbürgers bzw. der »religion civile«. Sie gilt »nur in einem einzigen Lande und gibt diesem seine Götter, seine eignen Schutzpatrone: Sie hat ihre Dogmen, ihre Riten, ihren äußeren, durch die Gesetze vorgeschriebenen Kult«. Solcherart seien alle Religionen der ersten Völker gewesen. Das »bürgerliche oder positive Gottesrecht« ist nach Rousseau gut, weil es »die Gottesverehrung mit der Liebe zu den Gesetzen vereinigt und die Bürger lehrt, indem sie das Vaterland zum Gegenstand ihrer Verehrung macht, daß dem Staate dienen dessen Schutzgott dienen heißt... Für sein Vaterland sterben heißt dann zum Märtyrer werden, die Gesetze brechen heißt gottlos sein ...«. Dabei hat Rousseau die Gefahren des Irrtums, der Leichtgläubigkeit und des Aberglaubens, vor allem aber auch tyrannischer Unduldsamkeit nicht verkannt. Deshalb kam es in Zukunft allein auf den Grundsatz an, daß »jeder Bürger eine Religion habe, die ihm Liebe zu seinen Pflichten einflöße«. Und weiter: »Die Dogmen der bürgerlichen Religion müssen einfach, gering an Zahl, klar im Ausdruck, ohne Erklärungen und Auslegungen sein. Das Vorhandensein einer mächtigen, mit Verstand begabten, wohltätigen, vorausschauenden und fürsorglichen Gottheit, ein künftiges Leben, das Glück der Gerechten, die Bestrafung der Bösen, die Heiligkeit des Gesellschaftsvertrages und der Gesetze: das sind die positiven Dogmen«. Die »religion civile« schloß den Katholizismus als eine Religion der Priester in dem von der »volonté générale« geprägten Staat von vornherein aus, da er nach Rousseau den Menschen zwei verschiedenen »Vaterländern«, nämlich Staat und Kirche unterstellte. Dadurch werde die Einheit der Gesellschaft zerstört, die gerade den Daseinsgrund einer Religion ausmache. »Das Christentum ist eine ganz und gar geistige Religion, die sich einzig mit den himmlischen Dingen beschäftigt: Das Vaterland des Christen ist nicht von dieser Welt«. Alle Versuche republikanisch gesinnter Kirchenkreise, den Einfluß des Katholizismus durch ein Bündnis mit der Volkssouveränität zu retten oder gar zu stärken, mußten deshalb zum Scheitern verurteilt bleiben. Zu ihnen gehörte z.B. der Priester Claude Fauchet. Als Anhänger der Zivilkonstitution zum schismatischen Bischof des Département Calvados, der Heimat Charlotte Cordays, aufgestiegen, von dieser in ihrem Prozeß als Mann ohne Sitten und Prinzipien eingestuft, wegen seiner Annäherung an die Girondisten am 31. Oktober 1793 hingerichtet, hatte Fauchet 1790 gemeint, man müsse, um die Prinzipien der allen Menschen zukommenden Gesetzgebung festzustellen, sich der Ideen eines großen Menschen (»grand homme«) bedienen. Er fand sie bei Rousseau, den er der Bibel gleichordnete. Umgekehrt entbehrt unter diesem Blickwinkel der Schritt Jean-Baptiste Gobels, des verfassungstreuen Bischofs von Paris, der am 7. November 1793 vor dem Nationalkonvent seinem christlichen Glauben abschwor und drei Tage später in seiner ehemaligen Kathedrale Nôtre-Dame am »Fest der Vernunft« teilnahm, nicht einer gewissen Logik. Seine persönliche Tragik war es, daß er auf dem Höhepunkt der Macht Robespierres am 10. April 1794 wegen Atheismus angeklagt und am 13. April hingerichtet wurde. Er starb mit dem Ruf: »Es lebe Christus«[87].

Am nächsten Tag beschloß der Nationalkonvent die Überführung Rousseaus ins Panthéon. Robespierre (Abb. 65) hatte eine glänzende Lobrede auf den Verfasser des »Contrat social« gehalten. Am 9. Oktober 1794, gegen 6 Uhr abends, trafen die auf der Pappelinsel in Ermenonville exhumierten sterblichen Überreste Rousseaus auf der »Place de la Révolution« (Place de la Concorde) in Paris ein. Sie wurden zunächst im großen Becken der Tuilerien auf einer künstlich mit Pappeln bepflanzten Insel unter einem eigens errichteten Kenotaph niedergelegt. Es hatte, wie die Ansicht von Constant Bourgeois zeigt, die Form einer Säulenädikula (Abb. 53). In ihr thronte die Sitzfi-

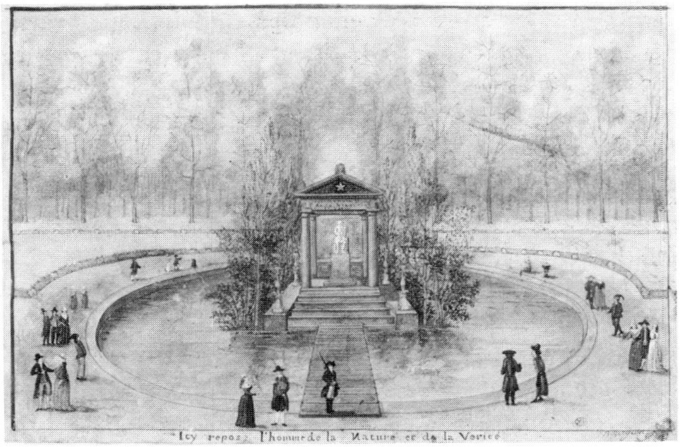

Abb. 53. Constant Bourgeois: Ansicht des Kenotophs für Rousseau in den Tuilerien. 1794 (Paris, Louvre)

gur des Philosophen auf einem hochgestellten Quadersockel. Die Inschrift am Frontgebälk lautete: »Ici repose l'homme de la Nature et de la Vérité«. Am 11. Oktober wurden die sterblichen Überreste in großer Prozession ins Panthéon überführt (Abb. 54). Eine Gruppe von Sektionsabgeordneten trug eine Tafel mit den Menschenrechten und der Inschrift: »Il réclama le premier ces droits imprescriptibles«. Bestandteile des Zuges waren u.a. eine Statue der »Freiheit« und diejenige Rousseaus, thronend unter dem Blätterdach eines Baums. Den Schluß bildete der Nationalkonvent. Ihm wurde der »Contrat social« vorangetragen[88].

Was also ist Davids »Marat«, ein neuer Apoll mit der ganzen Ausstrahlung des Ideals, wie Baudelaire meinte, oder ein kümmerlicher Held, verkleinert durch sein Laken und farblos gemacht durch seine Badewanne, wie Cézanne ihn sah? Die Antwort kann nur heißen, er ist weder das eine noch das andere. Die Brüder Goncourt hatten recht: »Sein Marat! ... Das Moderne, alles ist darin. Die Empfindung, das Gefühl des Zeitgenossen, des Schauspiels, das euch berührt, des Gegenwärtigen, in welchem ihr eure Leidenschaften beben hört und etwas von euch ... alles ist für den Künstler darin, seit dem Zeitalter von Ägina bis zum Zeitalter des Instituts...«. Da der die Unvereinbarkeit von Staat und kirchlichem Christentum begründende »Contrat social« bei der Entstehung des Bildes Pate stand, mochte David das christliche Moment als »Gefühl« oder eben als sakrale Weihe verarbeiten. Für sich allein kann es aber nicht definiert werden. Erst recht nicht bezeichnen das christliche und das antike Element eine Bedeutungsalternative. In der Einheit mit der mythischen Heldenpose wurde die christliche Dulderhaltung vielmehr politisch brauchbar gemacht. Die Titulierung Marats als »citoyen« auf dem Zettel in seiner Hand (Tafel IV) steht im Einklang mit Rousseaus begrifflicher Unterscheidung von »bourgeois« und »citoyen«, d.h. Stadtbewohner und Staatsbürger[89]. Bei der Schaustellung im Louvre-Hof wurden den beiden Gemälden durch die »Mitbürger« weder christliche noch antikisierende, sondern laut David »staatsbürgerliche Ehrungen« erwiesen (Quellen XII). Marat ist das »geliebte Kind der Menschheit«, wie ihn der Maler bei der Übergabe des Bildes nannte (Quellen XIII). Darin liegt ein Grund für die ungeheure Faszination des einzigartigen Werks.

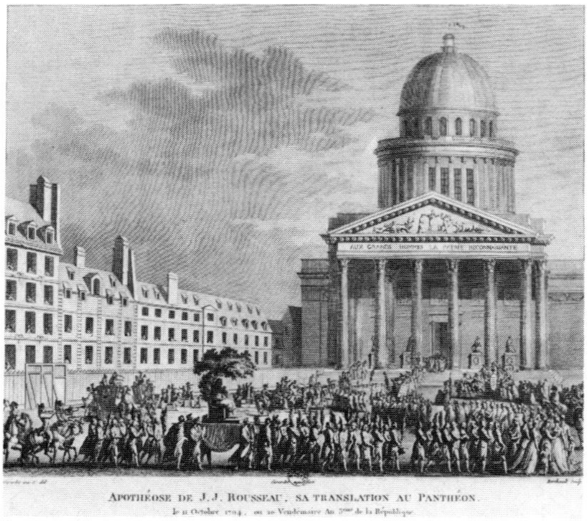

Abb. 54. Pierre Gabriel Berthault nach Abraham Girardet: Die Überführung Rousseaus ins Panthéon am 11. Oktober 1794 (Paris, Bibliothèque Nationale, Cabinet des Estampes)

Die Menschen- und Bürgerrechtserklärung von 1793, als Gesetzestafel über dem Gemälde angebracht (Abb. 30), kannte ebenfalls keinen Bestandteil Christentum, sondern nur »Menschen«, die von Natur aus und vor dem Gesetz gleich sind (Artikel 3), bzw. Bürger (»citoyens«), die deshalb gleichermaßen für öffentliche Aufgaben zuzulassen sind (Artikel 5), sowie das Recht auf freie Religionsausübung (Artikel 7). Der »Marat«, den die Abgeordneten vor sich hatten, war die Identifikationsfigur dieser religiösen Offenheit. Für die Menschen- und Bürgerrechte hatte sich Marat selbst, vor allem bei den Cordeliers, eigentlich »Société des Amis des Droits de l'Homme et du Citoyen«, stets leidenschaftlich eingesetzt. Am 16. Januar 1794 wurde in ihrem Sitzungssaal ein Gemälde unter Glas angebracht, das die Menschenrechtserklärung wiedergab, und die Bürgerin Richard stellte hier am selben Tag die Büsten von Marat und Le Peletier auf. Als Marat dann am 21. September 1794, drei Wochen vor seinem westschweizerischen Landsmann Rousseau (Abb. 54), ins Panthéon überführt wurde, spielte in der bei den Cordeliers eingelegten Station die Verknüpfung seines Andenkens mit den Menschen- und Bürgerrechten erneut eine zentrale Rolle. Jean-Jacques Hauer, Bataillonskommandant der Cordeliers, hatte sich schon mit seiner 1793 im Salon ausgestellten »Charlotte Corday« (Abb. 100) in der Nacktheit und im Pietàmotiv des Ermordeten an Davids »Marat« orientiert. Im Gegenstück (Abb. 101) ließ Hauer den Volksfreund sich einer Büste Le Peletiers zuwenden, vor deren Sockel Papierblätter liegen mit der Aufschrift »Droits de l'homme«[90].

Dem »Menschen« der Jakobinerverfassung war der Horizont seiner revolutionären Andacht durch Rousseaus religionsgeschichtliches Neutrum des »Etre suprême« abgesteckt. In dessen Gegenwart war laut Präambel sowohl die Menschen- und Bürgerrechtserklärung von 1789 als auch diejenige von 1793 verkündet worden, und ihm galt der Dank des »Menschen« für diese Errungenschaft. Daran hat Robespierre die Jakobiner am 21. November 1793, eine Woche nach Davids Übergabe des Marat-Bildes an den Konvent, erinnert, den Atheismus als aristokratisch gebrandmarkt und ausgerufen:

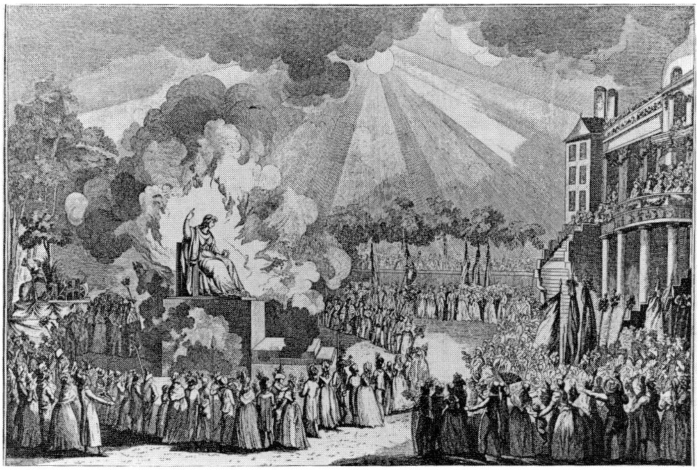

Abb. 55. Bourdon nach Charles Monnet: Das Fest des Höchsten Wesens. 1794 (Paris, Bibliothèque Nationale, Cabinet des Estampes)

»Wenn Gott nicht existierte, so müßte man ihn erfinden«. Marat vermählte sich nach dem Bericht des Kommissars Guirault, wohl identisch mit dem Sprecher der »Section du Contrat social« beim Bildauftrag an David, auf folgende Weise: Er habe in Ablehnung eines leeren Ehezeremoniells eines schönen Tages die Bürgerin Evrard ans Fenster ihres Zimmers gerufen; beide hätten ihre Hände ineinandergelegt und sich angesichts des »Höchsten Wesens« niedergeworfen. »In dem weiten Tempel der Natur«, so habe Marat dabei gesagt, »nehme ich den Schöpfer, der uns hört, zum Zeugen der ewigen Treue, die ich dir schwöre«. Am 7. Mai 1794 sollte Robespierre dann die offizielle Anerkennung des »Höchsten Wesens« und, ebenfalls ganz im Sinne Rousseaus, die Unsterblichkeit der Seele beantragen. Am 8. Juni 1794 fand das »Fest des Höchsten Wesens« als letztes der von David organisierten Revolutionsfeste statt (Abb. 55). Doch schon das in der Verfassungsübergabe gipfelnde Fest der einheitlichen und unteilbaren Republik am 10. August 1793 (Abb. 22) hatte der Künstler unter den Augen »des Ewigen« abgewickelt, welcher dabei laut Planungskonzept die »gleichen und brüderlichen Menschen« wiedersah, »wie sie aus seinen göttlichen Händen hervorgegangen sind« (Quellen III). Es war das erste Fest der Revolution ohne Mitwirkung der Kirche, ohne Te Deum und ohne priesterlichen Segen[91].

Derselbe »amour de l'humanité, liberté, égalité«, den David am 11. Juli zur Beseelung seiner Pinsel bei der Gestaltung des Fests angerufen hatte (Quellen III), wird ihn in den kommenden Wochen auch beim »Tod des Marat« geleitet haben. Auch sonst atmete der Kult um Marat den Geist des »Contrat social«. Dieser postulierte ein »rein bürgerliches Glaubensbekenntnis«. Seine Artikel seien nicht eigentlich als religiöse Dogmen, sondern als Sinn für die Gemeinschaft festzulegen, ohne den man unmöglich ein guter Bürger sein könne. Ein derartiges Glaubensbekenntnis ist im Zusammenhang mit Marats Pantheonisierung überliefert: »Ich glaube an Marat, den Allmächtigen, Schöpfer der Freiheit und Gleichheit, unsere Hoffnung, den Schrecken der Aristokraten, der hervorgegangen ist aus dem Herzen der Nation und offenbart ist in der Revolution, der ermordet ist von den Feinden der Republik, der ausgegossen hat über uns seinen Gleichheitsatem, der niedergefahren ist zu den Elysäischen Feldern, von dannen er eines Tages kommen wird zu richten und zu verdammen die Aristokraten.« Wie in Davids Gemälde ging es auch hier nicht darum, Marat zum neuen Christus zu stilisieren. Vielmehr verhielt es sich genau umgekehrt. Die Strukturen des christlichen Credo wurden durch Marats Tugenden und Zielsetzungen mit staatsbürgerlichem Inhalt gefüllt[92].

13. Die natürliche Verjüngung

An die Gedanken Rousseaus knüpfte David ein knappes Jahr nach Marats Tod am 23. Messidor des Jahres II (11. Juli 1794) wieder an mit seinem Plan für die Überführung der beiden jungen Revolutionsmärtyrer Joseph Barra und Agricol Viala ins Panthéon. Sie war von Robespierre am 7. Mai 1794 in seiner Rede über die Anerkennung des »Höchsten Wesens« gefordert worden. David sagte: »Die Demokratie holt ihre Ratschläge nur aus der Natur, zu der sie die Menschen überall wieder hinführt. Ihr ganzes Trachten ist, die Menschen gut zu machen, in ihnen die Liebe zur Gerechtigkeit und zur Gleichheit zu wecken und zu stärken. Sie flößt ihnen edle Uneigennützigkeit ein, die ihre Seelen erhebt und die größten Werke in Angriff zu nehmen und zu vollenden befähigt. Unter ihrer Herrschaft dienen alle Gedanken und Taten dem Vaterland; dafür zu sterben bedeutet Unsterblichkeit. ...«.[93]

Die Natur war die »Fontaine de la Régénération«. So hat sie David für die erste Station und damit als Ausgangspunkt des Verfassungsfests vom 10. August 1793 entworfen (Abb. 22). Sie sollte auf der Gedenkmedaille das Gegenbild zur Konstitutionslade darstellen. Aus ihren fruchtbaren Brüsten, welche sie mit ihren Händen preßt, fließe »im Überfluß das reine und heilbringende Wasser«. Die Abgeordneten der Urwählerversammlung, einer für jedes Département, sollten es, beginnend mit dem ältesten, nacheinander aus ein und demselben Becher trinken (Quellen III). Symbolträchtig erhob sich der Brunnen auf den Überresten der zerstörten Bastille. Die »Natur« verkörperte eine streng frontalisierte Statue im ägyptischen Stil (Abb. 56). Die zeremonielle Analogie zum christlichen Sakrament erschien auf diese Weise monumental aus der archaischen Ursprünglichkeit des Altertums gespeist und mit der Verfassungswirklichkeit des Jahres 1793 verschmolzen. Der Vorgang entsprach der Herkunft des christlichen Pietàmotivs aus der antiken Kunst und seiner Übertragung auf den ermordeten Revolutionsmärtyrer.[94]

»Die Völker sind, wie die Menschen, nur in ihrer Jugend gelehrig«, hieß es bei Rousseau, »wenn sie alt werden, sind sie zur Besserung nicht mehr fähig; sind die Gewohnheiten erst einmal festgelegt und die Vorurteile verwurzelt, so ist es ein gefährliches und vergebliches Unterfangen, sie reformieren zu wollen«. Selbst die Heilung seiner Gebrechen könne für ein Volk unerträglich sein. Auch den Weg aus solchen Zuständen heraus hat Rousseau gewie-

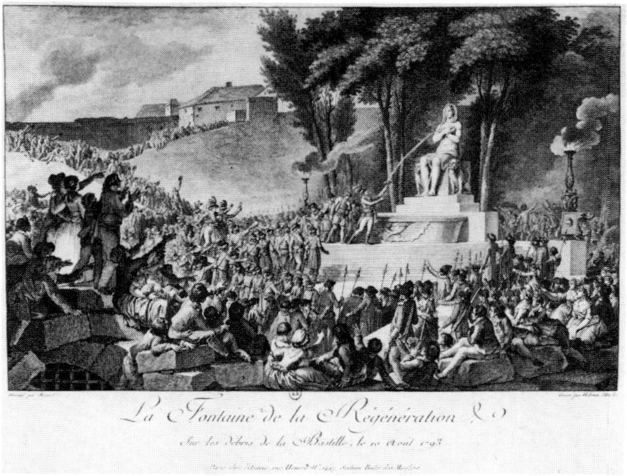

Abb. 56. Isidore Stanislas Helman nach Charles Monnet: Der Brunnen der Erneuerung über den Trümmern der Bastille. 1796/97 (Paris, Bibliothèque Nationale, Cabinet des Estampes)

sen: »Wie manche Krankheiten den Verstand des Menschen trüben und ihm die Erinnerung an das Vergangene rauben, so gibt es zuweilen in der Geschichte der Staaten gewaltsame Epochen, in denen Revolutionen bei den Völkern dasselbe bewirken wie bestimmte Krisen bei einzelnen Menschen, Epochen, in denen der Abscheu vor dem Vergangenen die Stelle des Vergessens einnimmt und in denen der Staat, durch Bürgerkriege in Brand gesetzt, gleichsam aus seiner Asche wiedergeboren wird und, kaum den Armen des Todes entronnen, die Kraft der Jugend wiedergewinnt.« So sei es in Sparta zur Zeit des Lykurg gewesen, jenes Lykurg, der im Nationalkonvent über dem »Tod des Marat« bzw. der Gesetzestafel mit den Menschen- und Bürgerrechten dargestellt war (Abb. 30), so auch in Rom nach der Vertreibung der Tarquinier, d.h. in der Ära des »Brutus«, wie ihn David 1789 (Abb. 91) dargestellt hatte.[95] Revolution bedeutete demnach Wiedergewinnung der Jugend oder, laut »Contrat social«, Zurückversetzung der Dinge in die natürliche Ordnung. Dasjenige Volk sei geeignet, Gesetze zu empfangen, das die Festigkeit eines alten Volkes mit der Gelehrigkeit eines jungen Volkes verbinde.[96]

Nach dem Attentat auf Marat wurden auch in den Provinzen zahlreiche Trauerzeremonien abgehalten. Eine fand statt in »Bourg-Régénéré« (Bourg-en-Bresse). Im Protokoll der Gesellschaft der Sansculotten heißt es dazu: »Ein Kanonenschuß, der beim Anbruch der Morgendämmerung abgegeben wurde, brachte die Sansculotten auf die Beine. Jeder begab sich auf seinen Posten. Hundert Mädchen mit Eichenkränzen auf dem Kopf scharten sich um einen Wagen, auf dem fünf ehrwürdige Greise saßen, umschlungen und gestützt von fünfzehn Jungfrauen, die sich bemühten, sie mit ihrem reinen Atem zu erwärmen, und die beauftragt waren, während des ganzen Festes für sie zu sorgen ...«[97]. Der Tod Marats gab hier also den Anlaß ab für ein aus lebenden Menschen gestelltes Bild natürlicher Verjüngung. Es ist in ganz ähnlicher Form auch für eine von der »Société des Défenseurs de la Constitution républicaine« veranstalteten Zeremonie zu Ehren »des unsterblichen Marat« in Uzès-la-Montagne bezeugt.[98]

In Paris brachte ein Patriot namens d'Orain sein kleines Kind in den Club der Cordeliers. Der Präsident nahm es in Empfang, küßte es und übergab es vier weiß gekleideten jungen Mädchen. Es wurde in eine Trikolore gewickelt und dann von zwei verheirateten Priestern im Namen des Höchsten und der Freiheit getauft, und zwar auf den Namen »Brutus - Marat - Lepelletier«. In den Zivilregistern von Paris tauchen zwischen 1793 und 1795 zahlreiche Fälle ähnlicher Art auf. Die »Brutus-Marat«, »Marat-Brutus« und »Lepelletier-Marat« herrschen vor. Nicht selten erhielten Kinder auch den Namen »Rousseau-Marat«, »Marat-Duchesne« oder »Marat-la-Montagne«. Selbst Mädchen wurden dem Schutz dieses Patrons unterstellt. So gab es z.B. eine »Julie-Marat«.[99]

Daher war auch das zarte Alter des dreizehnjährigen Revolutionsmärtyrers Joseph Barra und des ebenfalls im Knabenalter für die Revolution gefallenen Agricol Viala an sich schon bedeutungsträchtig. In Davids Festplan für die Pantheonisierung der beiden »jugendlichen Helden« klang der symbolische Gedanke der Marat-Zeremonie in »Bourg-Régénéré« an. Der Greis sehe »sich in den Kindern seiner Enkel auferstehen, wie die alten Bäume um sich eine neue Pflanzung heranwachsen sehen.« Das Grab Marats im Garten der Cordeliers (Abb. 19,20) war nach Bougeart mit Sträuchern voller Leben umgeben, die wachsen und sich aus sich selbst erneuern sollten wie die maratistischen Prinzipien, die sie symbolisierten[100]. Der Gedanke läßt sich auch auf das von Pappeln umgebene provisorische Grabmonument Rousseaus im Zentrum des Tuilerien-Bassins (Abb. 53) übertragen.

Mit seiner Rede wollte David die Gefühle der Bürger entfalten und dem ganzen Erdkreis beweisen, daß sie nicht vergebens die Nation »zu einer völligen moralischen Erneuerung« aufriefen. Unter den barbarischen Gesetzen des Despotismus würden die erniedrigten und beleidigten Menschen nicht einmal »ihre natürliche, erhabene Gestalt« bewahren. Durch ihre »widernatürlichen Taten« wollten die Tyrannen die Natur unterdrücken. Die Arme würden dem Pflug entrissen, die Felder brachliegen und die Herden auf vertrockneten Weiden verdursten. »Volksvertreter, laßt uns den Blick von diesem Abgrund, den ihr zugeschüttet habt, abwenden; bieten wir euren Augen ein würdigeres Bild: Stellen wir den Menschen vor seinen Schöpfer, wie er aus dessen göttlichen Händen trat, und zeigen die Vorzüge der republikanischen Verfassung im hellen Tageslicht.« David beschwor die Erinnerung an die Märtyrer der Revolution und fuhr fort: »Erlauchte Republikaner, eure Manen sollen besänftigt werden. Der das Licht der Finsternis folgen läßt, hat den Blitz in eure Hände gelegt, der die Könige und ihre Komplizen strafen und die Throne zu Asche vernichten soll, auf denen sie sich zu unserem Untergang verschworen haben. Der Donner grollt, der Gewittersturm wächst, er zieht heran, er bricht los: Die Verwüstung ist schrecklich.« Dann wandte er sich an das »Höchste Wesen«: »Der du mit starker Hand einem Segel gleich den Himmel breitest, der du den Gang der Revolutionen wie Jahreszeiten leitest, gib, daß die Tyrannenherrschaft vom Antlitz der Erde verschwinde, oder besser, erneuere die ruchlose Erde, die dem Despotismus Freistatt gewährte und sich für seinen Streit wappnete ...« Und weiter: »Aber welch plötzliche Stille beruhigt meine erregten Sinne? Der

Abb. 57. Jacques Louis Perée: Dank an das Höchste Wesen für die Menschenrechte. 1795 (Paris, Bibliothèque Nationale, Cabinet des Estampes)

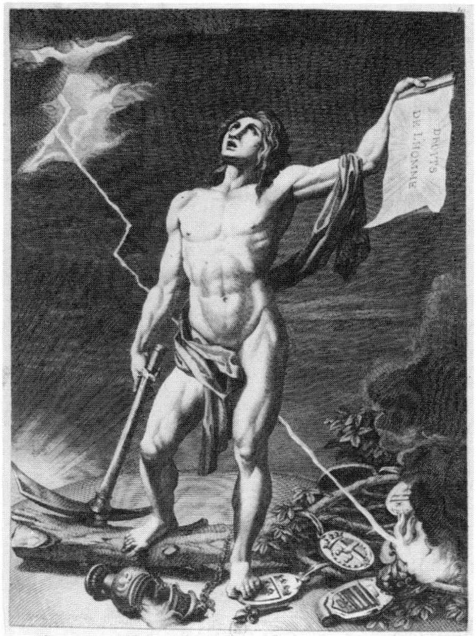

Himmel hat meine Stimme vernommen, mein Gelübde ist erhört! Volk Frankreichs, vorwärts! Die Tyrannenherrschaft liegt in den letzten Zügen: Ein Schlag noch - und sie ist nicht mehr - die Erde ist frei!«[101]

Diese Gedanken kehren nahezu wörtlich wieder im Kupferstich von Jacques Louis Perée »Dank an das Höchste Wesen für die Menschenrechte.« (Abb. 57). Auf der kahlen Wölbung der Erdkugel steht der »Mensch« triumphierend über einem vom Sturm gefällten Baum. Aus dunklem Himmel zuckt ein Blitzstrahl in sein Geäst, in welchem wie böse Früchte die Insignien des Klerus und der Aristokratie hängen. Damit wird der antike Concetto von der unantastbaren Tugend, die wie der Lorbeerbaum unverletzt bleibt, wenn die furchtbaren Blitze zucken, ins Gegenteil verkehrt und auf die Strafe der lasterhaften Perversion der Natur durch den Despotismus bezogen[102]. Der »Mensch« ist bartlos, jung und nackt, so, wie er aus den göttlichen Händen des Schöpfers getreten ist. Nur seine Scham wird tugendhaft durch eine Tuchdrapierung verdeckt. In der Rechten hält er eine Spitzhacke als Sinnbild landwirtschaftlicher und damit naturverbundener Arbeit, in der erhobenen Linken ein Papier mit der Aufschrift »Droits de l'homme«. Er hält es dem himmlischen Licht entgegen, zu welchem er inbrünstig aufblickt, zeigt also, ganz im Sinne Davids, die Vorzüge der republikanischen Verfassung in hellem Tageslicht. Die jugendliche Gestalt scheint nicht nur die Rede zu reflektieren, sondern auch einige Motive aus dem »Tod des Marat«, so die Nacktheit und die scharfe Beleuchtung vor dunklem Grund. Die Spitzhacke des herabhängenden Arms ersetzt die Feder, das hell beschienene Papier mit den Menschenrechten den Zettel der Charlotte Corday.

David hat die Passagen über das der Finsternis folgende Licht, über den strafenden Blitz und die Erneuerung der Erde mit einer Aufzählung der Revolutionsmärtyrer eingeleitet: »Unbestechlicher Marat, zeige die Stelle,

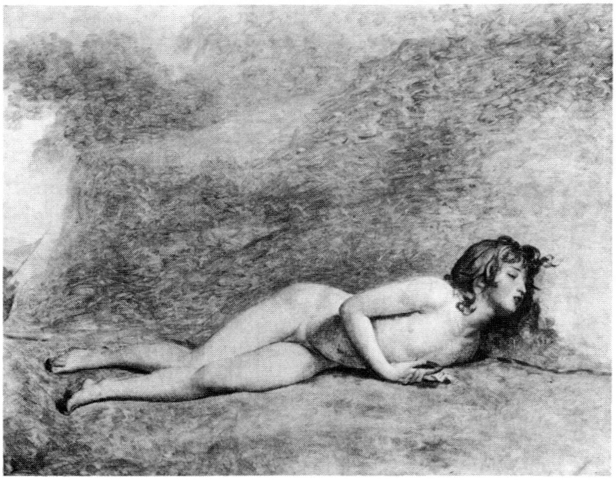

Abb. 58. Jacques-Louis David: Joseph Barra. 1794 (Avignon, Musée Calvet)

wo das mörderische Eisen deiner Seele den Weg bahnte, Peletier, entblöße die von einem Satelliten unseres letzten Tyrannen durchbohrte Seite...« Die Illustration stand den Abgeordneten gleichzeitig in den beiden Gemälden zu seiten des Präsidiums (Abb. 30) vor Augen. Auch die anderen Märtyrer kennzeichnete David durch Nennung der Todesursache. Als Grund gab er an, »daß die einzigen Verdienste für die Unsterblichkeit darin bestehen, sein Blut für das Vaterland vergossen zu haben«. Damit schloß David den Kreis, den er mit dem Bild des Menschen, wie er aus den göttlichen Händen des Schöpfers getreten ist, eröffnet hatte. In dem jugendlichen Alter von Barra und Viala sei alles Tugend, rief er aus, und die für die Freiheit kämpfenden Franzosen seien alle wie Barra und Viala. David hat den Jüngling Barra gemalt (Abb. 58), nach seinen Worten ein Heldenkind, von den Mördern der Menschheit zu Boden geworfen, im höchsten Glanze der Tugend, von Wunden durchbohrt und die Kokarde ans Herz gedrückt, sterbend, um »ewig im Ehrenhain der Geschichte zu leben».[103] Der Nationalkonvent verordnete, daß Davids Rede gedruckt und in die Grundschulen, an alle Regierungsstellen, die Armeen, die Volksgesellschaften geschickt und an jeden Abgeordneten in sechs Exemplaren verteilt werde. Die zunächst für den 18. Juni vorgesehene Pantheonisierung wurde auf den 28. Juli verschoben. Doch an diesem Tag fand dann ein anderes Volksfest statt, die Hinrichtung Robespierres. Der verhaftete David konnte sein Barra-Gemälde nicht mehr vollenden.

An der Grundidee hat sich bis heute nichts geändert. Jugend ist gleichbedeutend mit der Zukunft des Systems. In diesem Kontext gewinnt dann auch eine Beobachtung Feists ihren Stellenwert. Schon Lankheit hatte festgestellt, daß sich die Züge des ermordeten Marat im Bild (Tafel V) verklärt hätten, denn ein Blick auf Porträts des Lebenden verrate, daß Marat häßlich war. Feist fand, das Gesicht im Gemälde wirke jünger als bei einem Neunundvierzigjährigen zu erwarten wäre[104]. Die Totenmaske (Abb. 120) bestätigt dies. Im Gemälde hat die Vermählung von Heroentum und Christentum gleichsam ein gedoppeltes, von Grund auf gestärktes und verjüngtes Menschenbild erzeugt. Es war aus derselben Quelle humaner Erneuerung geschöpft wie die Erklärungen der Menschen- und Bürgerrechte von 1789 und 1793, nämlich aus der Natur selbst. Im parlamentarischen Ritual nach der Übergabe bildeten der Faktor menschlicher Erstarkung und die Vermählung der ideologischen Gegensätze ein Junktim, vorgeführt durch die beiden Beiträge der »Société populaire« aus Clermont-sur-Oise: einmal in Gestalt der eichenlaubbekränzten Bürgerin Barbier, die in Ermangelung von Pferden zusammen mit ihren »Schwestern« selber den Wagen mit den vaterländischen Hilfsgütern nach Paris geführt hat, zum anderen in Gestalt des ehemaligen Priesters als des Vertreters der christlichen Religion, der die ehemalige Nonne und zeremonielle Darstellerin der »Freiheit« geehelicht hat.

14. Eine Assignate für die Kriegerwitwe mit fünf Kindern

Der Maler führt uns einen Wohltäter im letzten Moment seines segensreichen Wirkens vor Augen. Auf der hochkant gestellten Holzkiste befindet sich ein bleiernes Tintenfaß, ein abgelegter Federkiel und ein beschriebener Zettel, auf dem eine Assignate liegt (Tafel IV). Nach dem amtlichen Bericht über die Versiegelung der Wohnung Marats wurde keinerlei Geld gefunden mit Ausnahme zweier Stücke fremden Silbergelds sowie einer Assignate im Wert von 25 sols. Das Geld hat Marats Lebensgefährtin Simonne Evrard als ihr gehörende Stücke für sich reklamiert.[105] Der Fund der Assignate dürfte David zu dem Motiv inspiriert haben. Zu entziffern ist auf dem Geldschein im Bild das Wort »sols«, Vorläufer der »sous«. Es handelt sich also um einen sehr geringen Betrag. Freilich soll ihn jetzt nicht Simonne Evrard bekommen. Vielmehr liest man auf dem Zettel: »Vous donnerez cet assignat à la mère de cinq enfants dont le mari est mort pour la défense de la patrie«. Von solchem Zettel ist im Zusammenhang mit Marats Ermordung nichts überliefert. David dürfte ihn selbst verfaßt haben.

Die Assignaten (Abb. 59) waren am 19. Dezember 1789 zur Tilgung der Nationalschuld per Dekret eingeführt worden, anfangs als Anweisungen auf den Wert der geistlichen Pfründen, später auch auf den Wert der königlichen und Emigrantengüter. Bei deren Veräußerung sollten sie an Zahlungsstatt angenommen werden. Mit Zwangskurs belegt, waren sie alsbald auch gleich Bargeld im Umlauf. Die zuerst ausgegebenen Assignaten waren aus weißem, gelbem, blauem, rotem oder grünem Papier. Als die Guillotine noch auf der Place du Caroussel stand, wurden da, wo sich später das provisorische Marat-Monument erheben sollte (Abb. 21), am 31. August 1792 zwei Assignatenfälscher hingerichtet. In seiner Polizeifunktion im »Comité de sûreté générale« hatte es David nicht zuletzt mit verschiedenen Sorten von Profitmachern und Spekulanten zu tun. Am 22. März 1794 warnten er und seine Kollegen die lokalen Behörden vor ausländischen Spionen, besonders englischen Agenten, welche Nahrungsmittel mit gefälschten Assignaten aufkauften, um die französichen Kriegsbemühungen zu sabotieren.[106]

Am 13. Oktober 1792 bemerkte Goethe während der »Campagne in Frankreich« beim Aufenthalt in Arlon vor dem Hause ein paar sonderbare Wagen, »länger und theilweise höher als gewöhnliche Rüstwagen, auch an der Seite mit wunderlichen Ansätzen geformt; mit rege gewordener Neugier fragte ich nach diesem seltsamen Fuhrwerke, man antwortete mir zutraulich, aber mit Vorsicht: es sei darin die Assignatenfabrik der Emigrirten enthalten, und bemerkte dabei was für ein gränzenloses Unglück dadurch über die Gegend gebracht worden. Denn, da man sich seit einiger Zeit der echten Assignate kaum erwehren könne, so habe man nun auch, seit dem Einmarsch der Alliirten, diese falschen in Umlauf gezwungen. Aufmerksame Handelsleute hätten dagegen sogleich, ihrer Sicherheit willen, diese verdächtige Papierwaare nach Paris zu senden und sich von dorther officielle Erklärung ihrer Falschheit zu verschaffen gewußt; dies verwirre aber Handel und Wandel in's Unendliche; denn da man bei den echten Assignaten sich nur zum Theil gefährdet finde, bei den falschen aber gewiß gleich um das Ganze betrogen sei, auch bei'm ersten Anblick niemand sie zu unterscheiden vermöge, so wisse kein Mensch mehr was er geben und was er empfangen solle, dieß verbreite schon bis Luxemburg und Trier solche Ungewißheit, Mißtrauen und Bangigkeit, daß nunmehr von allen Seiten das Elend nicht größer werden könne.« Ähnlich notierte er am 26. Oktober in Trier, daß durch die falschen Assignaten die echten gleichfalls in Mißcredit gerieten, und man bei völliger Umkehrung der Dinge auch wohl die Vernichtung aller dieser Papiere zu befürchten habe. »Dieses ungeheure Übel gesellte sich zu den übrigen, so daß es vor der Einbildungskraft und dem Gefühl ganz gränzenlos erschien; ein verzweiflungsvoller Zustand, demjenigen ähnlich, wenn man eine Stadt vor sich niederbrennen sieht«[107]. Im zweiten Teil des »Faust« ironisierte Goethe die Assignaten als Volkes Heil, »durch Tausendkünstler schnell vertausendfacht, damit die Wohltat allen gleich gedeihe« (Faust II, 1. Akt, Lustgarten).

Als Notgeld des Krieges kennzeichnet die Assignate bei David an sich schon den Kriegszustand, in welchem sich das revolutionäre Frankreich zur Entstehungszeit des Gemäldes befand. Der Zettel unterstreicht dies ausdrücklich. Die Geldspende rückt damit zunächst in eine patriotische Perspektive, vergleichbar mit der Aufstellung der Büste des im Mai 1793 gefallenen Kriegshelden Dampierre im Nationalkonvent. Am 4. Juni forderte Marat Hilfsmaßnahmen für die Soldatenfamilien. Am 23. August wurde die Wehrpflicht für alle ledigen Männer zwischen 18 und 25 Jahren eingeführt. Die Situation wurde im Hochsommer 1793 vom Abgeordneten Bertrand Barère so umschrieben: »Von dieser Stunde an bis zu dem Augenblick, da die Feinde vom Boden der Republik verjagt sein werden, sind und bleiben alle Franzosen zum Armeedienst einberufen. Die jungen Männer werden in den Kampf ziehen; die Ehemänner werden die Waffen schmieden und den Nachschub transportieren; die Frauen werden die Zelte und Uniformen nähen und in den Lazaretten Dienst tun; die Kinder werden alte Wäsche zu Scharpie zupfen; die Greise werden sich auf den öffentlichen Platz tragen lassen, um

Abb. 59. Assignaten
(nach Sieburg)

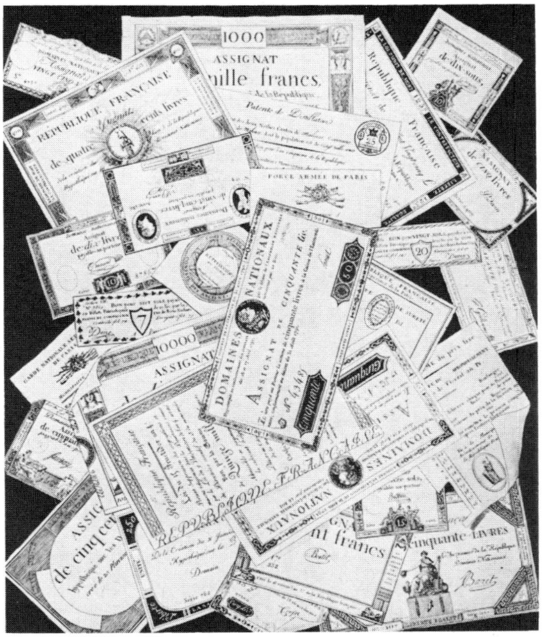

den Kriegern Mut einzuflößen, den Haß auf die Könige und die Liebe zur Einheit der Republik zu predigen.«[108]

Schon am 29. März war David selbst mit leuchtendem Beispiel vorangegangen. Bei der Übergabe des »Le Peletier auf dem Totenbett« hatte ihm der Nationalkonvent eine Bürgerkrone verliehen, dazu, gegen seinen Protest, 11.000 livres. Der Maler bat um das, was er einige Monate später im »Tod des Marat« verewigen sollte, nämlich das Geld den Witwen und Waisen der für die Republik Gefallenen auszuzahlen. Dies entsprach einer Forderung im »Contrat social«. In einem wirklich freien Staat, hieß es da, würden die Bürger sich nicht mit Geld von ihren staatsbürgerlichen Pflichten loskaufen, sondern ganz im Gegenteil »würden sie noch bezahlen, um sie in eigner Person erfüllen zu können«.[109] Durch den starken militärischen Anteil bei den »honneurs funèbres« der Museumssektion am 16. Oktober vor den Bildern Le Peletiers und Marats im Louvre-Hof und durch die Teilnahme erstverpflichteter junger Leute hat David den patriotischen Gedanken betont. Das parlamentarische Ritual bei der Übergabe des »Marat« spiegelte unmittelbar den Inhalt des Assignatenzettels: Hilfsersuchen verwundeter Soldaten, Bestätigung des Dekrets über die Unterstützung der Mütter und Frauen der Vaterlandsverteidiger und staatsbürgerliche Spenden aus dem ganzen Land. Bei Marats Pantheonisierung gehörten zur Prozession, wie übrigens auch drei Wochen später bei Rousseaus Pantheonisierung (Abb. 54), die Gruppen von Waisen der Vaterlandsverteidiger, ferner von Müttern mit Kindern, Witwen und Bedürftigen.

Die Assignate (Tafel IV) ist ein persönlicher Tribut Marats an die Vaterlandsverteidigung. Sie erlaubt auf dieser Betrachtungsebene eine doppelte Zuordnung. Die erste ist kunstgeschichtlicher Art. Als Geldspende für die Kriegerwitwe mit fünf Kindern stellt sie die sinnvolle Ergänzung dar zur heroischen Meleager-Komponente (Abb. 40,41) in der Gestalt des Getöteten. In dieser Kombination erfuhr die Klassik der Bildformel eine zeitgeschichtliche Ausfächerung. Insofern verlängerte der »Tod des Marat« zugleich auch die Kriegsthematik aus dem »Schwur der Horatier« (Abb. 84) in die unmittelbare Frontgegenwart[110].

Die zweite Zuordnung hängt mit der Idee der natürlichen Verjüngung zusammen. Nicht nur der gefallene Vaterlandsverteidiger hat mit der Waffe in der Hand seine patriotische Pflicht erfüllt, sondern auch seine Witwe in Form ihres Kinderreichtums. Den Zusammenhang zwischen Staatswohl und Fruchtbarkeit der Frauen hatte Rousseau im »Contrat social« erläutert. Das sicherste Zeichen für die Erhaltung und das Wohlergehen der Glieder einer politischen Vereinigung sei ihre Zahl und die Vermehrung der Bevölkerung. Diejenige Regierung sei unfehlbar die beste, unter deren Herrschaft die Bürger sich ohne fremde Mittel, ohne Einbürgerungen und ohne Kolonien stärker ausbreiten und vermehren; »die schlechteste ist diejenige, unter der ein Volk kleiner wird und verkümmert«. Die Bevölkerungsrealitäten sahen so aus, daß im 18. Jahrhundert 50 % aller Kinder vor dem vierzehnten Lebensjahr starben. Schon die Merkantilisten des Ançien Régime hatten befürchtet, Frankreich werde aussterben. Einen Grund für den Säuglingstod - 25 % der Kinder starben vor Ablauf des ersten Lebensjahres - sahen sie in der Vorliebe der Städterinnen für die Benutzung von auswärtigen Ammen. 1780 wurden von 21.000 Säuglingen in Paris 19.000 aufs Land gegeben.[111] Die »Mutterliebe«, für den Festplaner David außerordentlich wichtig, war demnach ein konkretes Desiderat.

In seiner Rede bei der Übergabe des »Le Peletier« stellte sich David zur Erfüllung seiner künstlerischen Aufgabe einen alten Vater als Bildbetrachter vor, »umgeben von seiner zahlreichen Familie« (Quellen I). Der Greis, »stets umgeben von seinen vielen Nachkommen« figuriert auch in Davids Rede über Barra und Viala. Der Maler forderte darin die jungen Republikanerinnen auf, dem Beispiel ihrer trauernden Mütter zu folgen und Helden für das Vaterland zu gebären. In dem Ritual nach der Übergabe des »Marat« ist die Geburt des Vaterlandsverteidigers durch den Fall des aus dem Militärdienst entlassenen Aubry bzw. durch die Bestätigung thematisiert worden, daß diese Geburt selbst bei staatsfeindlicher Gesinnung der Mutter ihren Zweck nicht verliert.

15. Die Brotspende und das Beispiel Lykurgs

Zu diesem Ritual gehörte auch die Meldung über die schlechte Qualität des Brotes bei der kämpfenden Truppe. Im »Tod des Marat« will die Assignate ihrer Bestimmung nach als Zahlungsmittel für Brot verstanden sein. Bei der Bildübergabe sagte David: »Eilt alle herbei! Mutter, Witwe, Waise, unterdrückter Soldat...Er ist gestorben, euer Freund, indem er euch sein letztes Stück Brot gab...« (Quellen XIII). Die Spende muß vor dem Hintergrund einer im Jahre 1793 ständig wachsenden Hungersnot, eines fortwährenden Kampfes der Regierung gegen Spekulanten- und Schiebertum und der Bemühungen um einen festen und niedrigen Brotpreis gesehen werden. Wenige Monate vor seinem Tod, am 1. März 1793, hatte Marat den Grund für das Elend in der enormen Masse von Assignaten ausgemacht, deren Wert sich durch Vervielfältigung und Fälschung täglich vermindere (Abb. 59). Dies aber ziehe notwendigerweise eine Teuerung bei den Lebensmitteln nach sich. Ihre Preise seien bereits außerordentlich hoch und sie würden bald so weit steigen, daß sie für die bedürftigen Klassen unerschwinglich würden. Diese machten zwei Drittel der Nation aus. Man gehe schweren Unruhen entgegen und könne vielleicht den Sturz der ganzen Regierung erwarten, da ein hungerndes Volk keinerlei Gesetz außer der Suche nach Überleben kenne. Seit drei Jahren habe er, Marat, all diese Verwirrungen vorausgesehen und sich dem System der Assignaten und insbesondere der Assignaten von geringem Wert entgegengestellt. Nicht durch geringfügige Notbehelfe erreiche man eine Heilung der unglücklichen Folgen, sondern nur mit einer durchgreifenden Maßnahme zur Tilgung der öffentlichen Schuld. In diesem Licht ist auch Marats Forderung nach Aufhängung aller Bäcker und Lebensmittelhändler zu sehen. Am 20. Juni schlug der Abbé Roux bei den Cordeliers eine verfassungsmäßige Verankerung der Todesstrafe für Geldwechsler und Zinswucherer vor. Am 26. Juli, knapp zwei Wochen nach dem Mord an Marat, wurde vom Konvent ein Dekret erlassen. Es sah für Kornaufkäufer die Todesstrafe vor und unterstellte die Verteilung der Grundnahrungsmittel den Behörden. Am 4. September brach ein Aufstand mit dem Ruf »Brot, Brot!« aus. Am 29. September wurde das allgemeine Maximum für Preise und Löhne von der Regierung beschlossen. Dieser Akt der Wirtschaftskontrolle hatte jedoch sofort eine weitere Verknappung bei den Lebensmitteln zur Folge. Schon am 14. Oktober schlossen etliche Händler ihre Läden oder erklärten, sie hätten nichts mehr zu verkaufen. Die Sansculotten forderten gegen derartige Volksschädlinge eigene, nur aus Sansculotten bestehende Schöffengerichte und verlangten, das wertvolle, neben den Assignaten weiter im Umlauf befindliche Hartgeld überhaupt zu verbieten. Um ihre Existenz nicht aufs Spiel zu setzen, lehnte die Regierung aber jeden weiteren Schritt in Richtung Planwirtschaft ab. Sie verwarf das Schöffensondergericht und unterband den Versuch der Sektionen, selber die Lebensmittelversorgung zu organisieren. Um sich die Gunst des Bürgertums und der Bauern nicht zu verscherzen, beschloß sie, das vollwertige Hartgeld zusammen mit den Assignaten weiter im Umlauf zu belassen. Am 29. Oktober, zwei Wochen nach Vollendung des Marat-Gemäldes, wurden Brotkarten eingeführt[112].

David hat die im Haushalt des ermordeten Marat zusammen mit der Assignate vorgefundenen zwei Stücke fremden Silbergeldes im Gemälde unterschlagen. Damit gab er unausgesprochen eine Stellungnahme zunächst im Sinne der Sansculotten ab, d.h. zugunsten einer Aufhebung der diskriminierenden Währungszweiheit.

Sie stand zugleich im Einklang mit den Maßnahmen des Lykurg, der über dem »Tod des Marat« in der oberen Dekorationszone des Konventssaals (Abb. 23,24) dargestellt war als Teil einer Figurenreihe, deren übrige Mitglieder ebenfalls nahezu sämtlich ihre Erklärung in Plutarchs Lebensbeschreibungen fanden. Diese waren spätestens durch die berühmte Übersetzung ins Französische durch Jacques Amyot (1513-1593), erstmals erschienen 1559, zum allgemeinen Bildungsgut geworden. Eine Neuausgabe, besorgt von Brotier und Vauvilliers, kam 1783-87 heraus. Lykurg hatte in Sparta einst genau das getan, wozu die Revolutionsregierung in Paris nicht fähig war. Um die außerordentliche Ungleichheit zwischen Armut und Reichtum gänzlich aus dem Staat zu verbannen, überredete er nach Plutarch die Bürger zu völliger Gütergemeinschaft, »so daß sie bloß in der Tugend einen Vorzug suchten und unter ihnen keine andere Ungleichheit oder Verschiedenheit stattfände, als die das Lob guter und schlechter Handlungen bestimmt.« Nach einer entsprechenden Landreform sah Lykurg bei der Ernte »die völlig gleichen Getreidehaufen nebeneinanderliegen«, was ganz Lakonika als ein Feld erscheinen ließ, das viele Brüder erst vor kurzem unter sich geteilt hätten. Um aber auch sonst die Habsucht zu ersticken, schaffte Lykurg alle Gold- und Silbermünzen ab und führte an deren Statt den Gebrauch der eisernen Münze ein. Ihr gab er bei großer Schwere und Masse einen so geringen Wert, daß schon eine Summe von zehn Minen zum Aufbewahren im Hause eine eigene Niederlage und zum Fortschaffen einen zweispännigen Wagen erforderte. Daraufhin verschwanden auf einmal eine Menge Verbrecher, die in dieser wertlosen Münze keinen Anreiz mehr fanden. Denn sie ließ sich auch »nicht in andere griechische Länder bringen, wo sie verspottet wurde und gar keinen Wert hatte.« Die Analogie zum wertlosen Papiergeld der Assignaten liegt auf der Hand, zumal Lykurg den Luxus zusätzlich durch Einführung der gemeinschaftlichen Speisung bekämpfte. Das bedeutete nach Plutarch, daß er »dem Reichtum allen Wert nahm und ihn durch die Gemeinschaft der Mahlzeit und die einfachste Kost zur Armut machte«. Das Bild des »unsterblichen Gesetzgebers« Marat, wie ihn Guirault bei der Auftragserteilung bezeichnet hatte (Quellen VII), ließ sich deshalb als modernes Gleichnis für egalitäre Besitzverhältnisse im Sinne des antiken Gesetzgebers auffassen, vielleicht auch als versteckte Kritik an der Jakobinerverfassung, welche die bestehenden Eigentumsverhältnisse nicht anzutasten wagte. Das Gleichnis galt buchstäblich. Denn nach Plutarch war Lykurgs Sparta »die einzige Stadt unter der Sonne, wo das bekannte Sprichwort eintraf: der Reichtum sei blind und liege, wie ein Gemälde, leblos und unbeweglich da.«[113]

Gemäß Artikel 21 der zwischen »Lykurg« und »Marat« auf der Gesetzestafel verankerten Menschen- und Bürgerrechtserklärung (Abb. 30) verpflichtete sich die Gesellschaft, für den Lebensunterhalt der »citoyens malheureux« zu sorgen, sei es durch Arbeitsbeschaffung, sei es durch Sicherung der

Abb. 60. »Charité«. Aus der Iconologie von Gravelot/Cochin, 1789-91

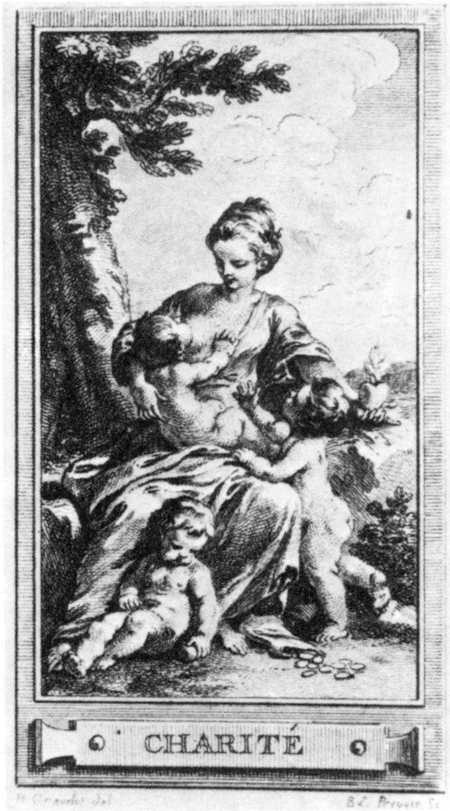

Existenzmittel für diejenigen, die außerstande sind zu arbeiten (Abb. 7). So gesehen, mußte das aktualisierte, einer Kriegerwitwe mit fünf Kindern zugutekommende Motiv der Brotassignate die Abgeordneten an die Fürsorgepflicht der Gesellschaft für die Mittellosen erinnern. Den Verfassungsbegriff der »protection« aus Charlotte Cordays Originalbrief (Quellen V) hat David auf die wirklich Betroffenen angewandt. In der Zeit der Not stellte er somit Marat seinen Kollegen als einen im Sinne Rousseaus selbstlosen Vollstrecker des Verfassungswillens vor Augen. Die Notwendigkeit der Nutzanwendung wird den Parlamentariern spätestens beim Sansculottenaufstand am 1. Prairial des Jahres III noch einmal klar geworden sein, als Davids Bilder bereits wieder abgehängt waren (Abb. 23,24). Die in den Nationalkonvent eingedrungenen Rebellen riefen: »Brot und die Verfassung von 1793!«[114]

Für die konstitutionelle Ausdeutung der karitativen Brotassignate konnte David sich auf die »Iconologie« von Hubert Gravelot (1699-1773) und Charles Nicolas Cochin (1715-1790) beziehen. Das Werk ist, ohne Jahresangabe, 1789 bis 1791, also kurz vor Entstehung des Marat-Bildes, in Paris erschienen. Selber stark geprägt vom neuen philosophischen und politischen Gedankengut, hat es mit der Allegorie der »Charité« (Abb. 60) auch die Personifikationen der »Republik« von 1789 (Abb. 61) und von 1848 beeinflußt, wie es u.a. das Beispiel von Daumier (Abb. 62) zeigt. Bei Gravelot und Cochin

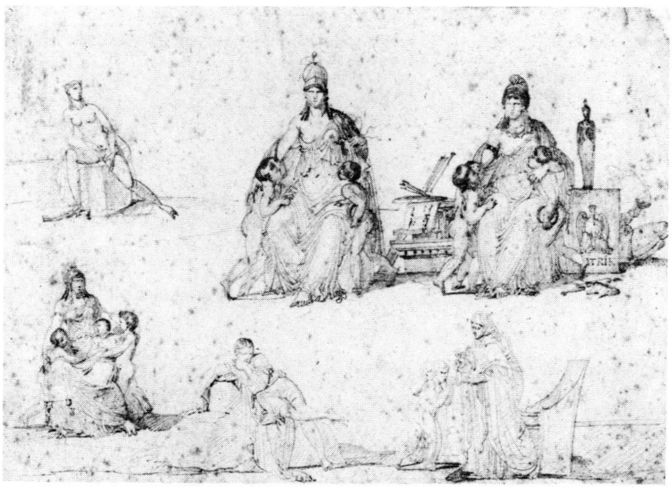

Abb. 61. David-Schule: Skizzen zu einer Allegorie der Republik. Undatiert (Detroit, Institute of Arts)

Abb. 62. Honoré Daumier: Die Republik. 1848 (Paris, Louvre)

Abb. 63. »Gouvernements«. Aus der Iconologie von Gravelot/Cochin, 1789-91

entrollen zu Füßen der »Charité« einer geöffneten Börse einige Münzen, um brennende Hilfsbereitschaft für alle, die sie benötigen, anzudeuten[115]. Diese Münzen wurden von David in revolutionäres Papiergeld umgewechselt (Tafel IV). Andererseits bringen Gravelot und Cochin in der Abteilung »Gouvernemens« eine Allegorie der »Démocratie« (Abb. 63). Eine einfach gekleidete Frau, gekrönt mit Wein- und Ulmenlaub, hält in der einen Hand einen Granatapfel, in der anderen ggf. ein Gartenmesser bzw. Bürgerkränze, Attribute der Einheit als Grundlage der Demokratie. Ein von zahlreichen Stäben gestütztes Steuerruder bezeichnet diese Regierungsform. Zu ihren Füßen ist Getreide dargestellt, teils auf der Erde liegend, teils in Säcken befindlich. Dadurch wird laut Text angezeigt, daß sich die Demokratie wesentlich mit dem beschäftigt, was für den Lebensunterhalt des Volkes notwendig ist[116].

16. »Bienveillance«

Die Fürsorge, die aus Marats Worten auf dem Assignatenzettel spricht, erfährt auf dem zweiten Zettel, den er in der linken Hand hält, eine diskrete Steigerung (Tafel IV). Formal besteht sie darin, daß dieser Zettel gegenüber demjenigen auf der Holzkiste nicht nur erheblich größer in den Ausmaßen des Papiers und der Schriftzüge ist, sondern auch wesentlich mehr in Aufsicht und damit optisch nahezu unverzerrt gezeigt wird. Die Schrift ist damit klarer lesbar. Auch nimmt er gegenüber dem anderen Zettel eine übergeordnete Bildposition ein. Auf ihm steht geschrieben: »Du 13 juillet 1793. Marie Anne Charlotte Corday au citoyen Marat. Il suffit que je sois bien malheureuse pour avoir droit à votre bienveillance«. Mit diesem weitgehend identischen Passus schloß der Brief, mit welchem die zunächst abgewiesene Charlotte Corday ihrem zweiten Annäherungsversuch Nachdruck verleihen

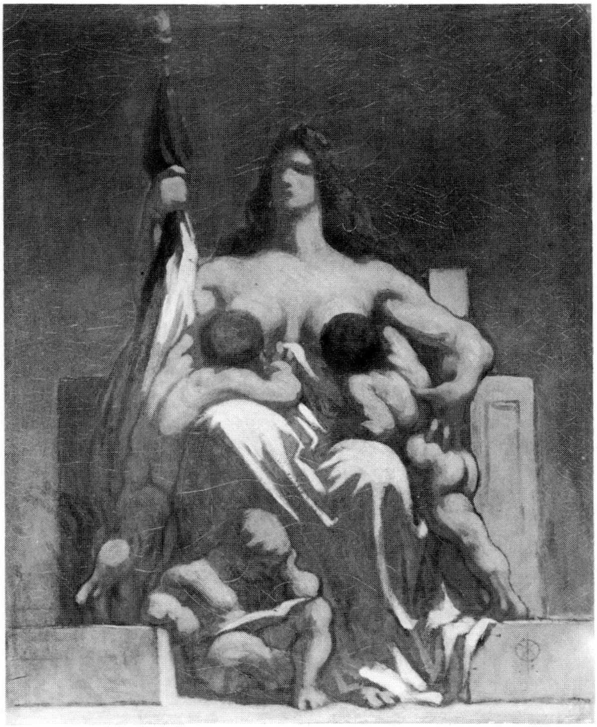

»2

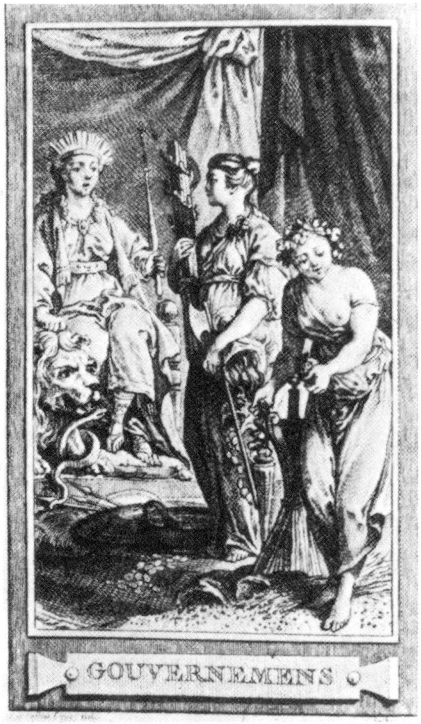

63

wollte (Quellen V). Diesmal wurde sie jedoch vorgelassen, ohne den Brief (Abb. 64) abgegeben zu haben.

Bemerkenswert ist neben dieser Abweichung vom Sachverhalt, daß David zugleich das letzte Wort verändert hat. Im Brief lautet es »protection«, im Bild dagegen »bienveillance«. Der Text des zweiten Schreibens wurde in den Zeitungen nicht einheitlich referiert. Die Unterschiede betrafen hauptsächlich Änderungen im Satzbau. Eine inhaltliche Änderung hatte dagegen Chabot in seinem Konventsbericht am 14. Juli vorgenommen, indem er »protection« durch »estime« ersetzte. So jedenfalls wird sein Zitat vom »Moniteur« wiedergegeben. In diesem Punkt war also die Möglichkeit zu einer gewissen Variabilität bereits vorgezeichnet. Daß eine der zahlreichen anderen Revolutionszeitungen Chabots »estime« bzw. die authentische »protection« durch »bienveillance« abwandelte, ist nicht gänzlich auszuschließen[117]. Vielleicht hat Chabot in Wirklichkeit sogar selbst den Begriff »bienveillance« gebraucht. Das läßt sich nicht mehr nachprüfen, ist auch nicht entscheidend. Um die Realien des Attentats zu erfahren, war David mit Sicherheit nicht auf die Zeitungslektüre angewiesen. Als einer der führenden Montagnards sowie als Mitglied des »Comité d'instruction publique« wird er zur Wahrnehmung des Volksauftrags für sein Bild von Anfang an Gelegenheit erhalten haben, den Zettel der Charlotte Corday im Original zu studieren. Dazu bedurfte es nicht erst seiner Ernennung zum Mitglied des obersten Polizeigremiums am 14. September. Die Ersetzung von »protection« durch »bienveillance« muß mit gezielter Absicht erfolgt sein. Für sie, wie auch für alle anderen Abände-

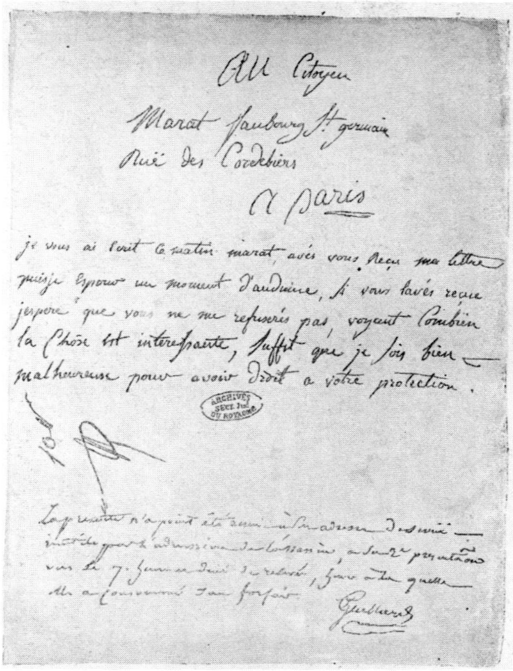

Au Citoyen
Marat faubourg St germain
Rue des Cordeliers
a paris

je vous ai écrit ce matin marat, avés vous Reçu ma lettre
puis-je Esperer un moment d'audience, si vous l'avés reçue
jespere que vous ne me refuserés pas, voyant Combien
la Chose est interessante, suffit que je sois bien
malheureuse pour avoir droit a votre protection.

Abb. 64. Zweiter Brief der Charlotte Corday vom 13. Juli 1793 an Marat, mit Polizeivermerk (Paris, Archives Nationales)

rungen des authentischen Sachverhalts, zeichnete der Künstler allein verantwortlich. Was hat das zu bedeuten?

Nach Sauerländer wird an dieser Stelle der Bruch mit der Wahrheit unübersehbar und skandalös. Die Veränderung des Texts lasse sich möglicherweise noch aus falscher Unterrichtung Davids erklären. Darüber hinaus habe der Künstler die Bittschrift wahrheitswidrig in die Hand des Sterbenden gelegt, weil ein solches Arrangement sowohl die Legende vom »Ami du peuple« als dem Beschützer der Armen und Unglücklichen propagieren konnte, wie es umgekehrt die hinterhältige Infamie des konterrevolutionären Mordanschlages, welche die sprichwörtliche Hilfsbereitschaft des Volksfreundes ruchlos ausnutzte, in grellstes Licht habe rücken müssen. Hier schlage die Bildreportage in die sentimentale Agitation und die Aufdringlichkeit der parteiischen Hagiographie um. Nach Herding hätte der Künstler auf diese Weise die »malveillance« der Täterin subtiler zum Ausdruck bringen wollen. Auch habe mit der Erfindung der Übergabe die Ruchlosigkeit der Tat ohne Inszenierung der Täterin sinnfällig gemacht werden können[118].

Der Effekt einer eher psychologischen Dialektik mag durchaus mitschwingen. Jedoch ergibt sich die konkrete Bedeutung von Davids Manipulation aus dem Begriff »bienveillance« selbst. Im alltäglichen Wortgebrauch von heute heißt das so viel wie »Wohlwollen«. Solchen Wohlwollens versichert man sich z.B. in der Floskel am Ende eines Briefes. Bei David ist jedoch zweifellos etwas Tieferes gemeint, nämlich eine ethische Kategorie.

In unserem Kontext ist vor allem auf ihre Verwendung durch Robespierre (Abb. 65) hinzuweisen. Am 11. Januar 1792 hatte er vor den Jakobinern, damals »Société des amis de la constitution«, zu deren Mitgliedern David

Abb. 65. Anonym: Maximilien Robespierre. Um 1793 (Paris, Musée Carnavalet)

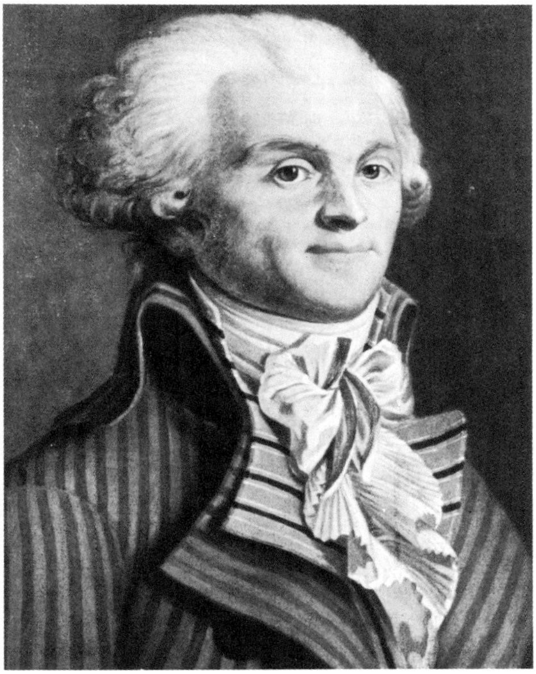

gehörte, seinen zweiten Diskurs über den Krieg vorgetragen. Er hinterließ einen so einmütig starken Eindruck, daß die Gesellschaft noch in derselben Sitzung eine Drucklegung in hoher Auflage zusammen mit dem ersten Diskurs vom 2. Januar beschloß, ferner eine Verteilung an die Mitglieder der Gesellschaft und an die »Bürger auf den Tribünen«, eine Versendung an die angeschlossenen Gesellschaften mit der Einladung, beide Diskurse nachzudrucken und die Publizität der darin enthaltenen Wahrheiten mit allen Mitteln zu vermehren, eine Subskription in den eigenen Reihen und die Ernennung besonderer Kommissare zur Durchführung dieser Beschlüsse. Nur die kämpfende Armee, mit der aufgrund gesetzlicher Bestimmungen eine direkte Kommunikation untersagt war, blieb von der Verteilung ausgenommen. Die Stadt Paris eröffnete selber eine Subskription und verteilte die Schrift an ihre Sektionen. Darüber hinaus wurde Robespierres Text von der seit 1789 erscheinenden Zeitung »Les Révolutions de Paris« vollständig abgedruckt, ähnlich vom »Mercure Universel« und mit einigen Varianten vom »L'Orateur du Peuple«. Diese Zeitung pries ihn in einem begeisterten Vorwort als ein Meisterwerk der Eloquenz, das in allen Familien bleiben solle, um spätere Generationen zu lehren, daß Robespierre für das öffentliche Glück und die Erhaltung der Freiheit gelebt habe. Zu jener Zeit schloß David, der schon am 16. September 1791 von der »Société des amis de la constitution« zum Kommissar für die Prüfung der Forderungen der »Commune des Arts« ernannt worden war, Freundschaft mit Robespierre. Gegen Februar 1792 widmete er ihm sein eigenes Porträt mit den Worten: »au citoyen et ami Robespierre«[119].

Der damals gehaltene zweite Diskurs Robespierres über den Krieg also gipfelte in einer flammenden Beschwörung der revolutionären Prinzipien. Im vorletzten Satz der Rede heißt es, deine erste Leidenschaft sei die Verachtung der Verräter und der Haß auf die Tyrannen. Deine Devise aber sei: »protection, amour, bienveillance pour les malheureux, guerre éternelle aux oppresseurs[120].

Die Wortfolge läßt den Schluß zu, daß es um eine revolutionäre Variante der christlichen Nächstenliebe ging. In diesem Sinn läßt sich für den Begriff der »bienveillance« im neuzeitlichen Denken tatsächlich ein klarer Bedeutungsumriß nachzeichnen. Der Philosoph Nicolas de Malebranche (1638-1715) unterschied zwischen einer selbstgefälligen Liebe (»amour de complaisance«) und einer wohlwollenden Liebe (»amour de bienveillance«). Alle, die das innere Gefühl ihres Gewissens nicht bestritten, würden darin übereinkommen, daß dieser »amour de bienveillance» in ihnen unbesiegbar sei, daß ihnen die Gerechtigkeits- und Wahrheitsliebe gefalle, Lüge und Ungerechtigkeit aber Schrecken bereite. Die Vervollkommnung ihres Seins liebten sie, und ihre Korrumpierung (»corruption«) haßten sie aufgrund dieses »amour de bienveillance«, dessen Urheber Gott sei. Für Malebranche war sie eine höhere Form der Selbstliebe. Er brachte sie in Verbindung mit der Liebe zum Nächsten, den wir nach Jesus Christus so zu lieben hätten wie uns selbst. Er bestimmte sie u.a. als »amour du bonheur en général«, als ein »principe naturel et nécessaire« und als Ursache der »félicité«, der Liebe zur Wahrheit, Weisheit, unabänderlichen Gerechtigkeitsordnung und zu Gott selbst[121].

Ähnlich verstand der englische Moralphilosoph Francis Hutcheson (1694-1746) unter dem Begriff das Tugendprinzip in der Seele. Seine Definition wurde von Victor Cousin (1792-1867) so wiedergegeben: »Une affection qui vous porte à désirer le bonheur de notre prochain«. Die »bienveillance« ist demnach eine liebende Gesinnung, welche den Menschen dazu bringt, das Glück seines Nächsten zu wünschen. Bei Rousseau, dem unermüdlichen Prediger gegen die Selbstsucht, war 1776 im ersten Dialog seiner Schrift »Rousseau juge de Jean-Jacques« die Rede vom finsteren System einer verfeinerten Grausamkeit, um einen Unglücklichen durch Elend, das schlimmer sei als der Tod, zu ersticken und den schwärzesten Treulosigkeiten einen Zug von Großmut zu verleihen. Den Gegensatz dazu bilden die schönklingenden Worte der »bienveillance« und »grâce«. In diesem Sinn hat auch Marat selbst den Begriff in seiner Zeitung »L'Ami du peuple« verwendet, als er 1790 auf seiten der Konterrevolution heuchlerische Züge von »bienveillance« zu erkennen glaubte. Dabei hatte er deren wütende Ausfälle gegen das Dekret über die Assignaten im Auge. Im Sinne eines wechselseitigen Verhaltens begegnet die »bienveillance« auch im Tagebuch des Dichters Charles Pioult de Chênedollé (1769-1833), der 1791 Frankreich verließ, zwei Feldzüge im Emigrantenheer mitmachte und nach seiner Rückkehr 1799 eine Laufbahn im Unterrichtswesen einschlug. Resigniert sprach er in seinem Todesjahr von der schwindenden Hoffnung des Greises, irgendeine Sympathie im Herzen eines Menschen hervorzurufen. Das Maß der Schale der »bienveillance« sei voll. Zärtlichkeit, Liebe, süße und mitfühlende Freundschaft hätten sich vor seinen Falten und weißen Haaren zurückgezogen. Noch 1849 heißt es bei Jules Michelet, dem Historiker der Französischen Revolution: »Je me sens le coeur plein de bienveillance, de paix, d'amour universel«. Zusammen mit Friede und universaler Liebe ist »bienveillance« auch hier ein Inhalt des Herzens [122].

Die neuzeitliche Tradition des Begriffs »bienveillance« und der mit ihm verbundenen Topoi von Liebe und mitfühlender Freundschaft hat antike Wurzeln. Es handelt sich um die alte »benevolentia«. Die maßgebenden Stellen finden sich in Werken Ciceros. Allein schon ihre Titel mußten im Zeitalter der Tugend die Aufmerksamkeit auf sich ziehen. In »De Amicitia« fragte Cicero, wie das Leben lebenswert sein könne, wenn es nicht auf wechselseitiges Wohlwollen - »mutua benevolentia« - gegründet sei. In »De Officiis« wird es einer maßvollen Liebe zugeordnet: »Um vom Wohlwollen (benevolentia) zu reden, das man gegen uns hat, so gehört es zunächst zum pflichtgemäßen Handeln, daß wir demjenigen am meisten zukommen lassen, von dem wir am meisten geschätzt werden, aber das Wohlwollen wollen wir nicht nach der Unart junger Leute gewissermaßen nach dem Feuer der Liebe, sondern lieber nach Beharrlichkeit und Standhaftigkeit beurteilen«. Diese Stelle wird in der »Iconologia« des Cesare Ripa in der Ausgabe von 1625 zitiert. Dabei heißt es: »Benevolenza, o Affezione, è simile assai all'Amicizia«. Erstmals tauchte die »Benevolenza« in der Ausgabe von 1613 auf, kombiniert mit »Unione Matrimoniale«[123].

Eine Summe aus der Begriffstradition zog Friedrich Nietzsche in »Menschliches, Allzumenschliches«, erschienen 1878 und gewidmet dem Andenken Voltaires. § 49 behandelt das »Wohlwollen«. Nietzsche meinte damit jene »Aeusserungen freundlicher Gesinnung im Verkehr, jenes Lächeln des Auges, jene Händedrücke, jenes Behagen, von welchem für gewöhnlich fast alles menschliche Thun umsponnen ist«. Jeder Lehrer, jeder Beamte bringe diese Zutat zu dem, was für ihn Pflicht ist, hinzu; »es ist die fortwährende Bethätigung der Menschlichkeit, gleichsam die Wellen ihres Lichtes, in denen Alles wächst; namentlich im engsten Kreise, innerhalb der Familie, grünt und blüht das Leben nur durch jenes Wohlwollen«. Die Gutmütigkeit, die Freundlichkeit, die Höflichkeit des Herzens seien immerquellende Ausflüsse des »unegoistischen Triebes«. Sie haben »viel mächtiger an der Cultur gebaut, als jene viel berühmteren Auesserungen desselben, die man Mitleiden, Barmherzigkeit und Aufopferung nennt«[124].

Robespierres »protection, amour, bienveillance pour les malheureux« lassen an den Sinnzusammenhang der »benevolentia« bei Cicero bzw. der »bienveillance« bei Malebranche, Hutcheson oder Rousseau denken. Zugleich weisen sie voraus auf die jakobinische Verfassung vom 24. Juni 1793. Der bei Robespierre unmittelbar auf die Devise folgende letzte Satz der Rede lautet: »Postérité naissante, hâte-toi de croı^tre et d'amener les jours de l'égalité, de la justice, et du bonheur!« Die verfassungsmäßige Einschränkung der Freiheit durch Artikel 6 der Erklärung der Menschen- und Bürgerrechte (Abb. 7) muß dabei ebenfalls aus dem altruistischen Geist der in ihr allerdings nicht ausdrücklich genannten »bienveillance« verstanden werden: »Die Freiheit ist das dem Menschen eignende Vermögen, alles zu tun, was den Rechten eines anderen nicht schadet; sie hat als Prinzip die Natur; als Regel die Justiz; als Schutz das Gesetz; ihre moralische Begrenzung besteht in dieser Maxime:

Tue einem anderen nichts an, von dem du nicht willst, daß es dir getan werde«[125].

Die Menschen- und Bürgerrechtserklärung der nächstfolgenden Verfassung vom 5. Fructidor des Jahres III (22. August 1795) fügte, wohl nicht zuletzt unter dem Eindruck der Schreckensherrschaft von 1793/94, den »Droits« die »Devoirs« hinzu, den Rechten also die Pflichten. In dieser Abteilung heißt es in Artikel 7, wer, ohne die Gesetze offen zu verletzen, sie durch Verschlagenheit oder durch List umgeht, schädige die Interessen aller. Er erweise sich unwürdig ihres Wohlwollens (»bienveillance«) und ihrer Wertschätzung (»estime«)[126]. Die Koppelung beider Begriffe erinnert an Chabots Mordbericht, wo das letzte Wort im Brief der Charlotte Corday durch »estime« ersetzt war. Bedeutsamer ist die Tatsache, daß der Begriff »bienveillance« in der gleichen, nunmehr allerdings nicht ästhetischen, sondern nur noch juristischen Position der Hinzufügung erscheint, welche an der Stirnwand des Nationalkonvents das Verhältnis des »Marat« zu der darüber angebrachten Gesetzestafel (Abb. 30) ausgezeichnet hatte. Es hat den Anschein, daß die »bienveillance« aus Davids Gemälde übergegangen ist in die Verfassung bzw. Pflichtenerklärung derer, die für seine Entfernung aus dem Nationalkonvent gesorgt haben.

17. Freimaurerei

Die »bienveillance«, englisch »benevolence«, war nicht zuletzt ein wichtiges Element der Freimaurerei. Schon 1738 ist ihre zentrale Bedeutung in den »Constitutions« der englischen Großloge belegt. Die wahrhaft edle Gemütsneigung erscheine nie in glänzenderem Lichte, heißt es da, als wenn sie in der Ausführung löblicher Absichten der geselligen Liebe, des Erbarmens gegen Notleidende (»charity«) und der wohlwollenden Gesinnung (»benevolence«) begriffen sei. »Wohltätigkeit im ausgebreitetsten Verstande« sei deshalb der Hauptendzweck der Freimaurerei. Kombiniert wurde sie mit »Religion«, »Tugend«, »Menschenliebe«. Dabei gab die »Tugend« den Oberbegriff für »Wohltätigkeit« und »Menschenliebe« ab. So ist der mutmaßliche Freimaurer Ralph Allen, der den Prior Park in Bath anlegen ließ, in Fieldings Roman »Tom Jones« (1748) als ideale Verkörperung der »benevolence« gefeiert worden. Seit 1842 gab es in England eine »Royal Masonic Benevolent Institution for Aged Freemasons and Widows of Freemasons«, später auch einen allgemeinen Wohlfahrtsfonds, genannt »Benevolence Fund« und verwaltet vom »Board of Benevolence«. Wohlwollen äußerte sich somit in Wohltätigkeit. Die französischen Logen schlossen sich 1773 zum »Grand Orient de France« zusammen. Auf dem Konvent in Lyon 1778 wurde anstelle des Systems der Strikten Observanz der Orden der »Chevaliers bienfaisants de la Cité Sainte« eingeführt, um Wohltätigkeit bzw. Wohlfahrtspflege und die Vervollkommnung der Menschen durch das Christentum in seiner ursprünglichen Reinheit zu praktizieren. Schon die ältesten Satzungen der Freimaurer verlangten die brüderliche Liebe. Diese ist dann in Anlehnung an Kant als »Pflicht zu tätigem Wohlwollen« bestimmt worden. Sie verpflichtet zur Menschenliebe, im besonderen auch zur Vaterlandsliebe[127].

Zwar ist die Freimaurerei in der Revolution als Geheimbund weitgehend zerschlagen worden. Das ändert nichts daran, daß in ihrem Gedankengut die humanitären Ideale und die Begrifflichkeit der Revolution zum guten Teil vorgebildet waren, so die Worte »Freiheit«, »Gleichheit«, »Brüderlichkeit«, »Wohltätigkeit«, »Wohlfahrt«, »Humanität«, »Konstitution«, »Konvent« usw. Auch sind nicht wenige der führenden Revolutionäre selber Freimaurer gewesen. Nach Eugen Lennhoff und Oskar Posner war David Mitglied, was aber bislang nicht bestätigt werden kann. Der Name David taucht mehrfach auf in den von Gustave Bord veröffentlichten, unvollständigen Freimaurerregistern des 18. Jahrhunderts. Allerdings handelt es sich dabei stets um Provinzlogen und offenbar um andere Träger des Namens. Doch führen andere Persönlichkeiten z.T. unmittelbar in die Nähe des Malers. So waren die Urkunden der Loge »Amitié« in Bordeaux durch 1765 entworfene Gravuren von François Boucher verziert, einem Verwandten von Davids Mutter[128]. Hubert Robert, der das Marat-Bild in seinem Aquarell persifliert hat (Abb. 31), war Mitglied der Pariser Loge »Amis réunis«. Ihr gehörte der Abbé Grégoire an, ferner Jean Sylvain Bailly, Präsident der konstituierenden Nationalversammlung in Versailles und zentrale Hauptfigur in Davids »Schwur im Ballhaus« (Abb. 3), auch die im selben Gemälde verewigten Barnave und Mirabeau. Bailly war auch Mitglied der noch berühmteren Pariser Loge »Les Neuf Soeurs«. Sie zählte neben Benjamin Franklin u.a. Voltaire, den Dichter André Chenier, die bildenden Künstler Jean-Baptiste Greuze und Jean-Antoine Houdon zu ihren Mitgliedern, dazu Claude Emanuel Joseph Pastoret, den Verfasser der »Geschichte der Gesetzgebung der alten Völker«, Jean Lerond d'Alembert und Marie Jean Antoine Condorcet, die Enzyklopädisten, sowie die Revolutionspolitiker Lafayette und Abbé Sieyès, vor allem auch die Montagnards Camille Desmoulins, Collot d'Herbois und Danton. Robespierre war, wenn nicht selbst Freimaurer, so doch der Enkel eines Freimaurers. Alexandre Lenoir, Gründer des »Musée des Monuments Français« und Freund Davids, der ihn 1817 porträtierte, hat, wie übrigens auch der Erfinder der Guillotine, bis 1791 regelmäßig die Pariser Loge »Saint Lazare - Equité - Contrat social» besucht. Im Titel führte sie die Gerechtigkeit und den Gesellschaftsvertrag Rousseaus (Abb. 89). Auf Lenoir geht das archäologisch begründete Postulat eines direkten Zusammenhangs zwischen ägyptischen Priester-und Mysteriengesellschaften und der Freimaurerei zurück[129]. Hier könnte eine Erklärung dafür liegen, daß die Personifikation der alles erneuernden Natur in der ersten Station des von David organisierten Verfassungsfests vom 10. August 1793, d.h. schon fünf Jahre vor Bonapartes Ägyptenfeldzug, als Thronfigur im altägyptischen Stil gestaltet war (Abb. 22,56).

Le Peletier ist Mitglied der Pariser Loge »Amis Réunis« gewesen. Er gehörte ferner der Loge »La Parfaite Union« im Orient von Valenciennes an. Marat selbst hatte bereits 1774 in London den freimaurerischen Meistergrad erlangt, und zwar kurioserweise in der Loge »At the King's Head«. Das vom

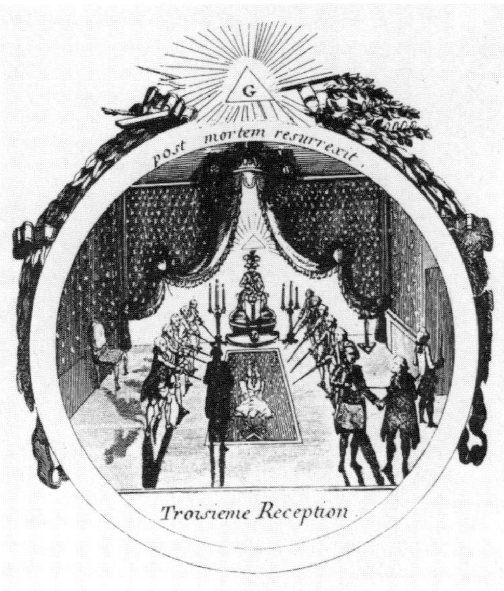

Abb. 66. Anonym: Dritte Aufnahme in die Loge. Aus Etrennes aux Francs-Maçons, ou Nouveau Catechisme, Paris 1785

Großsekretär Heseltine unterzeichnete Meisterdiplom datiert vom 15. Juli jenes Jahres. Im Oktober 1774 stand Marat in Beziehungen zur Loge »La bien Aimée« in Amsterdam, wo er im Jahr darauf sein Buch herausbrachte »De l'homme, ou des principes et des lois de l'influence de l'âme sur le corps et du corps sur l'âme«[130].

Der Sitzungsraum der »Société des Amis des Droits de l'Homme et du Citoyen«, genannt Club des Cordeliers, im Hôtel Impérial in der Rue de Thionville (Rue Dauphine) hatte von 1787-90 der Loge »Les Neuf Soeurs« gedient. Zuvor, seit 1782, war er vom sog. Musée de Paris genutzt worden, einer von drei Mitgliedern der Loge »Les Neuf Soeurs« gegründeten literarischen Vereinigung. Diese zog 1786 in den Klosterkonvent der Cordeliers um, welchen der revolutionäre Club der Cordeliers seinerseits im Mai 1791 gegen die Räumlichkeiten im Hôtel Impérial eintauschte. Es kennzeichnet die historische Entwicklung, daß hier 1789 auch die »Assemblée des Electeurs Parisiens« getagt hatte[131].

In der freimaurerischen Literatur ist schon früh eine offenkundig politisch begründete Tendenz erkennbar, den historischen Zusammenhang zu bestreiten bzw. sich von der Revolution zu distanzieren[132]. Auf die Frage des Zusammenhangs hat aber bereits der Bürger und Jakobiner Philippe Egalité, vormals Herzog von Orléans, eine Antwort gegeben. Am 24. Februar 1793 erteilte er nach zwanzigjähriger Amtszeit als Großmeister aller Logen Frankreichs in einer Presseerklärung der Freimaurerei eine Absage: »Ich hatte mich zu einer Zeit, in welcher wahrlich noch niemand unsere Revolution voraussah, der Freimaurerei angeschlossen, welche eine Art von einem Bilde der Gleichheit bietet, gerade wie ich mich den Parlamenten angeschlossen hatte, welche eine Art von einem Bilde der Freiheit boten. Ich habe unterdessen das Phantom gegen die Wirklichkeit aufgegeben«. Am 3. Oktober 1793 unterzeichnete David den Haftbefehl gegen Philippe Egalité. Am 6. November

Abb. 67. Honoré Daumier: Aufnahme eines Freimaurers. Nach 1840 (Paris, Bibliothèque Nationale, Cabinet des Estampes)

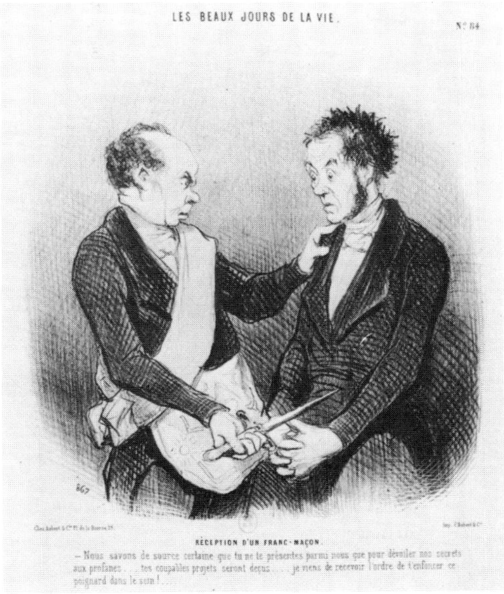

wurde dieser hingerichtet[133]. Die Maßnahmen gegen seine Witwe gehörten zur Konventssitzung vom 14. November, in deren Verlauf David den »Tod des Marat« übergab.

Den eingeweihten Abgeordneten mußte bei der Betrachtung des Gemäldes das Phantom gegen eine blutige Wirklichkeit aufgegeben erscheinen. Der freimaurerische Meisterschritt, nach Joseph Schauberg der schwere Schritt zum Tode, eine unerschrockene und nicht wankende Pflichterfüllung bis zum Tode und durch den Tod, Eingang in das wahre Leben durch das Sterben, wurde durch ein entsprechendes Ritual vollzogen. Der künftige Maurermeister wurde in den Sarg gelegt, ein symbolisches Eingehen zum reineren und vollkommeneren Leben und Lichte, die »Geburt eines neuen Menschen«. In dem 1795 begonnenen Fragment zu einer geplanten Fortsetzung von Mozarts 1791 uraufgeführter Freimaureroper »Die Zauberflöte« hat der Freimaurer Goethe das Ritual im Thema des lebendig dem Goldsarg entschwebenden Kindgenius dichterisch umgesetzt. Den Sarg stellte, wie aus einer Reihe von Stichen des 18. Jahrhunderts hervorgeht, in der Regel ein Teppich mit eingewirktem Totenkopf dar[134]. Wer wollte, konnte im Gemälde Davids die Umwandlung der bauchig-schuhförmigen Badewanne in die langgestreckte Trog- oder Kastenform zusammen mit dem blutbefleckten weißen Leinentuch und mit dem daneben liegenden Mordmesser der Charlotte Corday ohne weiteres als Hinweis auf den alten Freimaurermeister Marat verstehen. Bei der symbolischen Bettung in den Sarg wurde nämlich der Kandidat mit einem mit Blut gefärbten Leinentuch bedeckt. Darüber hinaus wurde ihm, zur Erinnerung an den ermordeten Meister Hiram, den sagenhaften Erbauer des Salomonischen Tempels, als Todesdrohung die Spitze eines Dolchs oder Degens an die Brust gesetzt. Zahlreiche Illustrationen des 18. Jahrhunderts (Abb. 66) belegen diesen Brauch. Noch Daumier (Abb. 67) hat ihn nach 1840 karikiert[135].

Bei David läßt auch die imaginäre Empfängerin der Brotassignate (Tafel IV) an einen Bezug zur Freimaurerei denken. In vielen Logen ging vor Beendigung der Versammlung unter den Brüdern ein sog. Witwensack oder »tronc de bienfaisance« herum, um die Arbeit mit einem Werk der Liebe zu beschließen und Spenden für die Wohlfahrtseinrichtungen zu sammeln. Mit der Aufgabe des Almosensammlers bzw. Armenpflegers wurde - auch dies bemerkenswert in bezug auf den Arzt Marat - vorzugsweise ein Arzt betraut[136].

18. Die grüne Decke

Die Assignatenspende ist jedenfalls eine Wirkung von »bienveillance« (Tafel IV). Zur Hälfte bliebe der Begriff im Bilde aber totes Papier, hätte ihn David nicht auch in seiner ursächlichen Bedeutung ästhetisch gekennzeichnet. Diese Frage stellt sich umso mehr, als Davids Anfänge in antiken bzw. barocken Traditionen (Abb. 39,82) verwurzelt und zugleich aufs engste mit seinen italienischen Erfahrungen verknüpft waren. 1775 war er für fünf Jahre nach Rom gegangen, 1784 für anderthalb Jahre dorthin zurückgekehrt. Zugleich muß berücksichtigt werden, daß er sich durch den Eindruck leiten ließ, wie er Marat am Vorabend des Attentats selber noch angetroffen hatte. Auch wenn es zur Schaustellung des Leichnams in der beabsichtigten Form nicht gekommen ist, so hat der Maler mit seiner knappen Schilderung doch zwei Grundfaktoren der Bildkonzeption angegeben. Marat habe, sagte er, neben sich einen Holzklotz mit Tinte und Papier gehabt, seine Hand habe aus der Wanne heraus seine letzten Gedanken »für das Glück des Volkes« niedergeschrieben (Quellen X). Mit dieser Wendung gab er dem sachlichen

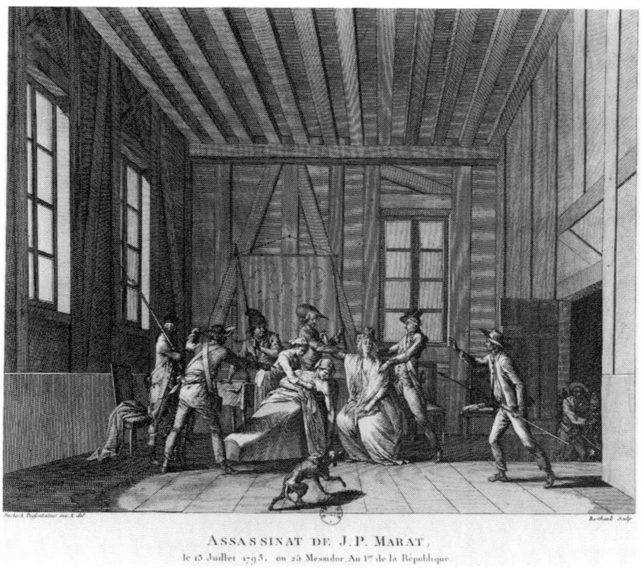

Abb. 68. Pierre Gabriel Berthault nach Jacques François Joseph Swebach-Desfontaine: Die Ermordung Marats. Erschienen 1804 (Paris, Bibliothèque Nationale, Cabinet des Estampes)

Abb. 69. Johann Jakob Hauer: Die Ermordung Marats. 1794 (Versailles, Musée Lambinet)

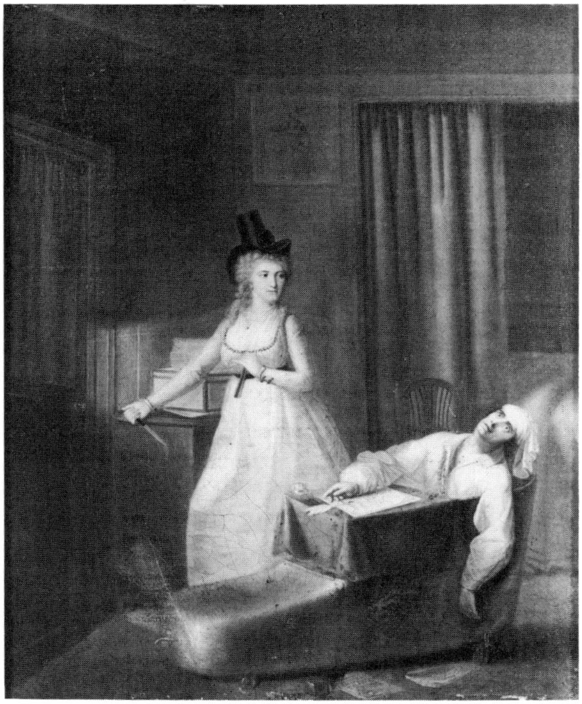

Befund die gedankliche Überhöhung. In seinen Augen war somit der authentische Anblick von vornherein und untrennbar mit einem allegorischen Aspekt verknüpft. Ikonographische Anspielungen auf die »bienveillance« müßten demnach innerhalb der Spanne angesiedelt sein, durch welche sich das Gemälde einerseits vom historischen Sachverhalt, andererseits von zeitgenössischen Bildreportagen des Ereignisses unterscheidet.

Soweit diese überhaupt das Zettelmotiv bringen, hat es nicht die geringste Ähnlichkeit mit seiner Handhabung bei David. Von »bienveillance« ist ebensowenig zu erkennen (Abb. 14,48,49,68,69,73,74). Zugleich fällt auf, daß der Zeuge Bas zwar vom »Brett über der Badewanne« sprach, nicht aber von einer grünen Decke (Quellen VIII). Das kleine, unbedeckte Holzbrett am Fuße der Badewanne bei Brion de la Tour wird dem gerecht (Abb. 48). Desray und Swebach-Desfontaines bringen lediglich ein über den Rand gebreitetes, faltenreiches, offenbar weißes Tuch (Abb. 49,68). Mit ihm war die Badewanne nach Ausweis des anonymen Bildes im Musée Carnavalet bei der Aufbahrung Marats ausgeschlagen (Abb. 125). Hier ist kein Schreibbrett zu sehen. In dem Basset-Stich fehlt auch das weiße Tuch (Abb. 14). Die textile Zweiteilung im 1793 datierten Marat-Gemälde von Joseph Roques (Abb. 102) ist von David abhängig, ebenso die genrehafte Ausschmückung zum stoffgedeckten Schreibpult in Hauers »Ermordung Marats« von 1794 (Abb. 69). Das Grün wurde von Hubert Robert als Zierstreifen der ansonsten weißen Bettdecke in die Persiflage seines schlafenden »Marat« (Abb. 31) übernommen. Im übrigen taucht auch in den Berichten von Maure und David über ihren letzten Besuch bei Marat keine grüne Decke auf (Quellen IX,X).

Sauerländer behauptet, das Schreibbrett sei »mit dem üblichen grünen Filz« bedeckt[137]. Man vermißt eine realienkundliche Sicherung. Es handelt sich um eine grüne Decke von festerer Machart. Den unteren Saum bildet ein breiter Streifen von wesentlich dunklerem Grün mit ebensolchen Fransen (Tafel I,III). Man wird sie sich auch auf der dem Beschauer abgewandten Seite so vorstellen müssen. Zur Person des Schreibenden hin ist die Decke umgeschlagen, so daß ein Stück des darunterliegenden Holzbretts mit abgerundeter Seitenkante sichtbar wird. Der Deckenrand weist hier keine Fransen auf. Tätigkeit und Attribute des Schreibens erfreuten sich in der zeitgenössischen Porträtmalerei einer gewissen Beliebtheit. Die Kombination mit einer grünen Decke scheint jedoch eher ungewöhnlich. Den Geburtshelfer Alphonse Leroy hatte David 1783 schreibend auf einer schweren, mit reicher Ornamentik in Rot, Grün und Blau gemusterten Tischdecke dargestellt (Abb. 99). Die Papierblätter, auf welche sein »Lavoisier« von 1788 schreibt, liegen auf einer weinroten Samtdecke. Den Innenminister Paré, der das Amt im August 1793 gegen die Kandidatur Héberts erhielt und bis 1794 innehatte, porträtierte Jean-Louis La Neuville mit dem Federkiel in der Hand. Dem Schreibzeug und den beschriebenen Papierblättern dient ebenfalls keine grüne, sondern eine rote Schreibtischdecke als Unterlage[138].

Neben dem Rot des Blutes, vor allem im Badewasser und auf dem weißen Tuch, ist das ausgedehnte Grün der Decke die einzige klare Buntfarbe in Davids »Marat«. Sie erscheint in anderem Licht, wenn man bedenkt, daß das Bild auf die grüne Draperie in der unteren Zone des Konventssaales zu hängen kam. Zusammen mit den Blutspuren u.a. auf der grünen Decke selbst, am Knickrand unterhalb von Marats linkem Ellenbogengelenk (Tafel V), ergab sich ein Farbkontrast, welcher auch im dekorativen Verhältnis das ausgedehnte Grün und das Rot der Bordüren und Schnüre der Stoffverkleidung reflektierte (Abb. 23,24). Daß David eine spezifische Konventsfarbe in das Gemälde des ermordeten Abgeordneten übertrug, bestätigt sich bei einem Blick auf das Original des bislang stets nur schwarzweiß reproduzierten anonymen Bildes von der Aufbahrung Marats in der Kirche der Cordeliers (Abb. 125). Der hohe, quaderförmige Sockel war dabei mit einem ungemusterten, durchgängig grünen Stoff bespannt einschließlich des unteren Absatzes, auf dem die Badewanne und der Holzblock mit dem Schreibzeug standen. Dazu paßt Marats farbiges Erscheinungsbild in der Erinnerung der Öffentlichkeit. Es war durch einen grünen Mantel geprägt. Was David betrifft, so hat er seine Abgeordnetentätigkeit im Konventsausschuß für allgemeine Sicherheit (»Comité de sûreté générale«) im Beratungsraum des Hôtel de Brionne an einem mit grünem Wollstoff bedeckten Tisch ausgeübt[139]. Hier liegt die unmittelbare Motiventsprechung zum »Marat«. Die grüne Decke kennzeichnet ihn als Angehörigen des Nationalkonvents.

Über eine mögliche symbolische Bedeutung des Konventsgrüns ist damit noch nichts gesagt. Eine solche wird aber durch die stilisierten Bürgerkränze nahegelegt, welche im Sitzungssaal die Wanddraperie in gleichmäßigen Abständen in der oberen Zone zierten (Abb. 23,24). Das Grün des Eichenlaubs auf der Tafel der Menschen- und Bürgerrechte bestimmte vermutlich auch, wie gezeigt, die Kolorierung der darauf befindlichen Revolutionsallegorien

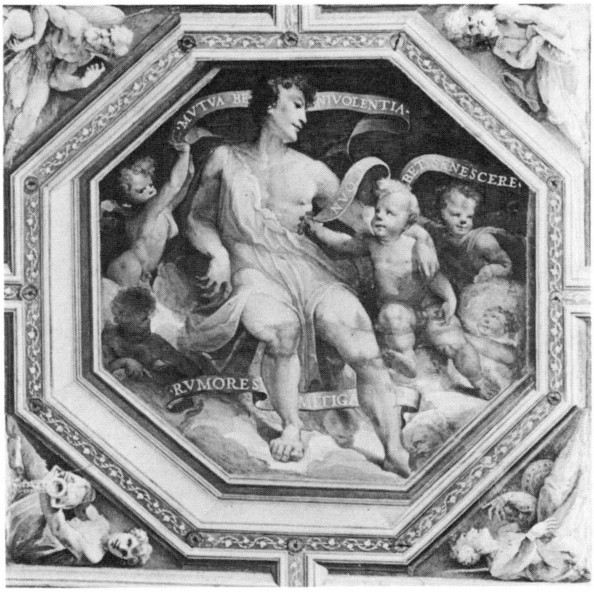

Abb. 70. Domenico Beccafumi: Mutua Benevolentia. 1529 (Siena, Palazzo Pubblico)

und des Faszienbündels der einen und unteilbaren Republik. Eichenlaubkränze trugen die jungen Mädchen bei der Marat-Zeremonie in »Bourg-Régénéré« auf dem Haupt. Eichenlaubbekränzt war auch die Bürgerin Barbier bei ihrem Konventsauftritt im Anschluß an Davids Bildübergabe. Draußen wuchs auf der Place du Caroussel seit dem 27. Januar 1793 eine neu gepflanzte Eiche als »Baum der Brüderlichkeit«[140].

Die allgemeine symbolische Richtung des Konventsgrüns dürfte damit benannt sein. Die Präzisierung brachte Davids Gemälde. Die grüne Decke hüllt die ganze Unterleibszone der Badewanne ein (Tafel I). Sie wird wie eine Schürze gewissermaßen zur Bekleidung Marats. Auf ihr liegt seine Hand mit Zettel und »bienveillance«-Begriff (Tafel IV). Dabei umschließt das Grün auch die Holzkiste mit dem Geldschein für die Kriegerwitwe mit fünf Kindern. Bemerkenswert ist nun zunächst, daß Ripa die Darstellung der »Benevolenza« als geflügeltes und grün gekleidetes Mädchen vorschrieb. Mit schöner Grazie setzt sie eine »Gallinaccia«, eine Truthenne, zu ihren Füßen auf die Erde. Zum anderen beschrieb Ripa den nahe verwandten »Amor del Prossimo« als männlichen Geschlechts. Er ist edel gekleidet, und neben ihm steht ein Pelikan mit seinen Jungen. Diese trinken das Blut aus der Wunde, die der Pelikan sich selbst in seiner Brust mit dem Schnabel beigebracht hat. Damit wird auf den Opfertod Christi angespielt. Mit der einen Hand hebt der Mann einen Armen vom Erdboden auf, mit der anderen spendet er ihm Geldmünzen, gemäß dem Wort Christi im Evangelium. In dieser Form wird die »Nächstenliebe« noch in der 1766 erschienenen »Iconologie« von Jean Baptiste Boudard vorgestellt[141].

Die Möglichkeit einer Zusammenschau beider ikonologischer Vorstellungen begegnet lange vor Ripa schon in einem politischen Bildprogramm der Renaissance. Im Palazzo Pubblico in Siena hatte Beccafumi 1529 als Pendant zur weiblichen Personifikation der Vaterlandsliebe die »*Mutua Benevolentia*«

und im Zentralbild die »Justitia« dargestellt. Die »Benevolentia« wird verkörpert durch einen bartlosen jungen Mann (Abb. 70). Er trägt ein hemdartiges Gewand von grüner Farbe. Es reicht auf die Oberschenkel herab, asymmetrisch schräg über die rechte Schulter geführt, so daß Oberkörper, Arme und Beine weitgehend nackt bleiben. Nach Art einer Caritas ist er von nackten Kindern umgeben. Ihnen wendet er sich lächelnd zu. Von den in Grisaille gehaltenen rahmenden Zwickelfiguren schüttet eine jugendliche Gestalt Münzen aus der Vase. Diagonal gegenüber ist eine bärtige Männergestalt mit nacktem Oberkörper im Begriff, aus einem Sack gleichfalls Münzen auf den Boden zu streuen. Das grüne Hemd dürfte der dann in Ripas »Benevolenza« kodifizierten Vorstellung verpflichtet sein. »Mutua benivolentia; numquam debet senescere; rumores mitigat«, lautet bei Beccafumi die Inschrift. Das wechselseitige Wohlwollen darf niemals altern, und es besänftigt die Unruhen. Die Vermännlichung und die nackten Kindergestalten zeigen eine Verschmelzung mit dem Gedanken des »Amor del prossimo« bzw. der »Caritas« an. Auffallend sind der staatsbezogene Programmzusammenhang und der Anbringungsort in einer der Beratung und Entscheidung dienenden Konsistorienhalle[142].

Eine Vorläuferin zu Beccafumis »Benevolentia« bildet die Personifikation der »Comitas« nach Raffaels Entwurf in der Sala di Costantino des Vatikan. Sie flankiert die Gestalt Clemens' I. zusammen mit der »Moderatio«. Der antike Begriff der »comitas« meint so viel wie Güte, Milde, Sanftmut und Freundlichkeit. Im ciceronischen Denken wurde er als Ausdruck der Hilfsbereitschaft, Gefälligkeit, auch Leutseligkeit, zusammen mit »benignitas« und »iustitia« zu den ethischen Kategorien für das Zusammenleben in der Gemeinschaft gezählt. Bei Raffael wird die »Comitas« auf den regierenden Papst Leo X. und seine »clementia« und »benignitas« bezogen. Das Attribut des Lammes und ein smaragdgrünes Kleid zeichnen sie aus[143].

Auch in den Ikonologien des 18. Jahrhunderts wird die »Benevolenza oder Liebe (affection)« beschrieben. In der englischen Ripa-Ausgabe von P. Tempest, erschienen 1709, ist sie eine antike Frauengestalt, geflügelt, mit einer Waldschnepfe in den Händen und einer Eidechse zu ihren Füßen. Ihr Alter zeigt an, daß sie konstant ist. Geflügelt ist sie, weil die Liebe augenblicklich hervorgerufen wird. Schnepfe und Eidechse sind Symbole für Wohlwollen durch Instinkt (»Goodwill, by Instinct«). Ihre Haltung besagt, daß lang währendes wechselseitiges Wohlwollen schließlich eine einzige wahre Freundschaft wird. Nach der »Iconologie« von Boudard ist »Affection ou Bienveillance« der erste Grad der Freundschaft, welche sich mit der Zeit festige und durch Gefühl dauerhaft werde. Die Liebe entstehe auf den ersten Blick und biete sich unverzüglich. Deshalb male man sie mit Flügeln (Abb. 71). Ihr lächelndes Gesicht und ihr grünes Gewand - bei Nietzsche später »jenes Lächeln des Auges« und das durch Wohlwollen grünende Leben - bedeuten die Hoffnung auf Gewinnung der Herzen. Die Eidechse, die sie hier auf dem Arm hält, sei wegen ihrer natürlichen zu den Menschen bei den Ägyptern die Hieroglyphe der »bienveillance« gewesen. Diese Figur werde gemäß Cicero im Mannesalter dargestellt. Dann folgt wieder das Zitat aus »De officiis« (I.XV, 47)[144].

Abb. 71. »Affection ou Bienveillance«. Aus der Iconologie von Boudard, 1766

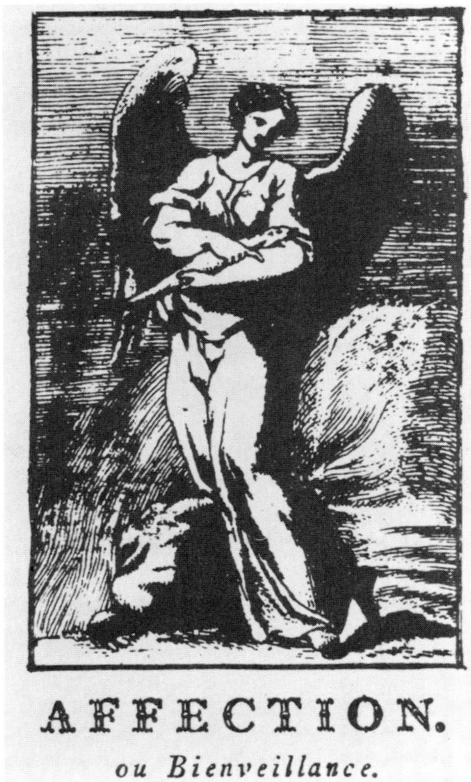

Noch in der »Iconologie« von Gravelot und Cochin ist die »affection« grün gewandet und, als Zeichen der Schnelligkeit ihrer Hilfe, geflügelt. Die »Nächstenliebe« wurde bei Gravelot und Cochin bei gleichbleibenden Attributen zur »Compassion« umgedeutet. Sie tritt in Begleitung der »Humanité« auf. Eines der Gefühle, welche diese und die »Benignité« (Abb. 112) kennzeichnen, ist die »bienveillance«[145].

Gemäß Marats Selbststilisierung war sein jakobinisches Andenken vor allem mit dem Freundschaftsbegriff verbunden. Die bekannteste seiner Zeitungen trug seit dem 16. September 1789 den Titel »L'Ami du Peuple«. Er ist zum persönlichen Titel für den Herausgeber geworden. Stereotyp taucht er in den folgenden Jahren auf Marats Publikationen auf. So erschienen zwei weitere von ihm herausgegebene Zeitungen - »Le Journal de la République française«, »Le Publiciste de la République française« - mit der Angabe »par Marat, l'ami du peuple« und eine dritte - »Le Junius français, journal politique« - mit der Angabe »par Marat, auteur de *l'Ami du Peuple*«. Von den zwischen 1789 bis zu seinem Tod selbständig veröffentlichten Traktaten enthielten nicht weniger als zwölf diese Autorenangabe. In seiner Verteidigungsrede vor dem Revolutionstribunal, wo er sich am 24. April 1793 wegen Aufhetzung zu Plünderung, Mord und Angriffen auf den Konvent verantworten mußte, bezeichnete sich Marat als »ami du peuple, l'apôtre et le martyr de la liberté«. Den Triumph nach seinem Freispruch hat Louis Léopold Boilly gemalt (Abb. 83). Auch Flugblätter, Bildstiche und die Grab-

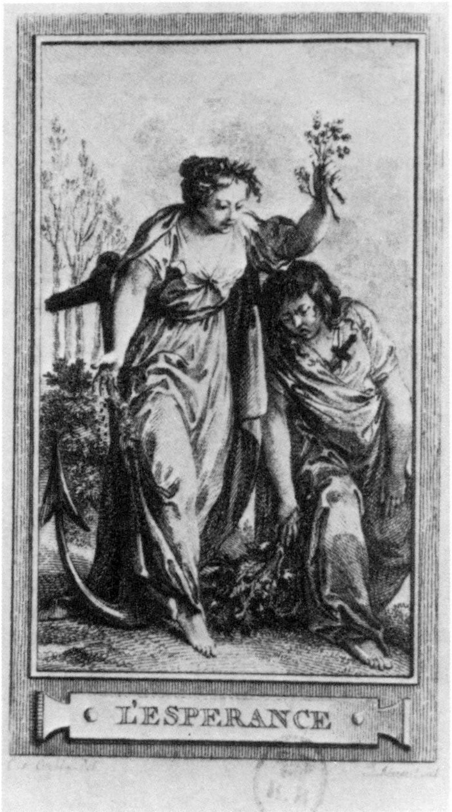

Abb. 72. »L'Espérance«. Aus der Iconologie von Gravelot/Cochin, 1789-91

inschrift im Garten der Cordeliers (Abb. 20) titulierten ihn als »l'ami du peuple«. In der Jakobinersitzung am 15. Juli 1793 ist er zudem als »bienfaisant« und »humain« charakterisiert worden. Am nächsten Tag beschwor einer der Trauerredner im Garten der Cordeliers die »bienfaits« Marats. Ein ironisches Epitaph aus der Zeit der Terreur nannte ihn »le bienfaisant«. Bei der Zeremonie in Uzès-la-Montagne wurde gefordert, Marats Wohltaten (»bienfaits«) auf dem heiligsten Altar zu feiern und daran in Goldlettern die Inschrift anzubringen: »MARAT, L'AMI DU PEUPLE, EST LE DIEU DES FRANCAIS«[146].

Vor der Formulierung des Bildauftrags an David sagte Guirault in der Konventssitzung vom 14. Juli über Marat: »...wir kommen, um den schönen Handlungen deines Lebens zu huldigen« (Quellen VII). Seine Rede bei der Bildübergabe begann David mit der Feststellung, das Volk habe »seinen Freund« zurückgefordert, seine tiefbetrübte Stimme sei erschollen und habe nach seiner Kunst gerufen, da es die Züge »seines treuen Freundes« wiedersehen wollte: »David! Nimm deine Pinsel, rief es, räche unseren Freund, räche Marat!« (Quellen XIII). Indem er die »protection« durch die klassische »bienveillance« ersetzte und dem Zettel eine grüne Unterlage gab, hat der Maler die Ursache für wahre und dauerhafte Freundschaft ins Bild gebracht. Damit machte er der Meinung alle Ehre, welche am 10. Februar 1793 die Gemahlin eines Abgeordnetenkollegen über ihn geäußert hatte: »Würde er das Wort so handhaben wie den Pinsel, so ließe er sich Cicero und Brutus zur Seite stellen, denn er hat eine wahrhaft römische Seele«[147].

Grün gewandet ist bei Gravelot und Cochin auch die »Espérance« (Abb. 72). Sie wird zusammen mit ihrem Gegenstück, dem »Désespoir«, illustriert, einer leichenblassen jungen Frau mit einem Dolch in der Brust. Diese könne, laut Erklärung, um der größeren Genauigkeit willen auch durch einen jungen Mann mit denselben Attributen dargestellt werden. David gebrauchte bei der Bildübergabe den Schmerzensruf »O désespoir!« (Quellen XIII). Daraus sprach die Trauer über den getöteten »espoir de l'affligé«, wie Marat in der Legende des Basset-Stichs tituliert wird (Abb. 14). Die rot blutende Messerwunde in der Brust und das Grün der Decke bilden somit auch in einem tieferen Sinn einen Komplementärkontrast. Der Verzweiflung antwortet der farbige Ausdruck von Wohlwollen und Hoffnung. Man fühlt sich an das Projekt der laut Lenoir »grünenden« montagne in Saint-Denis erinnert, welche in der Krypta die Büsten Marats und Le Peletiers bergen sollte[148]. Jedenfalls lieferte David auch in dieser Hinsicht eine innere Begründung für die Brüderlichkeitssymbolik des Konventsgrüns.

19. Die Holzkiste

Um die Bedeutung der Holzkiste zu verstehen, muß man von Davids Wortwahl im Bericht über seinen letzten Besuch am 12. Juli ausgehen. Demnach hatte Marat neben der Badewanne einen »billot de bois« stehen (Quellen X). Das Wort »billot« bedeutet Klotz oder Block, wie er zum Hauen und Schlachten verwendet wird, also eine massive Holzform. Dieser Besuchseindruck lag den Motiven der Aufbahrung am 16. Juli in der Kirche der Cordeliers zugrunde. Nach Ausweis des anonymen Gemäldes im Musée Carnavalet besaß der dabei ausgestellte Holzblock eine hochgestreckte Vierkantform (Abb. 125). Man erkennt sie auch auf der anonymen Zeichnung (Abb. 17). Der das Attentat darstellende Basset-Stich (Abb. 14) bringt, ebenso wie die offenbar z.T. davon abhängige Radierung des deutschen Graphikers Johann Daniel Schubert, einen runden Holzklotz. Die Abweichung erklärt sich möglicherweise aus einer ungenauen Erinnerung des Stechers an die Aufbahrung Marats. Vielleicht hat er sie aber überhaupt nicht gesehen und lediglich Davids Ausdruck »billot de bois« angemessen darzustellen versucht. Das Motiv bedeutet jedoch nicht, daß sich der Klotz auch zum Zeitpunkt des Attentats am 13. Juli in Marats Baderaum befand. Weder in der Aussage des Zeugen Bas (Quellen VIII) noch im amtlichen Bericht über die Versiegelung der Wohnung kommt ein »billot de bois« vor. Stattdessen scheint Marat am Mordtag das von Bas genannte und im Stich von Brion de la Tour gezeigte Schreibbrett (Abb. 48) benutzt zu haben. Auch bei Duplessi-Bertaux, Desray und Swebach-Desfontaines fehlt der Holzklotz (Abb. 49,68,73). Heinrich Sintzenich bringt, wie Hauer (Abb. 69,74), ein phantasievolles Schreibpult[149]. Übrigens sprach Maure, der Begleiter Davids beim Besuch am

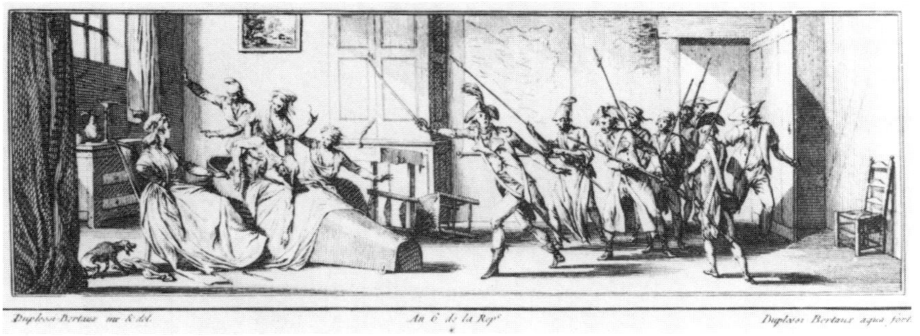

Abb. 73. Jean Duplessi-Bertaux: Die Ermordung Marats. 1797/98 (Paris, Bibliothèque Nationale, Cabinet des Estampes)

Vorabend des Attentats, nicht von einem »billot de bois«, sondern von einem Tisch (Quellen IX).

David hat die hochgestreckte Vierkantform aus dem Aufbahrungsensemble des 16. Juli in sein Gemälde übertragen, nicht aber den massiven Charakter des Holzblocks. Ihn hat er stattdessen in eine aus Brettern genagelte Kiste verwandelt. Sie hatte in der französischen Kunst des 18. Jahrhunderts einen Vorläufer an Pigalles Denkmal Ludwigs XV., geschaffen 1756-1765 für die Place Royale in Reims und als Frontispiz in Rousseaus »Discours sur l'oeconomie politique« abgebildet. Nach dem vom Bildhauer in einem Brief an Voltaire wiedergegebenen Programm stellte er am Sockel zwei emblematische Gestalten dar. Die Idee sei durch einen Gedanken Voltaires ausgelöst worden, welcher die gewöhnlich hier angeketteten Sklaven kritisiert hatte, als könne man die Großen nicht anders loben als durch die von ihnen niedergedrückte Menschheit der Geringen. Die »Douceur du Gouvernement«, eine Frau, die in der einen Hand ein Steuerruder hält und mit der anderen einen in Freiheit befindlichen Löwen an der Mähne führt, drücke

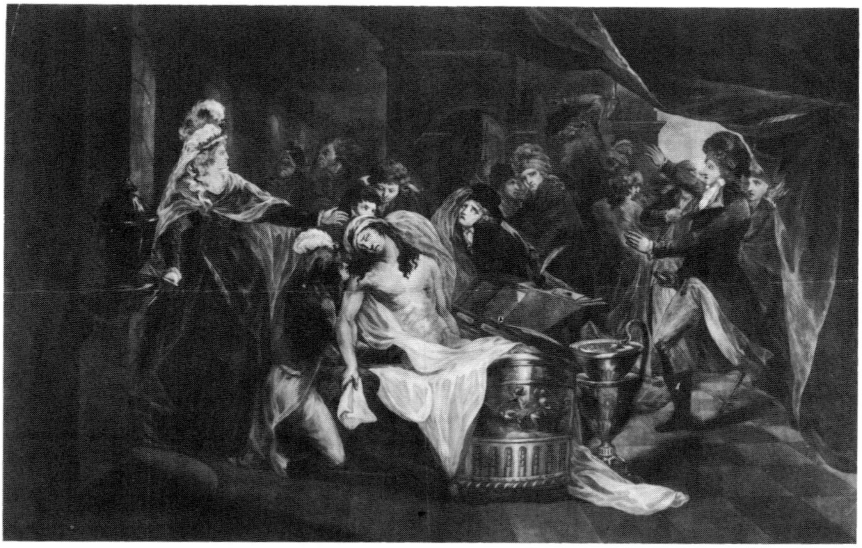

Abb. 74. Heinrich Sintzenich: Die Ermordung Marats. 1795 (Paris, Bibliothèque Nationale, Cabinet des Estampes)

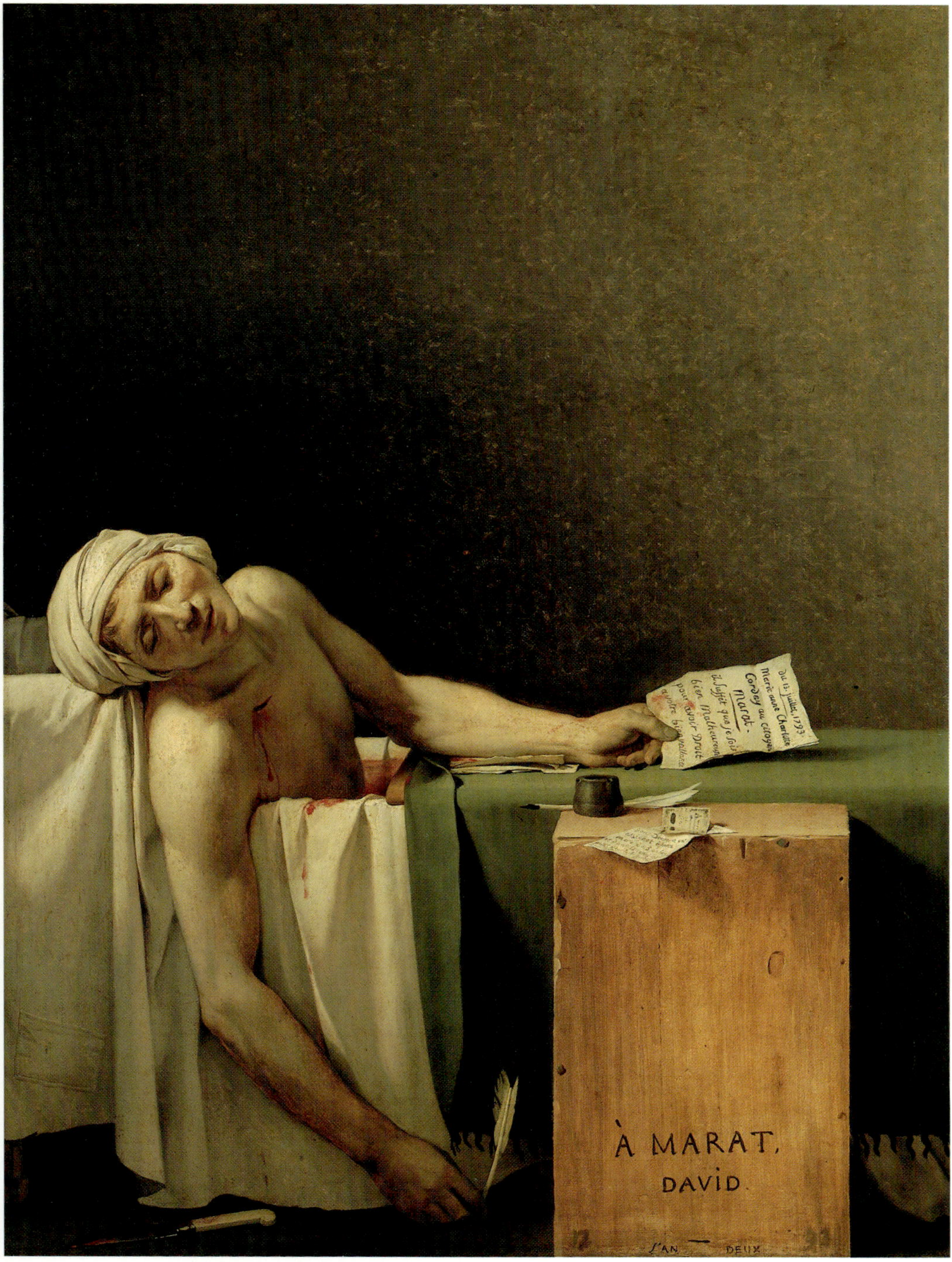

Tafel I. Jacques-Louis David: Der Tod des Marat. 1793 (Brüssel, Musées Royaux des Beaux-Arts)

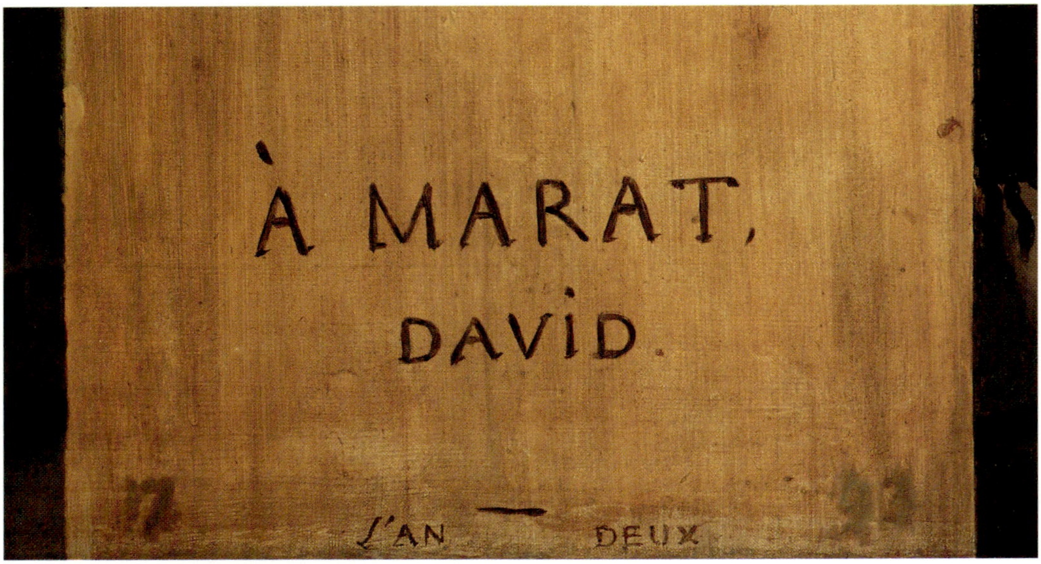

Tafel II. Die Inschrift auf der Holzkiste

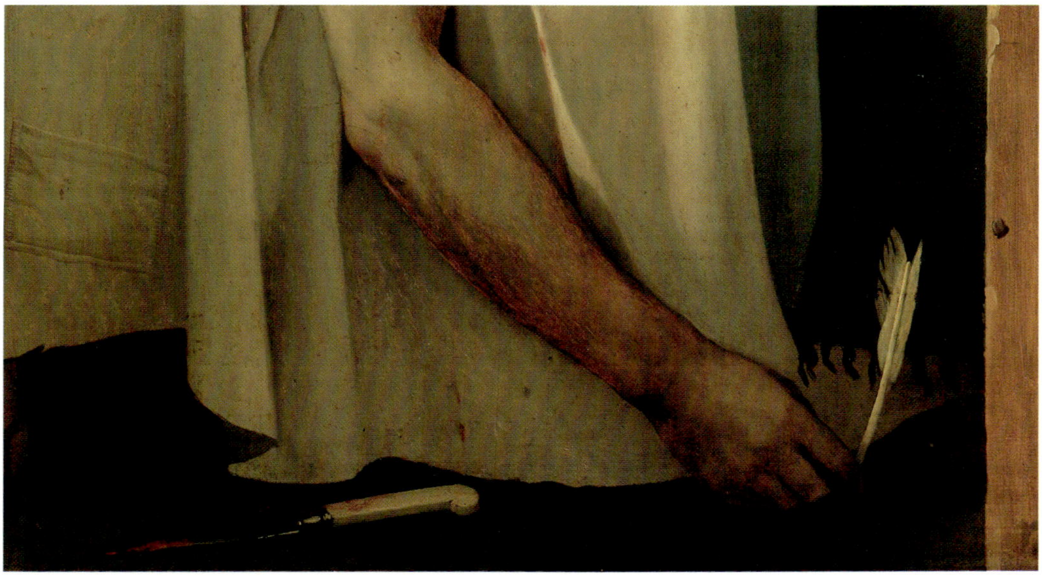

Tafel III. Das geflickte Laken, die Tatwaffe und rechte Hand mit Schreibfeder

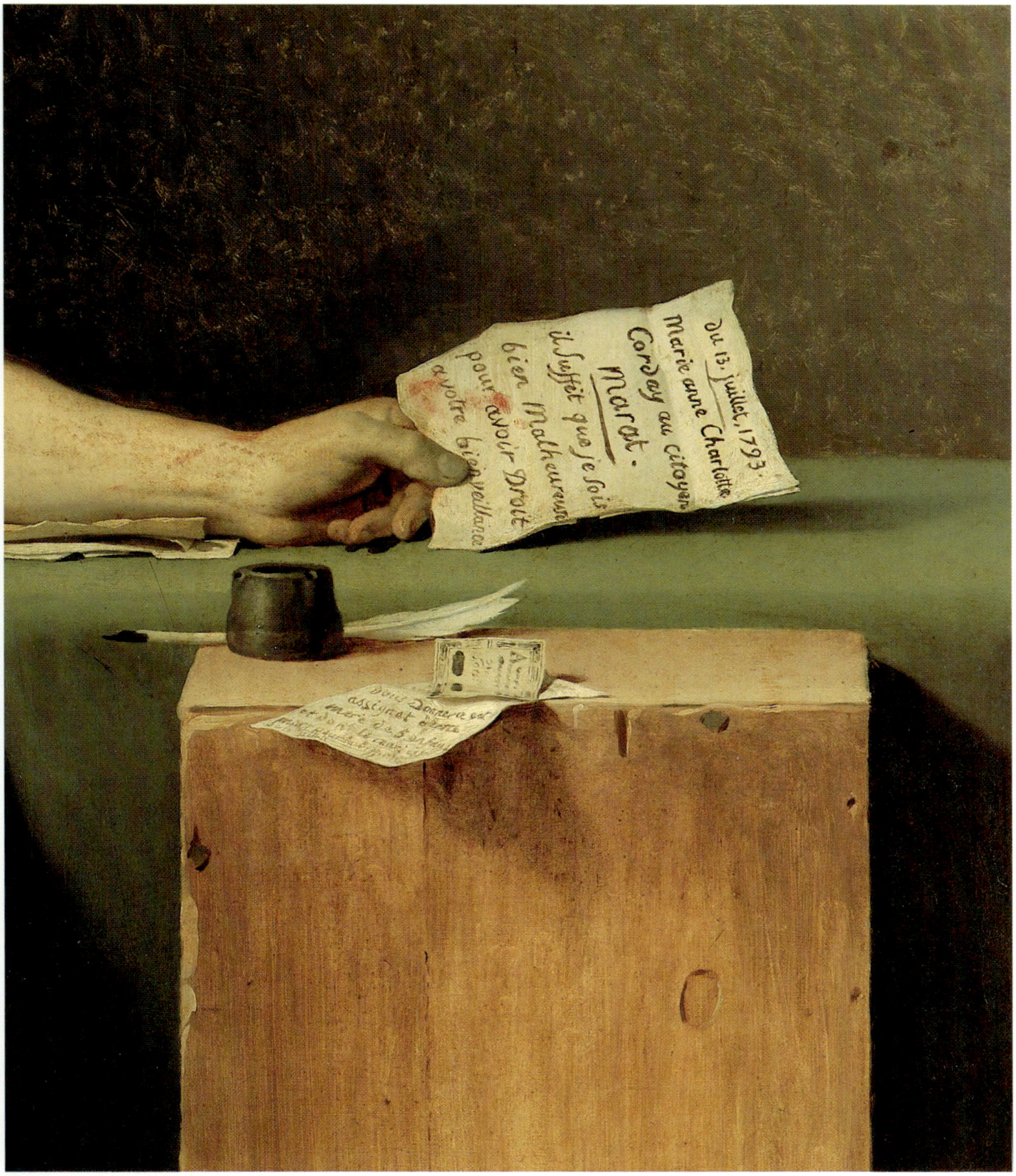

Tafel IV. Linke Hand mit Brief der Charlotte Corday, Schreibzeug und Assignate mit Zettel Marats

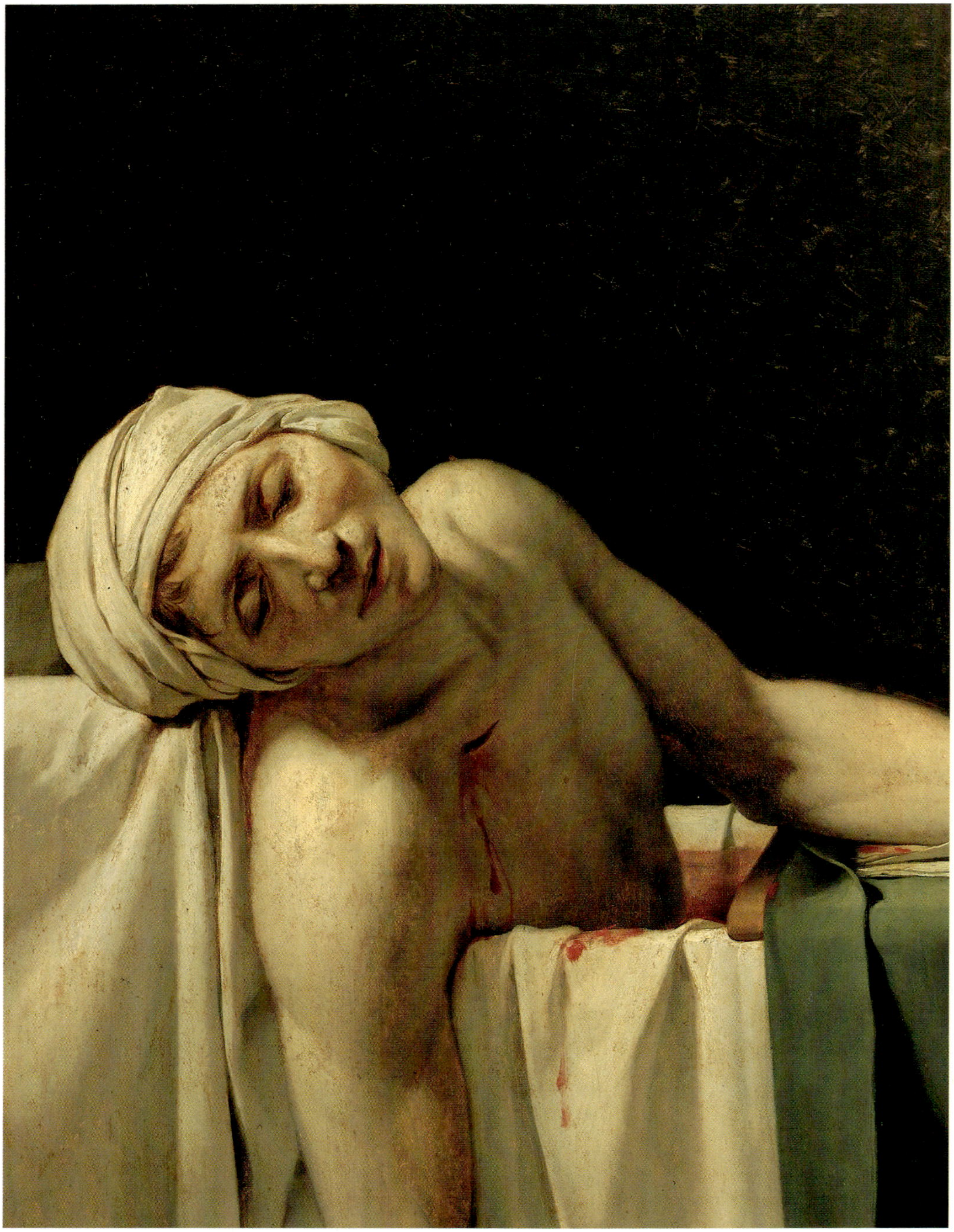

Tafel V. Das Antlitz des Sterbenden

Abb. 75. Jean Baptiste Pigalle: Félicité du peuple, genannt »Le Citoyen«. Bozzetto für das Denkmal Ludwigs XV. in Reims, 1756-1765 (Paris, Louvre)

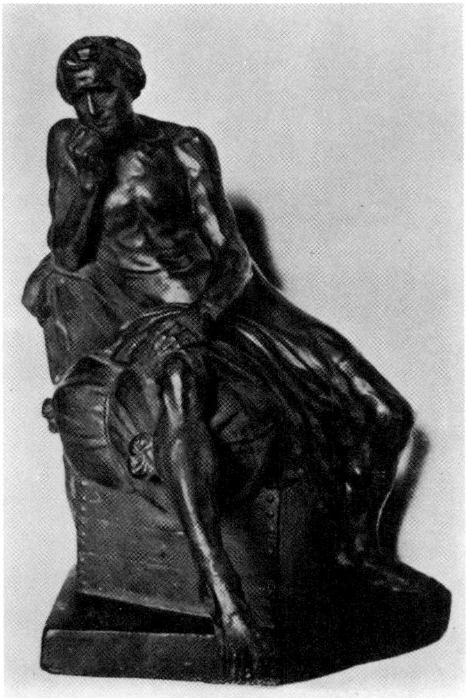

aus, daß der Franzose, ungeachtet seiner Kraft, sich gern einer süßen Regierung unterwirft. Die »Félicité des peuples« auf der anderen Seite, personifiziert durch einen weitgehend nackten, glücklichen Bürger, sitzt inmitten von Zeichen des Wohlstands auf Handelsballen über einer länglichen, quergelagerten, genagelten Bretterkiste (Abb. 75). Eine offene Geldbörse bezeichne die Sicherheit des Bürgers. Die Standfigur des Königs wurde am 15. August 1792, fünf Tage nach dem Sturm auf die Tuilerien, vom Sockel gestürzt und im Arsenal von Metz eingeschmolzen. Die »Douceur du Gouvernement«, deren Attribut des Steuerruders kurz zuvor bei Gravelot und Cochin eine demokratische Differenzierung erlangt hatte (Abb. 63), und die »Félicité des peuples«, genannt »le Citoyen«, blieben unangetastet[150].

Die Herkunft von Davids Kiste aus dem Bereich des Handels verrät sich leise in der Kombination mit dem Geldschein. Wie die Assignate bezeichnet sie freilich jetzt das Gegenteil von wirtschaftlicher Prosperität. Eine weitere Bedeutung klingt an in der Beschreibung Lenoirs aus dem Jahre 1835. Seinen Nachrichten kommt trotz ihrer Knappheit besonderes Gewicht zu. Im »Tod des Marat« sei die »republikanische Armut des Jahres 1793 in ihrer ganzen Nacktheit« gemalt. In der Aufzählung der wenigen Gegenstände nennt Lenoir die hochkant gestellte Kiste »une caisse de sapin«[151]. Das heißt »eine Kiste aus Tannenholz«. Die Bezeichnung bekommt jedoch dadurch einen Unterton, daß »sapin« auch Sarg bedeuten kann. Die längliche Form unterstützt diese Assoziation, zumal sie vom unteren Bildrand überschnitten wird. Die Umwandlung des »billot de bois« vom 12. Juli kann mit Davids Aussage in Verbindung gebracht werden, daß Marats Hand an jenem Tag

»seine letzten Gedanken für das Wohl des Volkes« niederschrieb (Quellen X). Aus ihnen ist im Gemälde die schriftliche Erläuterung der Assignate (Tafel IV) geworden, also das Vermächtnis Marats auf dem hohlen Postament der »caisse de sapin«. Diese darf demnach auch als ein Memento-mori verstanden werden. Folgerichtig brachte David darauf seine Widmung mit der Jahreszahl des Todes an (Tafel II). Der Charakter einer Epithaphinschrift ist immer wieder bemerkt worden.

Roques hat die Nagelung noch deutlicher herausgestellt, das funebrale Kistenmotiv aber durch Verdoppelung und gedrungenere Proportionen zugleich entwertet (Abb. 102). Baudry übernahm Hohlheit und Form, ebenfalls ohne ihren Sinn zu erfassen. In seiner »Charlotte Corday« steht die Kiste wie ein Nachttisch neben der Badewanne (Abb. 13).

20. Der Unkorrumpierbare

Bestechlichkeit lautete ein Vorwurf, den die Gegner Marats in Umlauf gebracht haben. In seinem Vorschlag vom 16. Juli für die Beisetzung im Garten der Cordeliers (Abb. 18) sagte David, das Grab unter den Bäumen, wo es Marat gefiel, seine Mitbürger zu belehren, solle die »Einfachheit eines unkorrumpierbaren Republikaners« haben (Abb. 19,20), welcher gestorben sei »in einer ehrenwerten Bedürftigkeit«. Marats Leben solle als Exempel dienen. Dann rief er aus: »Cato, Aristeides, Sokrates, Timoleon, Fabricius und Phokion, deren achtbares Leben ich bewundere, ich habe nicht mit euch gelebt, ich habe Marat gekannt, ich habe ihn wie euch bewundert, die Nachwelt wird ihm Gerechtigkeit erweisen« (Quellen XI). Mit dieser Namensliste machte er Marat zum Tertium comparationis für eine ganze Reihe von antiken Vorbildern, die gemäß Plutarch sämtlich durch die Verbindung von republikanischer Tugend mit persönlicher Bedürfnislosigkeit und Unbestechlichkeit ausgezeichnet waren.

Der an erster Stelle genannte und auch schon in der Adresse der »Section du Panthéon« (Quellen VI) am 14. Juli beschworene Cato, aus unbekannter, aber rechtschaffener Familie stammend, hatte diesen Beinamen nach Plutarch aufgrund seiner tiefen Einsicht erhalten, früh schon seine Beredsamkeit bei strenger Lebensart und Gleichgültigkeit gegenüber dem Ruhm bewiesen, die Armut in Verbindung mit staatlichen Verdiensten bewundert, sich mit schlechtem Abendessen, kaltem Frühstück, einfacher Kleidung und gemeinem Wohnhaus begnügt und diese Selbstbeschränkung bis zu seinem Tod geübt, um andere zu bessern, zu ihrer Pflicht zurückzuführen und zur Tugend anzuhalten. Als er sich um die Zensorwürde bewarb, belehrte er die schlechten Bürger, der Staat bedürfe einer großen Reinigung, und beschwor das Volk, nicht den gefälligsten, sondern den schärfsten Arzt zu wählen. Aristeides, bis zum Schluß in äußerster Armut lebend, aufgrund seiner Tugend zu Staatswürden gelangt, ein treuer Anhänger des Kleisthenes, der nach der

Vertreibung der Tyrannen dem athenischen Staat eine Verfassung gegeben hatte, bewahrte stets Bescheidenheit, Gemütsruhe und Gelassenheit im Dienst am Vaterland. Unter seinen großen Eigenschaften fiel dem Volk keine so sehr ins Auge wie die Gerechtigkeit, weil sie den dauerhaftesten und ausgedehntesten Nutzen gewährte. Deshalb erhielt der so arme und gemeine Mann den königlichen, ja göttlichen Beinamen des Gerechten, der ihm jedoch in der Folge Neid und Mißgunst zuzog. Sokrates, der unentgeltlich und unter Einschränkung seiner materiellen Bedürfnisse lehrende Philosoph, der darüber nie seine Bürgerpflichten vergaß, war bekanntlich unter der Anschuldigung, die Jugend zu verderben und andere als die vom Staat anerkannten Götter zu lehren, zum Tode verurteilt worden. Der Korinther Timoleon, ein Freund des Vaterlandes und von sanfter Gemütsart, außer daß er gegen Tyrannen und Bösewichter einen unversöhnlichen Haß äußerte, ein Mann von Rechtlichkeit und erhabener Gesinnung, der, ungeachtet der familiären Bande, aus Liebe zum Vaterland seinen Bruder, den Tyrannen Timophanes, umbrachte, beseitigte später als Feldherr die Tyrannei in Syrakus, erbaute hier über den niedergerissenen Denkmälern des Tyrannen die Gerichtsstellen, wodurch er sich beim Volk sehr in Gunst setzte und der Demokratie zum Sieg über die Alleinherrschaft verhalf. Geistesgröße, Tapferkeit, Gerechtigkeit und Güte zeichneten diesen vom Volk bejubelten Wohltäter aus, das Schicksal seiner Erblindung ertrug er gelassen und ohne Murren, und die Klagen und Tränen bei seinem Tod verrieten keine von der Obrigkeit anbefohlene Dienstleistung, sondern aufrichtige Trauer und mit wahrer Zuneigung verbundene Dankbarkeit. Die von ihm eingeführte Verfassung behielten die Bürger immer bei und lebten auf diese Weise viele Jahre hindurch sehr glücklich. Fabricius, ein rechtschaffener, aber äußerst armer und hochangesehener Mann von erhabener Gesinnung, widerstand den Bestechungsversuchen des Königs Pyrrhos und wünschte ihm und seinen Leuten das Gegenteil einer stoischen Lebenshaltung, nämlich die Befolgung der Lehrsätze des Epikur, das höchste Gut im Vergnügen zu sehen und sich der Verwaltung öffentlicher Ämter als einer Störung und Verwirrung der Glückseligkeit zu entziehen. Phokion schließlich, an Tugend Cato vergleichbar, von unerschütterlichem Gemüt, auch bei Kälte barfuß und ohne Mantel einhergehend, von finsterer und abstoßender Miene, doch innerlich voller Rechtlichkeit, von strenger, aber starker und tiefsinniger Rede, in der Staatsverwaltung Perikles, Aristeides und Solon nachahmend, dieser rauhe und grämliche Mann, der den Beinamen der Gütige trug, tat nie einem seiner Mitbürger aus Feindschaft etwas zuleide. Nur denen gegenüber, die seinen auf das Gemeinwohl zielenden Unternehmungen in den Weg traten, erwies er sich als streng, hartnäckig und unerbittlich. Angesichts der Bedrohung Athens durch Alexander d. Gr. tat er kund, er würde es als ein großes Glück schätzen, für alle seine Landsleute zu sterben. In seinem Hause, wo die Abgesandten Alexanders in allen Stücken die größte Armut wahrnahmen, lehnte er, der auch sonst dem Golde wie eine Festung durchaus unzugänglich war, die Geldgeschenke des Königs ab. Später führte eine Intrige zur Hinrichtung dieses Hüters der Mäßigung und Gerechtigkeit, ein frevelhaftes Verfahren, das bei den Griechen die Behandlung des Sokrates wieder in

Erinnerung rief, indem man das eine Verbrechen und das für die Stadt daraus entstehende Unglück dem anderen durchaus ähnlich fand[152].

David hat die antiken Vergleichsfiguren für eine unkorrumpierbare Staatsgesinnung in gründlicher Plutarch-Kenntnis und mit großer philosophischer und politischer Genauigkeit einschließlich des konstitutionellen Gedankens herangezogen. Des Beifalls seiner Abgeordnetenkollegen konnte er dabei gewiß sein. War nach Plutarch für die Verlobung der Töchter des Aristeides die Stadt mit öffentlichen Mitteln aufgekommen, so hatte der Nationalkonvent am 25. Januar 1793 die Tochter des ermordeten Le Peletier adoptiert, jene Tochter, die drei Jahrzehnte später das Bild ihres Vaters für 100.000 Francs aus Davids Nachlaß aufkaufte, um es für immer verschwinden zu lassen. Davids Vergleichsbeispiele lagen zweifellos auch im Sinne des verblichenen Marat. Der flammende Herd, den dieser 1791 als Grabstätte für den »Ami du peuple« prophezeit hatte, spielte an auf das Schicksal von Phokions Leichnam. Seine Gebeine wurden nämlich von einer Megarerin in ihrer Wohnung neben dem Herd vergraben mit den Worten: »Dir, lieber Herd, gebe ich diese Überbleibsel eines rechtschaffenen Mannes in Verwahrung; gib sie aber den Gräbern seiner Väter zurück, wenn einmal die Athener wieder zur Vernunft kommen werden«. Diese haben Phokion dann wenig später auf öffentliche Kosten begraben. Dieselbe Tugendkategorie schwebte David auch beim »Tod des Marat« vor Augen. Nach Plutarch errichtete die Stadt Phaleros dem Aristeides ein Grabmal, da er so arm gewesen war, daß er nicht einmal die Beerdigungskosten hinterlassen hatte. Nach Davids Rede bei der Bildübergabe ist Marat »gestorben, ohne selbst irgendetwas zu besitzen, um sich beerdigen zu lassen« (Quellen XIII)[153].

Die funebrale Anspielung in der rohen Holzkiste erhält damit politische Aussagekraft. Als einziges Stück Mobiliar in einer ansonsten völlig kahlen Umgebung ist sie ein Attribut für Marats Mittellosigkeit. Bei der Versiegelung der Wohnung (Abb. 11,12) erklärte Simonne Evrard, daß sie die Mieterin sei und alle Möbel und sonstigen Gegenstände ihr gehörten, mit Ausnahme der Spiegel und Papiere des Wohnungseigentümers sowie der Papiere, Wäsche- und Kleidungsstücke des verstorbenen Marat, ferner, daß dieser, in größter Not sich befindend, mit ihr zusammengewohnt habe und daß sie im Interesse des Vaterlandes und zur Unterstützung von Druck und Verteilung seines Journals den größten Teil ihres Vermögens aufgebraucht habe[154]. »...Nachwelt, du wirst ihn rächen; du wirst unseren Enkeln sagen, wieviel er an Reichtümern hätte besitzen können, hätte er die Tugend nicht dem Glück vorgezogen«, sagte David bei der Bildübergabe (Quellen XIII).

Die Assignate ist das Geld eines Armen, gegeben für Arme, Ausdruck einer gesteigerten, aufopferungsvollen Fürsorge für andere, das Gegenteil von Korrumpierbarkeit. »Ne pouvent me corrompre, ils m'ont assassiné«, liest man auf den Radierungen von Jean-Baptiste Vérité und Jacques-Louis Copia (Abb. 122) nach der Totenmaske (Abb. 120) bzw. der entsprechenden Zeichnung Davids (Abb. 121). Diese Worte sind auch auf plastischen Büsten Marats bezeugt. Auf einer der Kopien nach dem »Tod des Marat«, gemalt von Davids Schüler Gioacchino Sérangeli, lautet anstelle der Widmung die Inschrift auf der Holzkiste: »N'AYANT PU ME CORROMPRE, ILS

M'ONT ASSASSINE«[155]. Die Formulierung ist nahezu wörtlich aus Davids Rede bei der Bildübergabe entliehen (Quellen XIII). Dahinter stand eine klassische Wendung. In den »Historien« des Tacitus heißt es über Fabius Valens, er habe den Fonteius Capito getötet, weil er ihn nicht habe korrumpieren können: »...quia corrumpere nequiverat, interfecit«[156].

Nach Malebranche wurde die »corruption« durch den »amour de bienveillance« verhindert. Nach Rousseau war selbst der Mißbrauch von Gesetzen durch die Regierung »ein geringeres Übel als die Bestechlichkeit des Gesetzgebers, unausbleibliche Folge von privaten Absichten«. Dabei verwies er auf Montesquieu, welcher der Republik die Tugend als Grundgesetz zudachte. Was Lykurg betrifft, so habe er bei seinem Gesetzgebungswerk als erstes auf die Königswürde verzichtet[157]. Seine strenge Lebensart, Anspruchslosigkeit und Uneigennützigkeit galten nach Plutarch auch für Demosthenes, dessen Bild an der Stirnwand des Nationalkonvents (Abb. 24,30) sich an dasjenige des Lykurg auf der linken Seite anschloß[158].

21. Der Stoiker

Als unkorrumpierbarer Republikaner, dem es laut David gefiel, seine Mitbürger unter den Bäumen im Garten der Cordeliers zu belehren, wurde Marat zugleich in die antike Überlieferung eines öffentlich wirkenden Lehrers philosophischer Prägung gerückt. Die armselige Assignate und Holzkiste geben ihr eine Wendung ins Stoische oder Kynische.

Auf der bei Villeneuve herausgebrachten Aquatintaradierung findet Diogenes den gesuchten Menschen in Marat (Abb. 76). Er reicht ihm die Hand, um ihn aus dem Keller an das Licht seiner Laterne zu holen. Dabei findet ein

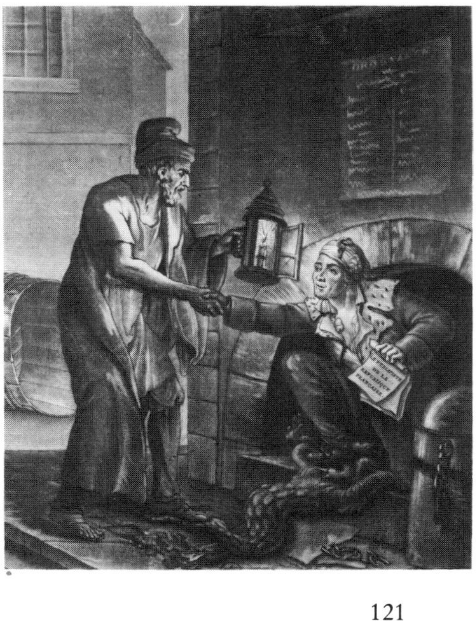

Abb. 76. Anonym, erschienen bei Villeneuve: Diogenes und Marat. 1793 (Paris, Bibliothèque Nationale, Cabinet des Estampes)

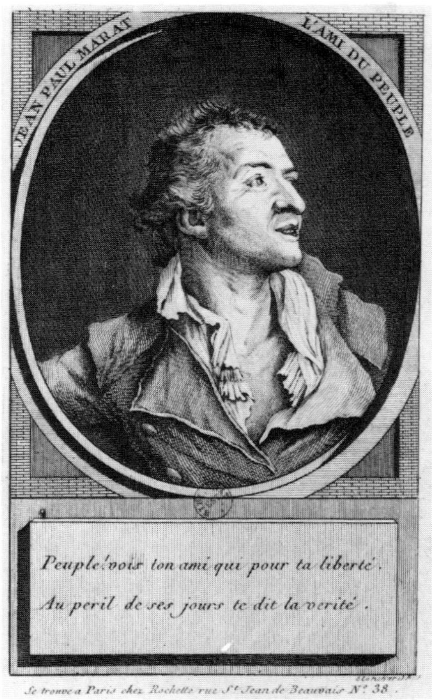

Abb. 77. Auguste Blanchard: Jean Paul Marat l'Ami du peuple. 1793 (Paris, Bibliothèque Nationale, Cabinet des Estampes)

Abb. 78. Luca Giordano: Ein cynischer Philosoph. Gegen 1660 (München, Alte Pinakothek)

Abb. 79. Jean Baptiste Pigalle: Voltaire. 1776 (Paris, Louvre)

Dialog statt. Diogenes sagt: »Kamerad Sans-Culotte, ich habe dich lange Zeit gesucht«. Marat antwortet: »Da man die Wahrheit verfolgte, hatte ich kein anderes Asyl«[159]. Der konkrete Inhalt dieser Wahrheit verbirgt sich in den ikonographischen Anspielungen. Diogenes tritt mit dem Fuß auf den Schwanz, Marat auf den vielköpfigen Vorderteil einer Hydra. Unter ihr liegen Tafeln mit einer zerbrochenen Kette, deren anderes Ende fragmentarisch an einem Steinpfosten hängt. Das dürfte sich auf Marats Schrift »The Chains of Slavery« beziehen. Am 4. Februar 1794 wurde durch den Nationalkonvent die Sklaverei abgeschafft (Abb. 26). Marat scheint das Motiv des in der Linken gehaltenen, beschriebenen Papierblattes aus Davids Gemälde (Tafel IV) in Villeneuves Aquatinta mitgenommen zu haben. Der Zeitungsname »*Le Publiciste de la République Française*« verbindet ihn mit dem ebenfalls republikanisch gesinnten Diogenes. Dieser sagte nach Plutarch einst zu Alexander d. Gr.: »Geh mir nur ein wenig aus der Sonne«. Auch hatte er, wie Plato, ein aus dem Geiste Lykurgs auf Freiheit und Tugend zielendes Werk über den Staat geschrieben[160]. Der später selber in die Sklaverei verkaufte Diogenes trägt bei Villeneuve die phrygische bzw. Jakobinermütze. Die in großen Lettern über der Szene angebrachte Titelinschrift nennt Marat den Sieger über die Aristokratie. Er kann also insofern auch als Befreier des ihn befreienden Diogenes verstanden werden.

Nach seinem literarischen Selbstporträt vom 14. Januar 1793 wollte Marat niemals einem Betrug am Volke zustimmen[161]. Die Bildunterschrift von Blanchards Porträtstich (Abb. 77) teilt mit, daß der »Ami du peuple« um der Freiheit willen unter Lebensgefahr die Wahrheit sage. Der Hemdkragen ist

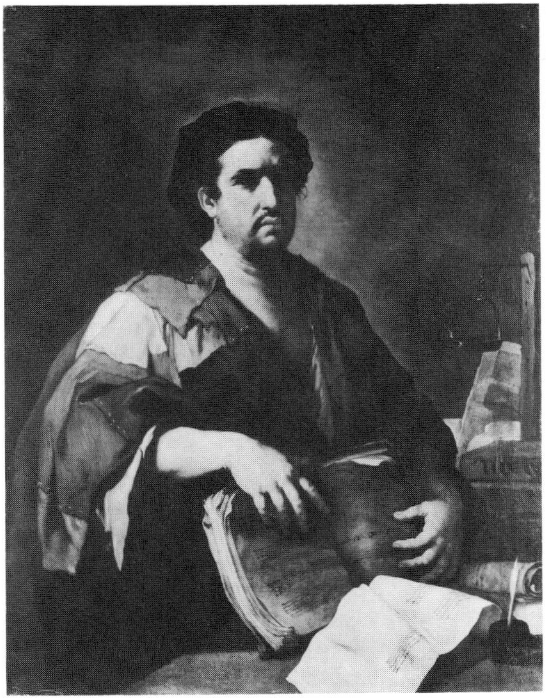

78

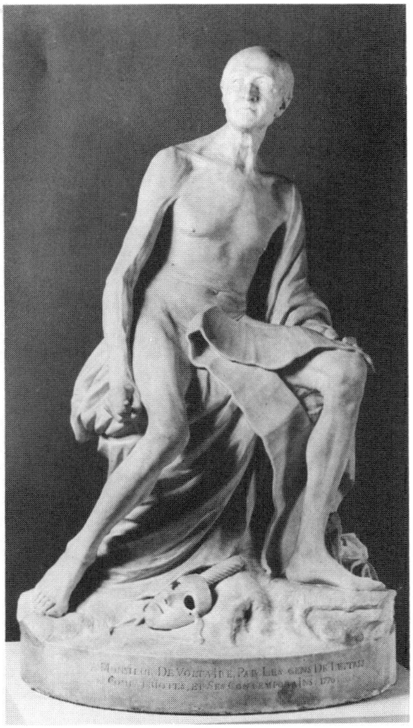

79

wirr aufgerissen und gibt einen Teil der Brust frei. Es ist der zu wilder Ärmlichkeit stilisierte Publizist, der imaginär mit Diogenes verbrüdert werden konnte. Posthume Porträts in Büstenform zeigen Marat mit derselben Blöße (Abb. 35,88). Durch sie zeichnen sich die antiken Stoiker und Kyniker in barocken Philosophenserien aus, z.B. bei Giuseppe Ribera oder Luca Giordano (Abb. 78). Die Bildüberlieferung war David geläufig, wie sein »Philosoph« von 1779 zeigt. Sie ist auch in Hauers »Marat« zu spüren (Abb. 101). In ihr war zugleich das für Davids Bild so wichtige Motiv von Tintenfaß, Schreibfeder und beschrifteten Papierblättern vorgegeben[162]. Einen anderen Stoffrest dieser Philosophenikonographie, den der aufgenähten Flicken des zerschlissenen Gewandes, darf man in dem Armutsflicken auf dem weißen Laken, links unten am Bildrand erkennen (Tafel III). Darunter ist der Saum des Leinens geringfügig, aber scharflinig und präzis sichtbar eingerissen. Die Idee selbstloser Menschenfreundlichkeit erscheint nicht zerfranst, sondern in bürgerlicher Säuberlichkeit. Aus barocker Zerlumptheit ist republikanische Ordnung geworden, aus der philosophischen eine politische Wahrheit.

In der Person Marats ist die philosophische Liebe zur Wahrheit mit der politischen Liebe zum Volk ein Bündnis eingegangen. Pigalle hatte den einer Verleumdung zum Opfer gefallenen Seneca als Muster für die 1776 vollendete Marmorfigur seines »Voltaire« (Abb. 79) genommen, um den zeitgenössischen Denker in seiner Rolle als Beschützer der Verfolgten zu charakterisieren[163]. Nach Senecas Lehre waren die Sklaven als geistig freie Menschen zu werten. Pigalles »Voltaire« ist nackt wie der Verfasser der »Chains of Slavery«

im Gemälde Davids (Tafel I). Auch zeichnet ihn eine ähnliche Gewichtung der in den Händen gehaltenen Attribute des Literaten aus. Die Rechte mit dem Federkiel ist nach unten geführt, die Linke mit dem Papier, hier in Form einer Schriftrolle, abgewinkelt und erhöht. Das »A MARAT DAVID L'AN DEUX» (Tafel II) klingt wie das lakonische Echo der Widmungsinschrift am Sockel: »A MONSIEUR DE VOLTAIRE, PAR LES GENS DE LETTRES SES COMPATRIOTES, ET SES CONTEMPORAINS 1776«. Die Wanne, welche das Blut in Davids »Seneca« von 1773 (Abb. 80) auffing, fehlt naturgemäß bei Pigalle. Durch sie ist indessen der in der Badewanne verblutende »Marat« unmittelbar mit der Ikonographie des sterbenden römischen Stoikers verbunden. Das gilt auch für das Papier mit seinen letzten Gedanken. Sie werden z.B. in Rubens' »Seneca« von einem Schüler schriftlich aufgezeichnet (Abb. 81). Die gelassene Bereitschaft, einen ungerechten Tod auf sich zu nehmen, erinnert zugleich an den in Davids Aufzählung vom 16. Juli (Quellen XI) ausdrücklich mit Marat parallelisierten Sokrates. Die Sterbeszene hatte er schon 1787 gemalt[164].

Der weiße Tuchumschlag Marats (Tafel V) sollte die Kompressen auf der Stirn andrücken zur Linderung der fieberhaften Kopfschmerzen. In dieser Hinsicht steht der »Marat« in der Nachfolge des Pestkranken im Vordergrund von Davids »Madonna des Hl. Rochus« aus dem Jahre 1780 (Abb. 82). Zugleich macht aber auch dieses Motiv aus dem Patienten einen Philosophen. Denn es kommt so oder ähnlich, zumeist buntfarbig gemustert, auch in zahlreichen Darstellungen vor, die ihn außerhalb der Badewanne zeigen, z.B. in L.-L.Boillys »Triumph Marats« (Abb. 83) oder in Villeneuves Aquatintablatt (Abb. 76). Es ist zum Erkennungsmerkmal des »Ami du peuple« geworden und weist ihn aus als einen Intellektuellen des 18. Jahrhunderts. Anton Maron porträtierte Johann Joachim Winckelmann und den italienischen Bildhauer Bartolomeo Cavaceppi mit solcher Kopfbedeckung. Wir finden sie auch in Bildnissen französischer Gelehrter wie Fontenelle, Abbé

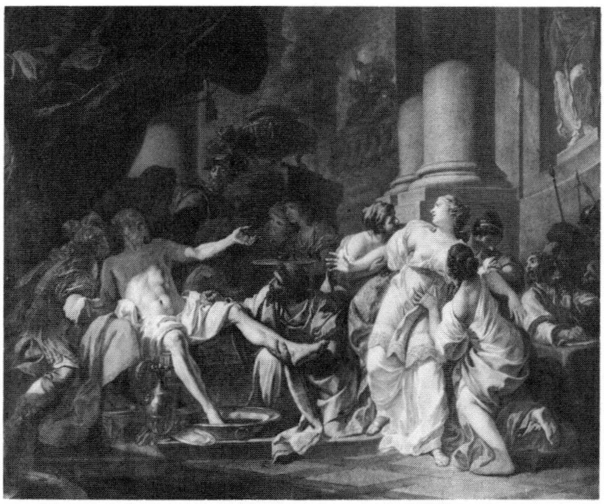

Abb. 80. Jacques-Louis David: Der Tod des Seneca. 1773 (Paris, Musée du Petit Palais)

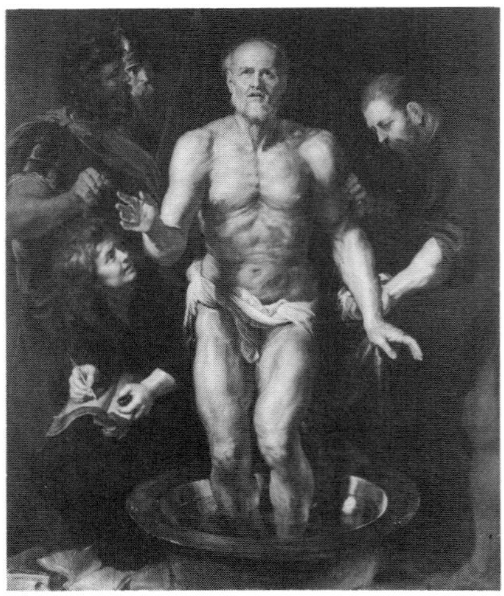

Abb. 81. Peter Paul Rubens: Der Tod des Seneca. Um 1610 (München, Alte Pinakothek)

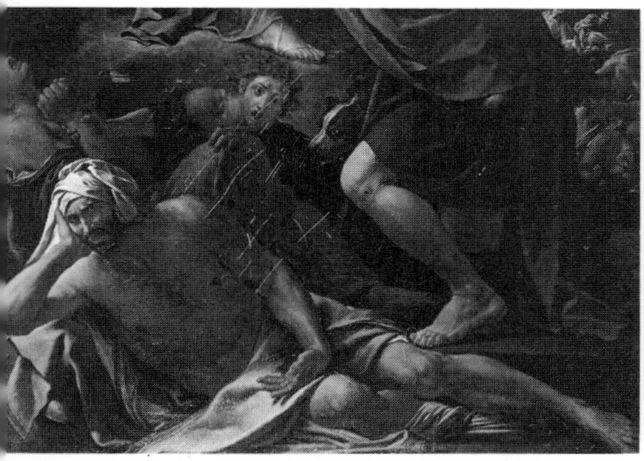

Abb. 82. Jacques-Louis David: Pestkranker. Detail aus der Madonna mit dem Hl. Rochus. 1780 (Marseille, Musée des Beaux-Arts)

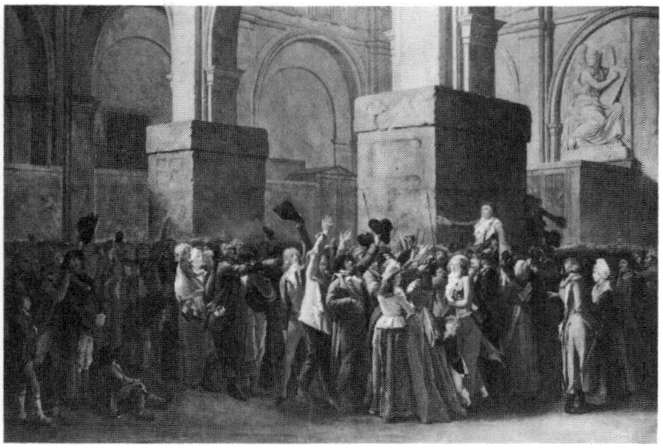

Abb. 83. Louis Léopold Boilly: Der Triumph Marats. 1793 (Lille, Musée des Beaux-Arts)

Raynal und gelegentlich auch bei Rousseau, der allerdings zumeist mit einer Pelzmütze dargestellt wurde. Aus Marats ärztlicher Zunft tritt uns der Italiener Samuel Torriano in seinem von Allan Ramsey gemalten Bildnis mit der turbanartigen Kopfbedeckung entgegen, in Davids eigenem Werk der namhafte Pariser Geburtshelfer Alphonse Leroy (Abb. 99). Dieser Denkermode hat sich auch Diogenes in einigen Darstellungen des 18. Jahrhunderts angeschlossen[165].

22. *Licht der Wahrheit*

Die Stichwiedergaben des Attentats ordnen z.T. die Badewanne in der Nähe eines Fensters an (Abb. 14,49,68,73). Es ist bei David nicht dargestellt, muß aber nach der Lichtführung im Rücken Marats angenommen werden. Mit den Tatsachen läßt sich das nicht vereinbaren. Der Baderaum besaß nur ein Fenster zum Hof (Abb. 9). Die von links nach rechts gerichtete Wanne und Körperhaltung Marats würden bei einer Lokalisierung an der Schmalwand gegenüber der Tür, wie sie in Sardous Grundrißskizze (Abb. 12) angegeben ist, einen Lichteinfall von rechts, also von der entgegengesetzten Seite her bedingen. Eine Anordnung an der dem Fenster gegenüberliegenden Längswand, wie sie Baudry bringt (Abb. 13), müßte nach Ausweis seines Bildes eine Verschattung der Figur zur Folge haben. Übereinstimmung mit den von David gewählten Verhältnissen ergibt sich nur dann, wenn man sich die Badewanne im Winkel zwischen Fenster und Tür vorstellt. Dies aber ist unmöglich, weil sie damit vor der Türöffnung gestanden und den Zugang zum Baderaum versperrt hätte.

Ebenso wenig läßt sich die Art der Beleuchtung mit der Tatzeit bzw. dem Tatort vereinbaren. Das Fenster besaß eine Verglasung, bestehend aus kleinen, grünlichen Viereckscheiben. Den polizeilichen Vermerk auf Charlotte Cordays Brief hat David selbstverständlich weggelassen (Tafel IV). Er besagt, daß sie ihren zweiten Vorstellungsversuch gegen halb acht Uhr unternahm (Quellen V). Nach Bas ist sie »um halb acht Uhr abends« aus dem Mietwagen ausgestiegen und nach einem Wortwechsel mit der Pförtnerin und Marats Lebensgefährtin vorgelassen worden. Nach weiteren sieben bis acht Minuten erfolgte der tödliche Stich (Quellen VIII). Die zeitgenössische Presse sprach von 8 Uhr abends[166].

Nach der Schattenführung entspricht die Lichtquelle außerhalb des Bildes einem verhältnismäßig tiefen, jedoch keineswegs horizontalen Sonnenstand. Das Licht ist hell und klar. Auf den beleuchteten Faltenpartien des großen weißen Lakens liegt ein leichter Anflug von Rosa. Dies könnte zunächst auf einen abendlichen Sonnenstand wie in Caravaggios »Grablegung Christi« (Abb. 37) schließen lassen. Der Leichnam Christi wurde gegen Abend vom Kreuz genommen und bestattet (Mark. 15, 42ff; Joh. 19, 31ff). Zum Zeitpunkt von Marats Tod mag die Julisonne noch nicht völlig untergegangen gewesen sein. Doch schloß auch die städtische Topographie des Wohnhauses eine Beleuchtung dieser Art aus. Die Rue des Cordeliers war eine enge, gewundene Gasse. Bei Dehodencq, bekannt als Spezialist für die Wiedergabe des alten Paris, erscheint das Haus des Attentats, acht Jahre vor dem Abbruch, dicht umgeben von hohen Häusern (Abb. 8). Die Fassade bestand nach Chéron de Villiers aus dem Parterre und drei Etagen zu jeweils fünf Fenstern. Selbst zur Mittagszeit wird die Sonne in diesen Straßenschacht nur spärlich eingedrungen sein. Der rückwärtige Hof muß, ungeachtet der Beleuchtung in Champins Lithographie (Abb. 9), eine zusätzliche Verdüsterung bewirkt haben. Nach Michelet bewohnte Marat das »dunkelste Stockwerk in diesem dunklen Haus«, nämlich die erste Etage. Auch sprach er von »sehr dunklen Zimmern, die auf den Hof hinausblickten«[167].

Das dargestellte Licht charakterisiert somit weder die Tatzeit noch die authentische Raumsituation. Es erweist sich vielmehr von beiden Momenten ganz unabhängig. Gemeint ist die aufgehende Sonne eines ungetrübten Morgens. Die diesen Schluß begründenden Merkmale stehen im Einklang mit der revolutionären Lichtsymbolik.

Die Trauerfeier für Marat in »Bourg-Régénéré« begann mit einem Kanonenschuß »beim Anbruch der Morgendämmerung«. Nach Davids Konzept für die »Réunion républicaine« am 10. August 1793 (Abb. 22) sollte die ergreifende Szene der Vereinigung der Franzosen am frühen Morgen durch »die ersten Strahlen der Sonne« erleuchtet werden. Dieses wohltätige Gestirn, dessen Licht sich durch das ganze Universum verbreite, werde das »Symbol der Wahrheit« sein, der sie ihre Lobpreisungen und Hymnen darbringen (Quellen III). Der Grundgedanke kehrt ein knappes Jahr später, am 7. Mai 1794, wieder im Projekt für das »Fest des Höchsten Wesens« (Abb. 55). Bei Ankündigung des Tages durch die Morgenröte sollten von allen Seiten die Klänge kriegerischer Musik auf die Ruhe des Schlafes den Zauber des Erwachens folgen lassen. Beim Anblick des wohltätigen Gestirns (»astre bienfaisant«), welches die Natur belebe und ihr Farbe gebe, umarmen sich Freunde, Brüder, Eheleute, Kinder, Greise und Mütter. »Lumière« sollte auf der Stirn der geplanten Kolossalfigur des französischen Volkes stehen, »Nature, Vérité« auf der Brust. Das Licht, das der Schöpfer nach Davids

Rede zur geplanten Pantheonisierung Barras (Abb. 58) und Vialas der Finsternis folgen läßt, hat, durch das Universum sich verbreitend, in Regnaults »Freiheit oder Tod« (Abb. 114) die Mondsichel auf dem Haupt des Genius entflammt. Es kommt schräg von hinten wie in Daniel Chodowieckis radierter Allegorie der französischen Verfassung von 1791. Die Personifikation mit der Jakobinermütze wird hier vom Sonnenaufgang über den Ruinen der Bastille beschienen. Er kündet vom Morgen einer neuen Zeit in Klarheit. In Davids Gemälde fällt das Licht noch ausgeprägter von hinten auf Marats Haupt. Es trifft sich darin mit der Sonne, welche bei Gravelot und Cochin der »Bénignité« oder »Bienfaisance« auf den Kopf strahlt (Abb. 112), ein Symbol der gütigen Gunstbezeigungen (»faveurs bénignes«), welche dieses Gestirn über die Erde verbreite[168].

Die leere Dunkelheit über Marat wurde von Lankheit treffend als unwägbare Tiefe beschrieben. Sie ist in Verbindung mit ihrer scheinbar unverhältnismäßigen Höhe, wie gesagt, verantwortlich für einen nicht näher bestimmbaren gruftartigen Eindruck[169]. Nach Matthias Bleyls Untersuchungen wurden beim Inkarnat (Tafel V) die Dunkelheiten ohne Untermalung der Schatten mit einem transparenten dunkelbraunen Ton ausgeführt. Sie erhielten abschließend differenzierende Farbangaben, doch keine zudeckende Überarbeitung. David suchte im »Tod des Marat«, wie sein Neffe Jules es ausdrückte, die »Farbe durch das Licht«[170]. Die Helligkeit der von außen einfallenden Morgensonne verschwistert sich also mit einem von innen wirkenden Tiefenlicht. Das gleichsam trauernde Frottis erfüllt die Aufgabe einer doppelten Steigerung der lichtvollen Gestalt, die nackt ist wie die Wahrheit selbst: »...die Wahrheit zeigt sich, vor ihr zerrinnt der Ruhm des Freundes der Könige wie ein Schatten...« (Quellen XIII).

»Die Strahlen der Sonne vertreiben die Nacht,
Zernichten der Heuchler erschlichene Macht«.

So ließ Mozart, zwei Jahre vor der Entstehung von Davids »Marat«, den Hohepriester der Wahrheit und des Lichtprinzips, Sarastro, am Schluß der »Zauberflöte« singen. In der Freimaurerei bedeutete das Licht, das wahre oder große, Symbol des großen Architekten des Universums, die Kenntnis und die Gesamtheit aller Tugenden. Das Grab des Meisters Hiram war einst in senkrechter Richtung genau von Osten nach Westen angelegt worden. Gegenläufig dazu war bei den Logensitzungen der im Osten befindliche Meister (Abb. 66) stets nach Westen ausgerichtet. Nach dem im frühen 18. Jahrhundert in England wiederentdeckten, grundlegenden »Geheimnis der Freimaurer« hatte der in die Loge Aufzunehmende auf die Frage »Where is the Masons's Point?« zu antworten: »At the East-Window, waiting at the Rising of the Sun, to set his Men at Work«[171].

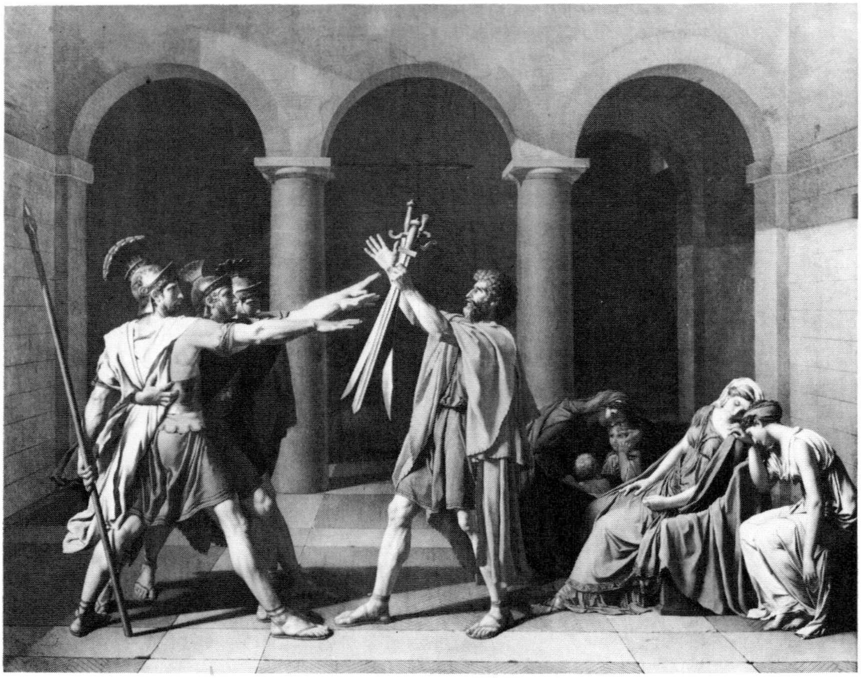

84

23. Das Ethos des rechten Winkels

Hinter der geometrisch geregelten Lichtführung im »Tod des Marat« stand ein künstlerischer Säuberungsprozeß, den der Maler schon 1784 in Rom mit dem »Schwur der Horatier« eingeleitet hatte (Abb. 84). Vor dem Kampf gegen die Curatier und das verfeindete Alba schwören die drei Brüder bei den vom Vater emporgehaltenen Schwertern, zu siegen oder zu sterben. Der patriotische Eid, so weder von Corneilles Drama »Horace« und seinen späteren Theaterbearbeitungen vorgegeben noch von den antiken Schriftstellern überliefert, ist vielleicht eine Erfindung Davids. Die Radikalität, mit der archaische Sittenstrenge in gereinigte Anschauung umgesetzt ist, läßt alle anderen Tugendszenen der gleichzeitigen Malerei als tolerant erscheinen. Genauigkeit diktiert die Wiedergabe des Gegenständlichen, Geradheit seine Anordnung. Der rechte Winkel der Bildrahmung kehrt als Fußbodenmuster wieder und damit als Koordinatensystem der Raumillusion, und er bestimmt die Stellung der Schwörenden zur idealen Bildebene wie zum bildparallelen Hofabschluß im Hintergrund. Kein Stück Himmel wird sichtbar. Wie später im »Brutus« (Abb. 91) und im »Marat« bleibt die landschaftliche Natur ausgeschlossen. In festgefügter Steinquaderung ist der Schauplatz wie eine Gruft abgemauert, offen nur nach vorn zum Betrachter, der so zwangsläufig seine Rolle als Zeuge wahrnimmt. Er ist Zeuge des Eides und Augenzeuge einer neuartigen asketischen Gesinnungskunst, einer Malerei ohne pastellhafte Weichheit, schillernde Oberflächenreize, fließende Übergänge, biegsame Raumdiagonalen und schmiegsame Lichtführung, einer Kunst, die den

Abb. 84. Jacques-Louis David: Der Schwur der Horatier. 1784 (Paris, Louvre)

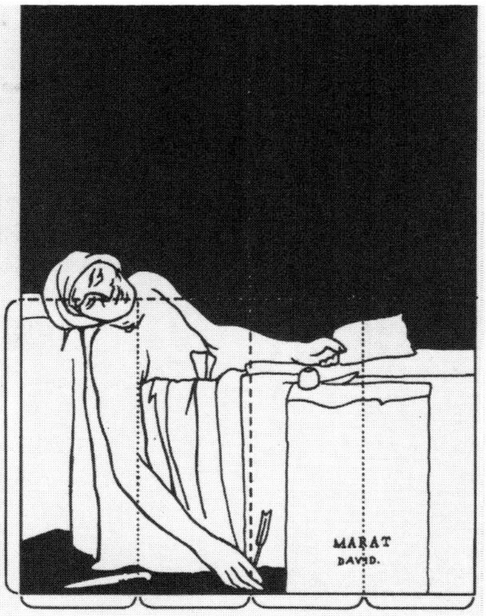

Abb. 85. Kompositionsschema nach M. Alpatow

schönen Schein höfischer Rokokomalerei als Lüge entlarven will. Wir befinden uns in der dünnen Luft einer kompromißlosen Historie, die ihren Tribut von den Helden, von den malerischen Mitteln und vom Bildaufbau forderte. Das Bild stellt sich dar als archäologische Rekonstruktion, geprägt vom ehernen Gesetz moralischer und militärischer Disziplin[172].

Die sich selbst stilisierende Kargheit dieser Ästhetik hat Heinrich Heine treffend als Umsetzung jenes Ethos beschrieben, das im »Tod des Marat« die ideelle Verbindung zum spartanischen Gesetzgeber Lykurg herstellt (Abb. 24,30). Der deutsche Dichter fand durch die revolutionären Bilder Davids einen »Terrorismus in der Malerei« eingeleitet und erblickte in ihnen »nur das farbige Echo der republikanischen Tugendperiode, die in den imperialistischen Kriegsruhm überschlägt«. Auch sehe man »hier eine forcierte Begeisterung für das marmorne Modell, einen abstrakten frostigen Verstandesrausch, die Zeichnung korrekt, streng, schroff, die Farbe trüb, hart, unverdaulich: Spartanersuppen«[173], das Bildgerüst, könnte man hinzufügen, durchdrungen vom totalitären Gesetz der politischen Wahrheit.

Bildparallel wie die Einstrahlung der Morgensonne und die Lagerung der zum Sarg gewordenen Badewanne, nur hochkant, ist auch die Holzkiste davor aufgestellt. Die leichte Schrägsicht von rechts in der Bleistiftzeichnung (Abb. 50) erscheint im Gemälde zugunsten einer absoluten Frontalität verändert. Die Rahmengerechtigkeit, auf den Begriff reiner Rechtwinkligkeit gebracht, wird betont durch die Capitalis quadrata der denkmalhaften Widmungsinschrift (Tafel II). Die genrehafte Zufälligkeit der Stichreportagen ist eliminiert und durch monumentale Unverrückbarkeit ersetzt. Die Geometrie der Flächenordnung wird durch Horizontale und Vertikale bestimmt. Im Verhältnis von Kistenfront zu Wannenflanke wiederholt sich, um neunzig Grad gedreht, das Verhältnis der quergelagerten Wannenzone zum Hochformat des Bildes. Auf diese Weise stellt sich der Höhe und der Breite nach Gleichheit in den Maßgewichtungen ein. Das Haupt Marats befindet sich genau auf halber Höhe, während die Federspitze in der herabgesunkenen

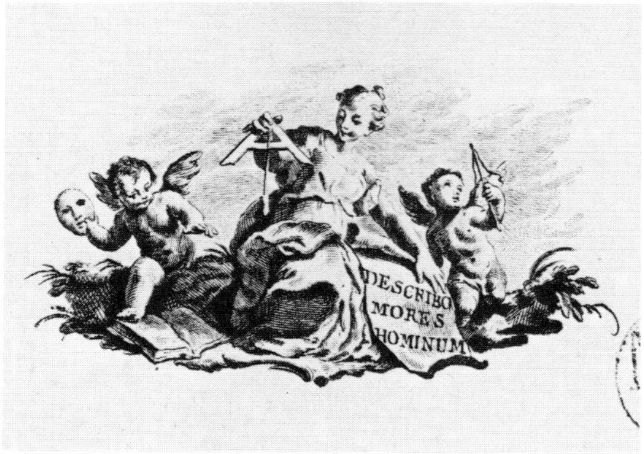

Abb. 86. Anonym: »Describo mores hominum«. Titelvignette zu Carlo Goldonis Komödien, 1761

Hand genau die Mitte des unteren Bildrandes markiert (Abb. 85). Auf sie laufen die leicht gekurvten Vertikalen des umgeschlagenen Saums der grünen Schreibdecke zu. Das so festgelegte Koordinatenkreuz verknüpft die Gestalt aufs engste mit den Rahmenproportionen, so daß sie nach Alpatow wie in einem Schraubstock festgehalten zu sein scheint und bereits die geringste Beschneidung der leeren Oberzone die ganze Gesetzmäßigkeit des Gemäldes zerstören würde[174].

Grundrißmäßig ergibt sich das streng ortogonal geregelte Zueinander eines liegenden größeren Quaders zu einem aufrechtstehenden kleineren Quader. Aufrißmäßig schließt das Oberkantenniveau des kleineren Quaders gleich mit dem Niveau der grünen Deckfläche des größeren Quaders. David hat Wanne und Kiste wie die Elemente eines Baukastensystems in eine architektonische Beziehung zueinander gesetzt und gleichzeitig planimetrisch auf die ideale Bildebene bezogen. Dem kubischen Verhältnis fügt sich die Gestalt Marats weitgehend ein. Der bildparallelen Anordnung der Arme antwortet im rechten Winkel dazu die Frontalisierung des Antlitzes. Es handelt sich um ein durch und durch gebautes Bild. Die Tragik der mordbedingten Körperdrehung zum Betrachter hin wird dadurch umso sinnfälliger.

Die moralische Bedeutung des Bildbaus erschließt sich über das symbolische Denken der Freimaurer. Schon die Metaphern, die sich zur Beschreibung von selbst anbieten, legen die Gedankenverbindung nahe. Im Gegensatz zur authentischen Bauchigkeit der Badewanne (Abb. 14,125) ist in der neuen Grundform die stereometrische Winkelgerechtigkeit des Kubus enthalten. Dieser galt als Lehrbild des Bausteins, der sich lückenlos dem Bau einfügt, ein Symbol des in der freimaurerischen Arbeit Fortgeschrittenen, welcher die Fähigkeit zu tragfähiger Einfügung erreicht hat[175]. Nach dem »Geheimnis der Freimaurer« folgte bei der Aufnahme auf die Frage, wie die Loge regiert werde, die Antwort: »Of Square and Rule«. Das längliche rechtwinklige Viereck bildete die Grundgestalt der Loge, nach Karl Christian Friedrich Krause unter Anspielung auf das Winkelmaß ein Lehrzeichen »als Bild des Gesetzes«. Seine Länge reichte von Osten bis Westen, seine Breite lag zwischen Norden und Süden. Die Höhe sollte nach C. Lenning die Verehrung eines höheren Wesens und die Tiefe die Bewunderung der vor uns liegenden Natur anzeigen. Der kosmologische Sinn dieser den Quader bestimmenden Dimensionen zielte auf die vernunftgemäße Allgemeinheit gesellschaftlicher Liebe[176].

Das Winkelmaß, ein Werkzeug der Baukunst, um rechte Winkel zu bestimmen, bedeutete die natürliche Religion oder Moral. Es belehrt uns nach einer Quelle von 1812 »wie wir unsere Handlungen nach dem Lineal und der Schnur einrichten und unser Betragen mit den Grundsätzen der Sittenlehre und der Tugend in Einklang bringen sollen«. Oder, eine andere Quelle, aus dem Jahre 1811, als ein Lehrbild (»emblem«) der Sittlichkeit unterweise es »uns in jener hochwichtigen Pflicht, Anderen zu thun, was wir wünschen, daß sie uns thun sollen, in der Verpflichtung, mit allen Menschen redlich umzugehen ('to live upon the square')«. Das Senkblei, ein Werkzeug der Baukunst zur Ermittlung der senkrechten Linie, mahnt uns »in dem uns angewiesenen Posten lotrecht einherzuwandeln, die Waagschale der Gerechtigkeit im Gleichgewichte zu halten«. Es sei so »das Bild eines schönen anständigen Lebensplans« und warne uns vorbildlich (»typically«) vor jeder Abweichung von einem »lothrechten Betragen in allen unseren, sowol besonderen, als öffentlichen, Handlungen und Verrichtungen«[177].

In der Titelvignette zur 1761 erschienenen Werkausgabe von Carlo Goldoni (Abb. 86) legt die Personifikation der Kommödie die Linke auf ein entrolltes Schriftblatt. Darauf stehen, in Anlehnung an Cesare Ripas Empfehlung für diese Personifikation, die Worte: *»Describo mores hominum«* . In der erhobenen rechten Hand hält sie Winkelmaß und Senkblei. Sie bilden nach Ripa das »archipendolo« als Attribut der »Etica«[178]. Ein Zertifikat der »Großen Loge zur Sonne« in Bayreuth aus dem Jahre 1788 zeigt u.a. eine mit einem Maurerschurz bekleidete, ansonsten nackte Gestalt, beschienen von hinten durch einen breit herabfallenden Sonnenstrahl (Abb. 87). Mit der Rechten setzt sie ein Winkelmaß mit Senkblei auf einen großen Kubus. Beim »Fest des Höchsten Wesens« am 8. Juni 1794 thronte die sonnenbestrahlte »Weisheit« auf einem reinen Kubus (Abb. 55). Auch das Winkelmaß, meist kombiniert mit dem Senkblei, ist aus der Symbolik der Freimaurerei in die der Revolution eingegangen. In Regnaults »Freiheit oder Tod« hält die auf

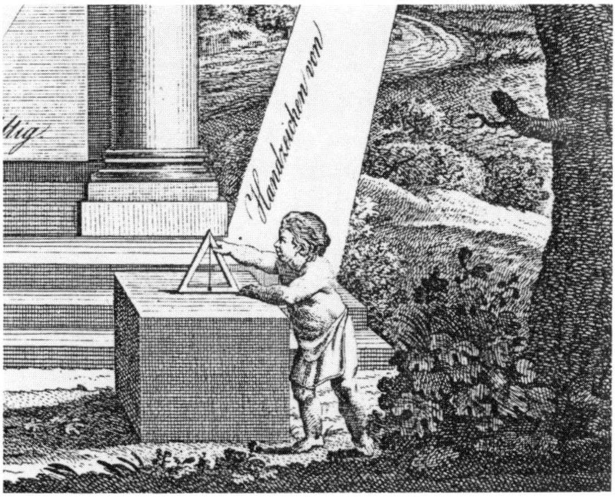

Abb. 87. Johann Ludwig Stahl nach Br.J.S. Vigitill: Zertifikat der Großen Loge zur Sonne des Orient von Bayreuth. Ausschnitt. 1788 (Bayreuth, Sammlung H.W. Lorenz)

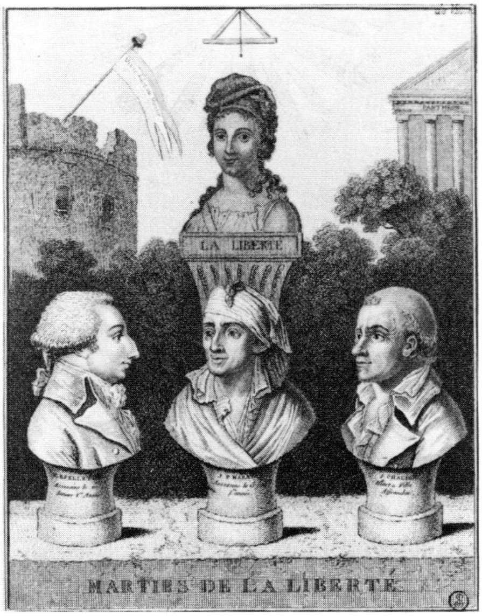

Abb. 88. Anonym: Die Märtyrer der Freiheit. 1793 (Paris, Bibliothèque Nationale, Cabinet des Estampes)

einem Block thronende »Republik«, meist falsch genannt »Freiheit«, in der erhobenen Linken ein Winkelmaß mit Senkblei ins Licht der Sonne (Abb. 114). Ein anonymer Kupferstich von 1793 stellt auf einer Sockelbank aufgereiht die Büsten der »Märtyrer der Freiheit« dar, Le Peletier und Chalier seitlich und im Profil, Marat frontal in der Mitte und überhöht durch eine Herme mit dem plastischen Bildnis der »Freiheit« (Abb. 88). Darüber hängt am Himmel in einer Strahlenglorie ein Winkelmaß mit Senkblei, wie man es häufig in den Vignetten der Revolution findet. Links ragt aus einer verfallenden Zwingburg eine Fahne mit der Aufschrift »Vivre libre ou mourir«. Das Gebäude rechts stellt das Panthéon vor[179].

In Davids Le-Peletier-Bild (Abb. 6) erfüllte die Aufgabe des Senkbleis das senkrecht in der Mittelachse an einem Haar herabhängende, den Zettel mit den Worten »Je vote la mort du tyran« durchbohrende Schwert. Im »Tod des Marat« ist die funktionale Anspielung auf das Senkblei aufgegangen in der rechtwinkligen Gesamtstruktur. Sie steht in vollkommenem Gegensatz zu den »ausgetrockneten Schlangen« der abscheulichen Verleumdung, welche von dieser nach Davids Rede bei der Bildübergabe eines Tages selbst erwürgt werden (Quellen XIII). Das Bildgefüge ist als solches ein Bild des Gesetzes, welches Marat als Mitglied der Gesetzgebenden Versammlung vertrat. Dem freimaurerisch beeinflußten Bedeutungsmosaik des neuen, besseren Menschen fügte David einen weiteren Stein hinzu im Stufenmotiv (Abb. 87) des im Osten rechtwinklig getreppten Badewannenrands, der das Haupt Marats stützt und erhöht (Tafel V). Regnault verwendete es unverhüllt in den zwei massiv aus der Wolke aufsteigenden Stufen, auf welchen die »Republik« dem »Tod« gegenüberthront (Abb. 114). Es wäre aber falsch, Davids Bildaussage unmittelbar und einseitig auf die Freimaurerei festlegen zu wollen. Deren Symbolik bildete vielmehr einen Katalysator bei der Schöpfung des neuen, regenerierten Menschenbildes, das auf die Aufhebung der Alternative Antike-Christentum zielte. Dies konnte auch für das Bildverständnis durch die Abgeordneten gelten. Einen Hinweis auf die entsprechende Entschlüsselung gab das Dreieck mit dem allsehenden Auge Gottes im Strahlenkranz auf der Gesetzestafel mit den Menschen- und Bürgerrechten über dem »Tod des Marat«, das auch in deren graphischer Verbreitung, z.B. bei Jean, dargestellt wurde (Abb. 7,24). Es erstrahlte, manchmal auch ohne Auge Gottes, in vielen Logen (Abb. 66) über dem Stuhl des Meisters[180].

24. Gleichheit

Das Ethos des rechten Winkels vollendete sich in der Zusammenschau beider Pendantbilder mit der Gestaltung der Präsidiumsfront im Nationalkonvent (Abb. 30). In ihrer ortogonalen Staffelung und symmetrischen Stufung war sie zentriert in Präsidentenstuhl und Rednerbühne. Ihre Achse wurde durch die Brutus-Büste, die Uhr und im Mittelgeschoß durch das aufrechtstehende Faszienbündel der einheitlichen und unteilbaren Republik in der fahnengeschmückten Loge mit der Verfassungslade angegeben, flankiert von den Bildern Lykurgs und Solons (Abb. 23,24). Die Gesetzestafeln mit den Menschen- und Bürgerrechten bzw. mit der Verfassungsakte und Davids Bilder darunter waren diesem parlamentarischen Mittellot spiegelgleich zugeordnet. David hat im Wechselbezug der Komposition die beiden Gemälde gegenseitig ausponderiert (Tafel I, Abb. 6). Die En-face-Drehung der Häupter entspricht sich ebenso wie die gleichsam heraldische Lichtführung jeweils von außen nach innen. Die Leiber der ehemaligen Freimaurer Marat und Le Peletier hielten einander anschaulich die Waage.

Der politische Sinn dieser gleichheitlichen Ausgewogenheit wird erkennbar, wenn man die Ungleichheit der sozialen Gewichte berücksichtigt. P. A. Coupin schrieb 1827, die Gemälde seien in unterschiedlicher Manier ausgeführt. Marat habe die Gewohnheiten eines Mannes aus dem Volke gehabt. Le Peletier dagegen habe als Angehöriger der hohen Gesellschaftsklasse sich deren Manieren bewahrt. Es sei leicht, diesen Unterschied beim einfachen Anblick wahrzunehmen. Das Bild Marats, das eine häßliche und robuste Natur darstelle, sei schroff, dasjenige Le Peletiers mit mehr Feinheit modelliert; man finde darin eine Grazie und Delikatesse des Pinsels, die im anderen Bild nicht existierten. Zu berücksichtigen ist dabei auch die Angabe von Delécluze, wonach ein großer Teil des »Le Peletier« durch Davids Schüler François Gérard ausgeführt wurde[181].

Die von Coupin bemerkte Differenzierung des malerischen Modus nach Maßgabe des gesellschaftlichen Status wird jedenfalls durch die Vertikalbezüge der ursprünglichen Anbringung bestätigt. Solon, der Gesetzgeber Athens, teilte mit dem Aristokraten Le Peletier die Herkunft aus einem alten, edlen Geschlecht. Seine Verfassung wollte die Kluft zwischen Adel und Volk überbrücken und einerseits die Standesvorrechte des Adels abschaffen, andererseits die Entwürdigung des Volkes beseitigen, um eine leistungsgerechte

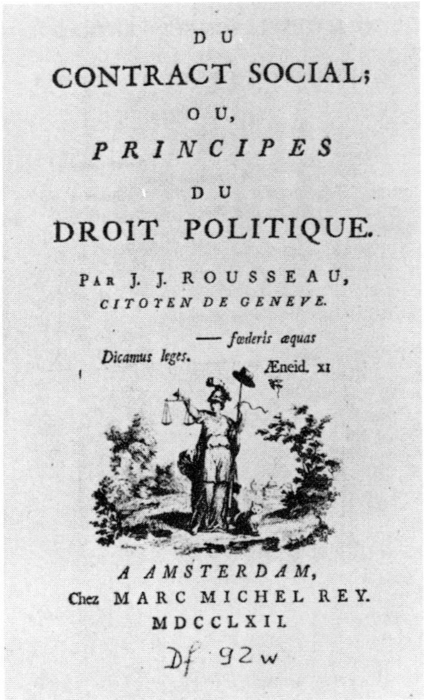
DU

CONTRACT SOCIAL;

OU,

PRINCIPES

DU

DROIT POLITIQUE.

PAR J. J. ROUSSEAU,

CITOYEN DE GENEVE.

— fœderis æquas
Dicamus leges.
Æneid. XI

A AMSTERDAM,

Chez MARC MICHEL REY.

MDCCLXII.

Abb. 89. Titelblatt von Rousseaus »Contrat social«, Amsterdam 1762

Beteiligung aller Bürger am Staatswesen sicherzustellen. Lykurg, der radikale Gesetzgeber Spartas, teilte mit Marat den Kampf für die Herstellung völliger Gleichheit und das unerbittliche Opfer seines eigenen Lebens zur Durchsetzung der Verfassung. Rousseau nahm im »Contrat social« eine entsprechende Unterscheidung vor. Um den wahren Ausdruck des Gemeinwillens zu erhalten, sei es wichtig, daß es keine Teilverbindungen im Staate gebe und daß jeder Bürger nur seine eigene Meinung vertrete. So sei die in ihrer Art einzige und erhabene Einrichtung des Lykurg beschaffen gewesen. Gäbe es aber Teilverbindungen, so müsse man ihre Zahl vervielfachen und ihrer Ungleichheit vorbeugen, wie dies u.a. Solon getan habe[182].

Durch die Hängung der beiden Pendants war dem »Marat« der heraldisch vornehmere Platz zur Rechten des Präsidenten eingeräumt. Diese Wertung innerhalb der paarweisen und programmatischen Einheit des ständischen Ausgleichs drückte den neuen Rang des Plebejertums aus. Dessen Erhöhung und die Erniedrigung des Adels ergänzten einander auf dem gemeinsamen Niveau der Volksvertretung, wie es der Herzog und Abgeordnete Philippe d'Orléans durch seinen neuen Namen Philippe Egalité verdeutlicht hat. Die Erhaltung der Gleichheit war nach Rousseau das Ziel der gesetzgebenden Gewalt. Wolle man dem Staate Festigkeit verleihen, so müßten die Extreme einander so weit wie möglich nähergebracht werden; auch dürften weder Reiche noch Bettler geduldet werden, da diese beiden »Stände« für das Gemeinwohl gleich verhängnisvoll seien[183].

»-foederis aequas dicamus leges« (Vergil, Aeneis XI, 321 f) lautet das Motto auf dem Titelblatt des »Contrat social« (Abb. 89). Laßt uns die gleichheitlichen Gesetze des Bündnisses verkünden. Die Personifikation in der Vignette hält in der Rechten eine Lanze mit darübergestülptem Hut, ein beliebtes Motiv auch in den Vignetten der Revolution. Der Hut ist bei Ripa das Attribut der »Libertà«, weil in der Antike den kahlrasierten Freigelassenen ein Hut aufgesetzt worden sei. Auch die Katze zu ihren Füßen ist ein Sinnbild der Freiheit. In der hoch erhobenen Linken hält die Gestalt das Gerechtigkeitssymbol der Waage. Beide Schalen befinden sich in völligem horizontalen Ausgleich. In Regnaults »Freiheit oder Tod« (Abb. 114) ist aus dem Hut der Freigelassenen die mit der Rechten hoch erhobene rote Jakobinermütze geworden, die auch Marat in Hauers Gemälde emporhält (Abb. 101), während die Gerechtigkeitswaage durch Winkelmaß und Senkblei ersetzt wurde, Ripas »archipendolo«, Attribut der »Etica« als Zeichen des Mittehaltens zwischen den Extremen[184]. Der von Jean in Paris herausgebrachte Stich mit der Erklärung der Menschen- und Bürgerrechte der Verfassung von 1793 zeigt in der Mittelachse eine Kombination dieser ikonographischen Motive (Abb. 7). Eine Lanze trennt vertikal die beiden oben halbrund, nach Art der alttestamentarischen Gesetzestafeln geschlossenen Seiten. Sie wird im oberen Teil vom Faszienbündel der einheitlichen und unteilbaren Republik umfangen. Über die Spitze ist eine Jakobinermütze gestülpt. Ihr unterer Rand ist absolut waagrecht ausgependelt, so daß sie zusammen mit dem Lanzenlot das Gewichtungsverhältnis von Winkelmaß und Senkblei in sich aufgenommen hat. Übrigens trägt auf dem Stich von Helman/Monnet »Der 1. Prairial des Jahres III« (Abb. 24) der in der Mittelachse unter dem Faszienbündel sitzende Konventspräsident Boissy-d'Anglas einen Hut, den er bei dem Vorfall tatsächlich aber gezogen hat[185].

Die Legende eines 1806 unter dem Titel »Temple à la Félicité publique« veröffentlichten Projekts von Durand und Thibault für einen »Temple à l'Egalité« (Abb. 90), teilt mit, es sei 1795, im Jahre III der Republik vorgelegt worden. Dies würde eine Entstehung zwischen dem 1. Januar und dem 9. Februar 1795 bedeuten, also einen Zeitraum unmittelbar bevor Davids Bilder wieder aus der Öffentlichkeit verschwanden und Marat und seine politischen Bestrebungen der allgemeinen Verdammung anheimfielen. Indessen gehört das Projekt zu den Ergebnissen eines Vorschlags, den der Graphiker Antoine François Sergent-Marceau auf einer Sitzung der »Commune des arts« bereits am 7. Oktober 1793, also zur Zeit der Vollendung des Marat-Bildes durch David, gemacht hatte. Es war auch Gegenstand einer Petition an den Natio-

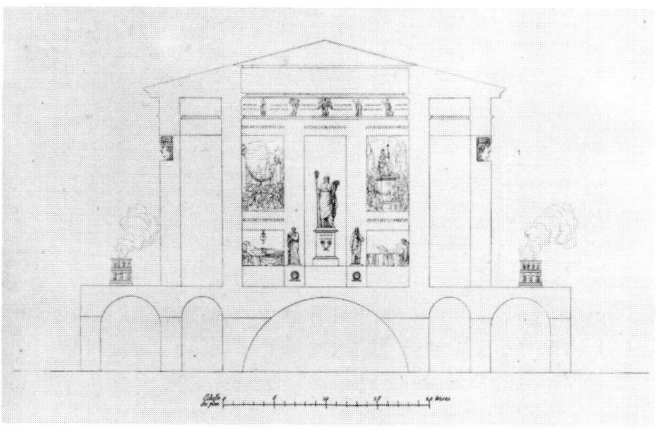

Abb. 90. J.-N.-L. Durand und J.-Th. Thibault: Projekt zu einem Tempel der Gleichheit. 1794, erschienen 1806 (Paris, Bibliothèque Nationale, Cabinet des Estampes)

nalkonvent, eingebracht von der »Société populaire et républicaine«[186]. Der »Tod des Marat« und der »Le Peletier auf dem Totenbett« erscheinen, durch den Stich seitenvertauscht, als Bestandteile des Bildprogramms, das Exempel und Lektionen zur öffentlichen Belehrung bieten sollte. Als plebejisch-aristokratisches Diptychon eines republikanischen Doppelmartyriums sind sie an der Stirnwand des Innenraums komplementär aufeinander bezogen gemäß der Konzeption Davids und egalitäre Andacht fordernd gemäß der Bestimmung des Tempels. Das Mittellot wird durch die aufrechte Statue der »Félicité publique« angegeben. Über den beiden Abgeordnetenbildern erkennt man in hochgestreckten Bildfeldern auf beiden Seiten eine festliche Tanzszene. Im Zentrum der Szene über dem »Tod des Marat« thront eine Statue der »Freiheit«.

25. Ein emblematisches Augenzeugnis

Beim »Brutus« von 1789 (Abb. 91) fanden die chronistischen Züge auch im vollständigen Bildtitel Ausdruck: »J. Brutus, Erster Konsul, ist nach Hause zurückgekehrt, nachdem er seine beiden Söhne zum Tode verurteilt hatte, die sich den Tarquiniern angeschlossen und gegen die römische Freiheit verschworen hatten; Liktoren bringen die Leichen zurück, so daß sie begraben werden können«[187]. Auch im »Marat« hat David dem Bild in der Vollzähligkeit der wenigen Einzelheiten überall den Stempel des Authentischen aufgeprägt. Der Anspruch auf strenge historische Dokumentation eines vom Maler so und nicht anders gesehenen Tatbestandes wird sichtbar vorgetragen. Demonstrative Beschränkung auf das scheinbar rein Sachliche und ein Höchstmaß an gegenständlicher Präzision lassen die unterschwelligen Wirkungsfaktoren beglaubigt erscheinen durch den unwiderlegbaren Wirklichkeitsgehalt der Natur selbst.

Erst bei genauerem Zusehen erweist sich, daß David zwei verschiedene Authentizitätsebenen ineinandergeblendet hat. Die erste, datierend vom 12. Juli 1793, betraf Marat, wie der Künstler ihn zum letzten Mal lebend angetroffen hatte. Die zweite, Marat ermordet in der Badewanne, datierte vom 13. Juli 1793. Diese konnte David gar nicht zur Kenntnis nehmen, da der blutüberströmte Leichnam sogleich ins Nachbarzimmer getragen worden ist (Abb. 48). Wie rasch der Maler zur Stelle war, wissen wir nicht. Erst wenn der Abstand zwischen beiden Authentizitätsebenen wahrgenommen wird, erkennt man Methode und Sinn ihrer Verschmelzung. Aus der Schreibtätigkeit des Lebenden für den »bonheur« des Volkes hat David das Bild der »bienveillance« des Sterbenden entwickelt. Mit dem Hoffnungsgrün der Schreibdecke gab er ihr die farbikonologische Untermalung und mit der Assignate die gegenständliche Präzisierung, thematisch vertieft durch stoische Unkorrumpierbarkeit im Lichte der Wahrheit, im Gesetzesethos des rechten Winkels und egalitärer Ausgewogenheit. Damit »gehorchte« er inhaltlich der Stimme des Volkes, das, wie er bei der Bildübergabe sagte, die

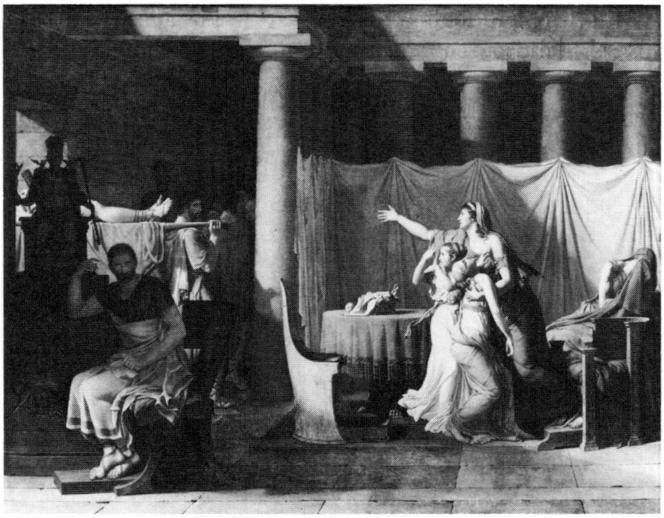

Abb. 91. Jacques-Louis David: Brutus. 1789 (Paris, Louvre)

Züge seines »treuen Freundes« durch die Kunst Davids wiedersehen wollte (Quellen XIII). Keine der verwendeten allegorischen Vokabeln, zu denen auch das Bildgefüge selbst gehört, wird im Gemälde voll ausgesprochen. Als bloße Anspielungen sind sie aufgehoben im Menschenbild der republikanischen Verfassung und eingebunden in die Sprache des Tatsachenberichts. Diese dient als Mittel staatsbürgerlicher Belehrung.

Dabei spielt in der Bildrhetorik der Reportage das geschriebene Wort eine bedeutende Rolle. Im »Brutus« (Abb. 91) hält die düster brütende Gestalt des Gerechtigkeitsfanatikers, von dem hell beschienenen Leichnam des Sohnes auf der Bahre getrennt durch die finstere Silhouette der thronenden »Roma«, in der linken Hand den Brief an Tarquinius mit den Namen seiner Söhne, das Beweisstück des Verrats. Im Le-Peletier-Bild (Abb. 6) gesellte sich zu den Worten »Je vote la mort du tyran« auf dem vom Schwert durchbohrten Zettel ein weiterer Text. Er befand sich nach Coupin oben und lautete: »L'AN 1793, 2 République A Michel Lepelletier Assassiné pour avoir voté la mort du Tyran, J.-L.David, son collègue«. Nach Delécluze bestand er lediglich aus den Worten »David à Lepelletier« und aus dem Todesdatum »20 janvier 1793«, beide unten angebracht[188]. Zusammen mit der Widmungsinschrift fordert der »Marat« den Betrachter gleich in dreifacher Wiederholung zum Lesen auf. Das Medium des trauernden Malers scheint einen Bund eingegangen mit dem Metier des verewigten Journalisten. Der »bienveillance«-Begriff auf dem Zettel in Marats Hand benennt die gedankliche Einheit der überlieferten Bedeutungsmotive, die schriftliche Erläuterung der Assignate eine gegenwartsbezogene Anwendung (Tafel IV). Damit stellt sich die Frage nach dem Verhältnis von Schrift und Malerei, d.h. nach dem Bildsystem.

Wir sehen es in der Emblematik vorgeprägt. Heute wird das Wort »Emblem« landläufig in der Bedeutung von Symbol, Sinnbild oder Wahrzeichen verwendet, so auch von Jean Starobinski im Titel seiner strukturalistischen Zusammenschau »1789 Die Embleme der Vernunft«. Dort findet man

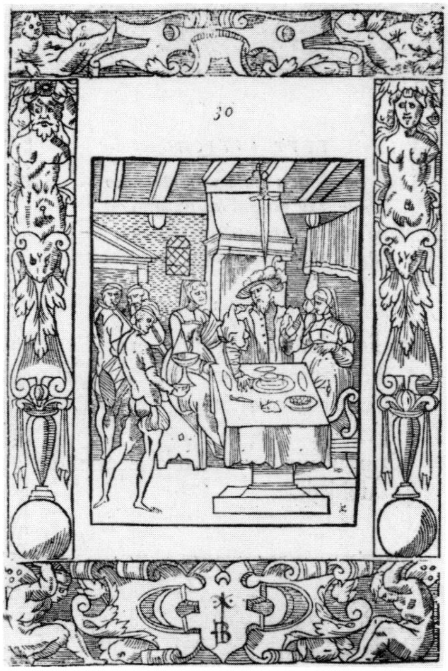

Abb. 92. Emblem des Damokles-schwerts. Aus dem Emblembuch von Guillaume de La Perrière, 1553

auch den »Tod des Marat« knapp und eindringlich behandelt, wobei der strenge gattungsgeschichtliche Sinn des Emblembegriffs aber unberührt blieb[189].

Unter einem Emblem versteht man, seit seiner Erfindung durch Alciat im ersten Drittel des 16. Jahrhunderts, ein zusammengesetztes Gebilde, bestehend aus Lemma (Motto), Icon (Pictura) und Epigramm (Subscriptio)[190]. Jedes dieser Teile ist für sich genommen unvollständig. Erst gemeinsam ergeben sie ein sinnvolles Ganzes. Das knapp formulierte Motto, eine sittliche Wahrheit ausdrückend und in typographischer Betonung über der Pictura angeordnet, befindet sich zusammen mit der Pictura über der häufig in kleinerer Schrift gehaltenen Subscriptio darunter. Diese erläutert das Ganze und erleichtert die Auflösung des Rätsels[191]. Nach Claude-François Menestrier (1631-1705), dem noch Voltaire nachrühmte, viel zur Wissenschaft der Wappenkunde, der Embleme und Devisen beigetragen zu haben, besteht das Emblem grundsätzlich aus dem wohlgefälligen Bild für das Auge und dem geheimen, offenzulegenden Sinn für den Geist. Erschlossen werde er in der Regel durch Motto und Subscriptio. Ziel der moralischen Belehrung sei die Tugend, die Anleitung der Menschen zu ihrem Wohle bzw. zu richtiger Lebensführung. Als Vorläufer des Emblems galten ihm in Gemälden oder Reliefs dargestellte Exempla aus der Geschichte in Verbindung mit einer politischen, moralischen und bürgerlichen Belehrung. Er nannte sie »Emblèmes d'Exemple«[192]. Grundsätzlich verwandt ist die Devise. Ihr bildhafter Teil, das Corpus, wird mit einem schriftlichen Motto zu einer Einheit verbunden, so daß auch hier der literarische Zusatz die Bedeutung bestimmt und den änigmatischen Sinn enträtseln hilft. Im Unterschied zum Emblem war die Devise im Barock jedoch nicht Metapher für eine allgemein beleh-

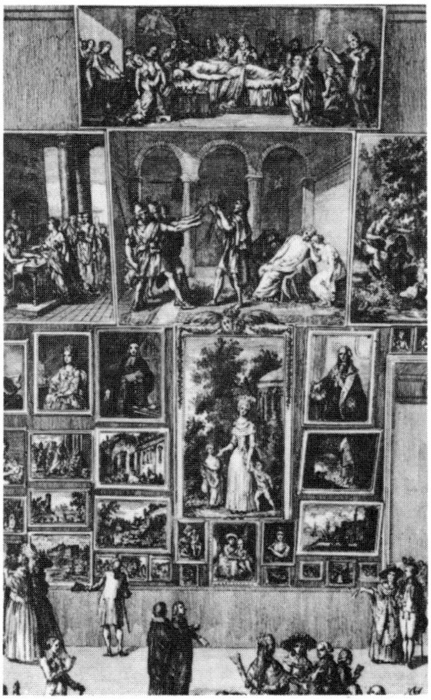

Abb. 93. P.A. Martini: Der Salon von 1785, Detail (Paris, Bibliothèque Nationale, Cabinet des Estampes)

rende Wahrheit, sondern für die moralisch-politische Lebensregel einer ganz bestimmten und hochgestellten Persönlichkeit[193].

Es spricht einiges dafür, daß David die Darstellung der neuen Menschlichkeit im »Tod des Marat« einer emblematischen Bildlogik unterworfen hat. Das Verhältnis von Motto und Subscriptio kehrt wieder im Größenverhältnis des Zettels in der Hand Marats gegenüber dem Zettel auf der Holzkiste. Zu solcher Lesart berechtigt der Umstand, daß die beiden entscheidenden Worte der übergeordneten Inschrift einer Devise entstammen, nämlich dem Satz Robespierres »Ta devise soit: protection, amour, bienveillance pour les malheureux...«. Anders als im Barock galt diese Devise nicht mehr einer einzelnen, hochgestellten Person, als welche sich Marat ohnehin nie verstanden hat, sondern ganz im Gegenteil jedem Staatsbürger. Diese Demokratisierung und ihre neu erlangte Allgemeingültigkeit machten die Devise wiederum für eine Aussage als Emblem im überlieferten Sinn verwendbar. Die kleinere und untergeordnete Mitteilung des Assignatenzettels gibt die Erläuterung im Sinne einer Subscriptio. Die »bienveillance« wird durch einen Text über praktische Fürsorge für die »malheureux« als Tugendbegriff für den Betrachter erschließbar gemacht. Die Stelle dazwischen nimmt die Assignate ein, wirtschaftliches Sinnbild der Revolution und, zusammen mit dem benachbarten Schreibzeug Marats, Mittel staatsbürgerlicher Menschenliebe. Assignate und Schreibzeug können ihrerseits nicht losgelöst vom übrigen Bildzusammenhang betrachtet werden. Die Pictura Davids hat sich Motto und Subscriptio gleichsam einverleibt.

Für ein emblematisches Verständnis spricht auch die Art der Bildfindung. Menestrier zufolge belehrt das Emblem nach Art einer Metapher oder eines Symbols durch die Beziehungen mit den durch die Bilder erkennbar zu machenden Dingen. Es handle sich um stumme Reden, eine Eloquenz der Augen und eine Moral der Farben. Auch bestimmte Teile der Umwelt könnten emblematische Eigenschaften annehmen. Die Wirkungsweise beruhte auf dem Moment der Überraschung und Befremdung, gern umschrieben mit dem Wort »frapper«. Gemeint war damit ein Frappieren des Geistes durch den Augensinn, z.B. bei Henri Estienne. Nach Dominique Bouhours stellt beim Emblem die Pictura eine gemalte und sichtbare Methapher dar, welche die Augen frappiere (»qui frappe les yeux«)[194]. Pigalle erläuterte Voltaire am 23. Juli 1763 die »deux figures emblématiques« am Sockel des Reimser Denkmals für Ludwig XV., »Douceur du Gouvernement« und »Félicité des peuples« (Abb. 75), u.a. mit dem Hinweis, sein Geist sei dabei noch frappiert gewesen (»frappé«) von einem Gedanken, den er einmal bei Voltaire gelesen habe[195]. David hat den geschilderten Anblick des am Vorabend des Mordes für das »Wohl des Volkes« schreibenden Marat mit den Worten eingeleitet: »Ich fand ihn in einer Haltung, die mich frappierte« (Quellen X). In dieser Haltung wollte er den Leib zur Schau stellen, und so hat er ihn gemalt.

Auch der Bestimmungszweck des Gemäldes war in der Kunst der Embleme angelegt. Schon Jean Boissard hatte 1588 für ihre Wirkungsweise einen gesellschaftlichen Rahmen abgesteckt. Nach Menestrier sollten sie die zur Regelung der Sitten geeigneten Wahrheiten vermitteln, sowie die für die Lebensführung der Menschen wichtigen Maximen, welche das Glück der Staaten und die Sicherheit der öffentlichen Ruhe (»le bonheur des Estats et la sûreté du repos public«) ausmachen[196]. Der »bonheur« des Volkes war nach der Verfassung von 1793 ein Hauptanliegen der Republik und zugleich, nach David, die gedankliche Perspektive in Marats letztem Anblick (Quellen X). Besser als durch das Wort werde der Geist, so Menestrier, durch die Augen belehrt, weil die Bilder eine enge Beziehung zur menschlichen Vorstellungskraft besäßen, stärkere Aufmerksamkeit weckten und eine dauerhaftere Wirkung erzielten. Deshalb sei die Malerei die Schule der Weisen und die Lehrerin der Moral[197]. Dauerhafte moralische Belehrung lag auch in Davids Absicht, der durch den Blick auf die fahlen Züge seine Konventskollegen an Marats Tugenden erinnern wollte, welche »immer« auch die ihrigen sein sollten (Quellen XIII). Die Kollegen bestätigten diesen Anspruch durch das Dekret über die ständige Anbringung beider Gemälde im Sitzungssaal und dasjenige über die Stichwiedergabe und die Verteilung der Exemplare (Quellen XIV). Ein bildliches Memorieren der fraglichen Tugenden hätte demnach von jedem einzelnen Abgeordneten auch zu Hause anschaulich gepflegt werden können, desgleichen von den Beamten in den Départmentsverwaltungen. Diese Bildfunktion stimmt wiederum überein mit der Menschen- und Bürgerrechtserklärung der Verfassung von 1793 (Abb. 7), wonach das Volk immer die Grundlagen seiner Freiheit und seines Glücks, der Beamte die Regel seiner Pflichten und der Gesetzgeber den Gegenstand seiner Aufgabe vor Augen (»devant les yeux) haben sollte.

Den Weg der Emblematik hatte David bereits mit dem »Le Peletier« (Abb. 6) beschritten. Das blutige Schwert, an einem Haar hängend und das Papier mit der Aufschrift »Je vote la mort du tyran« durchbohrend (Quellen

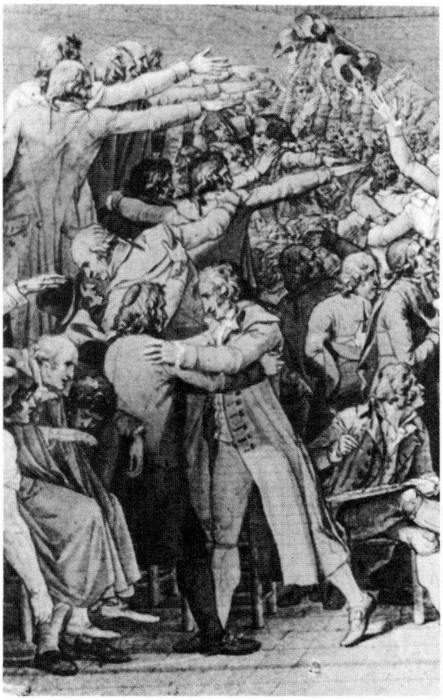

Abb. 94. Jacques-Louis David: Brüderliche Umarmung. Detail aus dem Schwur im Ballhaus. 1791 (Paris, Louvre, als Leihgabe in Versailles, Musée National du Château)

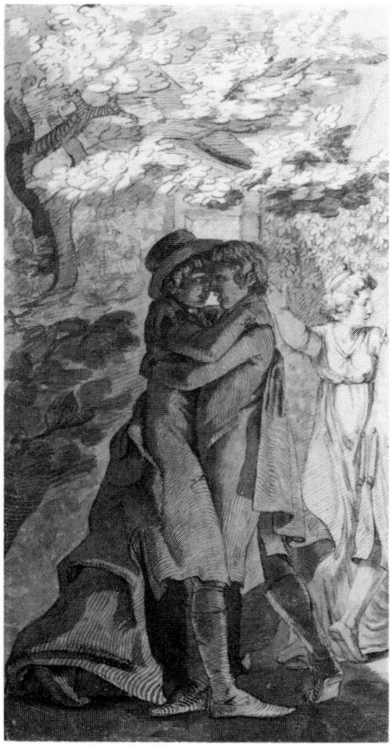

Abb. 95. Philipp Otto Runge: Umarmung der Brüder. Detail aus der Heimkehr der Söhne. 1801 (Hamburger Kunsthalle)

I), variierte das barocke Emblem des den Tyrannen bedrohenden Damoklesschwerts (Abb. 92). Der neuen Situation angepaßt, besagte es nun, daß der Tyrannenmörder genauso gefährdet ist wie der getötete Tyrann[198]. Unter diesem Blickwinkel mutet es im nachhinein wie eine emblematische Ironie der Geschichte an, daß im Salon von 1785 der vom König in Auftrag gegebene »Schwur der Horatier« und damit das Motiv der vom patriotischen Vater emporgehaltenen Schwerter genau über einem ganzfigurigen Porträt der Königin Marie Antoinette hing (Abb. 84,93).

Als David dem Bürger Bas, der Charlotte Corday überwältigt hatte, in der Jakobinerversammlung vom 13. Juli 1793 den Bruderkuß gab, praktizierte er gleichfalls ein emblematisches Motiv. Die Jakobiner haben Bas dabei ihre Dankbarkeit und ihr Wohlwollen (»gratitude et bienveillance«) bekundet. Das Motiv der brüderlichen Umarmung finden wir schon im »Schwur im Ballhaus« (Abb. 3) in Gestalt der beiden Männer links vorn, die einander umarmen, vielleicht Alexandre-Marie Thibault und Jean-Baptiste Rewbell (Abb. 94). Ganz ähnlich hat es im Jahre 1800 auch Philipp Otto Runge in der »Heimkehr der Söhne« für die Begrüßung durch seinen Lieblingsbruder angewandt (Abb. 95). Dahinter stand jeweils das barocke Emblem der Bruderliebe (Abb. 96), das Pollux in heiliger Treue und einträchtiger Liebe die Hälfte seines Lebens an Castor abtreten läßt und das vorbildliche Brüderpaar in Umarmung begriffen zeigt[199].

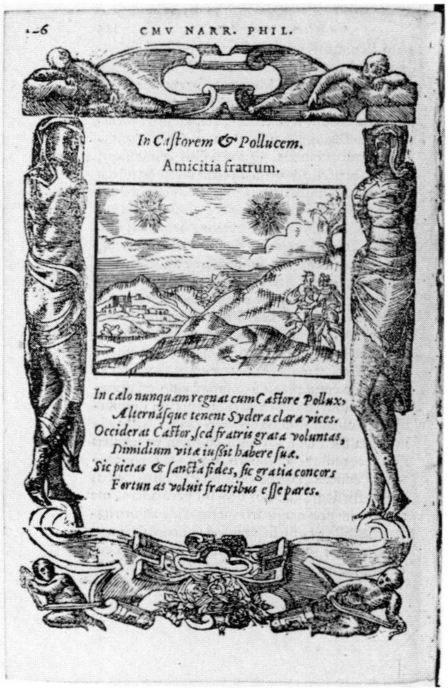

Abb. 96. »Amicitia fratrum«. Aus dem Emblembuch von Pierre Coustau (Petrus Costalius), 1555

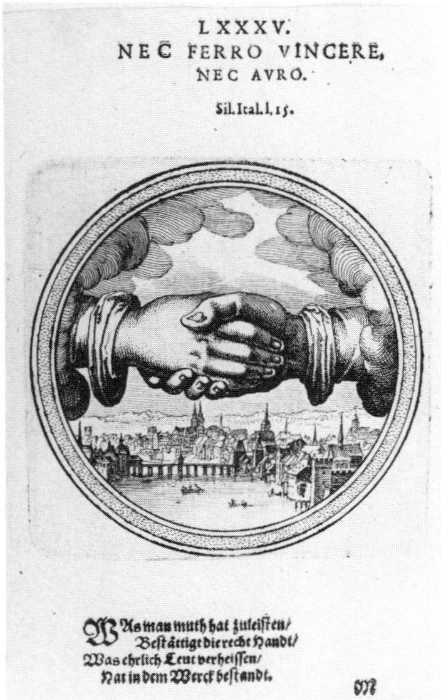

Abb. 97. »Nec ferro vincere, nec auro«. Aus dem Emblembuch von Julius Wilhelm Zincgreff, 1633

Aus dem brüderlichen Händedruck von Diogenes und dem »Ami du peuple« bei Villeneuve (Abb. 76) kann man das alte Emblem der Freundestreue und Eintracht herauslesen, zwei von entgegengesetzten Seiten einander ergreifende rechte Hände (Abb. 97). Es stand u.a. für Bündnistreue oder Treue im Gemeinwesen. Nach Davids Medaillenkonzept zum 10. August 1793 halten sich die Tugenden bei der Hand, da sie unzertrennliche »Schwestern« seien. Friedrich Overbeck hat das Motiv in »Italia und Germania« (1811-28) im Sinne schwesterlicher Verbundenheit romantisch abgewandelt. In Frankreich wurde es auch in der Münzprägung der Zweiten Republik als Sinnbild der Brüderlichkeit verwendet[200].

Das Festwesen der Revolution ist voll von emblematischen Bildfindungen. Sie warten noch auf eine gründliche Analyse. David hat die von ihm für den Ponf-Neuf geplante Kolossalstatue als »emblème du peuple« bezeichnet. Später verarbeitete er im Reiterbildnis Bonapartes auf dem Großen St. Bernhard, fußend auf Falconets Denkmal für Peter den Großen in St. Petersburg, mit dem Felsensockel das Emblem der zu überwindenden Schwierigkeiten. Barocke Emblematik hat auch sonst ins 19. Jahrhundert nachgewirkt, z.B. das von Runge, Caspar David Friedrich, Karl Friedrich Schinkel und William Blake aufgegriffene Emblem der Baumliebe. Eugène Delacroix hat zwischen 1847-55 die emblematischen Stiche von Bonasone zu den moralisierenden Gedichten von Achille Bocchi, erschienen 1555, kopiert[201].

Abb. 98. »Nulla dies sine linea«. Aus dem Emblembuch von Gabriel Rollenhagen, 1611

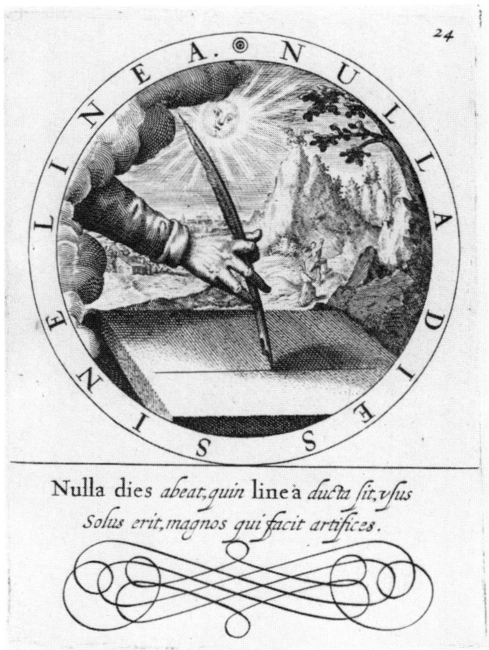

26. *Schreibfeder und Mordwaffe*

Die um schlichte Dokumentation bemühten Abbildungen des Ereignisses zeigen, von Roques abgesehen (Abb. 102), übereinstimmend die Badewanne in einer so hochgestreckten Form, daß der über den Rand herabhängende Arm Marats den Fußboden nicht erreicht (Abb. 14,48,49,68,69,73,74). Auch hält die Hand keine Feder. Bei David hat die Badewanne nicht nur ihre Form verändert. Sie ist auch wesentlich niedriger geworden. Der Arm ist deshalb streng bildparallel durch den Widerstand des Fußbodens im Ellbogen schräg abgewinkelt. Vom Leib durch die Wannenwand isoliert, erscheint er würdevoll vom weißen Laken hinterfangen. Vom tief verschatteten Hoffnungsgrün der Schreibdecke mit ihrem Fransensaum hebt sich hell beschienen die gelbe Silhouette der Schreibfeder ab (Tafel III). Nicht mehr im Winkel zwischen Daumen und Zeigefinger liegend, ist sie durch die Berührung mit dem Fußboden in Bewegung geraten, entwindet sich der Hand, gehalten nur noch von den mittleren Gliedern des Zeige- und des Mittelfingers. Die Drehung in der Bildebene läßt sie wie den Zeiger eines Metronoms in leicht gebogener Schräge der strengen Vertikalen der Holzkiste entgegenkippen.

Nach Alpatow hält Marat »die Schreibfeder, als ob seine leblose Hand noch fähig wäre, einen Strich zu ziehen«[202]. Die Tragik des zu schönliniger Symbolträchtigkeit freigesetzten Motivs ermißt man beim Vergleich mit einem barocken Emblem (Abb. 98). Ein Unterarm, bildparallel schräg von links nach rechts herabgeführt, umgreift mit der Hand einen Federkiel und zieht damit einen Strich auf einer waagrechten Platte. Am Himmel erscheint die strahlende Sonne. Die Subscriptio lautet: »Nulla dies abeat, quin linea

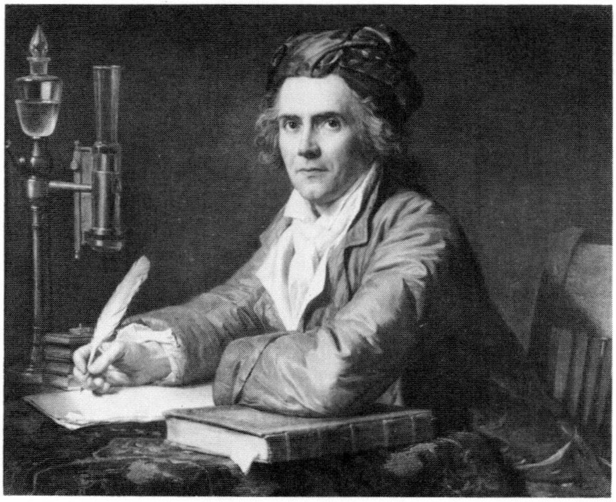

Abb. 99. Jacques-Louis David: Bildnis des Geburtshelfers Alphonse Leroy. 1783 (Montpellier, Musée Fabre)

ducta sit, usus/Solus erit, magnos qui facit artifices«. Kein Tag vergehe, ohne daß ein Strich gezogen werde, allein die Übung mache große Künstler. Das Motto, hier in der Rahmung der kreisrunden Pictura, besagt: »Nulla dies sine linea«. Dieses Sprichwort ging nach Plinius (Nat.hist.XXXV, 84) zurück auf eine Gepflogenheit des Apelles. Der griechische Maler habe keinen Tag mit Geschäften ausgefüllt, ohne seine Kunst nicht wenigstens durch das Ziehen einer Linie zu üben. Ob der an der Antike geschulte David solch fortwährenden Künstlerfleiß auf den schreibenden Meister der Feder übertragen sah, läßt sich nicht entscheiden. Cato hatte laut Plutarch in seinem Leben u.a. nichts mehr bereut, als einen Tag ohne bestimmte Geschäfte hinzubringen[203]. Marat war laut Adresse der »Section du Panthéon« vom 14. Juli der »französische Cato« (Quellen VI). David sagte bei der Bildübergabe, Marats Feder entgleite seinen Händen, »unser Unermüdlicher ist gestorben« (Quellen XIII).

Das Literatenattribut ist zum Symbol für das rastlose Wirken des »Ami du peuple« geworden. Seinem Leichnam soll eine eiserne Feder in die Rechte gegeben worden sein. Bei der Pantheonisierung am 21. September 1794 hielt die auf dem Triumphwagen angeordnete Effigies eine Feder in der Hand. Als Werkzeug schreibender Wahrheits- und Menschenliebe ist sie sowohl in den barocken Bildern antiker Stoiker und Kyniker (Abb. 78) als auch in Pigalles Voltaire-Statue (Abb. 79) und in Hauers Marat-Gemälde (Abb. 101) zu verstehen, berufsmäßig abgewandelt in Davids Porträt des turbantragenden Geburtshelfers Alphonse Leroy (Abb. 99). Marat hingegen hatte mit seiner Schreibfeder nicht zuletzt Tödliches zu Papier gebracht. Die Zahl der Hinrichtungen, die er von Zeit zu Zeit zur Rettung des Vaterlandes forderte, schwankte. Bereits 1790 empfahl er die Errichtung von 860 Galgen. Am 27. Mai 1791 schrieb der »Ami du peuple«, vor elf Monaten hätten noch 500 Köpfe genügt, heute seien 50.000 nötig und bis zum Jahresende würden vielleicht 500.000 rollen. Am 24. Oktober 1792 wurde er von Charles-Jean-Marie Barbaroux im Nationalkonvent beschuldigt, 200.000 Köpfe gefordert zu haben. Im Rathaus von Paris rief Marat aus, was er dann auch drucken ließ:

»Gebt mir 300.000 Köpfe, und ich antworte, daß das Vaterland gerettet sein wird...Laßt uns damit beginnen, die Bäcker, die Kolonialwarenhändler, alle Kaufleute in ihren Ladentüren aufzuhängen«. In seinen letzten Lebenstagen sollen sich seine Forderungen dann auf eine Zahl von 273.000 Köpfen eingependelt haben[204].

»Revolutionen sind eine schreckliche Sache«, läßt Heinrich Heine 1831 seinen »Ludwig Börne« in Paris sagen, »aber sie sind notwendig, wie Amputationen, wenn irgend ein Glied in Fäulnis geraten. Da muß man schnell zuschneiden, und ohne ängstliches Innehalten. Jede Verzögerung bringt Gefahr, und wer aus Mitleid oder aus Schrecken, beim Anblick des vielen Blutes, die Operation nur zu Hälfte verrichtet, der handelt grausamer als der schlimmste Wüterich. Hol der Henker alle weichherzigen Chirurgen und ihre Halbheit! Marat hatte ganz Recht, il faut faire saigner le genre humain, und hätte man ihm die 300.000 Köpfe bewilligt, die er verlangte, so wären Millionen der besseren Menschen nicht zu Grunde gegangen, und die Welt wäre auf immer von dem alten Übel geheilt!«[205]

Bei Hubert Robert werden das Denunziationspapier und die Assignate auf dem Tisch eingerahmt von einem Tintenfaß, in welchem eine Feder steckt, und von einem Kerzenleuchter (Abb. 31). Rechts daneben stehen zwei Flaschen. Die eine ist bereits leer, die andere zur Hälfte mit Flüssigkeit gefüllt. Ihre rötliche Farbe setzt in dem ansonsten, mit wenigen Ausnahmen, weitgehend in Grautönen gehaltenen Blatt - grüne Zierstreifen am Saum der Bettdecke, gelber Säbelgriff und ebensolches Stuhlgeflecht, blaue Jacke über der Stuhllehne - einen eigenen Akzent. Er paßt zum rosafarbenen Inkarnat Marats, ein Hinweis auf den »buveur de sang«[206]. Müde geworden von seinem

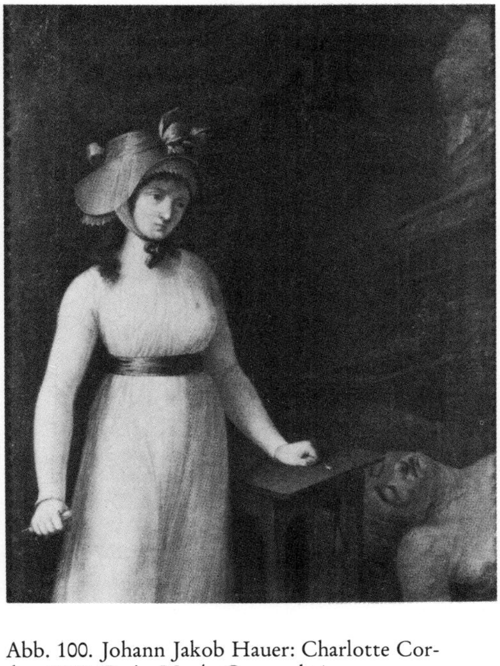

Abb. 100. Johann Jakob Hauer: Charlotte Corday. 1793 (Paris, Musée Carnavalet)

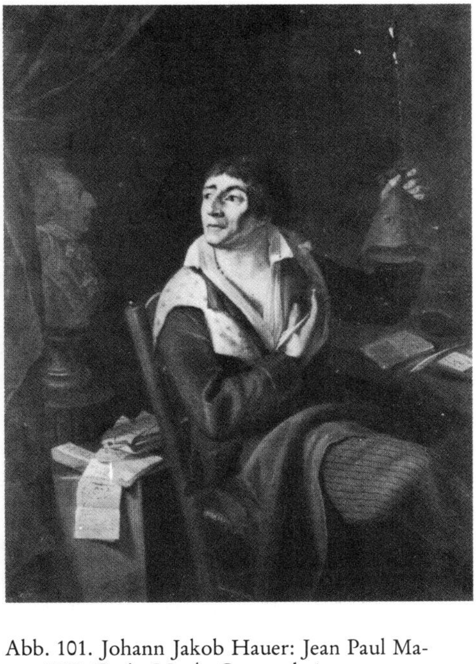

Abb. 101. Johann Jakob Hauer: Jean Paul Marat. 1793 (Paris, Musée Carnavalet)

unermüdlichen Wirken, hält der Blutsäufer auch im Bett noch eine übergroße Schreibfeder in der erschlafft auf die Decke gesunkenen Rechten. Sie hat, wie in Davids Bild, eine tintenschwarze Spitze.

Im Juli 1793 sagte der Marquis de Sade, Präsident der »Section des Piques«, in seiner Rede zum Gedenken Marats und Le Peletiers, man behaupte, es gebe keine Tat, die nicht eigenes Interesse als ersten Beweggrund gehabt hätte, und fuhr fort: »O Marat! Deine erhabenen Taten entziehen Dich völlig diesem allgemeinen Gesetz! Mitten unter den Tyrannen sprachst Du uns von Freiheit; und dennoch beschuldigten Sklaven Dich, daß Du Blut geliebt hättest! Großer Mann, nur das Tyrannenblut wolltest Du vergießen, und nur um das Blut des Volkes zu schonen, wolltest Du es vergeuden. Wie hättest Du nicht unterliegen sollen, bei so vielen Feinden? Du hast auf die Verräter gezeigt: der Verrat mußte Dich treffen«. Diese Logik hatte sich im Tathergang verdichtet. Bei der Unterredung im Baderaum erzählte Charlotte Corday von den Ränken geflüchteter Verschwörer in Caen. Marat habe, so Chabots Konventsbericht, geantwortet: »Sie werden nicht weit kommen, ich glaube, daß sie ihre Köpfe aufs Schafott tragen werden«. Nach diesen Worten hat sie laut Verhörprotokoll zugestochen[207].

Bei der Bildübergabe leistete David einen verbalen Beitrag zur Verschleierung dieser Logik: »Menschheit, du wirst denen, die ihn einen Blutsäufer nannten, sagen, daß dein geliebtes Kind niemals, daß Marat dir niemals Anlaß zu Tränen gegeben hat!« (Quellen XIII). Im Bild selbst hat er aber die Beziehung zwischen der Feder als dem »Schrecken seiner Verräter« und dem Attentat nicht unterschlagen. Doch bleibt sie vergleichsweise hermetisch. Wie zufällig liegt neben dem Federkiel in der Hand die zu Boden gefallene Mordwaffe (Tafel III). Dies ist eine Abweichung vom authentischen Sachverhalt. Als Simonne Evrard in den Baderaum eilte und dem nicht mehr atmenden Marat die Hand auf die Wunde drückte, lag nach dem Bericht des Zeugen Bas das große neue Messer »auf dem Brett über der Badewanne« (Quellen VIII). In dieser Konstellation, jedoch auf dem Boden liegend, erscheinen Brett und Messer auch in der von Laurent gezeichneten »Ausstellung von Marats Leichnam im Garten der Cordeliers« (Abb. 18). Bei Desray fehlt das Messer (Abb. 49). Bei Swebach-Desfontaines wird es von der verhafteten Mörderin noch in der Rechten gehalten, ähnlich bei Hauer und Sintzenich (Abb. 68,69,74). Brion de la Tour und Roques (Abb. 48,102) übernahmen das auf dem Boden liegende Messer von David.

Dieser hat indessen noch eine zweite Abänderung vorgenommen. Das Messer besaß in Wirklichkeit einen schwarzen Ebenholzgriff. Er ist von Charlotte Corday im Verhör ausdrücklich so beschrieben worden und deutlich wiedergegeben bei Tassaert, Brion de la Tour und Laurent (Abb. 15, 18,48). In Baudrys »Charlotte Corday« ragt er aus der Brust Marats (Abb. 13). Selbst der ansonsten weitgehend von David abhängige Roques (Abb. 102) verzichtete auf den hellen Messergriff, während Hauer sich 1793 in seiner »Charlotte Corday« an diesen gehalten hat (Abb. 100). Die Mörderin im blütenweißen Kleid hält ihn hier mit sauberer Hand fest umklammert. Ein Jahr später hat er ihr dann in seiner »Ermordung Marats« historisch richtig einen schwarzen Griff gegeben (Abb. 69). David erzielte mit der

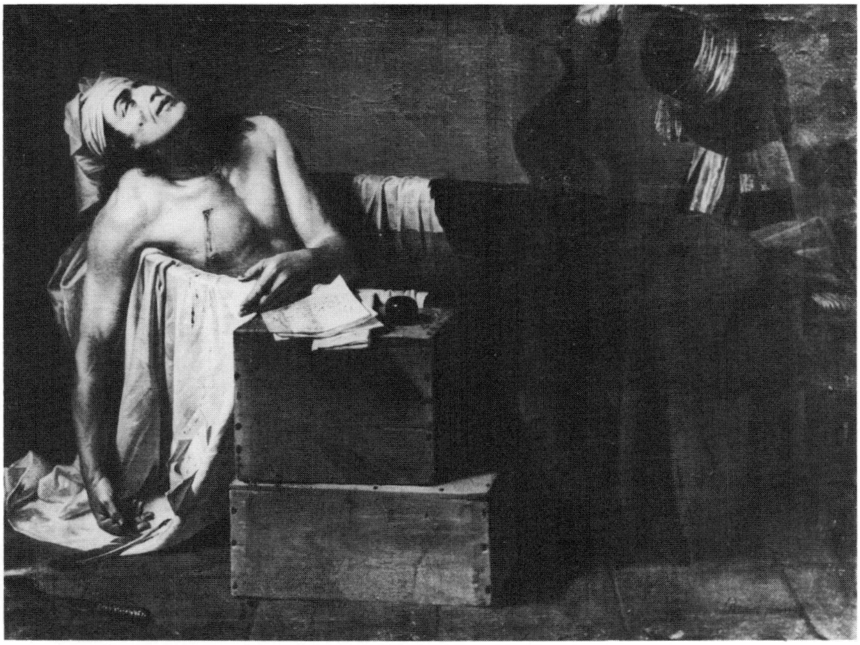

Abb. 102. Joseph Roques: Der tote Marat. 1793 (Toulouse, Musée des Augustins)

Umwandlung in einen hellen Beingriff eine koloristische Angleichung an die benachbarte Feder. Beiden Motiven gemeinsam ist die deutliche Abhebung von einem dunklen Grund. Auch ist die Ähnlichkeit von blutroter Klingenspitze und tintenschwarzer Schreibspitze nicht zu übersehen. Im Spannungsintervall zwischen dem zweischneidigen Symbol für Marats Wahrheits- und Menschenliebe und dem Attribut ihres Martyriums verbirgt sich das Tatmotiv. Die Unermüdlichkeit des »Ami du peuple« hat zu dem Verbrechen geführt. Sie ist nun im Begriff, vor den Augen des Betrachters für immer zu ermüden (Tafel III).

Das Messer auf dem Boden könnte durch Pigalles »Voltaire« (Abb. 79) angeregt worden sein. Zu Füßen des Denkers liegt, zusammen mit der komischen Maske der Muse Thalia, der Dolch der Melpomene, der Muse der Tragödie. Beide Attribute wurden auch bei der Pantheonisierung Voltaires am 11. Juli 1791 in der Prozession mitgeführt. Charlotte Corday war eine Urgroßnichte des klassischen Tragödiendichters Corneille. Im Abschiedsbrief vor der Hinrichtung erinnerte sie ihren Vater an den Vers von Corneille: »Das Verbrechen macht die Schande, nicht das Schafott«. Bei ihrer Festnahme hatte sie ausgerufen: »Macht, was ihr wollt. Die Tat ist vollendet, das Ungeheuer ist tot«. Der dem Verhör beiwohnende gemäßigte Abgeordnete Jean Baptiste Harmand nannte sie eine »moderne Judith«. Bei der medizinischen Untersuchung des Leichnams in der Charité wurde einstimmig von den Anwesenden erklärt, daß Charlotte Corday jungfräulich gestorben sei. Einer von ihnen war David[208]. Es hat den Anschein, daß der Maler in verschlüsselter Weise der »unglücklichen« Mörderin tragische Züge zugebilligt hat.

27. »Dernier soupir«

Nach Alpatow hätte David die automatische Bewegung eines noch von mimischer Wirkung erfüllten leblosen Körpers, eines seelenlosen Leichnams dargestellt. Nach Feist würden die sinkenden Diagonalen der Arme eindringlich das Gestorbensein ausdrücken. Lankheit meinte lapidar, der Mann sei tot, hielt es aber für unwahrscheinlich, daß die Finger der Linken noch den Brief emporgehalten haben sollten. Vollends wäre wohl der Rechten im Todeskampf die Feder entglitten. In diesen Merkmalen sah er äußerste Künstlichkeit am Werk. Auch Batz bezweifelte, daß ein soeben tödlich Getroffener einen Brief in dieser Weise halten könne. Die von Todeskrämpfen durchpulsten Finger würden ihn entweder zerknüllen oder zu Boden fallen lassen. In der graziös gehaltenen Schreibfeder erblickte er einen akademischen Zug[209]. Roques hat sich durch entsprechende Änderungen von Davids Bild abgesetzt (Abb. 102). Die Schreibfeder ist der herabgesunkenen Rechten entfallen und liegt neben dem Messer auf dem Boden. Die linke Hand liegt leer und kraftlos auf den schräg verschobenen Papierblättern neben dem Tintenfaß. Marat ist tot. Die scheinbaren Ungereimtheiten lösen sich sofort, wenn man Davids Ankündigung vom 14. Oktober über die bevorstehende Vollendung des Bildes beim Wort nimmt. Marat ist demnach dargestellt »à son dernier soupir« (Quellen XII), also nicht als Toter, sondern bei seinem letzten Seufzer[210].

Bereits dem deutschen Dramatiker Georg Büchner scheint etwas vom künstlerischen Interesse Davids an der physischen Grenzsituation, wenn nicht vor Augen, so doch zu Ohren gekommen zu sein. Seinen »Danton« läßt er sagen: »Und die Künstler gehn mit der Natur um wie David, der im September die Gemordeten, wie sie aus der Force auf die Gasse geworfen wurden, kaltblütig zeichnete und sagte: ich erhasche die letzten Zuckungen des Lebens in dießen Bösewichtern«. (Dantons Tod, 2. Akt, Ein Zimmer). Im »Tod des Marat« wird das Schwinden der Lebenskräfte sehr genau gezeigt. Das Haupt ist von der verhüllten Ecke des gestuften Badewannenrands in einer labilen Stellung abgestützt. Im nächsten Moment kann es nach unten gleiten gleich der Schreibfeder in der herabgesunkenen Rechten. Der Zettel der Charlotte Corday wird von der anderen Hand so gehalten, daß er größtenteils noch gesteift über seinem eigenen Schatten schwebt. Doch kann sich das im nächsten Augenblick ändern.

Mit dem »dernier soupir« hat David zunächst eine patriotische Pathosformel Marats verbildlicht. Bei der Trauerfeier in Montoire (Loir-et-Cher) gebrauchte der Redner die Wendung von den letzten Seufzern (»derniers soupirs«) des Märtyrers der Freiheit. Ein gefälschtes, 1823 nachgewiesenes Billet, das Marat nach Empfang der tödlichen Wunde noch geschrieben haben soll, schloß mit der Wendung: »A vous jusqu'à mon dernier soupir«[211]. Als Marat selbst 1791 wieder einmal die Gefahren der Konterrevolution eindringlich geschildert, die Unentschiedenen vor einem Tod in den Armen des Traumes gewarnt und einen flammenden Herd als Grabesstätte für den »Ami du peuple« prophezeit hatte, sprach er davon, daß sein »dernier soupir« dem Vaterland gelten und seine zuverlässige Stimme noch einmal zur Freiheit aufrufen werde. In Villeneuves Aquatintablatt wird er laut Inschrift durch ein »soupirail«, ein Kellerfenster, aus der Höhle ans Licht geholt, in diesem Sinn vermutlich eine versteckte Pointe (Abb. 76). Das Papier mit den Worten: »LE PUBLICISTE DE LA REPUBLIQUE FRANCAISE« gibt den Titel einer seiner Zeitungen wieder. In der Ausgabe vom 12. Juli 1793, einen Tag vor seiner Ermordung, hatte Marat darin buchstäblich seinen »dernier soupir« gedruckt unter die Leute gebracht. Zehn Jahre mehr oder weniger an Lebensdauer würden ihm nichts ausmachen, ließ er sie wissen. Sein einziger Wunsch sei es, bei seinem »dernier soupir« sagen zu können, er sterbe zufrieden, das Vaterland sei gerettet[212]. Es war der Tag, an dem David ihn zum letzten Mal lebend gesehen hat.

Davids Formulierung deckte sich zugleich mit den Tatsachen. Zwar berichtete Chabot dem Konvent, die Mörderin sei gut beraten gewesen, denn der Stich habe die tödlichste Stelle getroffen. Doch hat Marat nach Chabot noch die Zeit gehabt zu sagen: »Je me meurs!« Nach der von den Jakobinern redigierten Aussage des Zeugen Bas rief Marat mit matter, scharfer Stimme: »A moi, ma chère amie, à moi« (Quellen VIII). Nach dem Protokoll der Zeugenvernehmung vor dem Prozeß gegen Charlotte Corday am 16. Juli lauteten Marats letzte Worte nach Bas: »A moi, mon amie! Je me meurs!«. Davids Formulierung deckt sich vor allem auch mit dem Satz, den Guirault am 14. Juli bei der Auftragserteilung an den Anfang seiner Rede gestellt hatte: »Vertreter [des Volkes], der Übergang vom Leben zum Tode ist ein sehr kurzer Augenblick, Marat ist nicht mehr...« (Quellen VII).

Die volle Bedeutung des »dernier soupir« wird aber erst klar, wenn man Davids Manipulation mit dem zweiten Brief der Charlotte Corday auf seine kriminologische Darstellung des Falles bezieht. Zweierlei ist dabei zu beachten.

Erstens:

Der Maler hat den Text nicht nur stark verkürzend auf den letzten Satz konzentriert, sondern auch die Adresse darüber verändert. Der Originalbrief enthielt weder Datum noch den Namen der Verfasserin (Abb. 64). Die Anschrift lautete: »Au Citoyen Marat faubourg St. germain Rue des Cordeliers a Paris« (Quellen V). Das Wort »Paris« war unterstrichen. Im Bild wurde daraus: »Du 13. juillet 1793. - Marie Anne Charlotte Corday au citoyen Marat«. Unterstrichen sind jetzt der Name des Ermordeten und - weniger stark - das Datum seines Todes (Tafel IV). Zugleich wurden mit der Einfügung des Namens der Attentäterin Ursprung und Zielrichtung des schriftlichen Ersuchens um »bienveillance« für den Betrachter nachvollziehbar gemacht. Ansonsten orientierte sich David im Verhältnis der Adresse zum Text, und offenbar auch im Schriftduktus, am Original des zweiten Briefs.

Zweitens:

Das Blut Marats hat, verursacht durch den Einstich, Spritzspuren auf der Kante der umgeschlagenen grünen Decke, auf dem oberen Blatt des Papierbündels unter dem linken Unterarm, sowie auf dem weißen Leinenlaken am Rand der Badewanne hinterlassen (Tafel V). Davon unabhängig weist aber auch der Zettel in Marats Hand Blutspuren auf, und zwar in Form von

Fingerabdrücken (Tafel IV). Auf Schwarzweißreproduktionen grundsätzlich nicht zu identifizieren, befinden sie sich im unteren Teil des Blattes, wo Charlotte Corday ihr Anliegen zu Papier gebracht hat. Eine schwache Rotfärbung bemerkt man am Rand der ersten Zeile beim Wort »sois«. Deutlicher prägen sich blutige Flecken im Bereich der beiden letzten Zeilen zwischen den Worten »pour avoir« sowie, relativ großflächig, wenn auch von schwächerer Färbung, unterhalb von »a votre« aus. Hinzukommen schwachrote Druckstellen an Marats linkem Handgelenk.

Von Marat können diese Abdrücke nicht stammen, da an seinen Fingern kein Blut klebt. Indessen ist nicht nur die spitze Klinge der Mordwaffe nach ausgeführtem Todesstich tiefrot gefärbt. Auch der beinfarbene Holzgriff ist in seinem unteren Bereich, in der Nähe des Klingenansatzes, blutverschmiert (Tafel III). Bei seinem Konventsbericht hatte Chabot den Abgeordneten das blutige Messer gezeigt mit der Erläuterung, diesen in ihrem Busen mitgebrachten Dolch habe Charlotte Corday »bis zum Heft« in Marats Leib gestoßen[213]. Nach Ausweis des Bildes ist die Mordhand durch die Tat vom Blut Marats besudelt worden. Die Fingerabdrücke auf dem Zettel können deshalb nur von der Mörderin stammen.

David machte damit im Bild von einem Umstand aus der Verbrechensfahndung Gebrauch, den Marat in seinem »Plan de législation criminelle« selbst geschildert hat. Er hatte diesen »Plan« 1780 in der Schweiz entwickelt und 1790 in Frankreich, berichtigt und ergänzt, neu herausgegeben. Noch im Jahr der Ermordung ließ seine »Witwe« - als solche bezeichnete sich die hinterbliebene Lebensgefährtin Simonne Evrard - eine Neuauflage erscheinen. Der dritte Teil behandelt die »Natur und die Kraft der Beweise und der Vermutungen«. Im Abschnitt »Über den Beweis durch Spuren des Verbrechens« heißt es da, diese könnten sehr zahlreich sein. Es sei aber wichtig, nur diejenigen zuzulassen, die unzweideutig sind: »Bei einem Mord sind solche die Waffe, die der Mörder benutzt hat und die vielleicht dem Angeklagten gehört, Blutflecke, die kurz darauf an dem Angeklagten oder auf seinen Spuren bis in seine Zufluchtsstätte gefunden werden...«[214]. Die Absicht, den Kausalzusammenhang ablesbar zu machen, war offenbar ein weiterer Grund für die Abänderung des authentischen Messers. Der helle Griff läßt die blutigen Flecke darauf deutlich hervortreten, eine Regieaufgabe, welche eine Wiedergabe des schwarzen Ebenholzgriffs in dieser Klarheit keinesfalls hätte erfüllen können.

Die blutigen Fingerabdrücke bedeuten, daß Charlotte Corday dem »Ami du peuple« den Zettel erst nach vollzogenem Attentat und vor dem Exitus in die Hand gedrückt hat. Das ist entscheidend. Der gegenüber dem nicht abgegebenen Originalbrief (Abb. 64) veränderte Wortlaut bekommt damit einen ganz anderen Sinn. Als ein Gnadengesuch an Marat, der im »Plan einer Criminalgesetzgebung« in bezug auf den Mord an einem »Freund oder Wohltäter« eine abschreckende Hinrichtungsform gefordert hatte, ist das Ansinnen sicher nicht zu verstehen[215]. Es kann sich nur auf die seelische Einstellung Marats gegenüber Charlotte Corday im Übergang vom Leben zum Tode beziehen, auf die »bienveillance« des Opfers also gegenüber der Mörderin.

Nach dem »Gedicht auf das Porträt Marats« von einem gewissen Desprez-Valmont ist Marat selbst von seinen Mördern so sehr geachtet worden, daß sie sich ihm nicht anders nähern und ihr Verbrechen vollbringen konnten, »als ihn bei seiner Menschlichkeit anzusprechen«[216]. Für eine allgemeine Menschenliebe, die sich als freundschaftliche Zuneigung sogar gegenüber dem eigenen Attentäter äußern konnte, hatte der im Nationalkonvent über dem »Tod des Marat« dargestellte Lykurg (Abb. 24,30) ein Beispiel gegeben. Seine Maßnahmen hatten selbstverständlich die Begüterten gegen den rigorosen Gesetzgeber aufgebracht. Ein Jüngling aus ihren Reihen schlug ihm mit dem Stock ein Auge aus. Lykurg ließ sich laut Plutarch dadurch nicht einschüchtern, sondern trat mutig hervor, zeigte den Bürgern das mit Blut bedeckte Gesicht und sein zerschlagenes Auge, ja, er nahm den Übeltäter »mit sich ins Haus, ohne ihm weiter etwas Böses zu tun oder zu sagen«. Der Jüngling lernte nun »die Sanftmut dieses Mannes, seine unermüdliche Arbeitsamkeit genauer kennen und faßte endlich eine solche Zuneigung zu ihm, daß er seinen Freunden und Vertrauten gestand, Lykurg sei nichts weniger als hart und eigensinnig, er sei vielmehr gegen andere der sanftmütigste und freundlichste Mann«[217]. Obwohl Marats Gesichtszüge tatsächlich keine Blutflecken aufweisen, gebrauchte David bei der Bildübergabe die eher auf Lykurg zutreffende Wendung »euer Blick auf die fahlen, blutbefleckten Züge Marats« (Quellen XIII; Tafel V).

Konnte das Thema des sterbenden Helden durch das Pietàmotiv vertieft und verallgemeinert werden (Abb. 36-49), so war auch die »bienveillance« offen für eine Auslegung im Sinne von Feindesliebe nach christlicher Art. Dann fing der ciceronische Begriff an, die Sprache des Heilands zu sprechen. »Faites du bien à ceux qui vous haissent«, heißt es in der Bergpredigt (Matth. 5,44). Tut wohl denen, die euch hassen. Das »Vergib uns unsere Schuld, wie auch wir vergeben unseren Schuldigern« aus dem Vaterunser kommt in den Sinn, auch das Wort des Gekreuzigten: »Vater vergib ihnen, denn sie wissen nicht, was sie tun (Luk. 23, 34). Der Zusammenhang gilt ganz konkret. Mit den Worten »denn sie wissen nicht, wann sie Böses tun, und wissen kaum, was sie tun« hatte Marat im »Plan zu einer Criminalgesetzgebung« Schwachsinnige und Irrsinnige für ihre Handlungen vor der Justiz für nicht verantwortlich erklärt. Beim Prozeß empfahl der Gerichtspräsident Montané dem Verteidiger Chauveau-Lagarde, der einige Monate später auch Marie Antoinette verteidigen sollte, sich auf die Behauptung zu beschränken, »die Angeklagte sei geistesgestört«. Charlotte Corday lehnte es jedoch ab, daß ihre Tat entschuldigt werde, und gab bei unerschütterlicher Ruhe und völliger Selbstverleugnung »selbst im Angesicht des Todes keine Reue zu erkennen«[218]. Durch die Manipulation mit dem vom Blut ihres Opfers befleckten Zettel hat David diese heroische Haltung ins flehende Gegenteil gewendet.

Offenkundig ging es ihm um eine letzte Weise der Versöhnung, um eine höhere, die Todfeindschaft überwindende Brüderlichkeit. Diese Bildphilosophie ließ sich nicht durch die Darstellung eines Toten, sondern nur durch die des Sterbenden verwirklichen. Sie spiegelt sich im Antlitz (Tafel V). Das des toten Marat überliefert die Totenmaske und Davids ergreifende Zeichnung (Abb. 120,121). Unter den entspannten Bögen der Augenbrauen sind die Augen ungleichartig geöffnet. Der linke Lidspalt ist schmaler als derjenige des rechten, der Blick erloschen. Eine leichenhaft schiefe Symmetrie prägt auch den Mund. Er ist ein wenig geöffnet und in den Winkeln leicht nach unten gezogen. Dagegen liegt im Gemälde um die leicht hochgezogenen Augenbrauen und um den unter gesenkten Lidern brechenden Blick der schmerzliche Zug einer stillen Trauer. Indessen sind die Lippen in den Mundwinkeln ein wenig angehoben. Der »dernier soupir« wird leise umspielt von einem letzten Lächeln des Wohltäters. Es ist das Lächeln der »bienveillance«. Diese war, wie gezeigt, den Ikonologen des 18. Jahrhunderts zufolge durch unverzügliche Schnelligkeit gekennzeichnet. Die bewegliche Verteilung von Schattenzonen in der hell beleuchteten und von Reflexlichtern in der verschatteten Gesichtshälfte trägt dazu bei, den Ausdruck in der Schwebe zu belassen zwischen verhaltener Enttäuschung und angedeuteter Beseligung.

Der auf Vergebung angelegten Bildphilosophie scheint der Rachegedanke in Davids Rede bei der Bildübergabe zu widersprechen (Quellen XIII). Liest man den Text daraufhin aber noch einmal genau durch, so ergibt sich eine deutliche Unterscheidung zwischen der Versöhnungsaussage des Kunstwerks und ihrer politischen Funktion. Die vom Volk verlangte Rache für Marat durch Davids Pinsel sollte darin bestehen, die besiegten Feinde beim Anblick seiner entstellten Züge erbleichen zu lassen und zu zwingen, das Los des von ihnen feige Ermordeten zu beneiden. Davids Gehorsam gegenüber der Stimme des Volkes drückte sich darin aus, daß er das Bild eines rastlosen Wohltäters schuf und mit ihm, so die Textabfolge, die Aufforderung, Marat zu rächen, an die Nachwelt weitergab. Deren Rache mußte dann zwangsläufig in der Rühmung der Tugenden Marats bestehen, in der Zurückweisung der verleumderischen Behauptung vom »Blutsäufer« und in der Feststellung, daß Marat, das geliebte Kind der Menschheit, ihr niemals Anlaß zu Tränen gegeben habe. Das so herbeigeführte Ende der Verleumdung überhaupt war gleichbedeutend mit dem Verschwinden der Aristokratie, mit der Freude der Überreste Marats auf dem Grunde seines Grabes über die Erfüllung seiner ruhmreichen Arbeit und mit der schon bei Erteilung des Bildauftrags geforderten, bis zur Bildübergabe tatsächlich aber ausgebliebenen Pantheonisierung durch das Volk. Das von David rhetorisch ausgemalte Ergebnis der Bildwirkung entsprach inhaltlich genau dem »dernier soupir« Marats vom 12. Juli 1793, seiner Zufriedenheit darüber, daß das Vaterland gerettet sei.

28. Das patriotische Blutopfer

Goethe fiel am 1. September 1792 in Verdun »ein republikanischer Charakterzug« auf. Nachdem der französische Kommandant Beaurépaire auf dem Rathaus in voller Sitzung auf Drängen der Mitbürger seine Zustimmung zur Übergabe der Stadt an die vorrückenden Alliierten gegeben hatte, »zog er ein Pistol hervor und erschoß sich, um abermals ein Beispiel höchster patriotischer Aufopferung darzustellen«. In Paris beschloß daraufhin der Nationalkonvent für Beaurépaire die Ehren des Panthéon[219].

David wandte sich in seiner Erklärung über die Medaille zur Erinnerung an das Verfassungsfest vom 10. August 1793 auch an die »stumpfsinnigen, blutrünstigen Völker, die ihr euch darauf versteift, gegen uns Krieg zu führen«. Wenn sie der Durst nach dem Blut des französischen Volkes noch weiter plage, »dann zittert, Sklaven, zittert; dieses so gute, dieses so liebende Volk, kennt auch seine Würde; Sieg begleitet die Tugend. Zittert, sage ich euch: Dieses Volk, eifrig bedacht auf seine Rechte, wird sich in Masse erheben, um euch allesamt zu zermalmen«. Die Wehrhaftigkeit schloß die Bereitschaft zum eigenen patriotischen Blutopfer ein. »Möge die Mutter, deren Sohn auf dem Schlachtfelde gefallen ist, stolz sein auf das Blut, das er für das Vaterland vergossen hat«, rief der Maler am 11. Juli 1794 in seiner Rede über das Festkonzept zur Pantheonisierung Barras (Abb. 58) und Vialas aus: »mögen Freudentränen den Tränen des Schmerzes folgen beim Anblick der Ehren, die das dankbare Volk seinem Andenken weiht«. Denn die einzigen Verdienste für die Unsterblichkeit bestehen darin, »sein Blut für das Vaterland vergossen zu haben«[220].

In dem Ritual nach der Übergabe des »Marat« an den Nationalkonvent stand an erster Stelle der Auftritt verwundeter Soldaten. Auch in der Prozession bei der Pantheonisierung Marats, wie übrigens auch schon bei derjenigen Voltaires, bildeten sie eine Abordnung. Der Soldat Aubry, der nach der Bildübergabe zum Schluß der Konventssitzung vom 14. November auftrat, machte als Beweis republikanischer Ergebenheit ebenfalls sein mehrfach vergossenes Blut geltend, während der Fall des Generals Houchard zu Beginn ein unrühmliches Gegenbeispiel abgab. Im Gemälde wurde durch die Brotassignate für die Kriegerwitwe und ihre fünf Kinder (Tafel IV) der Opfertod des Vaterlandsverteidigers mit dem Opfertod des Volksvertreters verbunden. Dieser entbehrte freilich aller martialischen Töne. Er bestand in stiller Hingabe seines Lebens für das Wohl des Volkes. Nach Guirault hatte Marat sich fortwährend für die Freiheit »geopfert« (Quellen VII). Laut Chabot bestand Marats Opfer darin, sein Blut für die »Unglücklichen« bzw. für das Volk vergossen zu haben. In dem am 8. August 1793 uraufgeführten Stück von Gassier Saint Amand »L'Ami du Peuple, ou la mort de Marat« schreit sein Tod nicht nach Rache. Er ist vielmehr ein Akt des Friedens. »Was kümmert mich mein Leben, wenn es mir gelingt, das Glück der Republik zu stärken? Schulde ich nicht mich selbst, meinen Körper und meine Seele meinem Land?«, heißt es in der 4. Szene. »Wenn ich mein Leben verlieren soll, so ist kein Opfer zu groß, um jenes Vertrauen zu verdienen, auf das ich so stolz bin. Arbeit, Schlaf, Ruhe, ich opfere sie alle, und wenn mein Blut dazu dienen kann, den Frieden und das Wohlbefinden meiner Mitbürger zu befestigen, so bin ich bereit, es zu vergießen«[221]. Das Stück endet mit einem Appell an das Volk: »Wir alle verlieren einen Vater, einen Freund...«. Guirault sprach im Zusammenhang mit dem Bildauftrag von einer »vatermörderischen Hand« (Quellen VII). Nach dem freimaurerischen Gedanken der Blutmischung war das Blut das unsichtbare geheimnisvolle Zeichen für die brüderliche Verbindung aller Mitmenschen auf dem Erdenrunde, welche ihr Geschlecht von demselben Stammvater herleiten, dessen erster Blutstropfen in ihren Adern rinne[222].

Einen patriotischen Opfertod nahm auch Charlotte Corday auf sich. Die über Verbrecher verhängte Todesstrafe hatte Rousseau im »Contrat social« rechtlich so begründet: »Um nicht das Opfer eines Mörders zu werden, willigt man ein, zu sterben, falls man selbst einer wird«. Weit entfernt davon, über sein eigenes Leben zu verfügen, sei man bei diesem Vertrag nur bemüht, es zu sichern, und es lasse sich nicht vermuten, daß irgendeiner der Vertragsschließenden im voraus beschlossen hat, sich hängen zu lassen[223]. Gerade diese Einwilligung hat die Mörderin in das Attentat mitgebracht. Gefragt nach den Motiven ihres Verbrechens, so Chabots Konventsbericht, habe sie geantwortet, daß sie, in Marat den Hauptverursacher des sich entflammenden Bürgerkriegs erblickend, das Opfer ihres Lebens gebracht habe, um ihr Land zu retten (»...elle avait fait le sacrifice de sa vie pour sauver son pays«). Der revolutionäre Blutkreis schließt sich. Im bereitwilligen und sanftmütigen Vergießen seines eigenen Blutes hat der »Ami du peuple« ein letztes Mal die mitmenschliche Blutbuße gefordert, der sich die gleichfalls republikanisch gesinnte Charlotte Corday ebenso bereitwillig und sanftmütig unterzog. Die tödliche Schreibfeder des Richterspruchs mußte dabei posthum in seinem Namen von anderer Hand geführt werden. Die merkwürdige Ähnlichkeit ermöglichte schon in den Theaterstücken der Jahre 1793 bis 1795 (Abb. 45) eine entsprechende Akzentverschiebung[224].

Bei David konnte sich das Andenken des sterbenden Marat mit der Erinnerung an die Hinrichtung der Charlotte Corday vermählen. Denn das Lächeln der »bienveillance« im jünger erscheinenden Antlitz des Geopferten war geeignet, Motiv und Mimik der sich opfernden Täterin wieder wachzurufen. Es war jenes Lächeln, das sich über die Enthauptung hinaus in ihrem jugendlichen Antlitz erhalten hatte. Der im natürlichen Jungbrunnen der Menschen- und Bürgerrechte (Abb. 7,56) verwandelte Mensch befand sich auf dem Weg lächelnder Selbsterlösung.

Deshalb mußte dem Opferblut des Blutsäufers selbst die Verehrung einer erlösungsbedürftigen Menschheit zuteil werden. David hatte es am 15. Juli in seinem Vorschlag zur Aufbahrung eher medizinisch gesehen. Einige Partien des Körpers könne man nicht enthüllen, da Marat einen Aussatz gehabt habe und sein Blut »verbrannt« gewesen sei (Quellen X). Die Louisiana State University (USA) besitzt ein blutbeflecktes Exemplar des 1724 erschienenen Buches von Père Labat »Nouveau Voyage aux Iles de l'Amérique«. Darin findet sich eine handgeschriebene Eintragung »Juillet 14, sang de Marat«, sowie die Unterschrift von Laurent Bas, des Vorzimmerzeugen während des Attentats vom 13. Juli 1793 (Quellen VIII). Auch sonst haben die Hinterbliebenen derartige Andenken in Umlauf gesetzt und vor allem zu Geld gemacht. Dabei wurde den Realitäten anscheinend ein wenig nachgeholfen. So existiert eine blutbefleckte Ausgabe der Nr. 678 des »Ami du peuple« (13. August 1792). Sie soll beim Mord auf der Badewanne gelegen haben. Auch Ausgaben der Nr. 506 (30. Juni 1791) und Nr. 681 (13. September 1792) weisen derartige Spuren auf[225]. Die blutigen Fingerabdrücke auf dem Zettel der Charlotte Corday in Marats linker Hand (Tafel IV), zunächst bloß als Indizien des Tathergangs betrachtet, erweisen jetzt ihren Reliquiencharakter, mehr noch: Sie erheben einen eucharistischen Anspruch.

Anläßlich der Pflanzung eines der zahllosen Freiheitsbäume durch die Pariser Künstler wurde eine von François Joseph Gossec komponierte Parodie auf den Hymnus »O salutaris hostia« gesungen. Als Gegenteil einer Parodie waren die Trauerfeiern für Marat gemeint. In Montoire (Loir-et-Cher) stufte der Redner der »Société républicaine et sabottière« (sic) das Attentat der »infernalischen Charlotte Corday« als eine Art Gottesmord ein: »Das mörderische Eisen, von welchem seine Seite durchbohrt wurde, hat sein Blut in großen Tropfen hervorsprudeln lassen. O kostbares Blut...du bist geflossen, und die Sonne hat ihre Strahlen dieser Freveltat geliehen! O heiliges Bad, welches das Blut und die letzten Seufzer eines Märtyrers der Freiheit empfangen hat, werde für jeden Franzosen eine Quelle des Heils!« In »Bourg-Régénéré« (Bourg-en-Bresse) haben die Sansculotten ein Liebesmahl veranstaltet. Es war eine patriotische Kommunion im Namen Marats mit liturgischer Speisung und Weinelevation. Das Protokoll teilt mit[226]:

»Der Zug begab sich zur Kirche. Dort waren die Tische gedeckt, wohin jeder Patriot sein Mittagessen mitgebracht hatte und wo die Armen wie die vornehmsten Gäste Platz nahmen.

Und dort, was für brüderliche Herzensergüsse! Dort gab der Präsident der Gesellschaft im Namen aller einem Abgeordneten der benachbarten Gesellschaften, einem Greis, einem jungen Mädchen und einem Verteidiger des Vaterlandes den Sansculottenkuß.

Der Bürgermeister schlug vor, auf das Andenken Marats zu trinken und brachte den Trinkspruch aus:

Habt acht!
Bereitet die Urnen,
Schenkt ein und füllt die Urnen.
Stellt die Urnen auf in einer Reihe,
Laßt den Weihrauch aufsteigen zum
Gedenken Marats.

Ergreift die Urnen,
Hebt sie zum Himmelszelt,
Drückt sie ans Herz,
Tretet zum Grab,
Vergießet Tränen,
Laßt das Weinen,
Stellt euch auf!

Stellt die Urnen auf den Katafalk, mit Einigkeit und Unteilbarkeit, zu drei gleichen Malen. Sammelt euch, Sansculotten, und fallt ein in den dreimaligen Ruf: Marat ist glücklich! Marat, unser Freund, starb für das Vaterland!
Das Mahl verlief diszipliniert, freudig und ohne Trunkenheit...«

Schon im »Le Peletier« (Abb. 6) hat David nicht nur die tödliche Wunde, sondern nach Ausweis von Tardieus Nachstich (Abb. 115) ebenso deutlich auch das aus ihr hervorgetretene Blut dargestellt, zwei kleine, dünnlinige Rinnsale auf dem Bauch und einen breiteren Strom über der Hüfte. Er hat die Fältelung der Tuchdrapierung benetzt und auf dem - vermutlich weißen - Matratzenlaken unter dem Unterarm eine größere, unregelmäßige Fleckenspur verursacht.

Im »Marat« ist David einen entschiedenen Schritt weitergegangen. Die ganze Situation des Ermordeten, seine waffenlose Nacktheit und die Blutspuren, vor allem auf dem hell beleuchteten, makellos weißen Tuch am Rand der Badewanne, zeigen an, daß hier ein Wehrloser getötet worden ist, will heißen, ein Mensch, dessen Blut unschuldig vergossen wurde. Zwischen dem Oberkörper und der über die Wanne gelegten, mit grünem Stoff bedeckten Schreibplatte sieht man, wie sich das Badewasser mit dem aus der Seitenwunde ausgetretenen Blut vermischt (Tafel V). Darauf hat, ohne Deutung, schon Lenoir hingewiesen[227]. Man denkt an den gekreuzigten Heiland, aus dessen Seitenwunde »Blut und Wasser« trat (Joh. 19,34). Die Badewanne übernimmt, so gesehen, die Funktion eines Kelchs. Auch in dieser Hinsicht stellt die Assignate als Marats »letztes Stück Brot« (Quellen XIII) die passende Ergänzung dar (Tafel IV). Brotopfer und Blutopfer gehören zusammen. Das oben beschriebene altarähnliche Arrangement während der Schaustellung im Louvre-Hof stand damit im Einklang. Bei den »staatsbürgerlichen Ehrungen« (Quellen XII) haben die Sansculotten zum Gedenken ihrer Märtyrer kommuniziert. Das Ritual sollte zweifellos nicht Bekräftigung, sondern inhaltliche Überwindung des christlichen Meßopfers demonstrieren. Dies bestätigte nach der Bildübergabe im Nationalkonvent die Gemeinde von Choisi durch den Wunsch nach Umtausch der Meßbücher ihres Pfarrers und Kaplans einschließlich des Silbergeräts gegen eine Marat-Büste und nach Abänderung ihres Gemeindenamens in »Choisi-Marat«, ebenso die Reihe der anderen Gemeinden, die das Silbermobiliar aus ihren Kirchen offerierten. Demgemäß hoben die Litaneien bei der Pantheonisierung ab auf ein Erbarm-dich-unser durch Marat, den »Tröster der Bedrängten« und »Vater der Unglücklichen«[228].

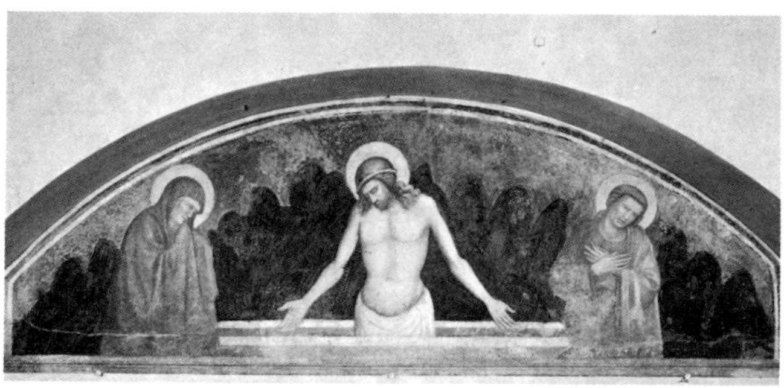

Abb. 103. Giovanni Toscani: Pietà. Um 1412 (Florenz, S. Trinita)

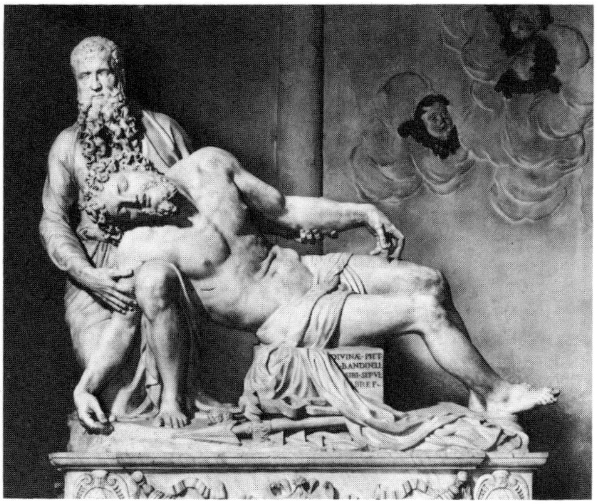

Abb. 104. Baccio Bandinelli: Pietà. 1559 (Florenz, Ss. Annunziata)

Den eucharistischen Aspekt hat David bewußt angestrebt. Er wird durch die Darstellung der Arme vermittelt. Sie wirken merkwürdig groß, was den Berichten über Marats körperliches Erscheinungsbild durchaus entspricht. Ihre Haltung weicht grundlegend ab von den Bildreportagen. Wenn ihnen der leicht abgewinkelte rechte Arm mit der Schreibfeder allenfalls bis zu einem gewissen Grad ähnelt, so noch weniger die Position des anderen Armes. Dieser bleibt auf dem Basset-Stich (Abb. 14) unsichtbar. Bei Desray (Abb. 49) ist er, stark abgewinkelt, größtenteils hinter den Oberkörper zurückgenommen, so daß nur ein Teil des Unterarms und der Hand erscheint. Im Stich von Swebach-Desfontaines (Abb. 68) liegt er im Ellbogen rechtwinklig abgeknickt auf dem Tuch über der Badewanne. Marats Haltung bei Duplessi-Bertaux kommt übrigens ganz ähnlich später wieder vor in der Gestalt des »Schattens« von Auguste Rodin (Abb. 73). In keinem Fall entsteht eine anschauliche Entsprechung zwischen beiden Armen. Bei David ist das anders. Der linke Arm ist, unbeschadet der geringfügigen Verkürzung des oberen Teils, der ganzen Länge nach zu sehen. Der Winkelgrad im Ellbogen weicht kaum von demjenigen des rechten Armes ab. Beide nehmen aufeinander Bezug in einer ausfächernden Figuration. Durch die Drehung des Oberkörpers aus der Profilhaltung heraus, welche durch die bildparallele Anordnung der Badewanne festgelegt war, präsentiert sich zudem der linke Unterarm dem Betrachter von seiner Innenseite. In der Zuwendung Marats zeichnet sich die sprichwörtliche Gebärde der offenen Arme ab.

Ihre Bedeutungswurzel liegt in hochmittelalterlichen Darstellungen der Kreuzabnahme. Dabei sind anschaulich und sinngemäß zwei grundsätzliche Aspekte zu unterscheiden. Der für Bernhard von Clairvaux literarisch überlieferte und bildlich dargestellte Gedanke der Umarmung weist dem Krucifixus eine aktive Rolle zu, vergleichbar den Darstellungen Christi in der Kelter vom 16. bis zum 18. Jahrhundert. Mit vom Kreuzbalken abgelösten und ausgebreiteten Armen spendet der Heiland aus den Wundmalen der nach außen gekehrten Handflächen und aus der Seitenwunde aktiv sein Blut in den Trog bzw. in das Taufbecken als dem Brunnen des Lebens. Einen zweiten Aspekt bieten zahlreiche, vor allem italienische Beispiele des 14. und 15.

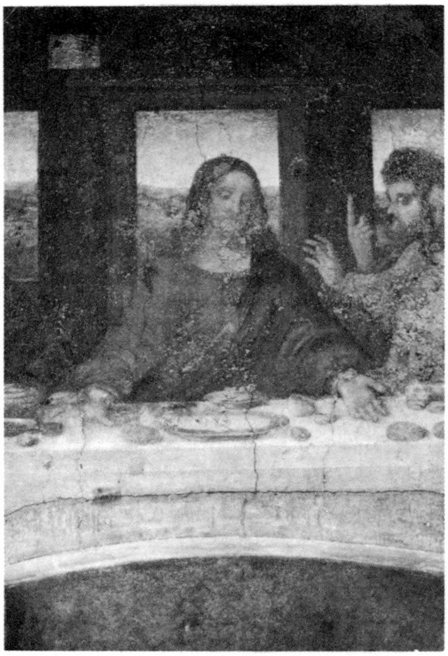

105

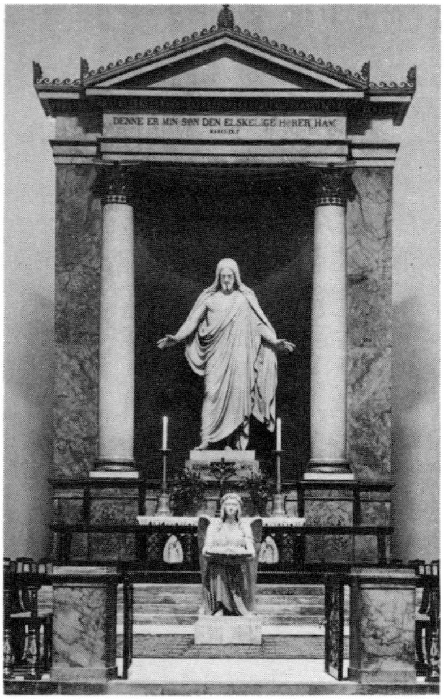

106

Jahrhunderts (Abb. 103). Der tote Christus steht bzw. sitzt mehr oder weniger frontal in seinem rechteckigen Sarkophagtrog und breitet seine Arme und Hände zum Betrachter hin aus[229]. Die Gebärde hat im Hinblick auf die gläubigen Betrachter eine mehr empfangende Bedeutung angenommen. Häufig stehen diese Beispiele in enger Verbindung mit der Altarmensa und damit dem Altarsakrament, so bei Darstellungen in der Prädellenzone. Der Widerspruch zwischen dem Sichpräsentieren und dem Totsein Christi ließ sich dadurch lösen, daß der Leichnam von Assistenzfiguren - Maria, Johannes - dem Betrachter präsentiert wird. Im Einklang mit den Realitäten des Todes wurde in der Renaissance dabei die Offenheit der Hände häufig in schlaffes Herabhängen umgewandelt, in der Haltung der Arme aber das alte Thema des Ausgebreitetseins in zahllosen Varianten bis in den Barock und noch darüber hinaus beibehalten[230].

Besondere Aufmerksamkeit verdient die plastische Marmorgruppe Baccio Bandinellis von 1559 für seine Grabkapelle in Ss. Annunziata in Florenz[231]. Auf einem Sarkophagsockel präsentiert Nikodemus, nach Aussage des Bildhauers, »über dem Altar die Pietà, gemacht für diesen Effekt« (Abb. 104). Indem der linke Arm Christi leicht angehoben wird, entsteht zusammen mit dem herabgesunkenen rechten und dem frontal zur Schulter gewendeten Antlitz eine Figuration, die derjenigen des »Marat« erstaunlich ähnelt. Nikodemus ist zudem ein Selbstbildnis Bandinellis. Der Künstler bietet seinen in größerem Maßstab gehaltenen Heiland als Erinnerungsmal dem Betrachter dar. Dies wird durch die Inschrift auf dem stützenden Steinquader verdeutlicht. Wie diejenige auf Davids Holzkiste ist sie ein Bildbestandteil und drückt im Prinzip dasselbe Verehrungsverhältnis aus: »DIVINAE PIET. B. BANDINELL.H.SIBI.SEPUL.FABREF.«

Die eucharistische Bedeutung der ausgebreiteten Arme hat Leonardo da

Abb. 105. Leonardo da Vinci: Christus aus dem Abendmahl. 1496/97 (Mailand, S. Maria delle Grazie)

Abb. 106. Bertel Thorvaldsen: Christus. 1821-39 (Kopenhagen, Frauenkirche)

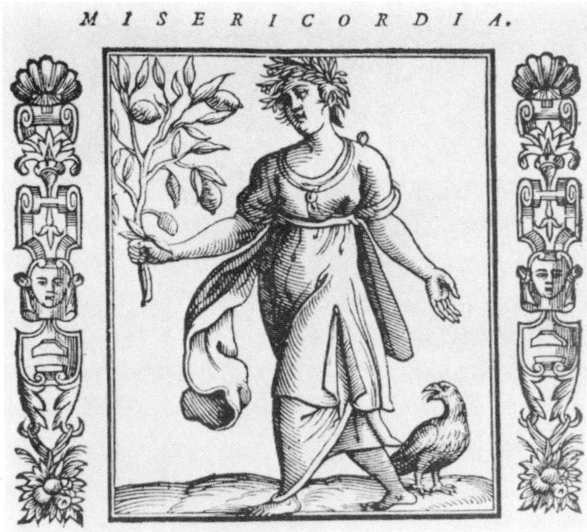

Abb. 107. »Misericordia«. Aus der Iconologia von Cesare Ripa, 1611

Vinci in seinem »Abendmahl« für alle Zeiten geprägt (Abb. 105). Die Gebärde des Erlösers richtet sich durch ihre Frontalisierung bildauswärts auf den Betrachter und damit an alle Sünder. Den Christus in Raffaels »Disputa del Sacramento« beschrieb Giovanni Pietro Bellori 1695 als im oberen Teil seines reinsten Körpers entkleidet von dem weißen Mantel; er »öffnet die Arme für die Erwählten und bietet sich selbst dar in der ewigen Nahrung«. Sie manifestiert sich in der Mittelachse darunter als Hostie auf dem Altar. Diese Anordnung war noch für Thorvaldsen verbindlich (Abb. 106). Der klassizistische Bildhauer gab seiner marmornen Christusstatue, aufgestellt in der Kopenhagener Frauenkirche über dem Altar, auf welchem das Abendmahl als eines der beiden protestantischen Sakramente begangen wird, die offenen Arme in der Art Leonardos und die Wundmale. Die Einsetzungsworte lauten bekanntlich: »...das ist mein Leib« und »Das ist mein Blut des neuen Testaments, welches vergossen wird für viele, zur Vergebung der Sünden« (Matth. 26,26,28)[232].

Cesare Ripa hat den Gestus kodifiziert in der Allegorie der »Misericordia« (Abb. 107). Diese ist »un'affetto de l'animo compassionevole verso l'altrui male«, also eine Mitleidshaltung gegenüber dem Elend des anderen. U.a. zeige ihr weißes Inkarnat die Neigung zur Barmherzigkeit an. Ihre offenen Arme bedeuten, daß das Erbarmen von der Art unseres Erlösers Jesus Christus ist, welcher die wahre Misericordia sei, uns mit Bereitschaft immer mit offenen Armen erwarte, um alle zu umarmen und unseren Übeln entgegenzukommen. Dazu wird Dante zitiert (Purgatorio, III, 121-123):

> »Horribil furon li peccati miei
> Che prende ciò che si riuolge à lei.
> Ma la bontà infinita hà si gran braccia«[233].

Die unendliche Güte gegenüber den schrecklichen Sünden hat so weite Arme.

Mit dieser Gebärde brachte Rubens im Gemälde »Christus und die reuigen Sünder« die Vergebung der Sünden zum Ausdruck (Abb. 108). Deutlich sichtbar auf dem halbnackten Leib sind die Wundmale der Passion. Die

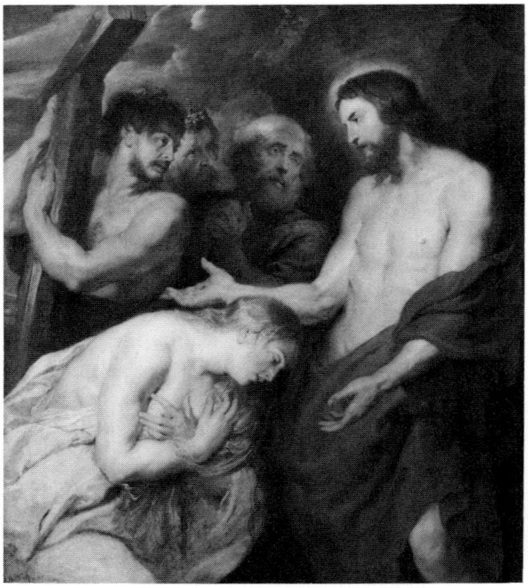

Abb. 108. Peter Paul Rubens: Christus und die reuigen Sünder. Um 1620 (München, Alte Pinakothek)

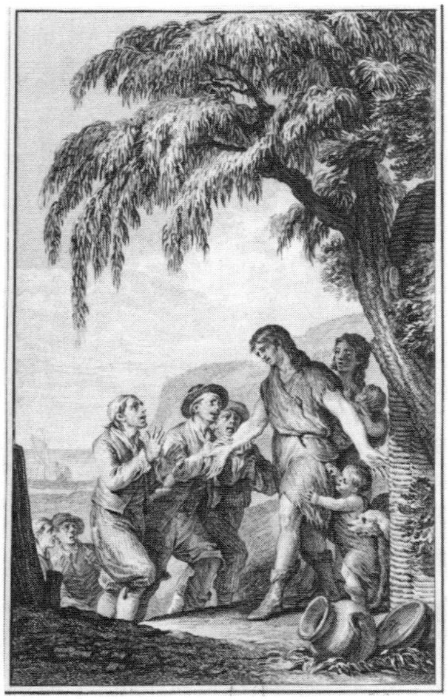

Abb. 109. J.-B. Simonet nach J.M. Moreau le Jeune: »Bienfaisance d'une Familee sauvage du Canada, envers des Français«. Aus der Histoire philosophique du Commerce etc. des Abbé Raynal, 1780

Beziehung des geopferten Heilands zur reuigen Maria Magdalena präfiguriert diejenige des sterbenden Marat zur »unglücklichen« Charlotte Corday. Indem sie dem »Ami du peuple« ihr schriftliches Begehren um »bienveillance« in die Hand legte, hat sie das alte eucharistische Erbarmen gegenüber einem schuldvollen Ersuchen auf die neue Begriffsebene des patriotischen Opfertods gehoben. Durch Marats Wendung nach außen für jeden Bildbetrachter nachvollziehbar gemacht, beansprucht der individuelle Bezug zugleich Allgemeingültigkeit.

Deshalb muß man sich, wie beim Pietàmotiv des rechten Arms, auch bei dieser Gebärde vor einem christlichen Kurzschluß hüten. Eine Illustration von J.-B.Simonet nach Jean Michel Moreau le Jeune zum vierten Band der »Histoire philosophique du Commerce des Européens dans les Deux-Indes« des Abbé Raynal von 1780 trägt den Titel »Bienfaisance d'une famille sauvage envers des Français« (Abb. 109). Schiffbrüchige Franzosen werden in der Wildnis eines fernen kanadischen Ufers freundlich von einer eingeborenen Familie empfangen, an ihrer Spitze vom Familienvater. Er kommt ihnen genau in der Haltung von Cesare Ripas »Misericordia« (Abb. 107) mit offen ausgebreiteten Armen entgegen. Der Wilde vertritt freilich nicht die christliche Vergebung der Sünden. Vielmehr ist er im Geiste Rousseaus der Mensch der Natur, der einfache Mensch, der bessere Mensch, der sich der Gestrandeten erbarmt. Bei Gravelot und Cochin wiederum steht die »Nature« selbst nackt und frontal mit ausgebreiteten Armen unter freiem Himmel in einer paradiesischen Landschaft, in welcher Löwe und Hirsch friedlich nebenein-

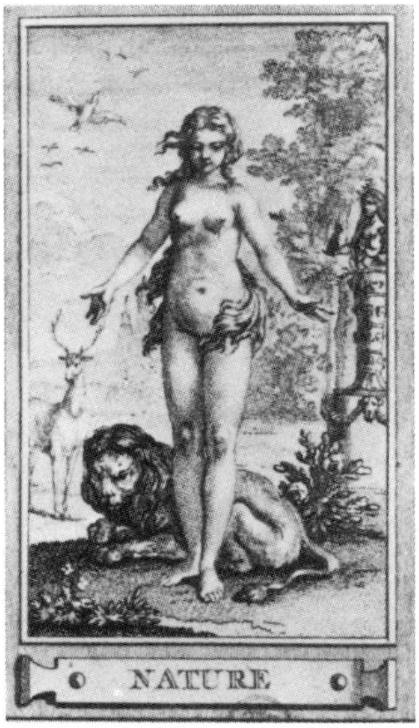

Abb. 110. »Nature«. Aus der Iconologie von Gravelot/Cochin, 1789-91

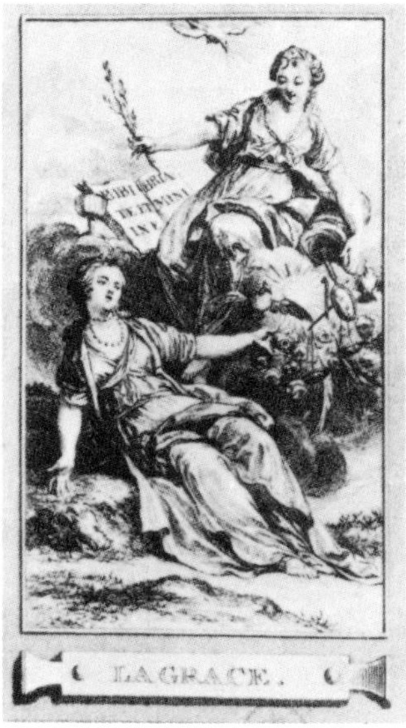

Abb. 111. »La Grâce«. Aus der Iconologie von Gravelot/Cochin, 1789-91

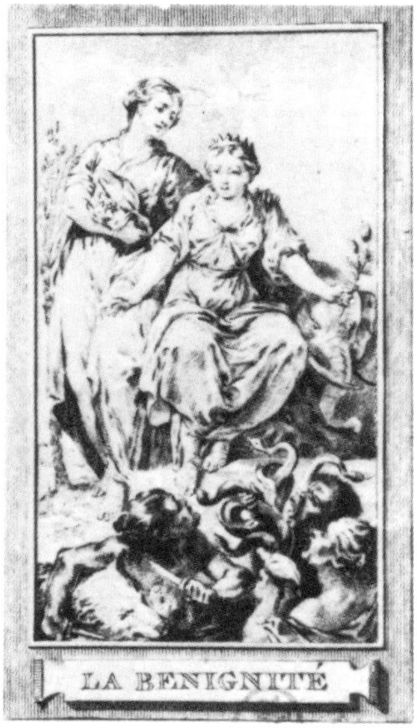

Abb. 112. »La Bénignité«. Aus der Iconologie von Gravelot/Cochin, 1789-91

ander leben (Abb. 110). Die Haltung drückt die Einfachheit ihres Wesens (»la simplicité de son essence«) aus. Ihr sei die Existenz von allem, was atmet, zu verdanken. Zu ihren Wohltaten (»bienfaits«) gehören die verschiedenen Qualitäten, die jede Art kennzeichnen. Mit ausgebreiteten Armen erscheint bei Gravelot und Cochin auch jener Begriff der »Grâce« (Abb. 111), der bei Rousseau mit »bienveillance« verknüpft und bei der Umbenennung der Stadt Le Havre-de-Grâce durch »Marat« ersetzt worden ist. Bei der »Bénignité«, der alten Herzensgüte, auch »bienfaisance« genannt, bedeuten die offenen Arme Hingabe und »bienveillance«, mit welchen diejenigen empfangen werden, die bei ihr Zuflucht suchen (Abb. 112). Mit dieser Gebärde wendet sie sich der mit Messern und Schlangen bewaffneten Bösartigkeit, der »Malignité«, und dem Verbrechen zu[234].

Offenkundig sah David in der Gestalt Marats die Übertragung christlichen Erbarmens auf Rousseaus Grundkategorie verkörpert. Der Gestus der eucharistischen Überlieferung ist zur Gebärde der Gnade, des Wohlwollens, natürlicher Herzensgüte und schließlich der Einfachheit der Natur überhaupt geworden, zur Gebärde des »Menschen« also. Die Vorstellungsbereiche von Aktion und Passion erscheinen identifiziert im Bild des leidenden Arztes, der sich hier geopfert hat. In ihm hat der »Humanus« seine Symbolfigur gefunden, nach Hegel der neue Heilige einer aus den alten religiösen Bindungen entlassenen und das Allgemeinmenschliche in seinen Bestrebungen, Taten und Schicksalen darstellenden Kunst[235]. Ältere Vorläufer für diese Motivübertragung bilden barocke Darstellungen des sterbenden Seneca, Davids Frühwerk eingeschlossen (Abb. 80). 1791 stellte Antoine Borel (1743-nach 1810) den seine letzten Worte sprechenden Mirabeau in dieser

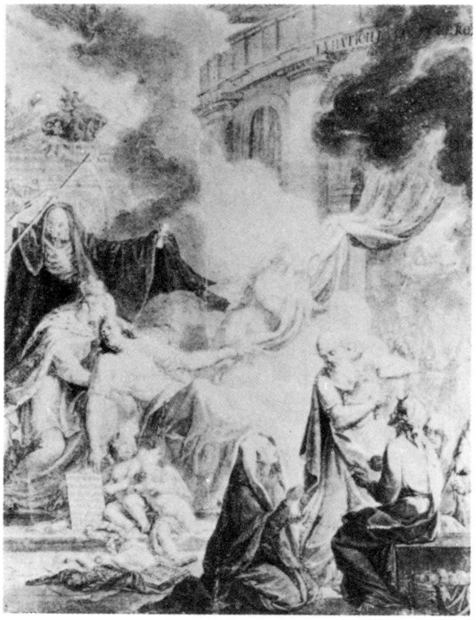

Abb. 113. Antoine Borel: Die letzten Worte und der Tod Mirabeaus. 1791 (Paris, Musée Carnavalet)

Armhaltung dar (Abb. 113). Auf dem Boden vor dem Sterbebett liegt u.a. ein aufgeschlagenes Buch »Droits de l'homme«. In der Personifikation der Republik in Joseph Marie Viens Zeichnung »Triumph des französischen Volkes« von 1794 scheint ebenfalls die Gebärde der offenen Arme enthalten. Sie faßt zwei Eichenkränze in der Rechten, in der Linken ein Dokument, wahrscheinlich die Menschen- und Bürgerrechte bzw. die Verfassung[236].

Den blutrünstigen Kriegsgegnern hielt David in seinem Vorschlag für die Gedenkmedaille des 10. August 1793 entgegen, daß »wir für euch die Arme ausbreiten«. Angesichts »der Umarmungen einer Nation von Brüdern ..., die unter freiem Himmel alle zusammen schwuren, als Republikaner zu leben und als Republikaner zu sterben«, forderte er sie auf: »Werdet wieder Menschen - das französische Volk öffnet euch sein Herz; für die Sache der Menschheit, für eure Sache kämpft es...«[237]. Dies ist in Regnaults »Freiheit oder Tod«, geschenkt dem Nationalkonvent, 1795 als Eigentum der Nation im Salon ausgestellt und nur in einer kleineren Fassung bekannt, zum Bildthema erhoben (Abb. 114). Der Titel entspricht in verkürzter Form dem Schwur des Volkes in der fünften Station des Verfassungsfests (Quellen III), ist jedoch in bezug auf die Ikonographie irreführend[238]. Über der Erdkrümmung schwebt zwischen der links auf einer Wolke erhöht thronenden »Republik« und dem rechts auf einer etwas niedrigeren Wolke angeordneten »Tod« der Genius Frankreichs aus der Tiefe frontal auf den Betrachter zu. Er ist nackt. Seine Flügel hinterfangen sowohl die Gestalt der »Republik« als auch die des »Todes«. Die weit ausgebreiteten, höhenmäßig unterschiedenen Arme bedeuten die Offenheit der Nation für die ganze Menschheit, einen den Tod nicht scheuenden Einsatz für die Republik. Die Knochenhand, welche den Sensenschaft umfaßt, hält zugleich die republikanische Bürgerkrone aus Eichenlaub. Wie in den Flügeln des Genius zeichnen sich auch in den Flügeln des »Todes« die Farben der Trikolore ab.

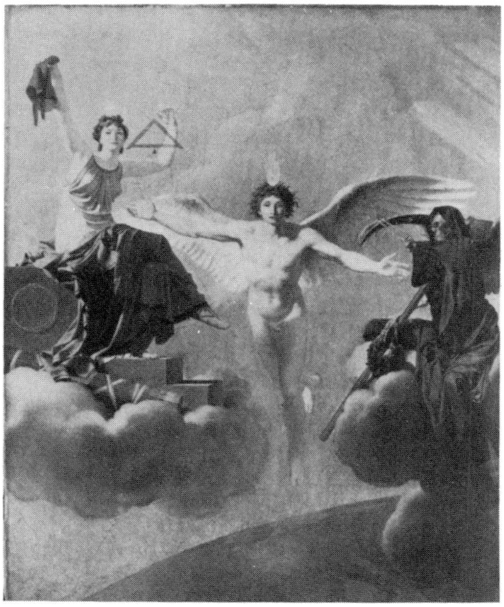

Abb. 114. Jean Baptiste Regnault: Freiheit oder Tod. 1794 (Hamburger Kunsthalle)

30. Realpräsenz

Die Absicht des Abgeordneten David ging allem Anschein nach dahin, in einem neuartigen Ecce-homo-Bild ein Sakrament zu zelebrieren, das die Welt noch nicht erlebt hatte, das republikanische Sakrament der menschgewordenen Menschlichkeit. Inhalt und Gebärde des Erbarmens werfen damit die Frage nach dem Realitätsgrad auf.

Der Abgeordnete Audoin hatte sich in einem mit Begeisterung aufgenommenen und offiziell veröffentlichten Huldigungsgedicht auf Marat mit folgenden Versen an David gewandt:

> »...Marat ist nicht mehr! Wappne dich mit Mut,
> Dich, seinen treuen Freund, Maler des Peletier,
> Gib ihn uns zur Gänze wieder.
> Unsterblich auf der Leinwand...«

Anläßlich der Schaustellung im Louvre-Hof bemerkte ein Augenzeuge, daß sich der Ausdruck des Grauens vor diesen beiden Gewalttaten über das ganze Ensemble wie über die Einzelheiten verbreitet habe. Das beweise, daß der schmerzvolle und kunstreiche Pinselstrich des Malers allein nicht genügte und daß er noch der brennenden Vaterlandsliebe bedurfte, die ihn entflammt habe. Mehr noch als den »Le Peletier« (Abb. 6,115) würden die Künstler das Marat-Bild bewundern. Es sei wirklich schwierig, seinen Anblick lange auszuhalten, »so schrecklich ist seine Wirkung«. Nach Davids eigener Formulierung sollten Le Peletier und Marat »in gewisser Weise anwesend« sein bei den ihnen erwiesenen »staatsbürgerlichen Ehrungen« (Quellen XII). Man fühlt sich an die Keule der geplanten Kolossalfigur des französischen Volkes erinnert, welche als Behältnis konstitutioneller Dokumente nach Davids Worten »schrecklich und wirklich«, d.h. mehr »als ein Symbol« sein sollte[239].

Alpatow sprach treffend von Davids Bestreben, die objektiven Eigenschaften des im Bild Dargestellten freizulegen. Herding fand Marat hautnah dargestellt, »ein Märtyrer, der betastet werden kann«[240].

Erzielt wurde diese Wirkung durch ungewöhnliche künstlerische Mittel. Schon Jules David stellte fest, daß der Künstler im »Tod des Marat« seine übliche Malweise aufgegeben habe. Ohne die graue Tonleiter der Trauer und des Schmerzes zu verlassen, habe er die Formen der Figur aus einem heißen Kolorit entwickelt und sehr kräftig modelliert. Der Neffe glaubte darin eine Verwandtschaft mit den besten Stücken der spanischen Schule und ein Unikum im Lebenswerk Davids zu erkennen. Wichtiger als der Stilvergleich ist seine Beschreibung der Maltechnik. David habe danach gestrebt, den Körper im Licht sich abheben zu lassen von der kunstvollen Einfachheit des bemerkenswert kraftvollen und leichten Frottisgrundes. Dieser wurde, nach Bleyls Beobachtung, in einem einzigen Arbeitsgang in seiner endgültigen Wirkung aufgetragen[241]. Durch die deutlich sichtbar gelassene Pinselspur erhält das Frottis eine undingliche Eigenständigkeit. Sie muß komplementär mit der bei Marats Gestalt angewandten dinglich-glatten Maltechnik zusammengesehen werden. Der scharf ausgrenzende Gegensatz steigert den durch das Morgenlicht der sich erneuernden Natur und eine fahle Farbigkeit erzeugten Eindruck einer leibhaftigen Anwesenheit der sterbenden Gestalt.

Hier offenbart sich der tiefere Sinn der vom Künstler gewählten Optik. Keine der populären Bildreportagen gibt das Attentat in der eindringlichen Nahsicht Davids wieder. Im Gegenteil, sie verlegen das Geschehen in ein mehr oder weniger geräumiges, z.T. sogar saalartiges Zimmer, wo sich die Figuren dementsprechend genrehaft und verhältnismäßig ferngerückt ausnehmen (Abb. 14,48,49,68,69,73,74). Das widerspricht den historischen Gegebenheiten. Denn der Tatort war klein, wie der überlieferte Grundriß (Abb. 12) belegt. Er bot nach der Aussage des Zeugen Bas nur Platz für zwei Personen (Quellen VIII). Bei künstlerischer Treue gegenüber der authentischen Enge gab es demnach nur zwei Darstellungsmöglichkeiten. Die erste und gewissermaßen natürliche, vom Lokaltermin diktiert, finden wir in Baudrys »Charlotte Corday« (Abb. 13). Der Blick fällt von der Tür her aus einer aufrechtstehenden Position von oben auf die Leiche in der Badewanne. Dieser despektierlichen Sicht Marats antwortet komplementär die den Betrachter konfrontierende Würde der Attentäterin. Ihr tut die räumliche Gedrängtheit keinen Abbruch.

David hingegen entschied sich für die andere Möglichkeit. Die Augenhöhe läßt sich durch die leichte Aufsicht von Holzkiste, Schreibunterlage und Wasserspiegel genau bestimmen (Tafel V). Sie liegt nur wenig über dem Badewannenrand, d.h. auf dem gleichen niedrigen Niveau wie Marats frontalisiertes Antlitz. Aus dem Wunsch nach einer ungefähren Angleichung an das ebenfalls bildparallel komponierte Gegenstück läßt sich das nur bedingt erklären. Nimmt man nämlich das Bett des »Le Peletier« in dem rekonstruierten Pendantverhältnis (Abb. 30) zum Maßstab, so erscheint die niedrige Augenhöhe bei der Badewanne umso auffallender. Mit anderen Worten: Der Anschauung des Betrachters wird ein Kniefall verordnet. In der räumlichen Enge des Tatorts fordert der auf demütiger Augenhöhe sich uns zuwendende

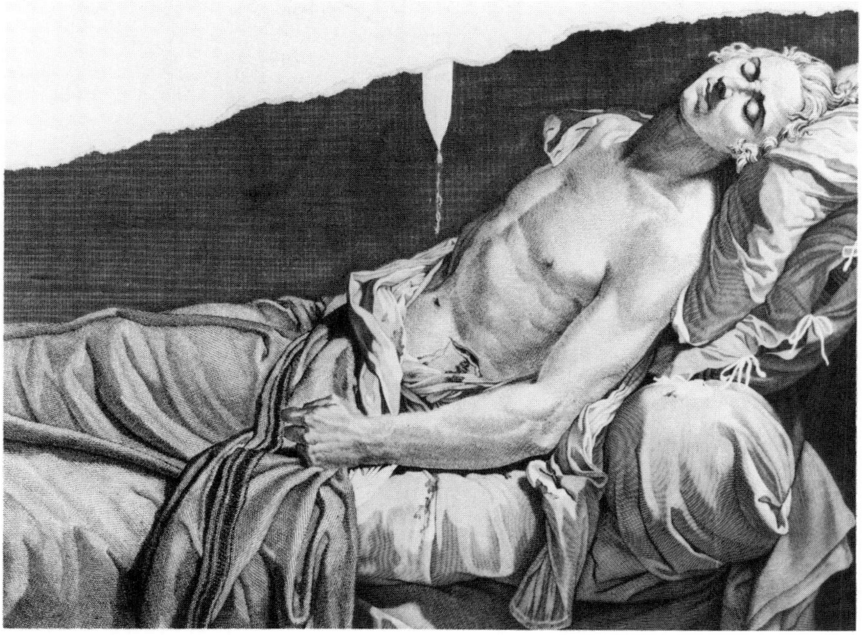

Abb. 115. Pierre Alexandre Tardieu nach David: Le Peletier auf dem Totenbett. 1794 (Paris, Bibliothèque Nationale, Cabinet des Estampes)

Marat zwingend das Andachtsverhältnis seiner Gegenwärtigsetzung. Der ganze Bildinhalt ist zum Greifen nahe gerückt. Die Gleichsetzung der Holzmaserung der Kiste mit dem sie imitierenden Pinselduktus der dünn lasierend aufgetragenen Farbe identifiziert zugleich ihre absolut bildparallele Vorderfläche mit der vorderen Bildebene. Mit ihrer Widmungsinschrift (Tafel II) wird sie zur Nahtstelle zwischen dem Bildträger und der auf ihm erzeugten Illusion. Der schattenwerfende Zettel spielt als trompe l'œil täuschend echt bereits in die Sphäre des Betrachters hinüber (Tafel IV). Die ästhetische Grenze wird suggestiv zur Wirklichkeit hin durchstoßen. Das wiederum verhilft rückwirkend ins Bildinnere auch der Figur und den übrigen Gegenständen, nicht zuletzt den schriftlichen Eintragungen, zu anschaulicher Überillusion. Die Kunst ist auf dem Weg, sich in ihr Objekt zu verwandeln[242].

Den Scheinwerfer einer extremen, bis an die Grenze der Unkunst getriebenen Gegenständlichkeit hatte der Künster bereits auf den ermordeten »Le Peletier« gerichtet. Nach Delécluze soll im endgültigen Gemälde der Kopf von David selbst, der halbnackte Körper hingegen und ein großer Teil des Beiwerks von seinem Schüler François Gérard gemalt worden sein[243]. Trifft das zu, so hat David diese Partien einem Mitarbeiter überlassen, der, wie er selbst, über die künstlerische Kraft zu stofflicher Vergegenwärtigung verfügte und gestraffte Körperlichkeit mit handgreiflicher Genauigkeit verband. Aus dem Nachstich Tardieus (Abb. 115) wird deutlich, daß die Gestalt Le Peletiers in harter Beleuchtung schräg von rechts oben dargestellt worden ist. Dies führte bei scharfliniger Umrißzeichnung zur Ausformung eines

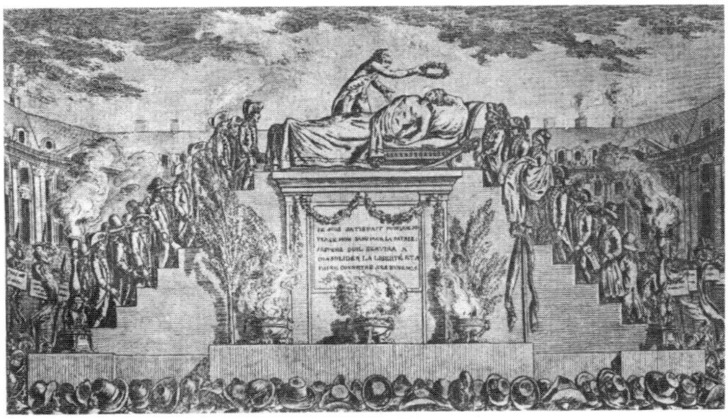

Abb. 116. Anonym: Le Peletier auf dem Totenbett auf der »Place des Piques« (Place Vendôme). 1793 (Paris, Bibliothèque Nationale, Cabinet des Estampes)

Abb. 117. Jacques Cellerier: Projekt für den Leichenwagen mit der wächsernen Effigies Voltaires. 1791 (Paris, Musée Carnavalet)

Abb. 118. Claude Nicolas Malapeau und Simon Charles Miger: Die Überführung Voltaires ins Panthéon. 1791 (Paris, Bibliothèque Nationale, Cabinet des Estampes)

ausgeprägten Oberflächenprofils. Durch Helligkeitswerte und Dunkelheiten wurden Höhen und Vertiefungen mit großer plastischer Präzision modelliert. Die Bildmittel, einschließlich des geschriebenen Worts, verhalfen auch dieser Gestalt des sich für die Zukunft der Menschheit opfernden Menschen zu höchster leiblicher Gegenwart.

Das Gemälde zeigte den Körper des ermordeten Le Peletier genauso, wie ihn der Maler auf dem Sockel von Girardons gestürzter Reiterstatue Ludwigs XIV. auf der »Place des Piques«, vormals Place Vendôme bzw. Louis-le-Grand, am 24. Januar 1793 vor seiner Überführung ins Panthéon öffentlich zur Schau gestellt hatte (Abb. 116). Dabei wurde die Verwischung der Grenze zwischen Kunst und Realität offenbar von vornherein angestrebt. Mit der Aufbahrung des Leichnams auf dem freigewordenen Piedestal eines Bildwerks ruhte das Fleisch der Wirklichkeit auf dem Fundament der Fiktion. Und umgekehrt, der Rahmen der Kunst füllte sich mit der Gestalt des Lebens, die eine Gestalt des Sterbens war. Noch ganz erfüllt vom gemeinsamen Schmerz, mit welchem die Abgeordneten am Leichenzug teilgenommen und »die leblosen Reste« ihres Kollegen geehrt hätten, stellte David folgerichtig am nächsten Tag im Nationalkonvent den Antrag zu einem Marmordenkmal. Es sollte »der Nachwelt die Gestalt Le Peletiers so überliefern, wie ihr ihn gestern gesehen habt, als er ins Panthéon getragen worden ist«[244]. Die skulpturale Verewigung hätte demnach das Erscheinungsbild der sterblichen Hülle bei ihrem Eingang in die Unsterblichkeit zum Gegenstand gehabt, vermutlich auf demselben Denkmalsockel. Der Ort der leibhaftigen Aufbahrung wäre damit zum Ort ihrer monumentalen Versteinerung geworden, und zwar auf dem gemeinsamen Nenner einer grundsätzlichen Gleichheit der körperlichen Form, d.h. ihrer dreidimensionalen Ausbildung im Erfahrungsraum des Betrachters.

Zur Ausführung des Projekts ist es nicht gekommen. Stattdessen hat David die Ästhetik der plastischen Unsterblichkeit des Leibes ins Medium der Malerei übertragen. Es bot gegenüber dem Marmor den Vorteil der Farbe und damit der Bewahrung sinnlicher Vollständigkeit. Nach der Aussage eines Zeitgenossen soll David angeblich auf dem Denkmalsockel selbst mit einer Staffelei und einer Leinwand Platz genommen haben, und das Volk habe das Schauspiel des »dieses blutende Modell kopierenden Malers« erlebt[245].

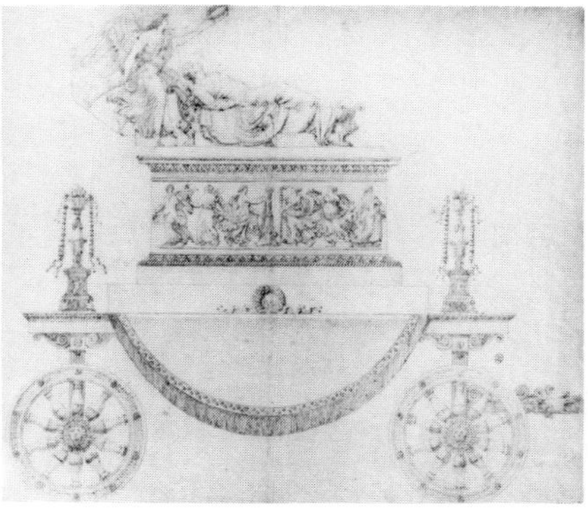

7

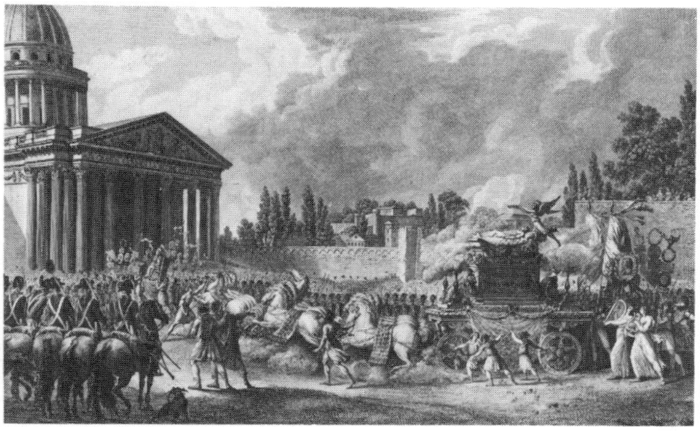

118

31. Wachsfigur und Totenmaske

Zwischen der irritierenden Wirkung beider Gemälde und dem Willen zur anschaulichen Bewahrung der authentischen Leiblichkeit besteht ein historisch nachweisbarer Zusammenhang.

Bei der Pantheonisierung Voltaires am 11. Juli 1791 war auf dem zweifellos von David inspirierten, von Jacques Cellerier gezeichneten und von zwölf Pferden gezogenen Triumphwagen über dem Sarkophag mit den sterblichen Überresten eine Wachsfigur des Denkers zu sehen (Abb. 117,118). Sie ruhte, täuschend echt modelliert und farbig geschminkt, in schlafender Haltung auf einem Paradebett. Es handelte sich um ein Erzeugnis des Wachsfigurenkabinetts des aus der Schweiz eingewanderten Dr. Johann Kurtz, genannt Curtius, angefertigt wahrscheinlich durch seine Nichte und Mitarbeiterin Marie Grosholtz, spätere Madame Tussaud. Das Gewand war von Purpurfarbe. Der geflügelte, vom Himmel herabgestiegene Genius der Unsterblichkeit hielt einen Kranz über das Haupt[246]. Das Arrangement einschließlich der antikisierenden Drapierung des halbnackten Körpers nach Art der Meleager-Reliefs (Abb. 42-44) hat David bei der Aufbahrung Le Peletiers und Marats (Abb. 116,125) jeweils nahezu identisch wiederverwendet. Das geplante Marmordenkmal Le Peletiers hätte die Vergänglichkeit sowohl des realen Leichnams als auch der Wachsfigur in einem wetterfesten plastischen Erscheinungsbild überdauert. Die Schminke von Voltaires Wachsfigur war während der triumphalen Prozession (Abb. 118) durch Regen verwaschen worden.

Anders als bei dem bereits 1778 verstorbenen Voltaire konnte bei der Überführung Le Peletiers ins Panthéon nur vier Tage nach seiner Ermordung der Leichnam selbst zur Schau gestellt werden. Im Hinblick auf die vorgesehene, aber zeitlich noch nicht festgelegte Pantheonisierung Marats ist wahrscheinlich die Wachsfigur entstanden, die nach den Erinnerungen der Madame Tussaud ihr Onkel Dr. Curtius, selbst ein Jakobiner und Freund Marats, in seinem »Cabinet« ausstellte. Auf Veranlassung Davids und unter ihrer Mitwirkung wurde das Bildwerk anscheinend unmittelbar nach dem Tod Marats geschaffen. Nach Helen Hinmans Vermutung hätte es den »Ami du peuple« in der ursprünglich von David für das Leichenbegängnis vorgese-

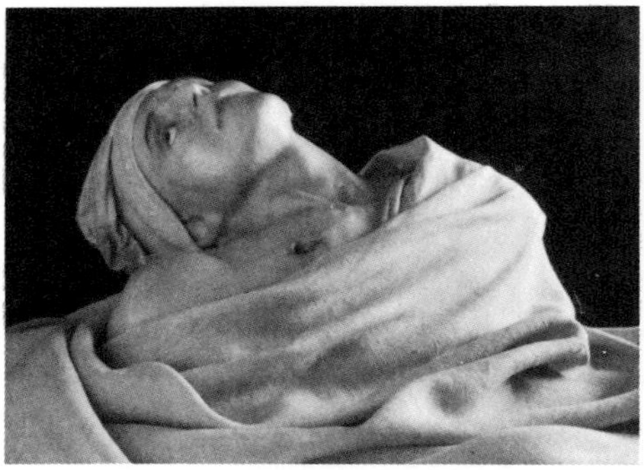

Abb. 119. Wachsfigur des ermordeten Marat (London, Madame Tussaud's)

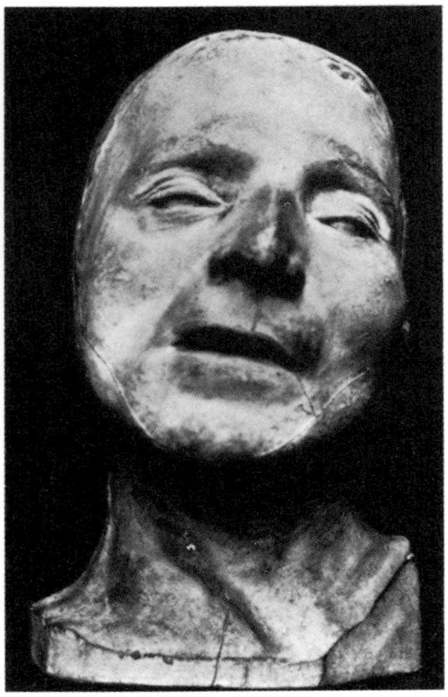

Abb. 120. Totenmaske Marats. 1793. Abguß (Princeton, University Library, Sammlung Hutton)

henen Haltung gezeigt, d.h. in der Situation bei seinem letzten Besuch am Vorabend des Attentats, in der Badewanne sitzend und »schreibend für das Wohl des Volkes« (Quellen X). Laut Madame Tussaud ist die Menge »mit lauten Wehklagen« zu der Wachsfigur herbeigeströmt. So zwingend sei die Vision gewesen, daß Robespierre selbst (Abb. 65) das Volk zum Besuch des »Cabinet« aufgefordert habe, um gemeinsam mit ihm den Verlust eines edlen Freundes und nationalen Wohltäters zu betrauern, »niedergestreckt durch Mörderhand... Weint mit mir über den bitteren Verlust, den wir erlitten haben, und laßt uns unsere Gemüter wappnen mit dem Vorsatz, seinen Tod zu rächen durch Auslöschung seiner Feinde und derjenigen unseres Landes!«[247].

Die Wachsfigur gehörte zu den 36 interessantesten Bildwerken, mit denen Madame Tussaud 1802 nach England übersiedelte, wo sie 1835 in London ihr Institut gründete. Ob das heute dort befindliche Exemplar des ermordeten Marat (Abb. 119) Original oder Replik ist, muß offen bleiben[248]. Nach Paul Fassys Mitteilung von 1867 sind auch die Reliquien der Badewanne und des Mordmessers der Charlotte Corday ins Schreckenskabinett der Madame Tussaud gelangt. Nach einer anderen, dubioseren Überlieferung soll ein Fräulein von St. Hilaire die Badewanne einem Kloster in Morbihan geschenkt haben, wo sie um 1860 von einem Diplomaten gefunden wurde. Nach dem Ankauf durch das Musée Grévin soll sie ungewöhnlicherweise wieder in Privatbesitz gelangt, 1908 bei einem Trödler im Quartier latin gesehen und seither verschollen sein[249].

Wenn auch Hinmans Annahme nicht beweisbar ist, daß David die Wachsfigur Marats unmittelbar als Vorlage für sein Gemälde benutzt habe, so fällt doch dessen Nähe zur Ästhetik des Wachsfigurenkabinetts auf. Diese beruhte ebenfalls auf dem Verwechslungsspiel einer vorgetäuschten Realpräsenz, auf gewollter Austauschbarkeit von Sein und Schein, auf einer plastischen Vergegenwärtigung der historischen Person, dreidimensional,

Abb. 121. Jacques-Louis David: Der Kopf des toten Marat. 1793 (Paris, Louvre, als Leihgabe in Versailles, Musée National du Château)

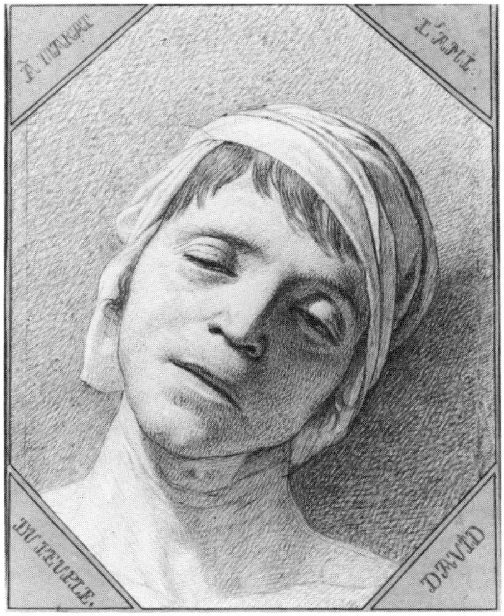

lebensgroß und mit allen Mitteln materieller Wirklichkeitstreue dem Empfindungs- und Erfahrungsraum des Betrachters einverleibt. Als negative Gemeinsamkeit stellte sich schon Ernst Benkard das »Panoptikumsgreuel« bei Dr. Curtius ähnlich vor wie Davids Bild. Dieses habe etwas vom Panoptikum, erklärte aus kunsthistorischer Sicht auch Kurt Bauch. Fritz Novotny fand unter Hinweis auf die scharfe Beleuchtung die grausame Szene so brutal dargestellt wie in einem Wachsfigurenkabinett. Nicht ganz im Einklang damit scheint Lankheits Eindruck zu stehen, daß Marats Körper im Gemälde wenig unterlebensgroß dargestellt sei. Tatsächlich war Marat jedoch auffallend klein, kaum fünf Fuß hoch[250]. Maure, der ihn zusammen mit David am Vorabend des Mordes besuchte, fügte seiner knappen Schilderung der Situation die Bemerkung hinzu, es sei viel Patriotismus in einen viel zu kleinen Körper gepreßt und darin eingeengt gewesen (Quellen IX).

Die Absicht, den Körper Marats lebenswahr der Nachwelt zu überliefern, mußte in besonderer Weise für die Gesichtszüge gelten. Nach ihren Erinnerungen hat Madame Tussaud seinerzeit, kurz nach dem Mord an den Tatort gerufen, mit dem ganzen, von David schon vorbereiteten notwendigen Rüstzeug die Totenmaske des »Ami du peuple« modelliert. Sie ist im Abguß erhalten (Abb. 120). Der Mund weckt den Eindruck von Zahnlosigkeit, vielleicht die Folge einer bereits eingetretenen Leichenstarre. In Davids entsprechender Zeichnung mit der in den vier Ecken angebrachten Aufschrift »A MARAT/ L'AMI DU PEUPLE./ DAVID« erscheint dieses Merkmal gemildert (Abb. 121). Ob sie zeitlich vor Abnahme der plastischen Totenmaske, also in Autopsie entstand, oder eine zeichnerische Umsetzung der plastischen Totenmaske darstellt, läßt sich nicht entscheiden. Zusammen bilden sie die einzigen bekannten unmittelbaren Augenzeugnisse. Offenkundig sind andere Künstler für diese geheiligte jakobinische Aufgabe nicht herangezogen worden. Der hohe Stellenwert für die authentische Bewahrung von Marats Physiognomie geht auch aus einer gemalten Kopie und

122 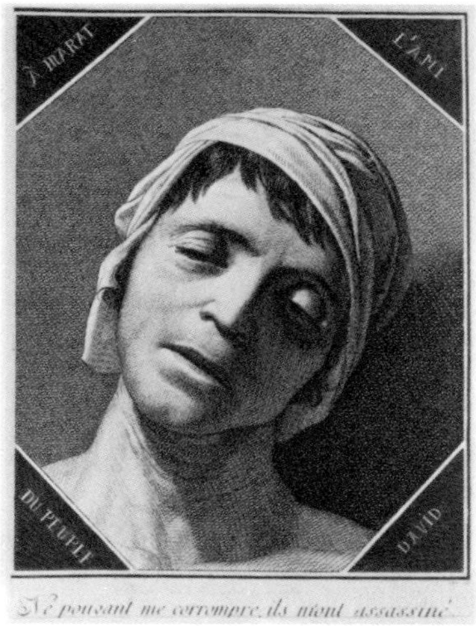

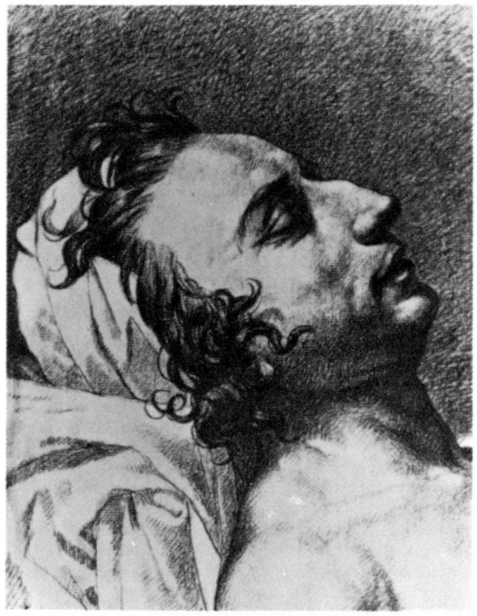
123

aus den radierten Kopien von Jacques-Louis Copia (Abb. 122) und Jean-Baptiste Vérité hervor. Letzterer gab auf dem Blatt als Vorlage die Totenmaske selbst an[251]. Diese wird mit Sicherheit die Grundlage für das Antlitz der Wachsfigur gebildet haben. Gleichermaßen aber habe auch David, so Madame Tussaud, das herrliche Bild der Marat-Szene von der durch ihn selbst veranlaßten plastischen Totenmaske (Abb. 120) gemacht. Für die Richtigkeit dieser Angabe spricht, unbeschadet der mimischen Neufassung, die strenge En-face-Darstellung, welche das Porträt im Gemälde zugleich auch mit der gezeichneten Totenmaske (Tafel V, Abb. 121) teilt[251].

Das Pendant zur Radierung von Copia stellt ein von Vivant Denon radiertes Blatt mit dem Haupt des ermordeten Le Peletier dar (Abb. 123). Die Umschrift lautet: »M.r LEPELLETIER/PREMIER/MARTIR/DE LA LIBERTE«[252]. Zugrunde liegt nicht das große, in den Nachzeichnungen von Devosge und Delécluze und im Stich von Tardieu (Abb. 6,115) überlieferte Gemälde, sondern eine davon unabhängige Zeichnung Davids (Abb. 124). Denn der Kopf, im Gegensinn angeordnet, weist einen Tuchumschlag im Haar auf. Auch erscheint er nahezu in reinem Profil. Damit ließen sich die Charakteristika von Le Peletiers Antlitz (Abb. 34), die markante Hakennase und das fliehende Kinn, einprägsamer als durch Frontalansicht festhalten. Auch hier liegt eine gezeichnete Totenmaske vor. An sie konnte sich der Bildhauer Fleuriot bei seiner Porträtbüste Le Peletiers halten. David bezeichnete sie am 20. Februar 1793 im Nationalkonvent als sehr gut gemacht und vollkommen ähnlich (»parfaitement ressemblant«) und beantragte, sie neben derjenigen des Brutus aufzustellen. Der Konventspräsident solle auf den Kopf der Büste denselben Kranz setzen, den er auf das Haupt Le Peletiers im Augenblick seines Leichenbegängnisses gesetzt habe. Schon Mirabeaus Totenmaske hatte als das genaueste Modell für die Porträtbüste seines Grabes im Panthéon dienen sollen[253]. An dem gezeichneten Kopfprofil Le Peletiers hätte sich gewiß auch der Bildhauer des geplanten Marmordenkmals bestens orientieren können.

Abb. 122. Jacques-Louis Copia: Der Kopf des toten Marat. 1794 (Paris, Bibliothèque Nationale, Cabinet des Estampes)

Abb. 123. Vivant Denon: Der Kopf des toten Le Peletier. 1794 (Paris, Bibliothèque Nationale, Cabinet des Estampes)

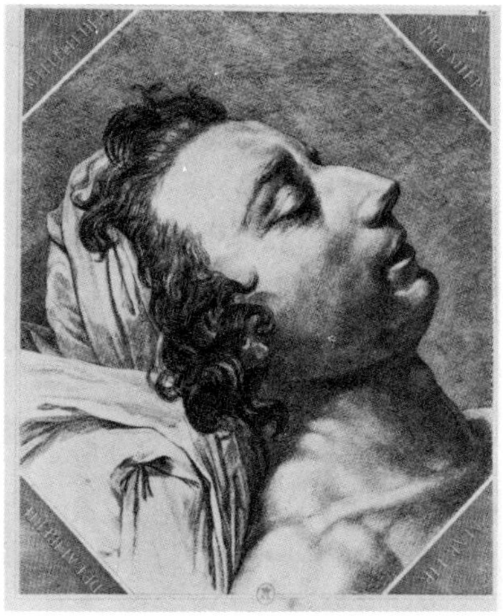

Abb. 124. Jacques-Louis David: Der Kopf des toten Le Peletier. 1793 (Verbleib unbekannt)

32. Der Leichnam und sein Herz

In der posthumen Behandlung Marats spielte vor allem der tote Körper selbst eine Hauptrolle. Die verschiedenen Vorschläge und Tatsachen fügen sich zu einer makabren Summe, in welcher die Darstellungsweise des Gemäldes mitenthalten ist.

Es heißt, David habe die Einbalsamierung zunächst verschoben, um in der Frühe des 14. Juli das Volk an Marat im Zustand seiner Ermordung und in seiner Wohnung selbst vorbeidefilieren zu lassen. Zu diesem Zweck habe er den Leichnam noch einmal in die Badewanne gesetzt, mit der Feder in der Hand, das bereits verfärbte Gesicht geschminkt, und die blutigen Korrekturbogen vor ihm ausgebreitet. Der Versuch, die schreckhaft verdrehten Augen des Toten zu schließen, sei allerdings mißlungen[254].

Das am 15. Juli dem Konvent unterbreitete Projekt für das offizielle Leichenbegängnis, den Körper (»corps«) selbst in der Situation des Attentats, d.h. in der Badewanne sitzend, öffentlich zur Schau zu stellen, wurde sodann wegen rasch fortschreitender Verwesung abgelöst durch die liegende Aufbahrung des einbalsamierten Leichnams (Quellen X,XI).

Angeblich soll der Leiche die Zunge abgeschnitten worden sein, damit sie nicht aus dem Mund hänge. Die Prozession an jenem 16. Juli, von David organisiert, begann gegen fünf Uhr nachmittags. Der Leib Marats mit zur Schau gestellter Wunde wurde an der Spitze des Zuges von zwölf Männern getragen und von Weihrauchfässern begleitet. Dann kamen weißgekleidete Knaben und Mädchen, die Mitglieder des Nationalkonvents, die Vertreter der verschiedenen Clubs und dann die Menge. Auch die Badewanne und das Schreibzeug gehörten zur Prozession. Der Zug brach auf von der Rue des Cordeliers, in der Marat gewohnt hatte (Abb. 8-11) und passierte die Rue de Thionville (Rue Dauphine). Hier befand sich im sog. Hôtel Impérial vom 18. Mai 1791 bis zur Verlegung in den Tanzsaal Cirier (Rue des Boucheries-Saint-Germain) am 22. November 1794 der Versammlungsort der Cordeliers. Die Prozession durchzog weiter den Pont-Neuf, den Quai de la Férraille, den Pont-au-Change, begab sich bis zum Théâtre Français (Odéon) und von dort zur Kirche der Cordeliers. Es wurden patriotische Hymnen gesungen. Am Pont-Neuf ließ David im Abstand von jeweils fünf Minuten Kanonenschüsse abfeuern. In der kommenden Nacht begab sich der Nationalkonvent an den Ort der Aufbahrung in der Kirche der Cordeliers (Abb. 17,125). Angeführt vom Präsidenten, schritten seine Mitglieder, zwei und zwei, bei militärischer Trauermusik, in zwei Kolonnen einher, begleitet von allen Sektionen, diese in Waffen. Jeder Abgeordnetenkollege Marats warf Blumen auf den Leichnam, während Männer und Frauen Rache- und Todesrufe ausstießen. Zwanzig Redner ergriffen das Wort. Der Pariser Abgeordnete Jullien, (1775-1836), Journalist, Jakobiner, Kriegskommissar im Jahre 1792 und Beauftragter des Wohlfahrtsausschusses in den Départments, geliebter Schüler Robespierres, rief aus: »O cor Jésus! ô cor Marat! ... Si Jésus fut un prophète, Marat fut un Dieu!«[255]

Formal entsprach die Präsentation des Leibes, wie gesagt, weitgehend derjenigen Le Peletiers ein halbes Jahr zuvor auf dem Sockel der gestürzten Reiterstatue Ludwigs XIV. (Abb. 116). Nach der Legende der Stichwiedergabe ist der Körper (»corps«) dieses Märtyrers der Freiheit nach Verlassen des Hauses seines Bruders, zur Hälfte bedeckt, auf der »Place des Piques«, vormals Place Vendôme, auf seinem Totenbett (»lit de mort«) ausgestellt worden. Die kurzen Krummfüße und die geschwungene Lehne am Kopfende unterschieden es deutlich von Marats Staatsbett (Abb. 125). Von diesem wissen wir, daß es, ebenfalls nach Davids Planung, bereits der Aufbahrung des Leichnams von Lazowski vor dessen Beisetzung auf der Place du Carousel am 23. April 1793 gedient hatte[256]. Guirault sagte im Zusammenhang mit dem Bildauftrag am 14. Juli, Marat sei »auf einem Totenbett« (Quellen VII).

Nach dem Bildzeugnis des Zeichners Laurent (Abb. 18) waren der Holzklotz mit dem Schreibzeug, das Schreibbrett mit dem Mordmesser und die Badewanne auch bei der Zeremonie im Garten zugegen. Hier wurde Marat um Mitternacht bei Fackelschein bestattet. Nach dem Bericht des von Hébert herausgegebenen »Courrier de l'Egalité« ist er im Zustand seiner Schaustellung, d.h. auf einer Bahre und mit dem feuchten Tuch, welches vollkommen einer Badewanne entsprochen habe, an seinen Beerdigungsplatz getragen worden. Angekommen im Garten der Cordeliers, so das »Journal de la Montagne«, sei der Körper unter den Bäumen niedergelegt worden, deren leicht bewegte Blätter ein süßes und sanftes Licht reflektierten und vervielfältigten. Das Volk habe sich schweigend um den Sarg versammelt. Dieser war doppelwandig aus Blei und Eiche, um eine optimale Konservierung zu gewährleisten. Aufgrund einer Forderung von Dufourny (1739-1795?), damals Direktoriumspräsident des Département von Paris, wurden die Werke des unermüdlichen Journalisten in dem Grab (Ab. 19,20) deponiert[257].

Aus der physischen Präsenz leitete Rousselin de Saint-Albin (1773-1847), Redakteur des »Feuille de salut public«, ein militanter Freund Dantons, in der »Section de l'Unité« einen Stoffwechsel ins Geistige ab. Das Volk möge sich Marats bemächtigen, aufdaß das Herz jedes guten Bürgers ein lebendes Panthéon für den »Ami du peuple« werde, seine »sterblichen Reste in diesem

Abb. 125. Anonym: Marat auf dem Totenbett in der Kirche der Cordeliers. 1793 (Paris, Musée Carnavalet)

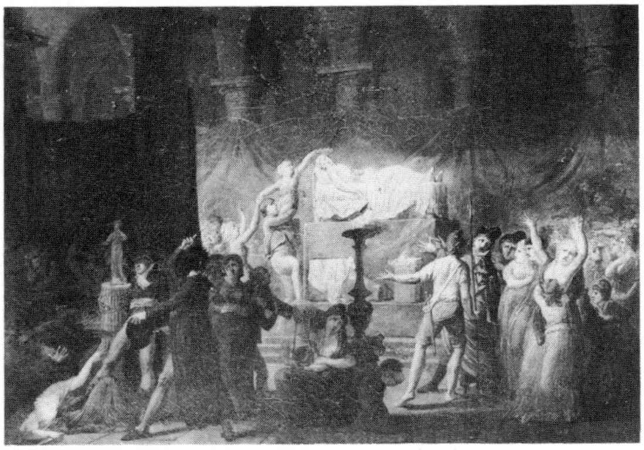

Garten ruhen, unter den Bäumen, wo das um ihn gedrängte Volk seine Lektionen hörte, und aufdaß die Sansculotten dort noch weiter seinen erhabenen Schatten suchen; aufdaß sie im Duft der Blumen, die auf seinem Grab wachsen, seine Seele einatmen!« Der Redner der »Section de la République« glaubte noch die an die Republikaner gerichtete Stimme Marats zu hören: »Nicht mich hat man töten wollen, sondern die Republik; nicht ich muß gerächt werden, sondern das Vaterland«. Der Präsident des Nationalkonvents hob ebenfalls ab auf die Rache für Marat und sagte, daß die Freiheit nicht untergehen könne und der Tod Marats nichts anderes bewirke, als sie zu konsolidieren. Der Sansculotte Léchard rief aus: »Was! Marat wird für immer ins Reich der Toten hinabgestiegen sein? Nein, ein Mensch wie du wird unsterblich sein; dein Andenken wird die Nachwelt zieren, den Ruhm des Vaterlandes ausmachen und wenn du nicht im Panthéon bist so deshalb, weil dein Platz im Herzen aller Franzosen ist«. Nachdem die Einbalsamierung ihren Zweck offenkundig verfehlt hatte, schlug ein gewisser Caillières de l'Etang vor, den Körper erneut einzubalsamieren, ihn um jeden Preis zu konservieren und ihn im Triumph durch alle Départements zu tragen. »Was sage ich!«, rief er, »daß die ganze Erde die sterbliche Hülle dieses großen Mannes, dieses wahren Republikaners sehe!«[258]

Eine besondere Behandlung wurde den Eingeweiden zuteil. Der Chirurg J.-F. Louis Deschamps informierte am 20. Juli 1793 den Rat der Cordeliers, daß sie und die Lungen in zwei Kästen nahe dem Bleisarg dieses Opfers bestattet worden seien. Das Herz wurde von Deschamps getrennt einbalsamiert und zunächst provisorisch in einer Urne über dem Eingangsblock des Grabes im Garten der Cordeliers aufgestellt. Diese hatten sich gegenüber den Jakobinern, die Marats Herz als ihr natürliches Eigentum für sich beanspruchten, behauptet. Am 26. Juli kündigte eine Pressenotiz seine feierliche Deponierung in Gegenwart des Nationalkonvents auf einem eigens dafür errichteten Altar mit Blumen und Parfums im Sitzungssaal der Cordeliers an. Die Zeremonie fand am 28. Juli mit großem Pomp in Anwesenheit von 24 Mitgliedern des Nationalkonvents und 12 Gemeindevertretern statt. Dabei soll Robespierre eine Rede gehalten haben. Für die Translation waren zahlreiche Ruhealtäre, besonders im Garten des Luxembourg, errichtet worden. Das Herz selbst war in einer wertvollen, mit kostbaren Edelsteinen gezierten

Achatvase enthalten. Die Cordeliers hatten sie sich für diesen Zweck vom Innenministerium entliehen. Bougearts Angabe, daß die Urne vom Gewölbe des tatsächlich ungewölbten Sitzungssaals der Cordeliers herabgehangen habe, dürfte nicht zutreffen. Am 20. Januar 1794 - es war der erste Todestag Le Peletiers - erschien vor dem Nationalkonvent eine Abordnung der Cordeliers mit der Herzurne im Arm, um eine Neuauflage der politischen Schriften Marats zu fordern. Am 8. März wurde die wertvolle Achatvase dem staatlichen Möbellager zurückerstattet, nachdem das Herz Marats zwei Tage zuvor in einem einfachen Bleibehältnis verschlossen worden war. Am 21. August hören wir vom Vizepräsidenten der Cordeliers, Le Tellier, daß es, zusammen mit dem Herz eines gewissen Verrière, seinen unsicheren Aufbewahrungsort im Archivraum der Cordeliers mit einem Schrank des Hauseigentümers vertauscht habe. Bei Verrière könnte es sich um den Redakteur der Zeitung »L'Ami de la loi« handeln, der im Juli 1791 unter dem Verdacht, ein Mitarbeiter in der Redaktion des »Ami du peuple« zu sein, verhaftet worden war. Auch sei beschlossen worden, so Le Tellier, die beiden Herzen jeweils zu Beginn der Sitzungen durch die Sekretäre holen zu lassen. Am 18. September 1794 behauptete der Club der Cordeliers, daß Marat ihm sein Herz vererbt (»légué«) habe. Dies entsprach nicht genau den Tatsachen, da Marat ohne Testament gestorben war[259].

Ein makabrer Zug haftete auch der drei Tage später, am 21. September 1794, erfolgten Pantheonisierung Marats an[260]. Am Vorabend wurden die sterblichen Überreste im Garten der Cordeliers exhumiert und im Saal der Freiheit, d.h. im Vestibül des Nationalkonvents, aufgebahrt. Die Ehrenwache hielten Mitglieder der Sektion, die Marats Namen trug. Eine Bürgerkrone wurde von einem Deputierten auf dem Sarg angebracht. Ein anderer erläuterte die Tugenden Marats und die Notwendigkeit, sie zur Konsolidierung der Revolution nachzuahmen. Am Morgen versammelten sich die Abordnungen der Sektionen, die Schüler des Champ-de-Mars, und die Waisen der Vaterlandsverteidiger zusammen mit den Verfassungsautoritäten am Sarg Marats. Dann setzte sich der Wagen mit den sterblichen Resten in Bewegung.

Auf ihm befand sich die Wachsfigur des »Ami du peuple« mit der Feder in der Hand, wahrscheinlich identisch mit der seinerzeit gleich nach dem Attentat auf Davids Veranlassung durch Dr. Curtius und seine Nichte Marie Grosholtz verfertigten Gestalt. Grundsätzlich dürfte das Arrangement demjenigen bei der Überführung Voltaires geglichen haben (Abb. 117,118). Vierzehn Fahnen, gewidmet den vierzehn Armeen, wurden von Soldaten getragen, die bei der Verteidigung des Vaterlandes verwundet worden waren. Es folgten die Mitglieder des Nationalkonvents, geschmückt mit Trikolorebändern. Dem Zug voran schritten Pioniere und Kanoniere, sowie ein Kavalleriekommando. Ihre Trompeten und Trommeln trugen Trauerflor. Nach den Verwundeten kamen Mütter mit ihren Kindern, Witwen, Greise und Bedürftige. Verschleierte junge Mädchen in der Zahl der Départements trugen Körbe mit Blumen, die sie auf den Sarg warfen. Eine Frau mit langen aufgelösten Haaren schnitt sich diese Fülle ab, nachdem die Menge sie bewundert hatte, und warf sie wie eine Trophäe auf den triumphalen Leichenwagen. Zwei Altäre waren nahe beim Aufbruchsort an der Place du Caroussel (Abb. 21) errichtet worden. Zwischen dumpfen, ausgedehnten Trommelwirbeln ertönten aus der Menge Litaneien auf Marat: »Marat, l'ami du peuple, - Marat, le consolateur des affligés, - Marat, le père des malheureux, - Ayez pitié de nous!«

An den verschiedenen Stationen des Zuges regnete es jedesmal Reden und Blumen. Die Nachricht, daß der Sarg am Theater bei der Porte Saint-Martin in Gegenwart der schaudernden Menge geöffnet und der ins Leichentuch gewickelte Leib Marats aufgerichtet worden sei, ist nicht genügend verbürgt. Doch paßt sie gut zu den Worten Davids bei der Bildübergabe über die Freude der Überreste Marats und seiner sterblichen Hülle über die Erfüllung seiner ruhmreichen Arbeit, »und das Volk, ein zweites Mal deine Mühen krönend, wird dich auf seinen Armen ins Panthéon tragen« (Quellen XIII). Vielleicht beruht die Nachricht auch nur auf einer Verwechslung mit der täuschend echten Wachsfigur. Dies würde erneut die Austauschbarkeit von faktischer und bildlicher Konservierung der Körperhaftigkeit des toten Abgeordneten bestätigen.

Die Cordeliers hatten beim Konvent erreicht, daß der Trauerzug vor ihrer Haustür in der Rue de Thionville (Rue Dauphine) innehalte. In dem mit Trikoloren und Bildern der republikanischen Tugenden dekorierten Hof hatten Bürgerinnen die Rednerbühne des Clubs mit grünen Blättern verziert und um die Stirn der Büste Marats ein sternengeschmücktes Band gelegt. Auf einer Estrade zu Füßen der Tribüne war das Herz Marats ausgestellt, sowie die »Déclaration des Droits de l'Homme« (Abb. 7). Ein von Chenaux und Husson vorgeschlagenes Distichon teilte mit: »Von der Höhe dieser Tribüne entlarvte Marat die Intriganten, zermalmte er die Verräter und belehrte er das Volk, sich seiner Rechte zu bedienen«. Künstler von der Oper sangen ein republikanisches Lied. Der Präsident der Cordeliers, zwischen dem Sarg und dem Behältnis mit dem Herzen Marats stehend, begann seine Lobrede mit den Worten: »Hier ruht das Herz Marats! Von dieser Tribüne wetterte er gegen die Tyrannen, verfocht er die Rechte des Volkes und lehrte es die Kunst, sich ihrer zu erfreuen...«. Und: »Welch ungeheuren Schatz an Tugenden hat er uns hinterlassen! Ahmen wir ihn nach. Aufdaß von jetzt an seine Werke die Moral des Republikaners seien!« Darauf wurde das Herz Marats wieder an seinen Aufbewahrungsort ins Haus gebracht.

Die Mehrzahl der Cordeliers, die Trikoloren und die Abzeichen ihrer Gesellschaft trugen, bezog sodann ihren Platz in der Prozession. Sie erreichte erst gegen Abend das u.a. mit Emblemen, Tüchern und Feuerdreifüßen festlich ausgestattete Panthéon. Auf dem Platz davor, zum Eingang gewandt, verkündete ein Türhüter des Nationalkonvents mit hoher Stimme das Dekret über den Ausschluß Mirabeaus, den David seinerzeit bei der Übergabe des Gemäldes angeregt hatte (Quellen XIII). Während Mirabeaus Gebeine durch ein Seitenportal getragen und dem Polizeikommissar der Sektion übergeben wurden, hielt Marats Leichnam, auf einer Estrade erhöht, seinen triumphalen Einzug ins Innere des Ruhmestempels. Die Klänge einer süßen, getragenen Musik untermalten die Unsterblichkeit. Der Präsident des Nationalkonvents hielt eine Rede voll tiefster Bewunderung. Ein Chor, verfaßt von Chenier, komponiert von Cherubini, feierte die Tugenden der Märtyrer der Freiheit.

Die Bevölkerung scheint der Zeremonie um Marats Pantheonisierung nur noch mit halbem Herzen beigewohnt zu haben. Die Existenz des auf fünfzehn Personen zusammengeschrumpften Club der Cordeliers ist zum letzten Mal am 15. Dezember 1794 polizeilich bezeugt. Zu Anfang des neuen Jahres machte sich der allgemeine Stimmungsumschwung bemerkbar. Am 21. Januar 1795, dem zweiten Jahrestag der Hinrichtung Ludwigs XVI., inszenierten Jugendliche eine Parodie auf Marats Pantheonisierung. Sie trugen eine selbst fabrizierte Marat-Puppe, aufgeputzt mit einer roten Jakobinermütze und mit dem Jakobinersymbol der Fackel, durch die Straßen. Der Zug begann bei großer Kälte um sieben Uhr abends am Palais-Royal, wo Charlotte Corday seinerzeit das Mordmesser gekauft hatte. Singend erreichte er die Place du Caroussel. Dort ließ man vor dem Marat-Denkmal (Abb. 21) die Puppe unter lächerlichem Zeremoniell niederknien. Dann ging der Marsch weiter zum Hof des seit dem 11. November 1794 geschlossenen Jakobinerclubs, wo die Puppe unter dem Beifall der Menge verbrannt wurde. Die Asche wurde in einem Nachttopf gesammelt und in den Abflußkanal der Rue Montmartre geworfen. Über dem stinkenden Loch wurde die Inschrift angebracht: »Panthéon des Jacobins«. Am 2. Februar trug eine Prozession von Kindern ihre kleinen Marat-Figuren in den Abflußkanal mit den Worten: »Marat! Voilà ton Panthéon«. Bereits am 8. Februar 1795 wurden Marats sterbliche Überreste wieder aus dem Panthéon entfernt. Daß sie, die nur fünf Monate die Ehren der Unsterblichkeit hatten genießen dürfen, danach ebenfalls in den Abflußkanal der Rue Montmartre geworfen worden seien, wie es später hieß, trifft nicht zu. Sie wurden vielmehr unter polizeilicher Aufsicht und im Beisein von Jacques Germain Soufflot, dem Architekten von Ste. Geneviève bzw. des Panthéon, entfernt und in aller Stille auf dem Friedhof von Ste. Geneviève beigesetzt[261].

33. Der königliche Faktor

In den posthumen Kult um den Leib Marats sind uralte Traditionen eingegangen.

In der römischen Kaiserapotheose war die Verwendung einer Effigies, eines möglichst naturgetreuen wächsernen Scheinleibs des verstorbenen Herrschers, gebräuchlich. Klage und Rachegelöbnis Robespierres im Panoptikum des Dr. Curtius gingen auf ein berühmtes Vorbild zurück, mit dem Marat die Todesart teilte. Vom Leichenbegängnis Julius Caesars wird berichtet, daß »jemand die Statue Caesars, aus Wachs geformt, über dem Lager emporhielt; denn der Leichnam war auf dem Lager so zurückgelegt, daß man ihn nicht sehen konnte. Die Statue wendete sich durch eine Vorrichtung nach allen Seiten; man sah an ihr die dreiundzwanzig Wunden, die sie ihm in wilder Wut an allen Teilen des Körpers, sogar ins Gesicht beigebracht hatten. Dieser Anblick schien dem Volke so bejammernswürdig, daß sie ihn nicht länger ertrugen; sie seufzten laut auf, umgürteten sich und verbrannten das Rathaus, worin Caesar ermordet worden war«. Die Leiche des Augustus lag verhüllt auf einem Prachtbett von Elfenbein und Gold, geschmückt mit purpurnen, golddurchwirkten Decken, etwas niedriger in einem Sarg, »dagegen war sein Brustbild aus Wachs, mit Triumphgewand umhängt, zu schauen...«. Von dem Paradebett mit dem wächsernen Scheinleib des ermordeten Kaisers Pertinax im Triumphgewand verscheuchte ein Knabe, »als ob er nur schliefe, mit einem Pfauenwedel die Fliegen«. Das Bild des Kaisers, weil es einen Kranken vorstellen soll, habe ein bleiches Aussehen, heißt es im Zusammenhang mit der Apotheose des Septimius Severus über den Effigiesbrauch: »Von Zeit zu Zeit treten Ärzte ein, und nähern sich dem Lager, und als ob sie nach dem Kranken zu sehen hätten, melden sie von Zeit zu Zeit, daß es schlechter mit ihm stehe...«[262].

In den nachantiken europäischen Monarchien hing der Effigiesbrauch mit dem der Einbalsamierung zusammen. Je vollkommener diese technisch gelang, umso mehr ließ sich die öffentliche Schaustellung des Leichnams und damit die Feierlichkeit insgesamt zeitlich ausdehnen. Der grundlegende, bereits im frühen Mittelalter erzielte Fortschritt bestand darin, Herz und Eingeweide aus dem Körper zu entfernen und gesondert beizusetzen. Dieser schon für die deutschen Salierkaiser belegte Brauch ist in England 1135 mit dem Tode Heinrichs I. und in Frankreich spätestens im letzten Drittel des 13. Jahrhunderts für Ludwig IX., den Heiligen, gestorben 1270, nachweisbar. Trotz anfänglichen Widerstands seitens des Papsttums ist er seit dem Leichenbegängnis Philipps IV. im Jahr 1314 für alle französischen Könige in den kommenden Jahrhunderten beibehalten worden. Bei vielen Königsgräbern in Saint-Denis diente ein innerer Bleisarg der Konservierung des einbalsamierten Leichnams[263].

Vom Tode Karls VI. im Jahre 1422 bis zum Tode Heinrichs IV. 1610 war, mit einer Ausnahme, der Gebrauch eines wächsernen, mit den königlichen Gewändern bekleideten Scheinleibs des Monarchen fester Bestandteil des Rituals. Dabei ist seit dem Tode Karls VII. im Jahre 1461 die Abnahme einer Totenmaske und damit der Brauch eines wächsernen Antlitzes der Effigies überliefert, hier verbunden mit dem Namen des Hofmalers Jean Fouquet. Besonders gut unterrichtet sind wir über das Ritual nach dem Tode Franz'I. am 31. März 1547. Sein Hofmaler François Clouet stellte unverzüglich die Totenmaske her und, in fünfzehntägiger Arbeitszeit, die Wachseffigies mit täuschend echter Gestaltung und Bemalung der Hände und des Hauptes. Diese zeigte wie in der römischen Antike den lebenden Herrscher. Sie wurde nach der Überführung des Leichnams von Rambouillet nach St. Cloud am 11. April königlich gekleidet mit gefalteten Händen in der zur »salle d'honneur« verwandelten großen Halle des Schlosses auf einem Paradebett aufgebahrt und beim Leichenkondukt nach Paris am 22. Mai in Nôtre-Dame auf der Oberseite des Sarges angeordnet, und zwar innerhalb einer im Chor errichteten »chapelle ardente«, d.h. eines Castrum doloris in Form einer hölzernen Tabernakelarchitektur. Die Bezeichnung rührt von den daran

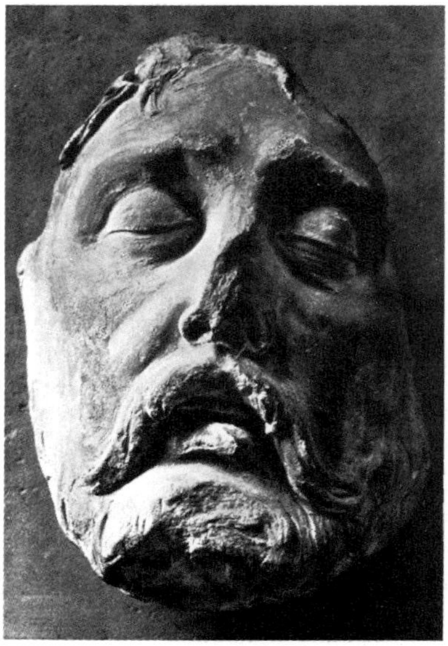

Abb. 126. Totenmaske Heinrichs II. 1559 (Paris, Louvre)

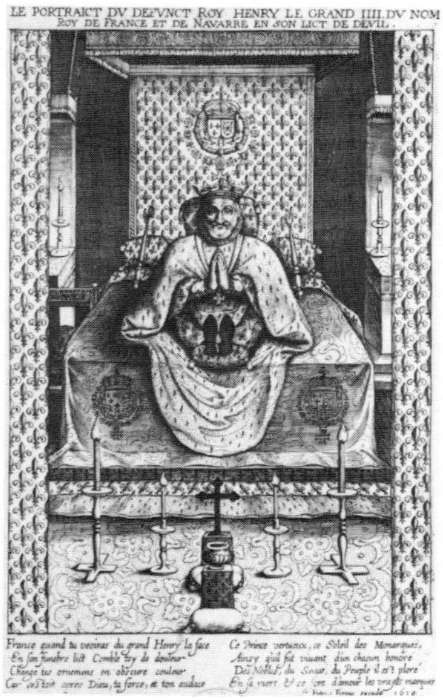

Abb. 127. Pierre Firens: Die Effigies Heinrichs IV. auf dem Trauerbett. 1610 (Paris, Bibliothèque Nationale, Cabinet des Estampes)

üblicherweise angebrachten brennenden Kerzen. Um sie herum gruppierten sich die Würdenträger von Kirche und Staat nach streng eingehaltener Rangordnung zum Gottesdienst. In St. Denis, dem Ziel der Prozession, wurde die auf dem Sarg liegende Effigies abermals in einer »chapelle ardente« im Zentrum des Chores präsentiert. Darauf folgte die Beisetzung und als Höhepunkt des staatlichen Zeremoniells die Proklamation der Wiedergeburt der Souveränität des französischen Königs: »Le Roy est mort« und die Ergänzung »Vive le Roy«. Dieses Begräbnisritual ist auch beim Tod der Nachfolger Heinrich II. von Valois (1559), Karl IX. (1574) und Heinrich IV. von Navarra (1610) verbindlich geblieben. Erhalten hat sich die Totenmaske Heinrichs II. (Abb. 126). Die Aufbahrung der Effigies Heinrichs IV. auf dem Trauerbett (»lit de deuil«) ist in Stichwiedergabe überliefert (Abb. 127). Die Scheinleiber wurden im Schatz von Saint-Denis aufbewahrt. Kurz vor Beginn der Revolution hat der deutsche Reisende Johann Jacob Volkmann dort noch die Reihe der französischen Könige in Lebensgröße gesehen, in Wachs gearbeitet, in roten Mänteln mit Zepter und Krone auf Stühlen sitzend, und zwar alle von Karl VIII. bis Ludwig XIII.[264].

Wie in der römischen Antike konnte auch im alten Frankreich die Wachsfigur im Falle eines politischen Attentats eine öffentliche Propagandarolle spielen. Die 1588 auf Befehl Heinrichs III. ermordeten Brüder Guise, Prinz Henri I. de Lorraine und Kardinal Louis II., wurden von den Parteigängern der Guisen in Toulouse in Wachs bossiert und in drei verschiedenen Haltungen dem Volk vorgeführt, einmal kniend in Gebetshaltung, sodann liegend aufgebahrt wie bei den Exequien in der Kirche und schließlich nach dem Gottesdienst ohne Staatskleider und die Wunden der Ermordung zeigend[265].

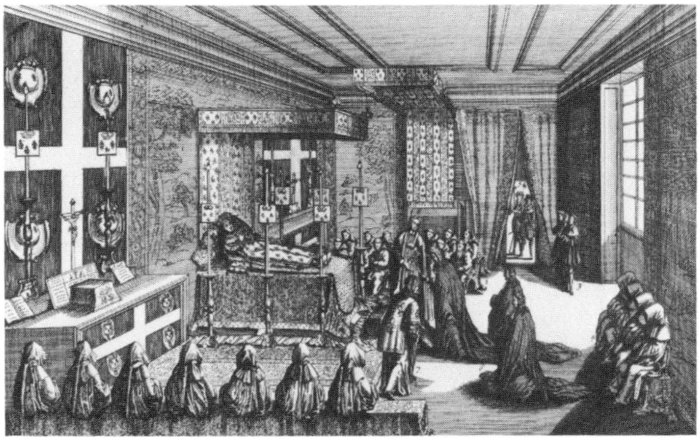

Abb. 128. Anonym: Ludwig XIV. auf dem Totenbett. 1715 (Paris, Bibliothèque Nationale, Cabinet des Estampes)

Der perfekt einbalsamierte Ludwig XIII. war 1643 zugleich der erste in persona auf dem »lit de mort« Parade liegende König. Die Vervollkommnung in der Technik des Balsamierens erlaubte damit eine Rückkehr zur mittelalterlichen Praxis, den verstorbenen König leibhaftig auszustellen. Sein Herz wurde bei den Jesuiten in der Rue Saint-Antoine in Paris aufbewahrt. 1666 übergab Ludwig XIV. das Herz seiner Mutter Anna von Österreich der Kirche Val-de-Grâce, wo bis zum Jahre 1789 hinfort 45 fürstliche Herzen, zunächst in der Annenkapelle, dann seit 1696 in einer Krypta darunter ihre letzte Ruhe fanden. Die urnenartigen Herzbehältnisse waren innen aus Blei, außen von feuervergoldetem Silber. Auch Ludwig XIV. bestimmte, seinen einbalsamierten Leichnam anstelle einer Effigies auf das Paradebett zu legen (Abb. 128). Der Leichnam Ludwigs XV. ging so schnell in Verwesung über, daß das Herz nicht entfernt werden konnte. Er wurde bei Nacht nach Saint-Denis überführt[266]. Am 8. Juni 1795 starb der zehnjährige Waisensohn Ludwigs XVI. und Marie Antoinettes, genannt Ludwig XVII. Das Herz des Dauphin wurde vom selben Chirurgen Philippe-Jean Pelletan, der am 13. Juli 1793 den Tod Marats festgestellt hatte, präpariert, in einer Kristallurne (Abb. 129) aufbewahrt und später dem Erzbischof von Paris übergeben[267].

Im übrigen konnte nach der im 18. Jahrhundert noch ungebrochenen Tradition, beim Tod hochgestellter Persönlichkeiten ein Castrum doloris zu errichten, an die Stelle des Sarges mit der Leiche eine Scheinaufbahrung für die Exequien in Form eines Katafalks ohne den Toten treten und an die Stelle einer plastischen Effigies sein gemaltes Konterfei, meist in Form eines Porträtmedaillons. Häufig ging die Aufbahrung der Leiche auf dem Paradebett der Errichtung eines Castrum doloris voraus. Den Architekturtheoretikern des 18. Jahrhunderts zufolge konnte es einige Wochen oder Monate im Kirchenraum stehen bleiben. Aus dieser Wurzel ging z.B. die von einem Gitter umgebene »Grabpyramide« hervor, welche einschließlich eines »Katafalks« für die Leichenfeier Marats in »Bourg-Régénéré« bezeugt ist[268].

Von der Präsentation der beiden Gemälde Davids im Louvre-Hof bis zu ihrer Übergabe an den Nationalkonvent verging ein Monat. Für das Gehäuse, in welchem sie nach Art von Retabeln über Sarkophagaltären angeordnet waren, gebrauchte sein Freund Lenoir die Bezeichnung »chapelle ardente«, also den alten Ausdruck für die Castra doloris mit über dem Sarg

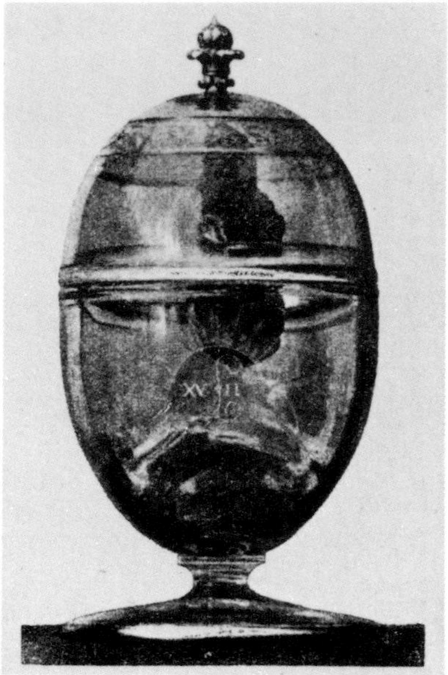

Abb. 129. Kristallgefäß mit dem Herz Ludwigs XVII. (Nachgewiesen 1894 in französischem Privatbesitz)

angeordneter Effigies[269]. Davids Aussage, wonach Le Peletier und Marat »in gewisser Weise anwesend« sein sollten bei den »staatsbürgerlichen Ehrungen« (Quellen XII), gerät so zur Bestätigung der Wachsfigurenästhetik beider Bilder. Dabei war der »Tod des Marat«, ähnlich dem seinerzeit bei den Cordeliers aufgebahrten Leichnam selbst (Abb. 17,125), Bestandteil eines Reliquienensembles, bestehend aus der Badewanne und anderen Gegenständen aus dem Besitz Marats. Nach Benkard ist mit der Wachsfigur Marats im Panoptikum des Dr. Curtius zum letzten Mal in Frankreich eine Art Effigies unter dienender Verwendung der Totenmaske (Abb. 120) angefertigt worden[270]. Deren Funktion, bezeugt schon im funeralen Wirken der Hofmaler Fouquet und Clouet, hat der Staatsmaler David durch das Verhältnis der gezeichneten Totenmaske Marats zum ausgeführten Gemälde ins Medium seiner eigenen Kunst übertragen (Tafel V, Abb. 121). Im Einklang mit der Tradition königlicher Scheinleiber führte diese gemalte Effigies nicht einen Toten vor Augen, sondern einen noch Lebenden, Marat »à son dernier soupir« (Quellen XII). Guirault bezeichnete bei der Auftragserteilung für den »Marat« den Märtyrerkollegen Le Peletier (Abb. 6,115) ebenfalls nicht als tot, sondern als »sterbend für das Vaterland« (Quellen VII). Er lag im Bilde auf dem »lit de mort« wie seinerzeit der reale Leichnam auf der Place Vendôme bzw. derjenige Marats in der Kirche der Cordeliers (Abb. 116,125). Bei diesem deutete allein schon die Wiederverwendung von Lazowskis Staatsbett auf einen gewollten Traditionszusammenhang. In der gemeinsamen formalen Abhängigkeit von den Meleager-Reliefs (Abb. 42-44) war das Arrangement durch die purpurgewandete Effigies Voltaires (Abb. 117,118) zugleich mit der kaiserzeitlichen Antike bzw. mit der lebend auf dem Paradebett vorgestellten Wachsfigur des römischen Kaisers verbunden. Schon für das französische Königsritual selbst war seit dem 16. Jahrhundert die Entsprechung zur antiken Kaiserapotheose geltend gemacht worden[271]. Indessen bedeutete das Paradeliegen des realen Leichnams der beiden Abgeordneten eine Anknüpfung an den mit Ludwig XIII. wiederbelebten mittelalterlichen Brauch. Für Marats gemalten Scheinleib ist die Badewanne zum »lit de mort« geworden, die Schreibfeder zum Insigne des unermüdlichen Republikaners.

Die plastische und gezeichnete Totenmaske, die wächserne und die gemalte Effigies, die Einbalsamierung Marats, die Bestattung in einem doppelten Sarg aus Blei und Eiche, die gesonderte Beisetzung seiner Eingeweide und Lungen und die feierliche Aufbewahrung des einbalsamierten Herzens fügen sich somit lückenlos zur Summe eines königlichen Rituals. Der Widerspruch blieb nicht aus. Prudhomme, Gründer der Zeitung »Les Révolutions de Paris«, kritisierte erfolglos die Herzzeremonie als »Zeichen des Königtums«. Die »Reste des erbittertsten Feindes der Könige in den ihrer Krone zugehörigen Kleinodien aufzubewahren«, kam in seinen Augen einer Beleidigung des »Ami du peuple« durch die Cordeliers gleich. Marat selbst hätte alle Vasen aus Achat und Porphyr mit Füßen getreten. Das Wertvollste aus dem Besitz der Monarchen sei nicht würdig, die sterblichen Reste eines Republikaners aufzunehmen[272]. Vielleicht ist die Ersetzung der kostbaren Achatvase durch das schlichte Bleibehältnis am 6. März 1794 als republikanische Bescheidenheitsgeste zu deuten.

Hubert Roberts »Marat in seinem Bett« (Abb. 31) erweist sich jetzt auch als Persiflage auf das königliche »lit de mort« bzw. auf dessen Übertragung durch David in den Kult um den Märtyrer der Republik. Auf dieser Ebene lag schließlich die noch drastischere Spottzeremonie im girondistischen Rennes. Hier sah man einen Sarkophag Marats zwischen vier Kandelabern aus Schweineblasen, zu Füßen des Katafalks ein Weihwasserbecken, bestehend aus einem Kasernenkübel und einem Besen als Wedel, und am Ziel einer alle Straßen der Stadt durchlaufenden Prozession wurde auf dem »Platz des Gesetzes« eine Puppe Marats im Delinquentengewand verbrannt[273].

34. Der gesetzgebende Körper oder Kunst als Volksvertretung

»Justitia enim perpetua est et immortalis« (Buch der Weisheit, I,15). Krone und Gerechtigkeit sterben nie bzw. der König stirbt nie, lautete spätestens seit dem 16. Jahrhundert in Frankreich die Maxime. Auch wenn sein natürlicher Körper dahingegangen war, fuhr er durch die Tätigkeit seiner Rechtsbeamten unaufhörlich fort in seiner souveränen Gesetzgebung. Dies war der Sinn der Effigies im königlichen Leichenritual. Getrennt von der natürlichen Person hatte der künstliche Scheinleib, frei von Alterungsprozeß und anderen Fehlern und Makeln, die Repräsentation der im Bilde und seinen Insignien fortdauernden Rechtssprechung des toten Königs bis zum Tage seiner Beisetzung zu leisten. Zu den Insignien der französischen Monarchie gehörte seit dem 13. Jahrhundert neben dem Lilienzepter die »main de justice«, bestehend aus einem längeren, von einer elfenbeinernen Hand bekrönten

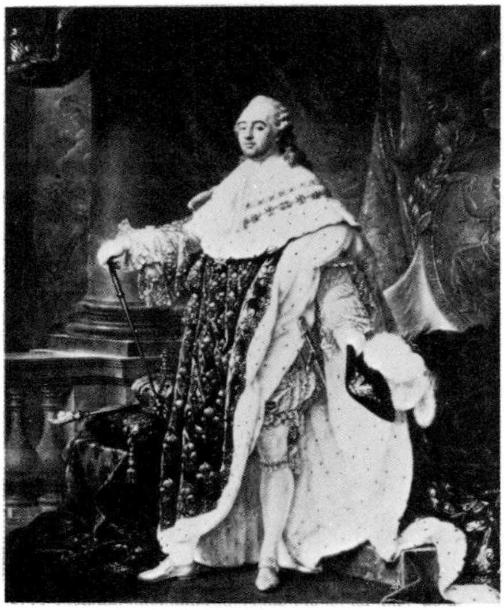

Abb. 130. Antoine-François Callet: Staatsporträt Ludwigs XVI. Salon 1789 (Clermont-Ferrand, Musée Bargoin)

Stab, ein Gerichtssymbol, das den König von Frankreich als obersten Richter seines Landes auszeichnete, so noch in Antoine Callets Staatsporträt Ludwigs XVI. (1778/79), von dem 1789 eine Replik (Abb. 130) im Salon zu sehen war, zusammen u.a. mit Davids »Brutus« (Abb. 91). In der Effigies wurde die »conregnatio« des Verstorbenen mit seiner unsterblichen »dignitas« und Souveränität auf Erden, die in ihrer Substanz auf den Nachfolger übergegangen waren, anschaulich dargestellt[274].

Die Verfassung vom 3. September 1791 brachte eine einschneidende Veränderung. Nach einem nicht ausgeführten, später von David verleugneten Bildprojekt sollte Ludwig XVI. dargestellt werden, wie er dem Dauphin ihre Sanktionierung zeigt (Abb. 131). Sie legte fest, daß die Souveränität einheitlich, unteilbar, unveräußerbar und unverjährbar sei und der Nation gehöre. Die Vertreter (»représentants«) seien der gesetzgebende Körper (»Corps législatif«) und der König. Die legislative Gewalt war an die frei vom Volk gewählte Nationalversammlung delegiert, die exekutive Gewalt an den König, die richterliche Gewalt an Richter auf Zeit, gewählt vom Volk. Die Person des Königs war dabei immer noch unverletzlich und geheiligt (»inviolable et sacré«). Doch besitze er in Frankreich keine höhere Autorität als die des Gesetzes, und nur durch sie regiere er. Zu den weiteren Ausführungen in Artikel 1 des Kapitels über die gesetzgebende Gewalt gehörte der Satz: »Der gesetzgebende Körper hat allein das Recht, die öffentlichen Ehrungen zur Erinnerung der großen Männer zu beschließen«. Demnach könnte man sich im Falle des Todes des Königs die Repräsentation seiner unverletzlichen und geheiligten Person mit den Mitteln des alten Effigiesbrauchs vorstellen, wie er zwei Monate zuvor auch bei der Überführung Voltaires (Abb. 117,118) wirksam geworden war. Als öffentliche Ehrung wäre sie jedoch allein abhängig vom Beschluß des gesetzgebenden Körpers gewesen, mit welchem der König nicht mehr identisch war. Denn als bloßer Delegierter war er im Sinne Rousseaus, dessen Büste in der Voltaire-Prozession mitgetragen wurde, nur

Abb. 131. Jacques-Louis David: Ludwig XVI. zeigt dem Dauphin die sanktionierte Verfassung. 1791 (Paris, Louvre)

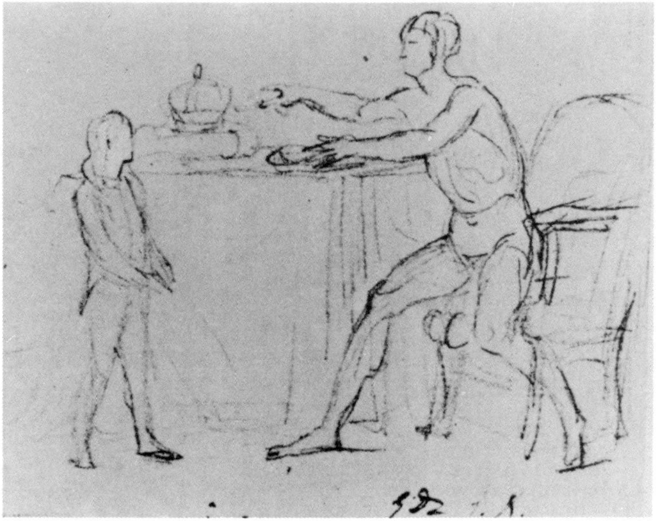

noch eine »vermittelnde Körperschaft zwischen den Untertanen und dem Souverän«[275].

Laut »Contrat social« unterstellt jeder von uns »gemeinschaftlich seine Person und seine ganze Kraft der obersten Leitung des Gemeinwillens, und wir nehmen als Körper jedes Glied als untrennbaren Teil des Ganzen auf«. Dieser Akt der Verbindung erzeuge augenblicklich anstelle der Einzelperson jedes Vertragspartners »einen gemeinsamen sittlichen Körper, der aus ebenso vielen Gliedern besteht, wie die Versammlung Stimmen hat, und der durch eben diesen Akt seine Einheit, sein gemeinschaftliches Ich, sein Leben und seinen Willen erhält«. Denn: »Solange mehrere Menschen, die sich zusammengetan haben, sich als einen einzigen Körper betrachten, haben sie nur einen einzigen Willen, der sich auf die gemeinsame Erhaltung und auf das allgemeine Wohl bezieht«. Der Wille dieses politischen Körpers (»corps politique«), der in seiner aktiven Eigenschaft als »Souverän« bezeichnet werde, sei die gesetzgebende Gewalt, welche nur dem Volke gehören könne. »Sobald diese Menge auf solche Art in einem Körper vereint ist«, sagt Rousseau, »kann man kein Glied derselben verletzen, ohne den Körper anzugreifen; noch weniger kann man den Körper verletzen, ohne daß die Glieder darunter leiden«. Die souveräne Gewalt sei einfach und eine Einheit, »und man kann sie nicht teilen, ohne sie zu zerstören«. Demgemäß war nach Artikel 1 der Jakobinerverfassung von 1793 die französische Republik einheitlich und unteilbar und folglich nach Artikel 39 auch der gesetzgebende Körper (»Corps législatif«) einheitlich, unteilbar und fortdauernd (»un, indivisible et permanent«). Jedes die Souveränität usurpierende Individuum sei durch die freien Menschen augenblicklich zum Tode verurteilt (Art.37)[276].

Diese staatsrechtlichen Grundsätze hat David künstlerisch genauestens beherzigt. Beim Verfassungsfest vom 10. August 1793 ließ er die 86 Départementkommissare, deren Piken vom Konventspräsidenten zum Faszienbündel, dem geheiligten »Symbol unserer Einheit und unserer Unteilbarkeit«, vereinigt werden sollten, um den als Körper (»en corps«) marschierenden Nationalkonvent eine Kette bilden (Quellen III). Dabei waren sie - ähnlich wie auch später wieder am 19. Oktober 1794 bei der Überführung Rousseaus ins Panthéon (Abb. 54) - untereinander wechselseitig durch das leichte, aber unauflösliche Band der Einheit und Unteilbarkeit in den Farben der Trikolore verbunden. Die Abgeordneten des Nationalkonvents - »Kollegen« - wurden demnach in ihrer Gesamtheit von David als lebendiges Faszienbündel aufgefaßt[277].

Daß der Leichnam Le Peletiers auf dem Denkmalsockel inmitten der »Place des Piques« aufgebahrt worden ist (Abb. 116), war deshalb in diesem Sinne bereits bedeutungsvoll. Nach dem Mord hatte der Nationalkonvent in einer »Adresse an das Französische Volk« verkündet: »Bürger, es ist nicht ein einzelner Mensch allein, der getötet worden ist, ihr selbst seid es; es ist nicht Michel Le Peletier, der ermordet worden ist, ihr selbst seid es; es ist nicht das Leben eines Abgeordneten, gegen das der Schlag geführt worden ist, sondern das Leben der Nation, die öffentliche Freiheit, die Souveränität des Volkes«. Bei der Bildübergabe malte David die Bedrohung durch einen Ehrgeizling aus, der »versuchte, den geringsten Teil der Souveränität des Volkes zu usurpieren, ...dann kämpft oder sterbt lieber wie Michel Le Peletier als dem jemals zuzustimmen, dann, meine Kinder, wird der Kranz der Unsterblichkeit euer Lohn sein« (Quellen I). Genau dieses Rousseausche Argument führte auch Charlotte Corday in ihrem Prozeß u.a. zur Begründung ihrer Tat an. Zu den Verbrechen, die sie Marat anlastete, gehörte das Streben nach der Diktatur, sowie sein Anschlag auf die »Souveränität des Volkes« durch die von ihm ausgelöste Verhaftung der girondistischen Abgeordneten im Nationalkonvent am 31. Mai 1793[278]. In dem anonymen Gemälde im Musée Carnavalet (Abb. 125) wird im Vordergrund der Angriff auf das Faszienbündel der einheitlichen und unteilbaren Republik abgewehrt, während der Kranz der Unsterblichkeit über das Haupt von Marats aufgebahrtem Leichnam gehalten wird. Die robuste Gestaltung des Grabes, das neben dem Körper und den Eingeweiden auch Marats Werke aufnahm, sollte die Unauslöschlichkeit seiner Prinzipien ausdrücken (Abb. 19,20). Die immer wieder beschworene Unsterblichkeit Marats, die auf den ersten Blick kaum geschmackvoller erscheinen mag als der konservierende Kult seiner sterblichen Hülle, galt der verfassungsmäßigen Permanenz der unteilbaren Einheit, d.h. der gemeinsamen gesetzgeberischen Unsterblichkeit des Nationalkonvents. Die »Section du Panthéon« nannte Marat am 14. Juli 1793 einen »Vertreter des Souveräns«. Guiraults kurz darauf beim Bildauftrag an David zweimal gebrauchte Metapher von den »vatermörderischen« Händen schloß die Vorstellung von der in der Selbstverletzung fortlebenden Familie ein (Quellen VI,VII).

Julliens Vergleich mit dem Herzen Jesu hat die Herz-Marat-Forschung auf eine zweifelhafte Fährte geführt. Es ging nicht um eine Gleichsetzung, sondern um eine Umwertung. Jesus war demnach lediglich der Prophet des »Gottes« Marat, wie dieser auch bei der Trauerfeier in Uzès-la-Montagne tituliert wurde. Diesem, genauer dem Angehörigen der Legislative, galt, wie die Paraphrasierung des Glaubensbekenntnisses, auch die sakramentale »Huldigung« durch Davids Pinsel. Denn: »Götter wären vonnöten, um den

Menschen Gesetze zu geben«, hieß es im »Contrat social«. Deshalb sei der Gesetzgeber in jedem Fall ein außerordentlicher Mann im Staate, dessen Werk Heiligkeit zukam. Und umgekehrt: »Gäbe es ein Volk von Göttern, so würde es sich demokratisch regieren«. Die Grundlage des politischen Lebens liege in der souveränen Gewalt, war im Kapitel über den Tod des politischen Körpers zu lesen, und die gesetzgebende Gewalt, durch welche allein der Staat lebendig bleibe, sei das »Herz des Staates«. Sobald das Herz zu schlagen aufhöre, sei das Lebewesen tot[279]. Mit der Konservierung von Marats Herz wurde das Herz der Gesetzgebung und damit die Unzerstörbarkeit des Gemeinwillens konserviert. Denn: »Die Freiheit war in unauslöschlichen Buchstaben deinem Herzen eingeprägt«. So hatte Guirault als Sprecher der »Section du Contrat social« sich an den Toten im Zusammenhang mit dem Bildauftrag an David gewandt und dabei Marat als »unsterblichen Gesetzgeber« tituliert (Quellen VII) .

Die Bilder der beiden ermordeten Abgeordneten mit ihren deutlich gezeigten Todeswunden gemahnten ihre lebenden Kollegen im Nationalkonvent also an die Verletzbarkeit des einheitlichen und unteilbaren Körpers, den sie insgesamt selber darstellten (Abb. 30). Andererseits bewirkten sie eine anschauliche Teilhabe der sterblichen Einzelkörper an der fortdauernden Integrität des »Corps législatif«. Hier liegt der innere Grund dafür, daß David in beiden Fällen nicht das Attentat, sondern nur das Opfer darstellte und damit Mörder und Mörderin von der Verewigung ausschloß. Die Volksvertretung war im buchstäblichen Sinn der zweite, unvergängliche Leib des Volkes. Mit der vom Bild vertretenen Realpräsenz Le Peletiers und Marats hat der Maler und Volksvertreter die Kunst selbst zu einer Form der Volksvertretung gemacht. Hier erweist sich auch der systematische Sinn der grünen Decke über dem Schreibbrett. Hinaufgewandert aus der Sockelzone der Aufbahrung bei den Cordeliers (Abb. 125), umhüllt das Konventsgrün im »Marat« die Wanne wie die Trikolore den Sarg bei einem Staatsbegräbnis. Bei gleichzeitiger Hängung auf der grünen Stoffdrapierung im Nationalkonvent erschien so der gemalte Körper des sterbenden Abgeordneten dem farbigen Leib der lebendigen Kollegenversammlung eingegliedert.

Durch das Dekret, daß die Gemälde aus dem Nationalkonvent »durch die Gesetzgeber, die ihm folgen werden, unter keinerlei Vorwand mehr entfernt werden dürfen« (Quellen XIV), erhielt diese Teilidentität selber Gesetzeskraft gleich der Anbringung der Verfassungstafeln über ihnen »im Herzen des gesetzgebenden Körpers« (Art. 124). Denn wie schon in der Verfassung von 1791 wurden die öffentlichen Ehrungen zum Andenken der großen Männer auch jetzt wieder unter die Gesetze gezählt[280]. Die denkbare Zwitterkonstruktion einer demokratisch beschlossenen Scheinleibehrung für den konstitutionellen Monarchen war somit durch einen widerspruchsfreien Konservierungskult des demokratischen Souveräns ersetzt worden.

Die Idee der Unsterblichkeit der irdischen, gesetzgebenden Institution, welche in Le Peletier und Marat ebenso wie in allen ihren »Kollegen« eine temporäre Inkarnation gefunden hat, erfuhr im alten, monarchischen Sinn unter Napoleon eine Neubelebung. Von den 36 identischen Exemplaren eines Staatsporträts des Kaisers, das Anne Louis Girodet-Trioson für alle

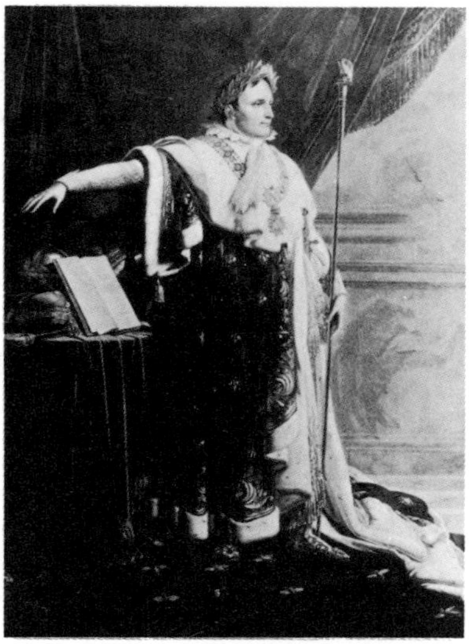

Abb. 132. Anne-Louis Girodet-Trioson: Napoleon im Krönungsornat als Gesetzgeber. 1812 (Montargis, Musée Girodet)

Appelationsgerichtshöfe Frankreichs herzustellen hatte, waren 26 im Jahre 1814 vollendet (Abb. 132). Napoleon steht wie ein Idol seiner rechtlichen »dignitas« feierlich und unbewegt unter dem Thronbaldachin. Auf dem Tisch daneben ragt hinter dem Code Napoléon, seiner gesetzgeberischen Hauptleistung, die alte »main de justice« (Abb. 130) hervor. Genau parallel darüber zu dem starren Herrschaftszeichen hält Napoleon seinen rechten Arm ebenso starr und nahezu rechtwinklig vom Körper abgespreizt. Die Gebärde stellt die wiederholende Verkörperung und Verlebendigung der »main de justice« in der Person des kaiserlichen Gesetzgebers dar. Jean-Antoine Gros und andere Maler des Empire haben den Gestus der fleischgewordenen Gerechtigkeit öfter in den szenischen Zusammenhang der Propagandamalerei eingearbeitet. Durch Napoleon hat die eigentümliche Prophetie des »Contrat social« eine von Rousseau sicher nicht erwartete Erfüllung gefunden: »Noch ein Land gibt es in Europa, das zur Gesetzgebung fähig ist: die Insel Korsika ...Ich habe das Gefühl, daß diese kleine Insel eines Tages Europa in Staunen versetzen wird«[281].

35. *Die Entleibung der Monarchie*

»Der politische Körper beginnt, wie auch der Körper des Menschen, von seiner Geburt an zu sterben und trägt die Ursachen seiner Zerstörung in sich selbst. Aber beide können eine mehr oder minder widerstandsfähige Konstitution haben, die sie längere oder kürzere Zeit erhalten kann. Die Konstitution des Menschen ist ein Werk der Natur, die des Staates ist das Werk der Kunst. Es liegt nicht in der Hand der Menschen, ihr Leben zu verlängern, doch es liegt in ihrer Macht, das Leben des Staates so weit wie möglich zu verlängern, indem sie ihm die bestmögliche Verfassung geben«. Die Verfassung von 1791 (Abb. 131) konnte das Leben des durch den übergeordneten Souverän der Nation geschwächten Königtums nur unwesentlich verlängern. Im »Contrat social« las man auch dies: Was das Werk der Gesetzgebung mühselig mache, sei »weniger das, was man errichten, als das was man zerstören muß«[282].

Das revolutionäre Frankreich hat sich dieser Mühe unterzogen. Die Etablierung einer neuen, ausschließlich demokratischen Leiblichkeit ging einher mit der gewaltsamen Entleibung der alten Monarchie. Insofern arbeitete das konstruktive Verfahren mit destruktiven Kräften und Zielen. Dabei setzte das schöpferische Werk Davids bzw. das Ritual um Le Peletier und Marat jeweils unmittelbar das entsprechende Zerstörungswerk ihrer Parteigänger voraus. Es richtete sich gegen die körperliche Anwesenheit der königlichen Kult- und Kunstrelikte. Aggression und Sublimation griffen zeitlich wie Zahnräder ineinander.

Zwischen der mit Davids Stimme herbeigeführten Hinrichtung Ludwigs XVI. am 21. Januar 1793 und der Aufbahrung Le Peletiers, gemäß königlicher Tradition öffentlich auf seinem »lit de mort« (Abb. 116), lag eine Frist von drei Tagen. Das zeitliche Nacheinander fand in einem räumlichen Übereinander seine Entsprechung. Die Erhöhung des toten Mitglieds der gesetzgebenden Versammlung ereignete sich als Erniedrigung des absolutistischen Denkmalsockels Ludwigs XIV. Die Umkehrung der bildmäßigen Verewigung des neuen gesetzgebenden Körpers aber traf folgerichtig den letzten regierenden Monarchen Frankreichs. Wo nämlich der wirkliche Leib seiner nach der Verfassung von 1791 unverletzlichen und geheiligten Person durch die neue Staatsgewalt zum Torso gemacht worden war, mußte notwendigerweise auch die Idee von der deckungsgleichen Ganzheit seines Scheinleibs ins Gegenteil umschlagen. Verewigung in effigie erheischte daher die entheiligte und zerstörte Person Ludwigs XVI., des Königs Kopf in des Henkers Hand, bewerkstelligt durch Villeneuve (Abb. 133), der auch das Diogenes-Marat-Blatt (Abb. 76) produziert hat. Die inschriftliche Erklärung, aus einem Brief Robespierres (Abb. 65) zitierend, teilt mit, daß am Montag, den 21. Januar 1793, morgens um viertel nach zehn Uhr auf dem »Platz der Revolution«, vormals genannt Platz Ludwigs XV., der Tyrann gefallen sei unter dem »Schwert der Gesetze«. Dieser »große Akt der Gerechtigkeit« habe die Republik geschaffen. Der Umstand, daß die Abnahme einer Totenmaske ihren Sinn verloren hatte, ist durch die Graphik zur bleibenden Demaskierung der königlichen »dignitas« gesteigert worden. Das Antlitz Ludwigs

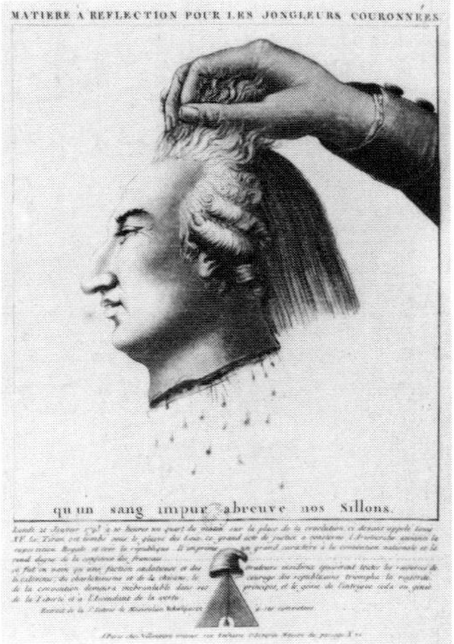

Abb. 133. Anonym, erschienen bei Villeneuve: Stoff zum Nachdenken für die gekrönten Jongleure. 1793 (Paris, Bibliothèque Nationale, Cabinet des Estampes)

XVI., geköpft und damit bildmäßig frei verfügbar, stellt sich nicht mehr fordernd und en face dar, sondern passiv und im Profil, quer zum Beschauer. Die majestätische Konfrontation (Abb. 126,127) ist ungültig, aus dem alten Visavis ein Gesichtsverlust geworden. In die Seitenansicht gehalten, verkörpert der Herrscherkopf nur noch den abhängigen Rang eines politischen Nebenaspekts. Das achtunggebietende Subjekt der Monarchie hat sich in eine Sache der Volksverachtung verwandelt.

Bereits einige Wochen nach Gefangennahme der königlichen Familie am 10. August 1792 hatte Sylvain Maréchal (1750-1803), Subbibliothekar am Collège Mazarin, in »Les Révolutions de Paris« daran Anstoß genommen, daß die unreinen Überreste des Königtums unversehrt in der Abteikirche von Saint-Denis ruhten. Die Statuen, Büsten, Reliefs, Gemälde, Zeichnungen, Gravuren, alle Königsbilder seien der neuen politischen Sicht zu unterwerfen. »Wir leiden darunter, daß ihre Relikte, kostbar in Bleisärgen konserviert, die Manen der Menge guter Bürger beleidigen, die für die Verteidigung des Vaterlandes und der Freiheit gestorben sind und die kaum die Ehren eines Begräbnisses erhalten haben«. Wieso, fragte er, haben sich die Sansculotten nicht gleich am 22. September 1792, am Tag nach der Abschaffung des Königtums und der Errichtung der Republik, nach Saint-Denis begeben, um durch die Hand des Henkers die widerlichen Gebeine aller dieser hochmütigen Monarchen zu exhumieren, die vom Grund ihrer Gräber her noch heute den Gesetzen der Gleichheit zu trotzen scheinen? Die Gräber der Tyrannen sollten verschwinden und nicht länger die Erde der Freiheit beschmutzen[283].

Am 31. Juli 1793, zweieinhalb Wochen nach der Abnahme der Totenmaske (Abb. 120), der Auftragserteilung für Davids Gemälde, der Einbalsamierung, Aufbahrung und Beisetzung Marats (Abb. 17-20,125) und nur wenige Tage nach der feierlichen Deponierung seines einbalsamierten Herzens in der Achaturne auf dem Altar bei den Cordeliers forderte Barère im Namen des Wohlfahrtsausschusses vor dem Nationalkonvent, die prunkvollen Mausoleen in Saint-Denis zum 10. August, dem Jahrestag des Sturzes des Thrones, zu zerstören. Der Antrag wurde am 1. August vom Nationalkonvent als

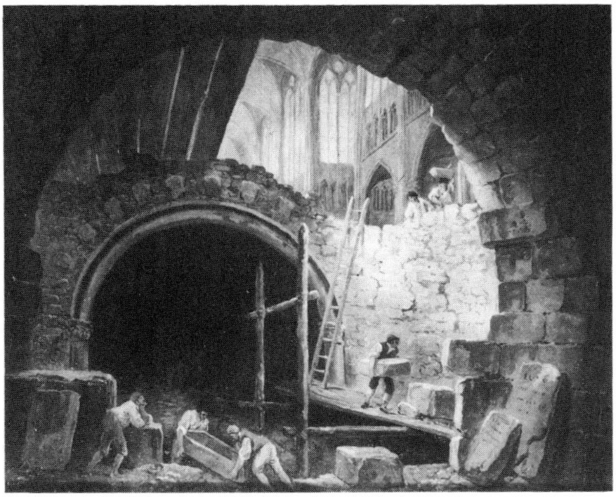

Abb. 134. Hubert Robert: Die Zerstörung der Königsgräber in Saint-Denis. 1793 (Paris, Musée Carnavalet)

Dekret erlassen und vom 6. bis 8. August in die Tat umgesetzt. 51 Monumente wurden zerstört. Hubert Robert hat die Demolierung gemalt (Abb. 134). Die Skelette der Könige bis zu Karl VII. (gest. 1461) wurden in königlichen Gewändern aufgefunden, z.T. auch mit den Insignien Ring, Krone, Zepter und »main de justice«. Die Königsleiber seit Karl VIII. schienen dagegen ohne Königsornat bestattet worden zu sein. Die herrscherlichen Überreste wurden aus den Gräbern gerissen und lagen in Saint-Denis, nunmehr genannt »Franciade«, auf der Straße herum. Ein Zeitgenosse berichtet, er habe einem ganz außergewöhnlichen Schauspiel beigewohnt, dem Revuepassieren aller Könige der Monarchie. Betroffen waren davon auch ihre im Schatz der Abteikirche aufbewahrten Effigies (Abb. 127). Nur weniges, darunter die Totenmaske Heinrichs II. von Valois (Abb. 126), konnte Lenoir für das »Musée des Monuments Français« sicherstellen, das er damals zur Rettung der konfiszierten kirchlichen Kunstschätze im Kloster der Petits-Augustins einrichtete. Die Metallsärge wurden aufgrund eines schon am 14. August 1792 erlassenen Dekrets, das die Beschlagnahme aller plastischen Bildwerke aus Bronze, Kupfer oder Blei vorsah, eingeschmolzen. »Die bleiernen Särge wurden in Kugeln, die Adelsdiplome in Patronen, die Gitter in Piken, die ehernen Verzierungen in Kanonen verwandelt«, berichtet ein Augenzeuge namens Mercier. Ein ähnliches Schicksal erlitten die 45 Behältnisse der einbalsamierten Fürstenherzen in der Kirche Val-de-Grâce. Sie wurden von den Jakobinern aufgebrochen, ihr Inhalt öffentlich verbrannt, z.T. auch zu braunem Farbpigment für künstlerische Zwecke gerieben und die silbernen Fassungen der republikanischen Münze überwiesen. Komplementär zur Zerstörung planten die Einwohner von Saint-Denis eine demokratische Sublimation in Form eines Bürgerfests zu Ehren der »Manen« Marats und Le Peletiers, also ihrer unsterblichen Seelen. Man entschied sich nach Lenoir für die Errichtung einer Art von Höhle für ihre Büsten unter einem grünenden Berg am Eingang der Stadt (»une espèce de caverne, placée sous une montagne verdoyante«). Diese »grotte patriotique«, das Herz der allegorischen, von Zypressen und Pinien bepflanzten »montagne«, sollte aus

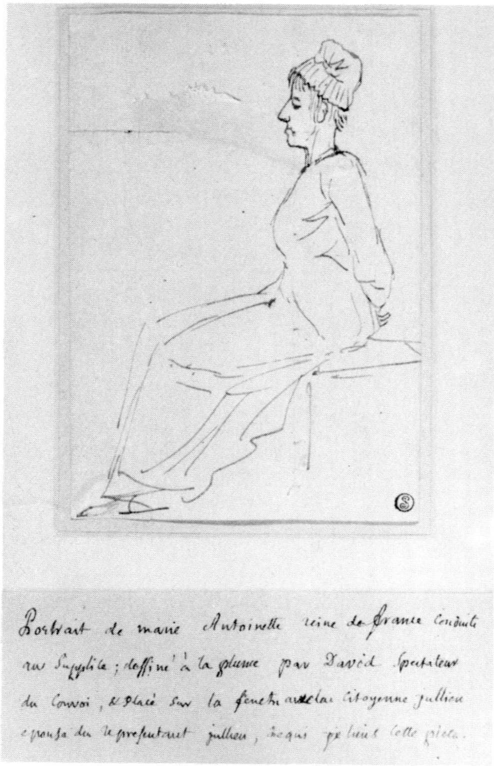

Abb. 135. Jacques-Louis David: Marie Antoinette auf dem Weg zur Hinrichtung. 1793 (Paris, Louvre)

den in großer Zahl herbeigeschafften Trümmern der Grabmäler der französischen Könige geformt werden[284].

Während in Saint-Denis die posthume Entleibung zu Ende ging, forderte David ebenfalls am 8. August 1793 vor dem Nationalkonvent im Namen der Menschlichkeit und der Gerechtigkeit, bei der »Liebe zur Kunst und vor allem bei eurer Liebe zur Jugend« in seiner Rede zum einschlägigen Entschließungsentwurf die Auflösung der Akademien. Diese gehörten als eines der letzten Elemente der alten königlichen Korporationen nach Henri Grégoire, dem Bischof und Abgeordneten von Loir-et-Cher, zu den Einrichtungen, die noch das Siegel des Despotismus trugen. Abschaffung bedeutete deshalb institutionelle Entleibung. David fügte seiner Rede eine Anmerkung hinzu: »Der Bürger David ist Mitglied der ehemaligen Akademie der Malerei gewesen«[285].

Der nationale Angriff auf den Körper der monarchischen Vergangenheit bildete die unmittelbare symbolische Voraussetzung für Davids Inszenierung des Verfassungsfests am 10. August 1793, d.h. für die »Réunion républicaine« (Abb. 22,56) im Zeichen der Einheitlichkeit und Unteilbarkeit, ausgedrückt u.a. durch den »en corps« marschierenden Nationalkonvent und die Vereinigung des Faszienbündels am Altar des Vaterlandes durch den Präsidenten des gesetzgebenden Körpers (Quellen III). Die soeben vernichtete Tradition des königlichen Effigiesbrauchs wurde durch den im Entstehen begriffenen »Tod des Marat« mit demokratischem Inhalt erneuert.

Den Untergang der hinterbliebenen Leiblichkeit der königlichen Witwe hat David zum Anfang der öffentlichen Unsterblichkeit der beiden von ihm gemalten Abgeordnetenleiber gemacht. Wieder bewährte sich seine Symbolregie mit tödlicher Sicherheit. Am 16. Oktober 1793 um 11 Uhr wurde Marie Antoinette zur Hinrichtung geführt. Im Gegensatz zu ihrem Gemahl, der noch in der Karosse zum Schafott gefahren worden war, mußte die Königin auf einem von zwei Ackergäulen gezogenen Schindkarren Platz nehmen, mit dem Rücken gegen die Fahrtrichtung. David hat sie auf ihrem letzten Weg gezeichnet, und zwar, laut nachträglicher Beschriftung unter dem Blatt (Abb. 135), vom Fenster aus, wo er mit der Ehefrau des Abgeordneten Jullien dem Konvoi zuschaute, jenes Jullien, der beim Défilé des Nationalkonvents den aufgebahrten Marat (Abb. 17,125) als »Gott« bezeichnet hatte. Begleitet wurde Marie Antoinette von einem verfassungstreuen Priester. Die Hinrichtung fand wie diejenige Ludwigs XVI. auf dem »Platz der Revolution« (Place de la Concorde) statt: »Um ein Viertel nach zwölf ist ihr Kopf gefallen, und der Scharfrichter hat ihn dem Volke inmitten von langanhaltenden Rufen 'Es lebe die Republik!' gezeigt« (Moniteur). Der Leichnam wurde zum Friedhof der Madeleine gebracht und dort ohne Sarg im Gras liegen gelassen, das Haupt zwischen den Beinen. Etwa zur gleichen Stunde wurde in Saint-Denis im Auftrag des Nationalkonvents der Sarg des vier Jahre zuvor verstorbenen ersten Dauphin geöffnet und sein Leichnam in ein Massengrab geworfen[286]. Am Nachmittag desselben 16. Oktober 1793 stellte David die gemalten Körper Le Peletiers (Abb. 115) und Marats (Tafel I) im Louvre-Hof zur Bezeigung der »staatsbürgerlichen Ehrungen« aus (Quellen XII).

Das Pietàmotiv aus dem »Tod des Marat« übertrug ein unbekannter royalistischer Maler in sein Erinnerungsbild für Marie Antoinette[287]. Es zeigt über einem Sarkophag die Gestalt der toten Königin plastisch - dreidimensional und lebensnah in den Armen der personifizierten Nation, des Souveräns der konstitutionellen Monarchie (Abb. 136). Es ist jenes Arrangement aus der Überlieferung der »Chapelle ardente«, das David für die über Sarkophagen als Gemälde angeordneten Scheinleiber der beiden ermordeten Gesetzgeber angewandt hat, »in der Mitte des Hofes des alten Louvre«, so eine zeitgenössische Quelle. Hier hatte einst Le Brun eine kolossale Pyramide mit einer Reiterstatue Ludwigs XIV., mit Flußgöttern und Sklavenfiguren, errichten wollen[288]. Offenbar wollte der unbekannte royalistische Maler den leibhaftigen Austausch der Staatswürde wenigstens bildlich wieder rückgängig machen.

Das am 7. November von David geforderte Kolossalstandbild des französischen Volkes, gegossen aus der Beutebronze der besiegten Koalitionsdespoten, sollte sich an der Westspitze der Ile Saint-Louis anstelle des eingeschmolzenen Reiterstandbilds Heinrichs IV. zur Erinnerung an den Sieg über Gewaltherrschaft und Aberglauben auf den Trümmern der Königsstatuen von Notre-Dame erheben. Diese Bildnisse (»effigies«), welche das Königtum und der Aberglauben imaginiert und durch vierzehn Jahrhunderte vergöttert haben, sollten zu einer »montagne« als Piedestal für das »emblème du peuple« angehäuft werden. Am 17. November präzisierte David den Gedanken. Die lange Reihe der Könige ganz Frankreichs, heruntergeholt von der Portalfront jener heute zum »temple de la Raison« gewordenen

Kirche, diese würdigen Vorgänger Capets, d.h. Ludwigs XVI., welche allesamt dem das Königtum und alles, was daran erinnere, strafenden Gesetz bis zu diesem Augenblick entwischt seien, dies alles solle in ihren »gothiques effigies« dem schrecklichen und revolutionären Richterspruch (»jugement«) der Nachwelt unterzogen werden[289].

Der Dekretentwurf zur Zerstörung aller Überreste des Feudalsystems stellte am 14. November einen wichtigen Punkt nach der Übergabe des »Marat« im Nationalkonvent dar. Diese Kampagne war, wie Grégoires Berichte vom 31. August, 28. Oktober und 14. Dezember 1793 »über die Zerstörungen durch den Vandalismus« zeigen, keineswegs unumstritten. Sie ging nicht nur im Falle von Notre-Dame, sondern auch sonst vor allem zu Lasten der Kirche, der alten Garantin des Gottesgnadentums. Dies wurde im Anschluß an die Bildübergabe durch das von den Pfarrgemeinden offerierte Silbermobiliar veranschaulicht, im Falle von Choisi verbunden mit dem Wunsch nach Umtausch gegen die Marat-Büste. Das Beispiel machte Schule, auch in der Provinz. Am 18. November 1793 trat in Mennecy, Distrikt Corbeil, die Gemeinde spontan allen Kirchenschmuck an die Nation ab: »Sie will keine Geistlichen mehr; sie fordert den Verkauf des Pfarrhauses, daß die Kirche den Sitzungen der 'Société populaire' diene und daß die Figuren des hl. Petrus und des hl. Dionysius ersetzt werden durch die Büsten von Marat und Le Peletier«[290].

Die Überführung von Leib und Scheinleib Marats am 21. September 1794 ins Panthéon stellte eine zeremonielle Überwindung der nach Saint-Denis überführten Könige dar, eine letzte Komplementärhandlung im Entleibungsprozeß der Monarchie. Diese wurde dabei durch Mirabeau, den »Freund der Könige«, vertreten (Abb. 113), der, gemäß Davids Anregung bei der Übergabe des »Marat« an den Nationalkonvent, dem »Ami du peuple« weichen mußte (Quellen XIII). Es war der zweite Jahrestag der Abschaffung der Monarchie und der Ausrufung der einheitlichen und unteilbaren Republik.

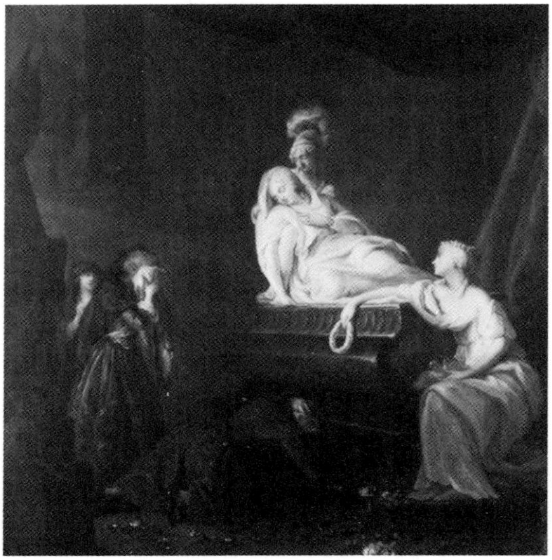

Abb. 136. Anonym: Allegorie zur Erinnerung an Marie Antoinette, 1793 (Montpellier, Musée Fabre)

36. Verklärung

Sieht man einmal vom unvollendeten »Schwur im Ballhaus« ab (Abb. 3) und auch vom verschollenen »Le Peletier auf dem Totenbett«, so ist der »Tod des Marat« bis zum heutigen Tag das größte Kunstwerk geblieben, das der moderne Parlamentarismus hervorgebracht hat, das einzige Kunstwerk von Weltrang. David hat es in der atemberaubend kurzen Arbeitszeit von nur drei Monaten geschaffen, in einer Zeit, in der er zudem beansprucht war durch seine Tätigkeit als Abgeordneter und als Mitglied in einer Reihe von parlamentarischen Ausschüssen, so vor allem im »Comité d'instruction publique« und im »Comité de sûreté générale«, beansprucht auch durch Aktivitäten im Jakobinerclub und nicht zuletzt durch die Gestaltung des Verfassungsfests vom 10. August 1793 (Abb. 22,56). Den geistigen Horizont des Bildes hatte eben diese Jakobinerverfassung mit der Erklärung der Menschen- und Bürgerrechte vom 24. Juni 1793 abgesteckt (Abb. 7). Der historische Ort des Bildes war der Nationalkonvent. Zusammen mit dem »Le Peletier« vollendete es an der Stirnwand des Saales ein Gestaltungsprogramm, das zwischen antiken Gesetzgebern und Staatslehrern und den Gesetzestafeln der Menschen- und Bürgerrechte bzw. der Verfassung einen Sinnzusammenhang herstellte (Abb. 30). Die lebendige Mitte bildete die Präsidiums- und Rednertribüne.

Eine Voraussetzung der schöpferischen Inspiration lag im scheinbar unüberbrückbaren Gegensatz der beiden Ansichten vom politischen Wirken Marats. Die eine hat zu seiner Ermordung geführt, die andere verlangte nach seiner Verewigung. Das Attentat der Charlotte Corday hatte dem »buveur de sang« gegolten. Aus seiner Leiche entwickelte der Maler das unvergängliche Bild des, wie Guirault als Sprecher der »Section du Contrat social« im Rahmen der Auftragserteilung sagte, »Freundes und Vertreters des Volkes« (Quellen VII). Insofern waren Wirklichkeit und Kunstwerk verbunden und getrennt zugleich durch den Abstand einer Propagandalüge.

Doch mit dieser Feststellung allein würde man dem genialen Werk nicht gerecht. Sie bedarf der Ergänzung. David hat das Bild zur Grenze gemacht, welche die Niederungen mörderischer Konflikte von der Erhabenheit eines unzerstörbaren Ethos schied. An dieser Grenze transzendierten sich die individuellen Züge Marats zu idealen Kennzeichen des weltgeschichtlichen Neuanfangs. Die Person wurde zur Personifikation, Politik zu Philosophie. Die Kunst hat damit die Ebene einer Wahrheit erreicht, die im Prinzip bis heute nichts von ihrer Verbindlichkeit eingebüßt hat. Dies macht den »Tod des Marat« zu einem Identifikationsbild unserer Epoche.

Inhaltlich ist das Bild bestimmt vom Gedanken einer humanen Verjüngung aus der Quelle der Natur. Sie ist beseelt von liebendem Wohlwollen, das sich in der Stunde des Sterbens bewährt. Bis zum Schluß erscheint das Leben des wahren Volksvertreters geprägt von Hilfsbereitschaft, Gleichmut und Entsagung. Im patriotischen Opfertod ereignet sich darüber hinaus die Vergebung tödlicher Feindschaft. Der Abgeordnete und Mitbürger im Nationalkonvent sah sich dem Rätsel der Menschheit gegenüber. Seine Lösung ließ ihn den Sinn der demokratischen Verfassung erkennen. Die Aussagekraft des Werks beruht auf einer unwiderlegbaren Bildlogik. Sie bedient sich jeweils im einzelnen überlieferter und daher klar definierter Anschauungsformen, die, unauflöslich miteinander verschmolzen, ihre verschiedenartige Herkunft im Bild sichtbar zum Verschwinden bringen. Die vermeintliche Alternative von christlicher Pietà und antikem Heldentod im Verhältnis des gegen die Schulter geneigten Hauptes zum herabgesunkenen Arm, schon ihrer Überlieferung nach nicht voneinander zu trennen, will im Bilderlebnis als wechselseitige Steigerung und gemeinschaftliche Stärkung verstanden sein. Überhaupt beruht die »Einfachheit« des Bildes auf dem Prinzip der Vereinigung, auf republikanischer »Einheit und Unteilbarkeit«. Der Maler hat es konsequent durchgehalten. Die »bienveillance«, an die Charlotte Corday schriftlich appelliert, enthielt eine begriffsgeschichtliche Doppelqualität. Im ciceronischen Sinn bedingte solches Wohlwollen gegenseitige und dauerhafte Freundschaft, im christlichen Sinn Nächstenliebe, beides wiederum aufgehoben in der von Robespierre ausgegebenen Devise »protection, amour, bienveillance pour les malheureux«. Dementsprechend wurde die Fürsorge bzw. Caritas des Wohltäters gemäß mehrfacher ikonographischer Konvention im Geldmotiv ausgedrückt und als Assignate gegen die Währung der Revolutionswirtschaft eingetauscht. Der geringe Wert bezeichnet die Armut und Selbstlosigkeit Marats, der mit solchem Edelmut sich den zahlreichen Exempla virtutis aus der Kunst des 18. Jahrhunderts anschließt und zugleich einen Verfassungsauftrag vollstreckt. Die stoischen Elemente vermählen sich mit der Misericordia-Gebärde der offenen Arme. Dem Blut des Kriminalfalls und seiner Fingerabdrücke wird dadurch eine eucharistische Eigenschaft zugesprochen, die ihrerseits auf den patriotischen Opfertod bezogen ist. Im Morgenlicht der neuen republikanischen Wahrheit und in der freimaurerisch begründbaren Rechtwinkligkeit des Bildbaus verwandelt sich so die historische Gestalt Marats in menschgewordene Menschlichkeit.

Der Künstler schuf sein Gemälde mit der sicheren Überzeugungskraft, welche für sich das Monopol der richtigen Bildüberlieferung Marats in Anspruch nehmen konnte. In der Rhetorik der Reportage hat er das Epitaph des Revolutionärs zum Emblem der Revolution gemacht. Das ausgeklügelte Mischungsverhältnis legte dem Bürger eine gewollt zwitterhafte Andacht nahe. Es verpflichtete ihn auf die offene Religiosität der neuen Zeitrechnung, indem es im selben Atemzug - dem letzten Marats - einen beschwörenden Appell an seinen Wirklichkeitssinn richtete.

Im Gesetzgeber Marat ist das Wort der Verfassung Fleisch geworden. Die Verankerung dieses Bildsinns im historischen Funktionszusammenhang des Nationalkonvents vollendete sich in der Gestaltungsweise. Marats sakramentale Realpräsenz, kultisch bestätigt durch die Vorgänge bei der Schaustellung im Louvre-Hof, beruhte auf einer geradezu penetrant auf Wirklichkeitsersatz zielenden Malerei. Die Ästhetik des Wachsfigurenkabinetts bildete die Grundlage. Es ging nicht um ein neues Stilideal, sondern um eine Seinskategorie. Das Ergebnis war auch in dieser Hinsicht »einfach« wie die Natur. David hat seinen »Marat« sichtbar identifiziert mit dem Körper Marats. Das Geistige ist vollkommen aufgegangen im Leiblichen, die Idee der

Volksvertretung in der Gestalt des Volksvertreters. Das Prinzip der Verkörperung bringt sich selbst als Körper zur Anschauung.

Die Rolle der gemalten Effigies, die David seinen beiden Gesetzgeberbildern zuwies, fand mit der ständigen Unterbringung im Nationalkonvent ihr Ziel und Ende. Wie zuvor die wächsernen Scheinleiber der französischen Könige im Schatz von Saint-Denis, dem sakralen Zentrum des französischen Königtums, so waren nun der »Tod des Marat« und der »Le Peletier auf dem Totenbett« am geheiligten Ort des neuen Souveräns zu schauen, zusammen mit den Gesetzestafeln der Menschen- und Bürgerrechte und der Verfassung vom 24. Juni 1793, dem kostbarsten Schatz und Unterpfand für eine demokratische Zukunft. An die Stelle der zwei Körper, die einst im lebenden König vereinigt waren und sich bei seinem Tod sichtbar trennten, war die Teilidentität der Abgeordnetenkörper mit dem einheitlichen, unteilbaren und fortdauernden Körper getreten, durch den der neue Souverän sich seine Gesetze gab. Von Menschenhand gemacht, bedeutete auch hier die fiktive Unsterblichkeit weder diejenige eines ewigen Lebens in einer anderen Welt noch diejenige der Gottheit. Vielmehr veranschaulichte die ständige Anbringung im Nationalkonvent die zwar durch Mörderhand verletzbare, jedoch grundsätzlich unzerstörbare Integrität des gesetzgebenden Körpers.

Was David seinen Abgeordnetenkollegen durch Ritual und Kunst vor Augen geführt hat, war somit eine echte Revolution, nämlich Überwindung der Tradition durch deren Mittel. Das Verfahren als solches war bereits Symbol. Es rückte die beiden Abgeordnetenbilder an die Seite anderer Zeugnisse der großen Umwälzung. Der gemeinsame Nenner hieß Indienstnahme durch Anverwandlung. Aus der Kathedrale Notre-Dame wurde der »Tempel der Vernunft«, aus der Kirche Ste. Geneviève, der Schutzpatronin von Paris, das »Panthéon«, aus dem Louvreschloß das »Museum«, aus der Place Louis-le-Grand (Place Vendôme) die »Place des Piques«, aus dem absolutistischen Denkmalsockel das Postament für die Aufbahrung Le Peletiers, aus dem Tuilerienschloß das »Palais National« bzw. »Palais de la Législation«, aus dem ehemaligen Hoftheater der Sitz der Volksvertretung, aus der Place du Caroussel die »Place de la Réunion« und der Ort des provisorischen Marat-Monuments, aus der Place Louis-Quinze die »Place de la Révolution«, aus dem Standort des königlichen Reiterdenkmals der Platz der Guillotine. Die ideelle Technik arbeitete nach dem Grundsatz der Einschmelzung. Ihre rohe Entsprechung stellte der revolutionäre Vandalismus dar. Mit seinen materiellen Ergebnissen wollte David das Standbild des französischen Volkes fundieren. Kolossalität bedeutete hier Erstarkung durch Inkorporierung, wobei die Brust dieses Volkes mit den Begriffen »Nature, Vérité« den Geist Rousseaus atmete. Schließlich hat der Maler sogar die monarchische Sterblichkeit Ludwigs XVI. und seiner Gemahlin Marie Antoinette kaltblütig ins Unsterblichkeitskalkül seiner gemalten Volksvertretung einbezogen.

Auf allen Ebenen geschah die Überwindung der Tradition durch Einverleibung dessen, was in seiner alten Identität getilgt werden sollte. Im »Tod des Marat« wurde der geschändete Körper der Gesetzgebung zur Integrationsfigur altüberlieferter Verehrungsmuster gemacht. In der revolutionären Neugeburt waren die Gedächtnisformen der enthaupteten Monarchie aufgehoben. Auf diese Weise hat im Bild des ermordeten Volksvertreters das Bilddenken des Ançien Régime seine Verklärung gefunden. In dieser Verklärung und nur durch sie konnte die ersehnte Regeneration anschauliche Wirklichkeit werden als unsterblicher Leib des souveränen Menschen.

Anmerkungen:

Die Zahlen hinter den zitierten Veröffentlichungen sind Seitenzahlen. Querverweise innerhalb des vorliegenden Buches werden nicht durch Seitenzahlen, sondern durch Anmerkungsnummern angegeben.

1. Die Daten nach Schmitt, 9f, 20, 122f. Zum »Schwur im Ballhaus« grundlegend das Buch von Bordes; dazu Rezension von M. Bleyl, in: Kunstchronik 38 (1985), 384-388. Neuerdings W. Kemp: Das Revolutionstheater des Jacques-Louis David. Eine neue Interpretation des »Schwurs im Ballhaus«, in: Marburger Jahrbuch für Kunstwissenschaft 21 (1986), 165-184; zum Ereignis selbst Furet/Richet, 124-159. Zu Marats Verfassungsprojekt s. Bougeart I, 135f, 166ff. Verfassung von 1791 bei Godechot: Constitutions, 33-67. Das Relief nach Kemp: Natura, 160f.

2. Goethe, 75. Wildenstein, Nr. 360-375. Zu den Septembermorden Gorce II, 244-296.

3. Furet/Richet, 236. Wildenstein, Nr. 406. Das Dekret über die Abschaffung der Monarchie in Paris, Musée de l'Histoire de France, AE II, 1316.

4. Wildenstein, Nr. 407. Dowd: Pageant Master, 99ff. Sauerländer, 50 ff. Ausst.kat. Les Fêtes de la Révolution, Nr. 26. Zu Girardons Reiterstatue s. F. Souchal: French Sculptors of the 17th and 18th centuries. The reign of Louis XIV. Illustrated Catalogue G-L, Oxford 1981, Nr. 65. Zur wechselhaften Revolutionsgeschichte dieses Aufbahrungsortes Traeger: Säule der Großen Armee, 405-418; ders.: Napoleon als Säulenheiliger. Das Denkmal der Großen Armee oder Die verlorene Revolution, in: Frankfurter Allgemeine Zeitung, 17.II.1979, Nr. 41 (Bilder und Zeiten).

5. Wildenstein, Nr. 409, 410. Delécluze, 148ff. Dowd: Pageant Master, 101ff. Die Rede in ungenauer Übersetzung bei Scheinfuß, 58f.

6. Aulard/Mirkine-Guetzévitch, 21ff, 24ff. Godechot: Constitutions, 80 ff. Ders: Institutions, 282. Zum Einfluß Robespierres auf die neue Verfassung Michelet VII, 151ff; Furet/Richet, 302f.

7. Wildenstein, Nr. 458.

8. Politische Einstellung der Corday bei Pernoud/Flaissier, 261ff. Das Verhör vollständig bei Villiers, 305-323.

9. Wildenstein, Nr. 460. Zur Wohnung Michelet VII, 227; Batz, 250; Hillairet I, 463. Ansichten und Grundriß bei Cabanès, 378ff; zu Baudry ebd. Dehodencq bei Marrinan, 167 Abb. 11. Zum Wohnhaus s. auch unten Anm. 167.

10. Alle Zeugenaussagen bei Villiers, 293 ff. Zur Reise der Corday, zum Tathergang und zum Personal Marats vgl. Bougeart II, 263; Batz, 249ff. Zur Leiche Marats Bougeart II, 266; Chèvremont II, 476.

11. Zu Hauer/Tassaert s. Journal de Perlet, 20. und 27. Juli 1793. Marrinan, 160. Hauers Ölporträt ebd. Abb. 13; dazu auch Sauerländer, 65, Abb. 16. Prozeßprotokolle bei Villiers, 293 ff. Pernoud/Flaissier, 267f, 269.

12. Villiers, 273. Wildenstein, Nr. 461. Namensänderung der Jakobiner nach Schmitt, 129. Fouquier-Tinville s. Jaurès V, 395. Zum Bruderkuß s. unten Anm. 199.

13. Procès - Verbal, XVI, 136ff. Charakterisierung des »Moniteur« nach Huet, 7; weitere Zeitungsberichte aufgezählt bei Dowd: Pageant Master, 107, Anm. 22.

14. Procès-Verbal XVI, 136ff, wo der eigentliche Mordbericht nicht abgedruckt ist. Vgl. den geringfügig abweichenden Wortlaut von Guiraults Aufforderung bei Wildenstein, Nr. 462. Zur Sitzung auch Villiers, 234ff.

15. Jaurès II, 694f; III, 55f, 58, 162ff; V, 399f., 716; vgl. auch Register ebd. Chabots Verfassungskritik nach Michelet VII, 156f.

16. Dazu s. unten Anm. 54. Rolle beim Verhör Pernoud/Flaissier, 264.

17. Vgl. die ungenauen Briefwiedergaben bei Bertin, 228. Chabots Briefzitat nach Moniteur, Nr. 197 (16. Juli 1793): »Je viens de Caen. Votre amour pour la patrie doit vous faire désirer de connaître les complots qu'on y médite. (Vous voyez qu'elle rend justice au civisme de Marat, parce qu'elle a eu besoin de lui parler de la patrie pour obtenir une audience.) J'attends votre réponse«.

18. Chabots Briefzitat nach Moniteur, a.a.O.: »Je vous ai écrit ce matin. Avez-vous reçu ma lettre? Puis-je espérer un moment d'audience? Si vous l'avez reçue, j'espère que vous ne me refuserez pas. Vous voyez combien la chose est intéressante. (Elle rend ensuite justice aux vertus de Marat; elle sait que jamais un malheureux n'a imploré en vain ses

secours et sa protection.) Il me suffit de vous faire voir que je suis malheureuse, pour avoir droit à votre estime«.

19. Aulard/Mirkine-Guetzévitch, 25, 26; Godechot: Constitutions, 80, 82. Vgl. Anm. 114.

20. Jaurès, III, 356, 362.

21. »Marat était donc connu, même de ses assassins, par son amour pour le peuple, auquel il sacrifiait ses veilles et son existence. Il aurait donné son sang pour les malheureux. Il vient de le répandre pour le peuple, et ce sacrifice, ajoutant à sa force celle de la douleur et de l'indignation, l'armera sans doute pour le venger, et pour défendre la liberté, quand elle sera menacée, si toutefois les conspirateurs parviennent à avancer leurs traines criminelles«. Moniteur, Nr. 197 (16. Juli 1793).

22. Ebd. Zum Verhör Villiers, 204ff. Zum kriminologischen Aspekt s. unten Anm. 213f.

23. Moniteur, a.a.O. Procès-Verbal, 159.

24. Plebiszit Godechot: Institutions, 286; grundlegende Bedeutung ebd. 288f.

25. Père Duchesne, Nr. 260 (14. Juli 1793): »Lorsque Capet fut exécuté, un député patriote fut assassiné. Aujourd'hui que la Constitution est proposée à l'acceptation des départements, Marat meurt victime de l'aristocratie«. Zitat bei Villiers, 222. Trauergedicht ebd. 256. Künstlerumzug nach Bougeart II, 295. Versailles s. Fournel I, 348f, 452f. Extrakt Cabanès, 465.

26. Jaurès I, 433; V, 840f. Vgl. E. Mellié: Les Sections de Paris pendant la Révolution française (21 mai 1790-19 vendémiaire an IV). Organisation. Fonctionnement, Paris 1898.

27. Vgl. Jean-Jacques Rousseau: Du Contrat social. Texte original publié avec introduction, notes et commentaire par Maurice Halbwachs, Paris 1943 (Neudruck 1967). Im folgenden wird die deutsche Übersetzung als »Gesellschaftsvertrag« zitiert nach Rousseau: Sozialphilosophische und Politische Schriften, München 1981 (vgl. Literaturverzeichnis). Bei der Überführung Rousseaus ins Panthéon am 10./11. Oktober 1794 bildete »Le Contrat social« einen Teil des Festzugs. Ausst.kat. Les Fêtes de la Révolution, Nr. 49.

28. Godechot: Constitutions, 86. Rousseau: Gesellschaftsvertrag, 3. Buch XV, 350. Zum Gesetzesrang der Anbringung s. auch unten Anm. 280.

29. Deklaration bei Aulard/Mirkine-Guetzévitch, 24; Godechot: Constitutions, 80.

30. Zum blutgetränkten Hemd s. auch Fournel I, 340, 459. Grab nach Bougeart II, 282. Aufbahrung s. unten Anm. 254ff; Beisetzung Anm. 257ff.

31. Zu Lazowski s. Dowd: Pageant Master, 103f, 106. Vgl. unten Anm. 256, 271. Zum Monument Fassy, 22; Fournel I, 346f; Cabanès, 443-449, 464. Hillairet I, 276.

32. Ausst.kat. Les Fêtes de la Révolution, Nr. 32-36. Dowd: Pageant Master, 110ff. Lade s. Godechot: Institutions, 288. Medaille Wildenstein, Nr. 479, 481, 483; dazu auch David: Le peintre David, 139f; ferner unten Anm. 200, 220, 237.

33. Herding: Marat, Anm. 22, gibt an, daß die beiden Bilder im Anschluß an die Zeremonie »im Hause« Davids ausgestellt worden seien.

34. Soboul, bes. 205f. David: Le peintre David, 145f.

35. Wildenstein, Nr. 666, 686. Schlanger, 387f. S. unten Anm. 168, 201, 239, 289.

36. Zum Salon David: Le peintre David, 147. Angaben zu Laloy nach Jaurès VI, 335. »Fest der Vernunft« s. unten Anm. 67.

37. Die Sitzung im folgenden nach Moniteur, 26. Brumaire An II (16. November 1793); ihre Wiedergabe in Procès-Verbal XXV, Paris l'an II, 207 - 222, ist, ähnlich wie im Falle des 14. Juli 1793, nicht vollständig und weicht auch in der Reihenfolge gelegentlich vom Bericht des »Moniteur« ab. Angaben zu Houchard nach Jaurès VI, 297. Die deutschen Übersetzungen von Davids Rede bei Lankheit, 28f., und Scheinfuß, 60f, sind ungenau und deshalb hier durch eine neue ersetzt.

38. Wildenstein, Nr. 719. François Paré schlug dem Maler folgendes vor: »Tes deux tableaux de Lepelletier et de Marat seraient intéressants à multiplier et vaudraient bien, dans les auditoires des tribunaux et dans les salles d'assemblée des corps administratifs, les tristes crucifix ou les portraits des rois harnachés, dont notre gothique et servile superstition avait coutume de les parer«. David: Le peintre David, 147. Die Stichwiedergabe war schon für den »Schwur im Ballhaus« beschlossen worden. Scheinfuß, 57.

39. Wildenstein, Nr. 977, 1006, 2043 (92), 2077 (14). Zu den Kopien F. Chèvremont: Marat. Index de bibliophile et de l'amateur de peintures, gravures, etc., Paris 1876, 352f. Saunier, 24-31; ferner Ausst.Kat. Goya, Nr. 350. Vgl. unten Anm. 155.

40. Wildenstein, Nr. 777. Vgl. Aulard/Mirkine-Guetzévitch, 25; ebd. 16, 19.

41. Wildenstein, Nr. 798, 806, 1028, 1162, 1183, 1222 bis, 1265-1268. David: Le peintre David, 147, 332f.

42. Zum »Le Peletier«-Schicksal s. unten Anm. 64. Zur Zeichnung von Devosge s. L. Réau: Un dessin inédit de Lepeletier de Saint-Fargeau, de David, in: Bulletin des Musées, 1930, 17-18. Zur Zeichnung von Delécluze s. R. Baschet: David et Delécluze: Un esquisse inconnu du Lepeletier de Saint-Fargeau, de E.-J. Delécluze, in: Beaux-Arts 1942 (Nr. 74), 5; (Nr. 76), 4. Nach David: Le peintre David, 331, ist kein einziges »Marat«-Stichexemplar in die Öffentlichkeit gelangt, da die Stecher aufgrund der politischen Entwicklung ihre Arbeit eingestellt hätten. Er nennt jedoch einige sehr seltene Exemplare, ebd. 147, 334.

43. Dazu auch die Eingabe des Malers an das Innenministerium. Wildenstein, Nr. 1265.

44. Michelet V, 142; VII, 66f. Maßangaben und Beschreibung nach Boyer, 216f. Der Stich von Duplessi-Bertaux gehört zu den »Tableaux historiques. Collection complète des tableaux historiques de la révolution française«, Paris 1802 II, fig. 115, der Stich von Helman/Monnet zu den »Principales journées de la Révolution« (Paris, Bibl.Nat., Cab.-d.Est.); vgl. unten Anm. 50. V. Hugo: Quatrevingt-Treize (1874), Paris 1963, 181-188. A. Leitzmann (Hrsg.): Wilhelm von Humboldts Tagebücher, I (1788-1798), Berlin 1916, 468. H. Ottomeyer: Das frühe Oeuvre Charles Perciers (1782-1800). Zu den Anfängen des Historismus in

Frankreich (Diss. München 1976), Altendorf 1981, 129-134. Ausst.Kat. Friedrich Gilly 1772-1800 und die Privatgesellschaft junger Architekten, Berlin 1984, Nr. 17 mit Abb.

45. Zeitgenössischer Bericht über die Umgestaltung des Theaters von J.A. Dulaure, in: Thermomètre du jour, Nr. 499 (13. Mai 1793), 361-363. Boyer, 215, 217f., 224; Datum des Einzugs ebd. 212f. Vgl. Herbert, 97; zur Marat-Büste ebd. Anm. 101. Plutarch I, 102-152 (Lykurg); 201-285 (Solon, Brutus, Publicola); 320-389 (Camillus); II, 183ff. (Plato); V, 396-437 (Demosthenes). Livius: Ab urbe condita, III. Buch, 26f (Cincinnatus). Dazu unten Anm. 113. Zum grünen Stoff vgl. unten Anm. 139f.

46. Artikel 124 der Verfassung lautet: »La déclaration des Droits et l'acte constitutionnel sont gravés sur des tables au sein du Corps législatif et dans les places publiques«. Godechot, 92. Davids Forderung s. David: Le peintre David, 140. Wildenstein, Nr. 479.

47. Vgl. Dowd: Pageant Master, 108.

48. Zu den Büsten Fournel I, 350f; Herbert, 98; Boyer, 224f. Zur weiteren Ausstattung des Salon de la Liberté ebd. Zur Klimatisierung ebd. 219. Zu Chalier s. Furet/Richet, 295; Jaurès V, 297.

49. Harriet und Monsiau in Ausst.kat. Dessins du Musée Carnavalet, Nr. 48, 88. Monsiau auch in Ausst.kat. Goya, Nr. 336. P. de la Vaissière: Un adolescent malléable, durci par la révolution: le peintre Fulcran-Jean Harriet, in: Gazette des Beaux-Arts 6. per. 101 (1983), 141f., Abb. 1. Zur Abschaffung der Sklaverei s. unten Anm. 160.

50. Aulard/Mirkine-Guetzévitch, 28ff; dazu Furet/Richet, 398ff. Artikel 377 der Verfassung Godechot: Constitutions, 141; vgl. ebd. 67. Boyer, 226, gibt ohne Begründung und wohl aufgrund des Stichs von Helman/Monnet irrtümlich an, der Verfassungstext des Jahres III habe die Stelle der abgehängten Bilder Davids eingenommen. Zum Aufstand vgl. unten Anm. 114, 185.

51. Zu dem Wettbewerb W. Kemp: Das Bild der Menge (1789-1830), in: Städel-Jb. N.F.4 (1973), 265ff, Abb. 12, 13; vgl. auch Furet/Richet, Abb. S. 385. Zu Delacroix' Beitrag W. Hofmann, in: Ausst.kat. Goya, Nr. 550.

52. Zu Durands Projekt s. unten Anm. 186. Das seitliche Pendantverhältnis von Davids Bildern somit grundsätzlich richtig rekonstruiert von Gisela Hopp in Ausst.kat. Goya, Abb. 191-192.

53. David als Sekretär bzw. Präsident Wildenstein, Nr. 486, 765-789. Dowd: Member of the Committee, 875f; Sansculotten ebd. 892. Ders.: Jacobinism and the fine Arts: The Revolutionary Careers of Bouquier, Sergent and David, in: The Art Quarterly 16, 1953, 195-214, bes. 208f. Vgl. Boyer, 223. Godechot: Institutions, 308ff.

54. Sämtliche Angaben nach der grundlegenden Arbeit von Dowd: Member of the Committee, 871-892. Zu Chabots Affäre ebd. 884f; Jaurès VI, 387-391, 407f. Die David betreffenden Dokumente bei Wildenstein, Nr. 689, 775, 878. Chabots Rede s. oben Anm. 16ff. Zu Marie Antoinette vgl. Furet/Richet 305ff.

55. G. Hopp, in: Ausst.kat. Goya, Nr. 353. Dazu F. Boyer: Hubert Robert dans les prisons de la Terreur d'après les fonds des Archives Nationales, in: Bulletin de la Société de l'histoire de l'art français, 1963, 385-388. E. Vigée-Lebrun: Souvenirs, Paris o. J., II, 329. Vgl. K. Badt: Die Kunst des Nicolas Poussin, Köln 1969, I, 607, II, 171; Alpatow, 282. Die Marat-Büste richtig identifiziert von Herding: Marat, 93f.

56. Schnapper, 142f, 169ff, Abb. 79. Die Anzeige nach Fournel I, 455.

57. Delécluze, 174. Pantheonisierung und Depantheonisierung s. unten Anm. 260f.

58. Zum Büstenkult Fournel I, 455f, II 14ff; Umbenennungen ebd. I, 463f; Grab und Denkmal ebd. II, 20. Fassy, 22.

59. Theater Fournel I, 451ff; Huet, 11, 15, 71f, 73f; ferner M. Minor: Charlotte Corday in der deutschen Dichtung, Diss. Wien 1909. E. Frenzel: Stoffe der Weltliteratur. Ein Lexikon dichtungsgeschichtlicher Längsschnitte, 2. Aufl. Stuttgart 1963, 109ff. Die Bühnenwirksamkeit des Stoffes hat sich bis heute unvermindert bewährt. Das 1964 uraufgeführte zweiaktige, 1966 von Peter Brook verfilmte Drama von Peter Weiss »Die Verfolgung und Ermordung Jean Paul Marats dargestellt durch die Schauspielgruppe des Hospizes zu Charenton unter Anleitung des Herrn de Sade« gehörte zu den größten deutschen Theatererfolgen der Nachkriegszeit. Vgl. J. Taberner-Prat: Über den »Marat/Sade« von Peter Weiss: Artistische Kreation und rezeptive Mißverständnisse (Stuttgarter Arbeiten zur Germanistik, Nr. 8), Stuttgart 1976. Von Walter Haupt in Musik gesetzt, ist das Stück als Oper am 23. Juni 1984 in Kassel uraufgeführt worden. Orpheus 9 (1984), 682f. Zur Bildgeschichte des Corday-Themas s. die Arbeiten von Sprigath und Marrinan.

60. Schnapper, 169ff, Abb. 99. Wildenstein, Nr. 1196, 1208.

61. Wildenstein, Nr. 1221, 1222.

62. Dazu Traeger: Napoleon, Trajan. Heine, 141-206.

63. Dowd: Member of the Committee, 871.

64. Wildenstein, Nr. 2050 - 2059, 2074. Villenave, 120. Zum Schicksal des »Le Peletier« vor allem J. Vallery-Radot: Autour du portrait de Lepeletier de Saint-Fargeau sur son lit de mort, par David (d'après des documents inédits), in: Archives de l'Art Français, n.p. 22 (1950-1957), 354-363. Weitere Nachforschungen bei Verbraeken, 26 Anm. 87. Vgl. auch Sauerländer, 64. Ausst.kat. The Age of Neoclassicism, London 1972, Nr. 68. Vgl. oben Anm. 42. Zur Tochter Le Peletiers auch unten Anm. 153.

65. Lankheit, 18ff. Alpatow, 281f.

66. Kriminaldossier nach F. Chèvremont: Marat. Index du bibliophile et de l'amateur des peintures, gravures, etc., Paris 1876, 354. Zu Hauer s. Marrinan, 162, Anm. 37, Abb. 6. Zum christlichen Aspekt Lankheit, bes. 11, 22ff, 30f. Zum Herzkult s. unten Anm. 255, 259, 263, 266f, 271. Zum Kult um Marat grundlegend Fournel I, 343ff, 459ff. Bei Herding: Marat, 95ff, 100, 104f Differenzierung nach verschiedenen sozialen bzw. Frömmigkeitsstrukturen. Herding spricht für den Marat-Kult treffend von »antikisch-religiöser Mischstruktur«. Sauerländer, 75ff. Feist, 84f.

67. Furet/Richet, 309-312. »Fest der Vernunft«, s. oben Anm. 36.

68. Der »Antike Fries« bei Schnapper, 52f, Abb. 24; Sauerländer, 79, Abb. 26. Das »Leichenbegängnis des Patroklos« bei Schnapper, Abb. 13, 14; dazu Ausst.kat. de David à Delacroix, Nr. 27.

69. Koch, 28-38, vor allem Tf. 81 Nr. 88 (Museo Capitolino) und Tf. 85 Nr. 92 (Palazzo Mattei). Canovas Zeichnung bei H. Ost: Ein Skizzenbuch Antonio Canovas 1796-1799, Tübingen 1970, 50f. Davids Zeichnung im Album 7, fol. 1 (Paris, Louvre). Vgl. A. Serullaz: David e Roma. Ausst.-kat. Rom 1981, 55, Abb. 19; zum Fries in Sacramento ebd. 80ff, Abb. 16.

70. Zur Aufbahrung s. unten Anm. 244f, 271.

71. Koch, 38-47, Tf. 112 Nr. 121 (Castel Gandolfo). Davids Zeichnung bei Rosenblum, 29, Abb. 24, bezeichnet als »Drawing after a Roman Conclamatio«.

72. Lesueur in Ausst.kat. Les Fêtes de la Révolution, Nr. 30. Vgl. Huet, 81f. Ähnliche Apotheose im Marat-Stück von Gassier Saint-Amand. Fournel I, 451f.

73. Koch, 120 Nr. 116, Tf. 103 Nr. 116. Zum Voltaire-Projekt s. unten Anm. 246, 275.

74. Abgebildet bei Herding: Marat, 105, Abb. 13.

75. L. B. Alberti: Della Pittura, hrsg. v. L. Malle, Florenz 1950, 89: »Lodasi una storia in Roma nella quale Meleagro morto, portato, adgrava quelli che portano il peso et in sé pare in ogni suo membro ben morto: ogni cosa pende, mani, dito e capo: ogni cosa cade languido, ciò che ve si dà ad exprimere uno corpo morto, qual cosa cierto è difficilissima, però che in uno corpo chi saprà fingere ciascuno membro otioso sarà optimo artefice.« Zu den Meleager-Reliefs bei Raffael und Pontormo s. L. Ferrara/S. Staccioli/A. M. Tantillo: Storia e restauro della deposizione di Raffaelo, Roma 1972-73, Abb. S. 32; J. Shearman: Pontormo's Altarpiece in S. Felicita, Newcastle 1971, 14ff, Abb. 7f. Zu Caravaggio vgl. die Beispiele im Museo Capitolino und im Vatikan. Koch, Tf. 81, Nr. 88, Tf. 86 Nr. 98. Entbehrlich geworden ist damit der Hinweis auf einen antiken Krieger von der Trajansäule als einem möglichen Vorbild für den »Marat« bei W. Hofmann: Un dessin inconnu de la première époque de J.-L. David, in: Gazette de Beaux-Arts 6. per., 55 (1958), 166, Abb. 3 und Sauerländer, Anm. 98, ebenso auch der Hinweis auf das antike Vasenrelief, ehemals in der Sammlung Giustiniani/Rom, bei Kruft, 605ff, Abb. 37, 38.

76. Zur Prozession s. oben Anm. 34. Journal de Paris, 1793, 1188: »...dans une espèce de crypte funèbre«. Wildenstein, Nr. 602; Fournel I, 454, spricht von »Altar«. Soboul, 206. Zum »Altar des Vaterlandes« s. Herbert, 70f, Abb. 35. Zum provisorischen Marat-Monument s. oben Anm. 31.

77. Über Sarkophagaltäre J. Braun: Der christliche Altar, München 1924, I, 240-244. Zur Verehrung s. unten Anm. 228.

78. Zum Frottis Bleyl, 57-74, 147-158. S. auch unten Anm. 169f, 241.

79. Huet, 79f.

80. Das Mißverständnis, bereichert um eine ebenfalls nicht vorhandene Lampe, bei Herding: Marat, 90f. Die Vorzeichnung in Privatbesitz/Buenos Aires bekannt gemacht von Maison, 60 Abb. Hinweis auf Pigalle bei Alpatow, 280f, Abb. 63; vgl. Réau: Pigalle, Nr. 34.

81. Zur Seitenwunde Lankheit, 19; Herding: Marat, 97.

82. Charles Baudelaire: Le Musée classique du bazar Bonne-Nouvelle, in: Oeuvres Complètes, hrsg. v. C. Pichois, 2 Bde., Paris 1976, II, 409f. Dazu Sauerländer, 81ff.

83. Paul Cézanne: Über die Kunst. Gespräche mit Gasquet und Briefe, hrsg. v. W. Hess, Hamburg 1957, 36.

84. Die These s. Herding: Marat, 104ff; ähnlich auch R. Paulson: Representations of a Revolution (1789-1820), New-Haven - London. 1983, 83. »Paradox« bei Sauerländer, 80.

85. Zeitrechnung nach Furet/Richet, 310; Gorce III, 57ff; Maier, 128f. Zu Romme s. Jaurès VI, 297f. Zur Übermalung Bleyl, Anm. 412.

86. Rousseau: Gesellschaftsvertrag, 4. Buch VIII, 384f, 386; Briefe vom Berge, 1. Brief, ebd. 785. Vgl. I. Fetscher: Rousseaus Politische Philosophie. Zur Geschichte des demokratischen Freiheitsbegriffes, 2. Aufl. Darmstadt, 1968, 184f.

87. Rousseau: Gesellschaftsvertrag, 4. Buch VIII, 384ff, 388f. Dazu Maier, 134-137. Fauchet ebd. 130. Vgl. F. Reibel: Fauchet, in: Lexikon für Theologie und Kirche, IV, Freiburg i. Br. 1960, 41. St. Skalweit: Gobel, ebd. 1033; dazu J. Pieper: Zustimmung zur Welt. Eine Theorie des Festes, München 1963, 98; Gorce III, 86ff, 97ff. Cordays Urteil über Fauchet bei Villiers, 367.

88. Zur Überführung Rousseaus s. E. Drumont: Les fêtes nationales à Paris, Paris 1879, o. S.; vgl. Ausst.kat. Les fêtes de la Révolution, Nr. 49. S. unten Anm. 277.

89. Edmont et Jules de Goncourt: Manette Salomon. Nouvelle édition, Paris 1886, 323. Rousseau: Gesellschaftsvertrag, 1. Buch VI, 281.

90. Zu Marat als Theoretiker der Menschenrechte Bougeart I, 166ff; II, 316. Godechot: Constitutions, 80. Dekoration bei Cordeliers nach Farge, 339, 344. Hauers Pendants s. G. Hopp, in: Ausst.-kat. Goya, Nr. 354 und Abb. 193. Weitere Corday-Bilder von Hauer bei Marrinan, 160f, Abb. 6.

91. Aulard/Mirkine-Guetzévitch, 16, 24f. Zum »Etre suprême« und Robespierre s. Jaurès VI, 343ff, 348, 493ff, Anm. 14. Marats Vermählung Journal de la Montagne, Nr. 53; Bougeart I, 349. Vgl. Rousseau: Gesellschaftsvertrag 4. Buch VIII, 389. Zum Fest vom 10. August Furet/Richet, 310.

92. Glaubensbekenntnis auf Marat s. Fournel II, 7; Übersetzung nach Lankheit, 31. Dazu Rousseau: Gesellschaftsvertrag, 4. Buch VIII, 389.

93. Wildenstein, Nr. 968; Scheinfuß, 107. vgl. Schnapper, 166.

94. Zum Fest Wildenstein, Nr. 483; Scheinfuß, 97ff, 102ff; s. oben Anm. 7. Vgl. Schnapper, 139ff, Abb. 77f; Kemp: Natura, 171ff.

95. Rousseau: Gesellschaftsvertrag, 2. Buch VIII, 304, 305.

96. Ebd. 3. Buch VIII, 336; 2. Buch X, 310.

97. Pernoud/Flaissier, 269. Zu »Bourg Régénéré« auch unten Anm. 168, 226, 268.

98. Fournel I, 460f. Uzès-la-Montagne vgl. unten Anm. 146, 279.

99. Die Taufe Fournel I, 464f.

100. Scheinfuß, 113. Bougeart II, 282.

101. Wildenstein, Nr. 1096.

102. Plinius: Nat. hist. XV, (40) 134f. Dazu das Barockemblem bei Henkel/Schöne, 204. Die Graphik in Ausst.kat. Goya, Abb. 175.

103. Wildenstein, Nr. 1096. Zum »Barra« Schnapper, 164ff, Farbabb. 95.

104. Lankheit, 18. Feist, 82.

105. Versiegelungsbericht bei Chèvremont II, 503f. Zum Fund der Assignate Bougeart II, 302f. Eine 25-sols-Assignate abgebildet bei Furet/Richet, Abb. S. 380; andere Assignaten bei Sieburg, Abb. S. 91. Zu Simonne Evrard s. Bougeart II, 302ff.

106. Hillairet I, 276. Dowd: Member of the Committee, 887. Zu den Assignaten generell s. Jaurès I, 704-707, 709-713 und Register; R. Gaettens: Inflationen. Das Drama der Geldentwertungen vom Altertum bis zur Gegenwart, München 1955, 177ff.

107. Goethe, 141f, 155.

108. Furet/Richet, 303. Zur Büstenaufstellung s. oben Anm. 48. Marat nach Sauerländer, 71.

109. Dowd: Pageant Master, 102. Rousseau: Gesellschaftsvertrag, 3. Buch XV, 349.

110. Zum »Schwur der Horatier« Stolpe, 55ff.

111. Rousseau: Gesellschaftsvertrag, 2. Buch X, 309; 3. Buch IX, 340. Zum Kinderproblem E. Badinter: Die Mutterliebe. Geschichte eines Gefühls vom 17. Jahrhundert bis heute, Zürich 1980, 48; E. Sullerot (Hrsg.): Die Wirklichkeit der Frau, München 1979, 521.

112. Marat, in: Journal de la République française, Nr. 137/138 (1. März 1793), zitiert nach Vovelle, 233. Marats Forderung, die Bäcker und Lebensmittelhändler aufzuhängen, vgl. unten Anm. 204. Allgemein s. Furet/Richet, 300f, 303f, 308f.

113. Plutarch I, 113ff, 116f. Dazu oben Anm. 45. Vgl. die ersten beiden Artikel der Menschen- und Bürgerrechtserklärung von 1793. Godechot: Constitutions, 80. Das Recht auf Eigentum wurde auch von Rousseau: Gesellschaftsvertrag, 1. Buch IX, 285, nicht bestritten.

114. Aulard/Mirkine-Guetzévitch, 26. Zum Sansculottenaufstand s. oben Anm. 50 und unten Anm. 185.

115. Gravelot/Cochin I, 55. Erscheinungsjahr nach Boime, 75 Anm. 57; vgl. ebd. 75, 77, Abb. 4, 5.

116. Gravelot/Cochin II, 73f.

117. Andere Variante in: Le Courrier de l'Egalité, Nr. 331 (15. Juli 1793), 115; Herding: Marat, Anm. 21; Bougeart II, 268. Der Zettel, den Charlotte Corday auf dem Stich von Louis Quéverdo in der Hand hält, ist nicht zu entziffern. Sprigath, Abb. 5; Marrinan, Abb. 9. Batz, Anm. 1, bringt Chabots Version in einer Fassung, in der das letzte Wort wie in Davids Bild »bienveillance« lautet. Da er keine Quelle angibt, fragt man sich, ob eine irrtümliche Vermengung vorliegt.

118. Sauerländer, 70f. Herding: Marat, 94.

119. Zu den zeitgenössischen Publikationen des Textes Robespierre, 95f. Davids Ernennung Wildenstein, Nr. 304; Verhältnis zu Robespierre ebd. Nr. 326, 374. Delécluze, 170ff.

120. Robespierre, 110; 277f.

121. N. de Malebranche: Trois lettres au R. P. Lamy (1698), in: Oeuvres de Malebranche, hrsg. v. A. Robinet, XIV, Paris 1963, 48, 101, 120, 151, 171, 176; weiter zu »amour de bienveillance«, die bei Malebranche eine über sich selbst hinaus auf Gott bezogene Selbstliebe ist, ebd. 41, 100f, 102f, 107f, 115, 188, 196, 200, 208, 218. Vgl. unten Anm. 157.

122. V. Cousin: Cours d'histoire de la philosophie moderne, IV, 1847, 149f. J.-J. Rousseau: Rousseau juge de Jean-Jacques, in Rousseau: Oeuvres complètes, bearb. v. Michel Launay, I: oeuvres autobiographiques, Paris 1967, 407. Marat: Adresse au peuple, in: L'Ami du peuple, Nr. 239 (3. Oktober 1790), 7f; zitiert bei Vovelle, 134. Chênedollé: Journal (1833), zitiert nach P. Imbs: Trésor de la langue française. Dictionnaire de la langue du XIX et du XX siècle (1789 - 1960), IV, Paris 1975, S. 485f. Michelet: Journal (1849). Ebd.

123. Cicero: De Amicitia VI.22: »Principio qui potest esse vita vitalis, ut ait Ennius, quae non in amici mutua benevolentia conquiescit?«. De Officiis I.XV.47: »De benevolentia autem, quam quisque habeat erga nos, primum illud est in officio ut ei plurimum tribuamus a quo plurimum diligamur; sed...« Eine Aufzählung gegenteiliger Merkmale 1762 im Brief Rousseaus an den Bischof von Paris, Christophe de Beaumont. Rousseau: Oeuvres complètes, Paris 1971, III, 341. Cesare Ripa: Iconologia, Siena 1613, 70; ders.: Iconologia, Padua 1625. Text nach Orlandi I, 226f.

124. F. Nietzsche: Menschliches, Allzumenschliches. Ein Buch für freie Geister. Dem Andenken Voltaire's geweiht zur Gedächtnis-Feier seines Todestages, des 30. Mai 1778, Chemnitz 1878, § 49, in: Nietzsche Werke, Kritische Gesamtausgabe, hrsg. von G. Colli/M. Montinari, 4. Abt., 2. Bd., Berlin 1967, 67f; s. auch ebd. § 50, 51.

125. Robespierre, 278. Aulard/Mirkine-Guetzévitch, 25.

126. Aulard/Mirkine-Guetzévitch, 30. Godechot: Constitutions, 103.

127. Angaben zur Freimaurerei nach Lenning III, 617, 618-620; Lennhoff/Posner, 934f, 1298, 1717. Zur Wohltätigkeit s. Entwurf für das neue maurerische Gesetzesbuch des Convents von Lyon 1778. C.C.F.W.v. Nettelbladt: Geschichte Freimaurerischer Systeme in England, Frankreich und Deutschland, Berlin 1879, 731ff. Zu Allen und der frühen Freimaurerei in England vgl. A. v. Buttlar: Der englische Landsitz 1715-1760. Symbol eines liberalen Weltentwurfs (Studia Iconologica, IV), Mittenwald 1982, 118.

128. Lennhoff/Posner, 324. Bord, 421, 428, 435, 438. Zu Boucher vgl. Schnapper, 22.

129. Mitgliedschaften nach Bord, 409, 359, 361, 381; Farge, 334; Lennhoff/Posner 118, 298, 321, 323, 994, 1105, 1325. Zu Lenoir ebd. 913. Zur Beziehung zu David s. Wildenstein, Nr. 781, 832, 1414, 1608, 1755. Das Porträt bei Schnapper, Abb. 177; vgl. unten Anm. 148, 151, 284.

130. Le Peletier nach Bord, 361; D. Ligou (Hrsg.): Dictionnaire universel de la Franc-Maçonnerie, Paris 1974, I, 749. Lennhoff/Posner, 994. Zu Marats Schrift Bougeart II, 14ff.

131. Kloss I, 325ff. Sitzungsraum Farge, 328ff, 334. Vgl. unten Anm. 255.

132. Vgl. Karl August Ragotzky: Über maurerische Freiheit. Für eingeweihte und uneingeweihte Leser. Nebst einem Wort ans Publicum über eine vermeinte Ursache der Revolution, Berlin 1792; Lenning I, 253f, 428ff.

133. Philippe Egalité in Journal de Paris, Nr. 13, Supplement zu Nr. 55 (24. Februar 1793); Kloss I, 328, 343. Wildenstein, Nr. 555.

134. Kloss I, 339, 343. Lenning II, 288ff; 69 (Meister Hiram). Wolfstieg I, 114, 139f, 148f; II, 30. Schauberg I, 632. Teppich als Sarg s. Lindner, Tf. 6, 10, 12f, 17, 20, 23, 27. C. Liesenberg: Der Sarkophag als maurerisches Sinnbild, in: Zirkelkorrespondenz der Großen Landesloge 35 (1906), 97-103. Goethe: Der Zauberflöte zweiter Teil, in: Sämtliche Werke (Jubiläumsausgabe), achter Band: Singspiele, Stuttgart-Berlin o. J., 293-324. Dazu Starobinski, 172f.

135. Bildbeispiele bei Lindner Tf. 2, 13, 15, 17, 20, 125; vgl. ebd. Tf. 48.

136. Lenning I, 13; III, 620ff. Lennhoff/Posner, 1715. Zur Freimaurersymbolik s. auch unten Anm. 171, 175ff, 179f, 183, 222.

137. Sauerländer, 70.

138. »Leroy« bei Verbraeken, Farbt. II. »Lavoisier« bei Schnapper, Farbabb. 40. Vgl. die Porträts »Blauw« und »Meyer« von 1794/95 ebd. Abb. 105, 106. Das Paré-Bildnis in Paris, Musée Carnavalet, Inv. P. 1401. Zu Paré s. Jaurès VI, 410f.

139. Marat nach J. Ch. Ferd. Hoefer: Nouvelle Biographie Générale depuis les temps les plus reculés jusqu'à nos jours, avec les renseignements bibliographiques et l'indication des sources à consulter. Paris 1863, Bd. 33, Sp. 357. Davids Tisch nach Dowd: Member of the Committee, 891. Zur Drapierung im Konventssaal s. oben Anm. 45.

140. Feuille villageoise, 18 (31. Januar 1793), 429-431; vgl. Herbert, 95. Vgl. oben Anm. 46. Eichenlaubkranz als Vignette der »Procès-verbaux« des Nationalkonvents von 1792 bei Boppe, Nr. 6.

141. C. Ripa: Iconologia, Padua 1611, 21. Boudard, I, 34. Der »Gallinaginis« als Sinnbild des Begriffs »benevolus« auch bei G.P. Valeriano: Hieroglyphica, Lugduni 1579, 174.

142. M. Jenkins: The Iconography of the Hall of the Consistory in the Palazzo Pubblico, Siena, in: Art Bulletin 54 (1972), 430-451, bes. 439ff; farbige Abb. bei G. Briganti - E. Baccheschi: L'opera completa del Beccafumi (Classici dell'Arte), Milano 1977, Tf. XXX,XXXI. Den Hinweis verdanke ich Dr. Gosbert Schüßler (Universität Regensburg).

143. Zu Raffaels »Comitas« R. Quednau: Die Sala di Costantino im Vatikanischen Palast. Zur Dekoration der beiden Medici-Päpste Leo X. und Clemens VII. (Studien zur Kunstgeschichte, 13), Hildesheim - New York 1979, 208f, 228f, Abb. 34. R. Jones/N. Penny: Raphael, New Haven - London 1983, Farbabb. 268. Dazu Cicero: De re publica II, 35. K. H. Heuer: Comitas - facilitas - liberalitas. Studien zur gesellschaftlichen Kultur der ciceronischen Zeit, Diss. Münster 1941, 24-45, mit weiteren Belegen.

144. C. Ripa: Iconologia: or, Moral Emblems, hrsg. von P. Tempest, London 1709 (Neudruck London 1976), 9, fig. 36. Boudard, 14.

145. Zur »Affection« Gravelot/Cochin I, 9; zu »Humanité« und »Compassion« ebd. II, 99f. Zur »Benignité« vgl. unten Anm. 234.

146. Bibliographische Angaben zu Marats Schriften nach Gottschalk, 200ff. Zum Grab vgl. Anm. 30, 257ff. Flugblatt bei Vovelle, 186f. Bougeart II, 277, 284. Ironisches Epitaph nach Fassy, 10. Uzès-la-Montagne nach Fournel I, 461; vgl. oben Anm. 98. Marat als »Gott« s. unten Anm. 279.

147. Wildenstein, Nr. 413.

148. Gravelot/Cochin II, 17f. Zu Saint-Denis s. unten Anm. 284.

149. Versiegelungsbericht bei Chèvremont II, 475-510. Zu Swebach-Desfontaines und Schubert s. G. Hopp und S. Holsten, in Ausst.kat. Goya, Nr. 355, 356; Sintzenich bei H. Siebenmorgen: Illustrationen und Bildkommentare zur Französischen Revolution in der Mannheimer Graphik um 1800 in: Städel-Jahrbuch N. F. 9 (1983), 227-246, Abb. 15.

150. Réau: Pigalle, 54ff, Nr. 16, Tf. 18f. Rousseau: Discours sur l'oeconomie politique, 1. Aufl. Genf 1758; Stichwiedergabe von 1761 in Rousseau: Sozialphilosophische und politische Schriften, 224. Zum emblematischen Aspekt s. unten Anm. 195.

151. Lenoir, 6. Vgl. oben Anm. 129 und unten Anm. 284.

152. Cato nach Plutarch II, 422ff, 425, 427f, 432, 446; s. auch unten Anm. 203. Aristeides ebd. 376, 378f, 381, 382, 386ff, 417f; Timoleon ebd. 169, 171, 184f, 191f, 208-212; Fabricius ebd. III, 102ff; Phokion ebd. V, 97, 98f, 101, 105, 108, 113ff, 118, 129, 138f.

153. Adoption der Tochter Delécluze, 149; Wildenstein, Nr. 409, S. oben Anm. 64. Zu Phokion Plutarch V, 138; flammender Herd L'Ami du peuple, Nr. 497 (22. Juni 1791), 8, zitiert nach Vovelle, 205. Vgl. unten Anm. 212. Zu Aristeides s. Plutarch II, 419: Die Analogie zu Aristeides erkannte schon Sauerländer, 69.

154. Chèvremont II, 476f, 479, 505f.

155. Vérité bei Herding: Marat, Abb. 8. zu Copia und Denon s. G. Hopp, in: Ausst.kat. Goya, Nr. 351f. Büsteninschrift nach Fassy, 41. Zu Sérangeli s. Saunier, 30; Sieburg, Abb. S. 93. Zu den Kopien oben Anm. 39 und unten Anm. 251.

156. Tacitus: Historiarum libri, III, 62.

157. Malebranche s. oben Anm. 121. Rousseau: Gesellschaftsvertrag, 3. Buch IV, 324f; zu Lykurg ebd. 2. Buch VII, 302.

158. Plutarch V, 436.

159. Herding: Diogenes, 243f.

160. Plutarch, IV, 392f; I, 150. Marat: Les Chaines de l'Esclavage, ouvrage destiné à developper les noirs attentats des princes contre les peuples; les ressorts secrets, les ruses, les menées, les artifices, les coups d'Etat qu'ils employent pour détruire la liberté, les scènes sanglantes qui accompagnent le despotisme. Paris, l'an premier de la République (1793), englische Erstausgabe London 1774. Dazu Bougeart II, 81ff.

161. Marat: Portrait de l'Ami du Peuple tracé par lui-même, in: Journal de la République Française, Nr. 98 (14. Januar 1793), zitiert nach L. Scheler (Hrsg.): Jean-Paul Marat. Textes choisis, Paris 1945, 165.

162. Vgl. D. Fitz Darby: Ribera and the Wise Men, in: Art Bulletin 44 (1962), 279-305; O. Ferrari/G. Scavizzi: Luca Giordano, Neapel 1966, I, 27f, III, Abb. 21ff. Davids »Philosoph« s. Schnapper, Abb. 16. Porträts in Büstenform bei Lankheit, Abb. 5, 15, 16.

163. Réau: Pigalle, 60ff, Nr. 19. Vgl. W. Sauerländer: Houdon. Voltaire (Werkmonographien zur bildenden Kunst, hrsg. v. C. G. Heise und M. Wundram), Stuttgart 1963, 7ff, Abb. 14ff.

164. »Tod des Sokrates« (New York, Metropolitan Museum) s. Rosenblum, 73ff, Abb. 74. Ausst.-kat. de David à Delacroix, Nr. 32.

165. Kompressen nach Batz, 250. Vgl. H. Uhde-Bernays (Hrsg.): J. J. Winckelmanns Kleine Schriften und Briefe, Leipzig 1925, II, Abb. nach S. 256, 336. R. Gerin: Jean-Jacques Rousseau, Paris 1930, Tf. V (Rousseau), XV (Raynal). Rousseau: Oeuvres complètes, II, Paris 1971, 100 (Fontenelle); ebd. III, 10, 50. Ausst.kat. Zwei Jahrhunderte englische Malerei. Britische Kunst und Europa 1680 bis 1880, München (Haus der Kunst) 1979/1980, Nr. 115. Schnapper, Abb. 29. Vgl. Herding: Diogenes, Abb. 5, 6, 9. Zur Bildtradition des Diogenes E. W. Braun, in: RDK IV, 22-34. Davids Pest-Madonna s. Ausst.kat. de David à Delacroix, Nr. 28.

166. Bougeart II, 263. Pressezitat bei Bertin, 131. Verglasung nach Villiers, 2.

167. Dehodencq bei Marrinan, 165, Abb. 11. Michelet s. oben Anm. 9. Villiers, 1.

168. Pernoud/Flaissier, 269; vgl. oben Anm. 97, unten Anm. 226, 268. Wildenstein, Nr. 459, 968. Gravelot/Cochin I, 45. Zu Chodowiecki s. S. Holsten, in: Ausst.kat. Goya, Nr. 323. Geplante Kolossalfigur s. oben Anm. 35, unten Anm. 201, 239, 289. Regnault s. unten Anm. 179, 184, 238.

169. Lankheit, 4. Dagegen verdinglichende Deutung bei Alpatow, 284; Brookner, 115; zu diesem Buch die kritische Rezension von Thomas Crow, in: Art History 5 (1982), 109-117. Vgl. oben Anm. 78 und unten Anm. 241.

170. Bleyl, 147, 152f. David: Notice sur le Marat, 21, 24.

171. Kloss I, 339, 343. Lenning II, 288ff. Anonym: La grande Lumière, ou Conférences sur les mystères effrayans pratiqués chez Landelle, traiteur, rue de Bussy, ou à l'hôtel Soissons, ou à la Rapée, etc., Jerusalem 1734. Zu Hiram s. Anm. 134. The Grand Mistery of the Free Masons Discover'd. Wherein Are the several Questions put to them at their Meetings and Installations etc., 2. Aufl. London 1725, abgedruckt in R. F. Gould: The History of Freemasonry. Its Antiquities, Symbols, Constitutions, Customs, etc., London 1887, VI, 475ff, bes. 477. Freimaurersymbolik s. auch oben Anm. 134ff. und unten Anm. 175ff, 179f, 183, 222.

172. Zu den Theateranregungen s. E. Wind: The sources of David's »Horaces«, in: Warburg Journal 4 (1941), 124-138. Ausst.kat. Neo-Classicism, London 1972, 40f Nr. 62. Neuerdings Th. Crow: The »Oath of the Horatii« in 1785, Painting and pre-revolutionary radicalism in France, in: Art History 1 (1978), 424-471. Zur Bildform Rosenblum, 68ff; Stolpe, 120ff, hier vor allem über den Zusammenhang von Geometrie und Militärdisziplin.

173. H. Heine: Nachtrag 1833 zur Gemäldeausstellung in Paris 1831, in: Werke III. Schriften über Frankreich, hrsg. v. E. Galley, Frankfurt a. M. 1968, 49; Lutezia (7. Mai 1843), ebd. 539. Vgl. oben Anm. 113.

174. Alpatow, 287f, mit Schema. Herding: Marat, 91, spricht mit Recht vom »abgesockelten« Haupt Marats und sieht die scheinbare Labilität in ein Element der Stabilität und Dauer umgewandelt.

175. E. Naumann: Sarg und Kubus, in: Die St. Andreas-Grade der Großen Landes-Loge 9 (1898), 1-13; Lennhoff/Posner 883; J. Boucher: La symbolique maçonnique ou l'art royal remis en lumière et restitué selon les règles de la symbolique ésotérique et traditionelle, Paris, 1948, 159ff.

176. »Geheimnis der Freimaurer« s. oben Anm. 171. K. Chr. F. Krause: Die drei ältesten Kunsturkunden der Freimaurerbrüderschaft, 1810-13, zitiert nach Lenning I, 415; vgl. ebd. III, 568, zu Krause s. Lennhoff/Posner, 870f.

177. Zitiert bei Lenning III, 610f (Winkelmaß), 370f (Senkblei).

178. Delle commedie di Carlo Goldoni, tom. XII, Venedig 1761; vgl. C. Ripa: Iconologia, Padua 1611, 81 (Comedia), 146 (Etica). Revolutionsvignetten z.B. bei Boppe, Nr. 25, 26, 35, 71.

179. Zertifikat bei Lindner, Tf. 94. Stichwiedergabe der thronenden »Weisheit« vom 8. Juni 1794 in L'Art Vivant, Nr. 24 (1925), 24. Vgl. O. Karmin: L'influence du symbolisme maçonnique sur le symbolisme révolutionnaire, Le Puy 1910.

180. Zum Stufensymbol Lenning III, 439f. Zum Dreieck ebd. 107ff. Lennhoff/Posner, 108; vgl. Illustrationen des 18. und 19. Jahrhunderts bei Lindner, Abb. 20, 35, 56, 62, 70f, 80, 93, 113. Dazu auch die Medaille in anonym: Histoire de la Fondation du Grand Orient de France (Annales originis magni Galliarum), Paris 1812, pl. 3 Nr. 11: ein Auge im Dreieck, das von einem Strahlenkranz umgeben ist, darüber die Inschrift »LUMEN DE LUMINE«. Zur Freimaurersymbolik s. auch oben Anm. 136, 171, 175ff; ferner unten Anm. 222.

181. Coupin, 29; vgl. Verbraeken, 71. Von hier aus bestätigen sich die von Herding: Marat, 92f, im Vergleich zum »Le Peletier« mit Recht als »proletarisch« apostrophierten Züge des »Marat« einschließlich des Flickenmotivs auf dem weißen Leinentuch (Abb. III). Zu Gérard s. unten Anm. 243.

182. Zu Solon s. Plutarch I, 201-248; zu Lykurg ebd. I, 102-152. Rousseau: Gesellschaftsvertrag, 2. Buch III, 291f.

183. Rousseau: Gesellschaftsvertrag, 2. Buch XI, 311; III, 16, 3. Buch XVI, 352. Nach den freimaurerischen »Constitutions« von 1738 stand das menschliche Geschlecht in gleicher Höhe (»upon a level«) durch das gemeinschaftliche Band von »charity« und wechelseitiger Freundschaft, Lenning III, 617.

184. C. Ripa: Iconologia, Padua 1611, 312f (Libertà); 147 (Etica). Regnault vgl. oben Anm. 168, 179 und unten Anm. 238. Vgl. Vignetten bei Boppe, Nr. 82, 104, 107, 108, 111-116.

185. Angabe nach W. Hofmann, in: Ausst.kat. Goya, Nr. 550. Vgl. oben Anm. 50, 114.

186. G.-E. Allais/A. Détournelle/A.-T.-L. Vaudoyer: Projets d'architecture...qui ont mérité les grands prix accordés par l'Académie, l'Institut national de France et par des jurys du choix des artistes et du gouvernement, Paris, 1806. W. Szambien: Jean-Nicolas-Louis Durand 1760-1834. De l'imitation à la norme, Paris 1984, 45f, Abb. 61. Für den Hinweis danke ich Prof. Wolfgang Kemp (Universität Marburg). Vgl. oben Anm. 52.

187. Vgl. Herbert, 42, 48. Zu diesem Bild zuletzt Th. Puttfarken: David's »Brutus« and Theories of Pictorial Unity in France, in: Art History 4 (1981), 291-304; Stolpe, 131-190.

188. Coupin, 27; Wildenstein, Nr. 410. Delécluze, 153. Vgl. oben Anm. 4.

189. Starobinski, 91ff.

190. Im folgenden stütze ich mich vor allem auf den profunden Abriß von K. Möseneder im Nachdruck zu Menestrier, 1-28.

191. A. Furetière: Dictionnaire universel contenant généralement tous les mots françois, I, Den Haag-Rotterdam 1690, Stichwort Emblem. Zur formalen und inhaltlichen Struktur W. S. Heckscher/K. A. Wirth: Emblem, Emblembuch, in: RDK V, 85ff.

192. Voltaire: Ecrivains du siècle de Louis XIV., in: Oeuvres complètes, XIV, Paris 1878, 104. Menestrier, 39, 138ff, 207, 224. »Emblème d'Exemple« ebd. 10ff, 18.

193. Möseneder, 13, 27. Ders.: »Aedificata poesis«. Devisen in der französischen und österreichischen Barockarchitektur, in: Wiener Jahrbuch für Kunstgeschichte 35 (1982), 139-173, zum Definitionsproblem bes. 141f.

194. Menestrier, 13, 14f, 41. H. Estienne: L'Art de faire les devises, Paris 1645, 21. D. Bouhours: Les Entretiens d'Aristes et d'Eugène, Paris 1673, 245, 313f. Vgl. Möseneder, 18f, 22f.

195. Réau: Pigalle, 54. Vgl. oben Anm. 150.

196. J. Boissard: Emblematum Liber, Metis 1588, 7. Menestrier, 5f.

197. Ebd., 12f, 211, 321. Möseneder, 15f.

198. Z. B. im Emblembuch des Guillaume de La Perrière: La Morosophie, Lyon 1553, Nr. 30. Henkel/Schöne, 1155. Vgl. Sauerländer, 56f.

199. Bas s. oben Anm. 12. Identifizierung nach Bordes, 64, 241, Abb. 84 e; J. Traeger: Philipp Otto Runge und sein Werk (Anm. 121), Nr. 120. Vgl. Petrus Costalius (Pierre Coustau): Pegma, cum narrationibus philosophicis, Lugduni 1555, 126; Henkel/Schöne, 1675. Der Bruderkuß ist ins Begrüßungszeremoniell bei Staatsbesuchen zwischen kommunistischen »Bruderländern« eingegangen.

200. Zum Freundschaftsemblem A. Alciatus: Emblematum libellus, Paris 1542 (Neudruck Darmstadt 1967), 70; J. W. Zincgreff: Emblematum ethico-politicorum canturia, Frankfurt 1633, Nr. 85. Henkel/Schöne, 1013-1018. Davids Konzept s. oben Anm. 32; vgl. unten Anm. 220, 237. Die Münze bei Boime, Abb. 15. Das Freundschaftsemblem der ineinandergelegten Hände wird heute in der DDR als Parteiabzeichen der SED verwendet.

201. Wildenstein, Nr. 666. Schoch, 56, Abb. 34. K. Möseneder: Philipp Otto Runge und Jakob Böhme. Über Runges »Quelle und Dichter« und den »Kleinen Morgen«. Mit einem Exkurs über ein Palmenemblem (Marburger Ostforschungen, 38), Marburg 1981, 78ff; ders.: C. D. Friedrichs »Kreidefelsen auf Rügen« und ein barockes Emblem in der romantischen Malerei, in: Zeitschrift für Kunstgeschichte 46 (1983), 313-320. S. Lichtenstein: Delacroix »Emblematicus«. His Unknown Studies after Bonasone, in: Journal of the Warburg and Courtauld Institutes 39 (1976), 275-278. Zur geplanten Kolossalfigur s. oben Anm. 35, 168, unten Anm. 239, 289.

202. Alpatow, 286.

203. Gabriel Rollenhagen: Nucleus emblematum selectissimorum, quae itali vulgo impresas vocant, etc., Arnheim 1611, II, Nr. 24; Henkel/Schöne, 1295f. Plutarch II, 435. Zu Cato s. auch oben Anm. 152.

204. Die Zahlen nach Gottschalk, 121, 145. Fassy, 34. Galgen nach Lankheit, 6. Lebensmittelhändler vgl. oben Anm. 112.

205. H. Heine: Ludwig Börne, in: Werke IV. Schriften über Deutschland, hrsg. v. H. Schanze, Frankfurt a. M. 1968, 390.

206. Vgl. Herding: Marat, 93 Anm. 18.

207. K. Braun (Hrsg.): Materalien zu Peter Weiss »Marat/Sade«, 3. Aufl. Frankfurt/M. 1971, 15. Chabot nach Moniteur Nr. 197 (16. Juli 1793). Verhörprotokoll Villiers, 311.

208. Réau: Pigalle, 65. Voltaires Pantheonisierung Ausst.kat. Dessins du Musée Carnavalet, Nr. 129. Abschiedsbrief nach Villiers, 339. Verhör und Untersuchung nach Pernoud/Flaissier, 258, 263, 269.

209. Alpatow, 285f. Feist, 83. Lankheit, 3, 18. Batz, 256.

210. Vgl. Marrinan, 162; zu Roques ebd., Abb. 7. Sauerländer, 69f.

211. Villiers, 255. Montoire s. unten Anm. 226.

212. L'Ami du peuple, Nr. 497 (22. Juni 1791), 8, zitiert nach Vovelle, 205; zum flammenden Herd s. oben Anm. 153. Publiciste de la République, 12. Juli 1793: »Dix ans de plus ou de moins sur la durée de ma vie ne m'occupent nullement; mon seul désir est de pouvoir dire à mon dernier soupir: Je me meurs content, la patrie est sauvée«. Zitiert bei H. Rozbroj: Jean-Paul Marat (1743-93). Ein Naturforscher und Revolutionär, sein Zusammentreffen in der Geisteswelt mit Goethe, Lamarck, Rousseau u.a., in: Historische Studien 315, Berlin 1937 (Neudruck Vaduz 1965), 132.

213. Moniteur, Nr. 197 (16. Juli 1793).

214. Marat: Plan de Législation criminelle, ouvrage dans lequel on traite des délits et des peines, de la force des preuves et des présomptions, et de la manière d'acquérir ces preuves et ces présomptionts durant l'instruction de la procédure, de manière à ne blesser ni la justice, ni la liberté, et à concilier la douceur avec la certitude des chatiments, et l'humanité avec la sûreté de la société civile (Paris 1790); Neuauflage: Plan de Législation criminelle par Marat, l'Ami du peuple. ... De l'imprimerie de la Veuve Marat, Paris 1793. Hier zitiert nach der deutschen Ausgabe Marat: Plan einer Criminalgesetzgebung, 140 . Dazu Bougeart I, 96ff.

215. Marat, Plan einer Criminalgesetzgebung, 76.

216. Das Gedicht bei Ch. A. Dauban: Le démagogie en 1793 à Paris ou histoire jour par jour, de l'année 1793, Paris 1868, 294: »Vers pour le portrait de Marat./Peuples de l'univers, vous devez votre estime/A ce martyr heureux de notre liberté./ Par ses assassins même il fut tant respecté/Qu'ils n'ont pu l'approcher et consommer leur crime/ Qu'en lui parlant d'humanité.«

217. Plutarch I, 117f.

218. Verteidigung nach Pernoud/Flaissier, 266. Marat: Plan einer Criminalgesetzgebung, 56.

219. Goethe, 37; vgl. Jaurès III, 79.

220. Wildenstein, Nr. 483; 1096. Zur Medaille oben Anm. 32, 200 und unten Anm. 237.

221. Huet, 78f.

222. F. Possart: Über die Blutmischung, in: Zirkelkorrespondenz der Grossen Landesloge der Freimaurer 5 (1876), 95; Schauberg II, 53. Vgl. Lennhoff/Posner, 194, 1634. Freimaurerei vgl. oben Anm. 136, 171, 175ff, 179f, 183.

223. Rousseau: Gesellschaftsvertrag, 2. Buch V, 296.

224. Huet, 78ff. Hinrichtung s. oben Anm. 11. Theater vgl. oben Anm. 59, 72, 79, 221.

225. Batz, Anm. 5.

226. Freiheitsbaum nach J. Renouvier: Histoire de l'Art pendant la Révolution, considérée principalement dans les estampes, Paris 1863, 424. Montoire s. Fournel I, 460: »Le fer assassin dont son flanc fut percé a fait jaillir son sang à gros bouillons. O précieux sang... tu as coulé, et le soleil a prêté ses rayons à ce forfait! O bain sacré, qui as reçu le sang et les derniers soupirs d'un martyr de la liberté, deviens pour chaque Français une fontaine salutaire!« Vgl. oben Anm. 211. »Bourg-Régénéré« nach Pernoud/Flaissier, 269f; ferner oben Anm. 97, 168, unten Anm. 268.

227. Lenoir, 6.

228. Zeremonie im Louvre-Hof nach Soboul, 206. S. oben Anm. 77. Choisi s. oben Anm. 37; Pantheonisierung unten Anm. 260.

229. Vgl. H. Belting: Das Bild und sein Publikum im Mittelalter. Form und Funktion früher Bildtafeln der Passion, Berlin 1981, 118ff, Abb. 36f, 39-41, 89-94; dazu E. Panofsky: »Imago Pietatis«. Ein Beitrag zur Typengeschichte des »Schmerzensmanns« und der »Maria Mediatrix«, in: Festschrift für Max J. Friedländer zum 60. Geburtstage, Leipzig 1927, 261-308. Zu Christus in der Kelter E.M. Vetter: Die Kupferstiche zur Psalmodia eucaristica des Melchor Prieto von 1622 (Spanische Forschungen der Görresgesellschaft, 2. Reihe, 15. Bd), Münster/Westf. 1972, bes. 273, Abb. 10, 118, 120, 123, 132, 144-147.

230. Einige beliebige Beispiele, notiert bei jüngsten Museumsbesuchen: Antonio Vivarini: Ecce Homo (Bologna, Pinacoteca, Inv. 1137); Botticelli: Prädella zur »Verkündigung« (Florenz, Uffizien) wobei den Sarkophag, auf dessen Rand Christus frontal sitzt, vorn das Schweißtuch der Veronika schmückt; Botticelli: Prädella zur Pala di San Barnaba (ebd.); Giovanni Bellini: Beweinung des toten Christus, Grisaille (ebd.); Lorenzo Lotto: Christus, sein Blut spendend (Wien, Kunsthistorisches Museum, Inv. 580); Palma Giovane: Leichnam Christi mit Engeln (ebd., Inv. 335); Mattia Preti: Der ungläubige Thomas (ebd., Inv. 289).

231. Dazu G. Schütz-Rautenberg: Künstlergrabmäler des 15. und 16. Jahrhunderts in Italien. Ein Beitrag zur Sozialgeschichte der Künstler, Köln - Wien 1978, 162-172, 352, Abb. 51.

232. Vgl. L. Steinberg: Leonardo's Last Supper, in: The Art Quarterly 36 (1973), 297-410. G. P. Bellori: Descrizzione delle imagini dipinte da Rafaelle d'Urbino nelle camere del Palazzo Apostolico Vaticano, Rom 1695, 8. Ausst.kat. Bertel Thorvaldsen. Skulpturen, Modelle, Bozetti, Handzeichnungen, Köln 1977, Nr. 72; Gipsmodell 1821, Marmorausführung 1839 in der Frauenkirche aufgestellt. Vgl. Gesamtansicht bei P. O. Rave: Thorvaldsen, Berlin 1942, Abb. 3. Die Gebärde der offenen Arme begegnet auch in Darstellungen des »Lasset die Kindlein zu mir kommen« (Mk. 10, 14f.), so in Runges Kopie nach einem Gemälde von Angelika Kauffmann. J. Traeger: Philipp Otto Runge und sein Werk. Monographie und kritischer Katalog., München 1975, Kat. Nr. 80 a. Zu den Einsetzungsworten J. A. Jungmann S.J.: Missarum Sollemnia. Eine genetische Erklärung der römischen Messe, 5. Aufl. Wien-Freiburg-Basel 1962, II, 243ff.

233. C. Ripa: Iconologia, Padua 1611, 352f.

234. Gravelot/Cochin III, 75 (»Nature«); I, 45 (»Bénignité«); s. oben Anm. 145; II, 79 (»Grâce«). Rousseau und Le Havre s. oben Anm. 122, 58. Schlangen s. oben Anm. 180 (Quellen XIII).

235. G.W.F. Hegel: Ästhetik. Mit einer Einführung von G. Lukacs, bearb. von F. Bassenge, 2. Aufl. Berlin-Weimar, o.J., I, 581.

236. Borel in Ausst.kat. Dessins du Musée Carnavalet, Nr. 12. Vien bei K. Simons: Vom Triumph der Republik zur Apotheose Napoleons - Überlegungen zu Ikonographie der Revolution und des Konsulats am Beispiel einiger Gemälde von Jacques-Louis David und Jacques Réattu, in: Wallraf-Richartz-Jahrbuch 43 (1982), Abb. 7.

237. Wildenstein, Nr. 483; ungenaue Übersetzung bei Scheinfuß, 103. Zur Medaille vgl. oben Anm. 32, 200, 220.

238. Geschenk an Nation nach Boyer, 226. Ausst.-kat. de David à Delacroix, Nr. 150. Bei G. Hopp, in: Ausst.kat. Goya, Nr. 322 (Farbtaf. XIII) fälschlich als Zurückweisung des »Todes« gegenüber der »Freiheit« gedeutet. Zu Regnault s. oben Anm. 168, 179, 184.

239. Audoin nach Fassy, 9: »...Marat n'est plus! Arme-toi de courage,/Toi, son fidèle ami, peintre de Pelletier,/Redonne-nous-le tout entier./Immortel sur la toile, il trompera la rage/De ces hommes d'Etat, de ces vils assassins/Qui, pour assouvir leur vengeance,/Voudraient, sur le tombeau du tyran de la France,/Immoler les Républicains!«-Augenzeuge nach Verbraeken, 71 Anm. 11. Keule s. oben Anm. 35; vgl. Anm. 168, 289.

240. Alpatow, 284f. Herding: Marat, 90. W. Hofmann: Das irdische Paradies. Kunst im 19. Jahrhundert, München 1960, 47, sprach ebenso treffend von der »plastischen Gegenwart« der Gestalt, die »vollends aus dem Raum genommen« sei.

241. David: Notice sur le Marat, 21, 23f. Bleyl, 147, 152f. Vgl. oben Anm. 78, 169f.

242. Zum systematischen Problem Traeger: »...als ob einem die Augenlider weggeschnitten wären«, 92f, 95. Unbegründete Ablehnung bei Sauerländer, 88, der einige Seiten zuvor im Widerspruch dazu den von mir dargelegten Trompe-l'œil-Effekt bestätigte. Ebd. 69. Unzutreffend ist auch seine Angabe, ebd. 70, der Betrachter blicke von unten zu dem Sterbenden auf. Richtig ist dagegen Sauerländers Feststellung, daß mein Deutungsansatz weit hinter Baudelaires Einsichten von 1846 zurückfalle. In der Tat kommt es darauf an, möglichst die ästhetische und historische Ebene von David selbst zu erreichen.

243. Delécluze, 150 Anm. 1; Wildenstein, Nr. 410. Dazu s. oben Anm. 181.

244. Wildenstein, Nr. 409; vgl. Dowd: Pageant Master, 101.

245. Edmond Bire: Journal d'un bourgeois de Paris pendant la Terreur, Paris 1895-98, II, 9; Wildenstein, Nr. 407.

246. Hinman, 333f; vgl. Herbert, 81ff; Schnapper, 136f, wo irrtümlich von einer Gipsfigur die Rede ist. Ausst.kat. Dessins du Musée Carnavalet, Nr. 129. Dazu auch unten Anm. 275.

247. Tussaud, 97f, 345-347. Hinmann, 334ff. Zur Pantheonisierung s. unten Anm. 260.

248. Vgl. Illustrated Guide to Madame Tussaud's. Text by Roy Strong, London 1980. Abb. S. 28, wo die Figur als Original ausgegeben wird. 1925 konnten beim Brand des Wachsfigurenkabinetts die Formen, die Garderobe und 296 der 467 Bildnisse gerettet werden. Diese Angabe nach Illustrated Guide to Madame Tussaud's, London 1979, 38. Dazu auch Brückner, 172ff.

249. Fassy 7, Anm. 2. Reck-Malleczewen, 35f.

250. Hinman, 337; Benkard XIX. K. Bauch: Abendländische Kunst, Düsseldorf 1952, 310. F. Novotny: Painting and Sculpture in Europe 1780 to 1880 (Pelican History of Art), Baltimore 1960, 9. K. Lankheit: Revolution und Restauration, Baden-Baden 1965, 107. Körpergröße nach J. Chr. F. Hoefer: Nouvelle biographie générale, Bd. 33, Paris 1863, 356.

251. Tussaud, 199, 279, 340-345. Totenmaske bei Benkard 22, Tf. 28. Anderer Abguß bei M. Kantner: Totenmasken, in: Medizinischer Monatsspiegel (Eine Zeitschrift für den Arzt), 5 (1971), 109. Vgl. Delécluze, 154 Anm. 1. Davids Zeichnung zuletzt bei Schnapper, Abb. 92; eine gemalte Kopie danach bei Cabanès, 417. Copia in Ausst.kat. Goya, Nr. 352. Vérité abgebildet bei Herding, Abb. 96. Vgl. oben Anm. 155.

252. Ausst.kat. Goya, Nr. 351.

253. Wildenstein, Nr. 414. Mirabeau s. Benkard, XXXf, 21f, Tf. 27.

254. Nach Reck-Malleczewen, 24f; dazu auch Herding: Marat, 97f.

255. Zunge nach Fassy, 20f. Prozession nach Bougeart II, 281. Versammlungsort der Cordeliers nach Farge, 320ff, 344f. Vgl. oben Anm. 131. Dokumente über die Leichenschau und Einbalsamierung bei Cabanès, 408ff. Aufbahrung bei Villiers, 238ff; Cabanès, 429ff; Dowd: Pageant Master, 105f. Jullien s. Jaurès VI, 369; vgl. unten Anm. 286.

256. Dowd: Pageant Master, 103f, 106. Vgl. oben Anm. 31, unten Anm. 271.

257. Le Courrier de l'Egalité, Nr. 333 (17. Juli 1793), nach Herding: Marat, Anm. 49. Journal de la Montagne, Nr. 48 (1793), nach Bougeart II, 283. Beschreibung und Symbolik des Grabes s. oben Anm. 30. Bilddokumente des Begräbnisses in Ausst.kat. Les Fêtes de la Révolution, Nr. 27-31. Vgl. Bowman, 166f. Dufourny s. Jaurès V, 707.

258. Rousselin nach Fournel I, 456; zur Person s. Jaurès V, 491. Die Grabreden bei Bougeart II, 283f. Caillières nach Fassy, 9.

259. Zum Grab s. oben Anm. 30. Einbalsamierung nach Cabanès, 414ff. Bougeart II, 277, 282, 286f, 315. Farge, 339ff, 346. Bei Bowman, 158, wird zu Unrecht behauptet, daß dieser Herzkult mehr metaphorisch als leiblich zu verstehen sei; vgl. auch unten Anm. 272. Übrigens erfahren wir aus dem Nachlaßinventar Davids vom 27. Juni 1826, daß auch das Herz des toten Malers eigens aufbewahrt wurde, und zwar in einer Urne aus Silber. Wildenstein, Nr. 2071, Nr. 3. Zu Verrières (sic) vgl. A. Söderhjelm: La régime de la presse pendant la Révolution Française, Helsingfors 1900-1901 (Nachdruck Genève 1971), I, 186; Marat selbst hat in Nr. 74 seiner Zeitung diesen Verdacht allerdings als von Grund auf haltlos bezeichnet. Ebd.

260. Zeremonie im folgenden nach Fournel II, 7ff und Farge, 343f.

261. Cordeliers nach Farge, 345. Zur Puppe s. Fournel II, 13f, 16. Bei Benkard, 22, und Brückner, 175, wird die Puppe der jungen Leute anscheinend verwechselt mit dem Mannequin der Repräsentation bei der Pantheonisierung. Vgl. Bougeart II, 330, 336. Fassy, 26. Zur Beisetzung die Dokumente ebd. 36ff. Vgl. oben Anm. 57f.

262. Appian: De bello civili II, 147 (Caesar): Dio Cassius: Hist. Rom. LVI, 34 (Augustus); ebd. LXXIV, 4 (Pertinax). Dio Herodiani, ab excessu divi Marci IV, 2 (Septimius Severus). Dazu grundlegend Schlosser, 180ff. Vgl. unten Anm. 265.

263. Giesey, 19ff. Vgl. unten Anm. 284.

264. Giesey, 1-17, 27f, 105f. Dazu auch Brückner, 106ff. Volkmann in H. Biehn: Feste und Feiern im alten Europa, München 1962, 341.

265. Schlosser, 196f; Brückner, 119f. Zu Caesar und Pertinax s. oben Anm. 262, zu Marat Anm. 247.

266. Kantorowicz, 425ff. Ludwig XIV. vgl. Benkard, XVIIIf, Abb. III. Ludwig XV. nach A. Castelot: Marie Antoinette, Wien-Berlin-Stuttgart 1955, 82. Zur Aufbewahrung der Herzurnen s. H. Schrade: Das Herz in Kunst und Geschichte, in: Das Herz II: Im Umkreis der Kunst, Biberach an der Riss (Dr. Karl Thomae GmbH) 1966, 9-62, bes. 26ff.

267. P. Cottin (Hrsg.): Documents concernant le coeur de Louis XVII, in: Revue rétrospective. Recueil de pièces intéressantes et de citations curieuses, 10. Jg. (1894), 145-207 mit Abb.

268. E. W. Braun: Castrum doloris, in: RDK III, 372-379. H. Keller: Effigie, ebd. IV, 743-749. L. Popelka: Trauergerüste. Bemerkungen zu einer ephemeren Architekturgattung, in: Römische Historische Mitteilungen 10 (1966/67), 184-199. M. Brix: Trauergerüste für die Habsburger in Wien, in: Wiener Jb. für Kunstgeschichte 26 (1973), 208-

265. Brückner, 139ff. Zu »Bourg-Régénéré« s. Pernoud/Flaissier, 269f; s. auch oben Anm. 97, 168, 226.

269. Lenoir, 6 Anm. 2. »Chapelle ardente« s. Anm. 264.

270. Benkard, XIX f.

271. Giesey, 145ff. Kantorowicz, 427f. Lazowskis Bett s. oben Anm. 31, 256.

272. Prudhomme: Signes de la royauté à effacer et translation du coeur de Marat aux Cordeliers, in: Les révolutions de Paris, Nr. 210 (1793) 60, zitiert bei Bowman, 158, der seine Interpretation im wesentlichen zu Unrecht auf eine Analogie zum Herz-Jesu-Kult abstellt; vgl. auch oben Anm. 259.

273. Fournel I, 462.

274. Dazu grundlegend Kantorowicz, 409, 417, 419ff, 436f. Zur »main de justice« s. P. E. Schramm: Der König von Frankreich. Das Wesen der Monarchie vom 9. zum 16. Jahrhundert. Ein Kapitel aus der Geschichte des abendländischen Staates, 2. Aufl. Darmstadt 1960, 212f. Callets Staatsporträt s. Schoch, 91, Abb. 7; Ausst.kat. de David à Delacroix, Nr. 17.

275. Godechot: Constitutions, 38f, 44, 50f. Rousseau: Gesellschaftsvertrag, 3. Buch I, 316, 319. Voltaire-Prozession s. oben Anm. 73, 246. Davids Zeichnung im Skizzenbuch RF 36942, fol. 38 verso (Paris, Louvre, Cabinet des Dessins). Schnapper, 120 Abb. 65.

276. Rousseau: Gesellschaftsvertrag, 1. Buch VI, 281f; 3. Buch I, 315, XIII, 347; 4. Buch I, 357. Zur Unteilbarkeit der Souveränität auch ebd. 2. Buch II, 289. Godechot: Constitutions, 83, 85.

277. Faszienbündel s. Wildenstein, Nr. 459, 483. Rousseau s. Ausst.kat. Les fêtes de la Révolution, Nr. 49; s. oben Anm. 88.

278. Le-Peletier-Adresse nach Dowd: Pageant Master, 100. Corday-Aussage bei Villiers, 307f. Rousseau oben Anm. 276.

279. Götter s. Rousseau: Gesellschaftsvertrag, 2. Buch VII, 300ff, 326. Herz ebd. 3. Buch XI, 344f. Uzès-la-Montagne s. oben Anm. 146.

280. Godechot: Constitutions, 92, 86. Vgl. oben Anm. 28.

281. Dazu Traeger: Napoleon, Trajan, Heine, 156-163; vgl. Schoch, 64, Abb. 49. Rousseau: Gesellschaftsvertrag, 2. Buch X, 310f.

282. Rousseau: Gesellschaftsvertrag, 3. Buch XI, 344f; ebd. 2. Buch X, 310.

283. Zitiert nach Réau: Les Monuments détruits I, 225f. Zu Maréchal s. Jaurès VI, 91f.

284. A. Lenoir: Musée des Monuments Français (Paris 1801), II, XCIX ff: Notice historique sur les inhumations faictes en 1793 dans l'abbaye de Saint-Denis. Vgl. oben Anm. 129, 148, 151, 263. Mercier: Über die Niederlage der Kunstwerke bei den Petits-Augustins, übersetzt von E. L., in: Eunomia 1803, I, 392-399; zitiert nach E. Steinmann: Die Zerstörung der Königsdenkmäler in Paris, Leipzig o. J. (1917), 18. Dazu Réau: Les Monuments détruits I, 226ff; Benkard, XVIII, 10; Giesey, 28 Anm. 32; Kantorowicz, 424 Anm. 366. Zu Lenoirs Museums. R. Kahsnitz: Museum und Denkmal. Überlegungen zu Gräbern, historischen Freskenzyklen und Ehrenhallen in Museen, in B. Deneke/R. Kahsnitz, Hrsg.: Das kunst- und kulturgeschichtliche Museum im 19. Jahrhundert, München 1977, 154f und Abb. 40ff.

285. Wildenstein, Nr. 477; Scheinfuß, 34. Grégoire ebd. 23.

286. Die Bestattung Marie Antoinettes in einem einfachen Sarg durch den Gemeindetotengräber, erfolgte erst am 21. November. Die Vorgänge nach P. Christoph: Die letzten Briefe Marie Antoinettes. Wien 1953, 210f; A. Castelot: Marie Antoinette, Wien-Berlin-Stuttgart 1955, 412ff. Zu Jullien s. oben Anm. 255.

287. G. Hopp, in: Ausst.kat. Goya, Nr. 347.

288. Quelle zu David bei Verbraeken, 71 Anm. 11. Le Bruns Projekt nach H. Jouin: Charles Le Brun et les arts sous Louis XIV. Le premier peintre, sa vie, son oeuvre, ses éscrits, ses contemporains, son influence d'après le manuscrit de Nivelon, Paris 1889, 250.

289. Wildenstein, Nr. 666, 686. Vgl. oben Anm. 35, 168, 201, 239.

290. Zu Grégoire Scheinfuß, 39f; das Dekret ebd. 65ff. Wildenstein, Nr. 666, 686. Dazu Traeger: Säule der Großen Armee, 413. Mennecy nach Réau: Histoire du Vandalisme, I, 288.

Anhang

Quellen

I.

Rede Davids am 29. März 1793 bei der Übergabe seines Gemäldes »Le Peletier auf dem Totenbett« an den Nationalkonvent:

»Chacun de nous est comptable à la patrie des talents qu'il a reçus de la nature; si la forme est différente, le but doit être le même pour tous. Le vrai patriote doit saisir avec avidité tous les moyens d'éclairer ses concitoyens, et de présenter sans cesse à leurs yeux les traits sublimes d'héroisme et de vertu.

C'est ce que j'ai tenté de faire dans l'hommage que j'offre en moment à la Convention nationale, d'un tableau représentant Michel Lepelletier assassiné lâchement pour avoir voté la mort du tyran.

Citoyens, le ciel, qui répartit ses dons entre tous ses enfants, voulut que j'exprimasse mon âme et ma pensée par l'organe de la peinture, et non par les sublimes accents de cette éloquence persuasive que font retenir parmi vous les fils énergiques de la liberté. Plein de respect dans ses décrets immuables, je me tais, et j'aurai rempli ma tâche si je fais dire un jour au vieux père, entouré de sa nombreuse famille: Venez, mes enfants, venez voir celui de vos représentants qui, le premier, est mort pour vous donner la liberté: voyez ses traits comme ils sont sereins; c'est que quand on meurt pour son pays, on n'a rien à se reprocher.

Voyez-vous cette épée qui est suspendue sur sa tête, et qui n'est retenue que par un cheveu? eh bien, mes enfants, cela veut dire quel courage il a fallu à Michel Lepelletier, ainsi qu'à ses généreux collègues, pour envoyer au supplice l'infâme tyran qui nous opprimait depuis si longtemps, puisqu'au moindre mouvement, ce cheveu rompu, ils étaient tous inhumainement immolés.

Voyez-vous cette plaie profonde? Vous pleurez, mes enfants! vous détournez les yeux! Mais aussi, faites attention à cette couronne, c'est celle de l'immortalité: la patrie la tient prête pour chacun de ses enfants; sachez la mériter; les occasions ne manquent point aux grandes âmes. Si jamais, par exemple, un ambitieux vous parlait d'un dictateur, d'un tribun , d'un régulateur, ou tentait d'usurper la plus légère portion de la souveraineté du peuple, ou bien qu'un lâche ôsat vous proposer un roi, combattez ou mourez comme Michel Lepelletier, plutôt que d'y jamais consentir; alors, mes enfants, la couronne de l'immortalité sera votre récompense.

Je prie la Convention nationale d'accepter l'hommage de mon faible talent. Je me croirai bien récompensé si elle daigne l'accueillir«.

(Wildenstein, Nr. 427)

II.

Dekret des Nationalkonvents vom 29. März 1793 über die Stichwiedergabe von Davids Gemälde »Le Peletier auf dem Totenbett«:

»Cette composition aussi précieuse par le trait qu'elle consacre à la postérité que par le génie qui l'a produite, et la main hardie qui l'a exécutée, a été sentie comme elle devait être. La Convention nationale a donné les marques de l'émotion profonde que ce nouveau chef-d'œuvre de l'auteur doit exciter dans l'âme de tous les amis de la liberté.

La Convention décrète la mention honorable, l'impression et envoi du discours aux départements, que ce tableau sera gravé aux frais de la République, sous l'inspection de David, et qu'un exemplaire sera envoyé à chaque administration de département, et présenté à tous les députés des pays libres qui viendraient solliciter leur incorporation en France«.

(Wildenstein, Nr. 427)

III.

Bericht Davids im Namen des »Comité d'instruction publique« am 11. Juli 1793 vor dem Nationalkonvent hinsichtlich des Fests der »Réunion républicaine« am 10. August:

»Chargé par votre Comité d'instruction publique, de vous faire un rapport sur la fête de la Réunion, qui doit avoir lieu le 10 du mois d'Août dans le Champ-de-Mars, sur l'Autel de la Patrie, je m'empresse d'offrir à vos lumières le résultat de mes réflexions.

Ne vous étonnez pas, citoyens, si dans ce rapport, je me suis écarté de la marche usitée jusqu'à ce jour; le Génie de la liberté, vous le savez, n'aime pas les entraves. Réussir est tout: les moyens pour y parvenir sont indifférents.

Peuple magnanime et généreux; peuple vraiment digne de la liberté; peuple français, c'est toi que je vais offrir en spectacle aux yeux de l'Eternel. En toi seul, il reconnaîtra son ouvrage; il va revoir les hommes égaux et frères, comme ils sont sortis de ses divines mains. Amour de l'humanité, liberté, égalité, animez mes pinceaux.

Les Français, réunis pour célébrer la Fête de l'Unité et de l'Indivisibilité, se lèveront avant l'aurore; la scène touchante de leur réunion sera éclairée par les premiers rayons du soleil: cet astre bienfaisant dont la lumière s'étend sur tout l'univers, sera pour eux le symbole de la vérité, à laquelle ils adresseront des louanges et des hymnes.

Première Station

Le rassemblement se fera sur l'emplacement de la Bastille: au milieu de ses décombres, on verra s'élever la fontaine de la Régénération, représentée par la Nature. De ses fécondes mamelles, qu'elle pressera de ses mains, jaillira avec abondance l'eau pure et salutaire, dont boiront tour à tour quatre vingt-six commissaires, des envoyés des assemblées primaires, c'est-à-dire un par département; le plus ancien d'âge aura la préférence; une seule et même coupe servira pour tous.

Le président de la Convention nationale, après avoir, par une espèce de libation, arrosé le sol de la liberté, boira le premier; il fera successivement passer la coupe aux commissaires des envoyés des assemblées primaires; ils seront appelés, par lettre alphabétique, au son de la caisse et de la trompe: une salve d'artillerie, à chaque fois qu'un commissaire aura bu, annoncera la consommation de l'acte de fraternité.

Alors, on chantera, sur l'air chéri des enfants de Marseille, des strophes analogues à la cérémonie; le lieu de la scène sera simple, sa richesse sera prise dans la nature; de distance en distance on verra, tracé sur des pierres, des inscriptions qui rappelleront la chute du monument de notre ancienne servitude; et les commissaires, après avoir bu tous ensemble, se donneront réciproquement le baiser fraternel.

Le cortège dirigera sa marche par les boulevards. En tête, seront les sociétés populaires, réunies en masse; elles porteront une bannière sur laquelle sera peint l'œil de la Surveillance pénétrant un épais nuage.

Le second groupe sera formé par la Convention nationale, marchant en corps. Chacun de ses membres portera à la main pour seule et unique marque distinctive, un bouquet formé d'épis de blé, et de différents fruits. Huit d'entre eux porteront sur un brancard, une arche; elle sera ouverte, et elle renfermera les tables sur lesquelles seront gravés les Droits de l'homme et l'Acte constitutionnel.

Les commissaires des envoyés des assemblées primaires des quatre vingt-six départements formeront une chaîne autour de la Convention nationale; ils seront unis les uns aux autres, par le lien léger mais indissoluble de l'unité et de l'indivisibilité, que doit former un cordon tricolore.

Chacun d'eux sera distingué par une pique, portion du faisceau qui lui aura été confié par son département, qu'il tiendra d'une main avec une banderolle sur laquelle sera écrit le nom de son département, et par une branche d'olivier qu'il portera de l'autre, symbole de la paix, les envoyés des assemblées primaires porteront également à la main la branche d'olivier.

Le troisième groupe sera composé de la masse respectable du peuple souverain. Ici, tout s'éclipse, tout se confond en présence des assemblées primaires, ici, il n'y a plus de corporation, tous les individus utiles de la société seront indistinctement confondus, quoique caractérisés par leurs marques distinctives, ainsi l'on verra le président du conseil exécutif provisoire sur la même ligne que le forgeron; le maire avec son écharpe, à côté du bûcheron ou du maçon; le juge dans son costume, et son chapeau à plume auprès du tisserand ou du cordonnier; le noir Africain, qui ne diffère que par la couleur, marchera à côté du blanc Européen; les intéressants élèves de l'institution des aveugles, traînés sur un plateau roulant, offriront le spectacle touchant du malheur honoré. Vous y serez aussi, tendres nourrissons de la Maison des enfants trouvés, portés dans de blanches barcelonnettes, vous commencerez à jouir de vos droits civils trop justement recouvrés, et vous, artisans respectables, vous porterez en triomphe les instruments utiles et honorables de votre profession. Enfin, parmi cette nombreuse et industrieuse famille, on remarquera surtout un char vraiment triomphal que formera une simple charrue, sur laquelle seront assis un vieillard et sa vieille épouse, traînée par leurs propres enfants, exemple touchant de la piété filiale, et de vénération pour la vieillesse; parmi les attributs de tous ces différents métiers, on lira ces mots écrits en gros caractère:

»Voilà le service que le peuple infatigable rend à la société humaine.«

Un groupe militaire succèdera à celui-ci; il conduira en triomphe un char attelé de huit chevaux blancs; il contiendra une urne dépositaire des cendres des héros morts glorieusement pour la patrie. Ce char, orné de guirlandes et de couronnes civiques, sera entouré des parents de ceux dont on célèbrera les vertus et le courage; ces citoyens de tout âge et de tout sexe, auront chacun des couronnes de fleurs à la main; des cassolettes brûleront des parfums autour du char, et une musique militaire fera retentir les airs de ses sons belliqueux. Enfin, la marche sera fermée par un détachement d'infanterie et de cavalerie, dans le centre duquel seront traînés des tombereaux revêtus de tapis parsemés de fleurs de lys, et chargés des dépouilles des vils attributs de la royauté et de tous ces orgueilleux hochets de l'ignorante noblesse. Parmi ces tombereaux, sur des bannières, on lira ces mots: »Peuple, voilà ce qui a fait toujours le malheur de la société humaine«.

Seconde Station

Le cortège étant arrivé dans cet ordre, au boulevard Poissonnière, on rencontrera sous un portique, ou arc-de-triomphe, les héroines des cinq et six Octobre 1789, assises, comme elles étaient alors, sur leurs canons; les unes porteront des branches d'arbres, les autres des trophées, signe non équivoque de la victoire éclatante que ces courageuses citoyennes remportèrent sur les serviles gardes du corps. Là, elles recevront des mains du président de la Convention nationale, une branche de laurier, puis, faisant tourner leurs canons, elles suivront en ordre la marche et, toujours dans une attitude fière, elles se réuniront au souverain.

Sur le monument, il y aura des inscriptions qui retraceront ces deux mémorables journées, les harangues, les chants d'allégresse, les salves d'artillerie se renouvelleront à chacune des poses.

Troisième Station

Citoyens, nous sommes arrivés à l'immortelle et impérissable journée du 10. C'est sur la place de la Révolution, c'est à l'endroit où est mort le tyran, qu'il convient de la célébrer.

Sur les débris existant du piédestal de la tyrannie, sera élevée la statue de la liberté, dont l'inauguration se fera avec solennité; des chênes touffus formeront autour d'elle une masse imposante d'ombrage et de verdure; le feuillage sera couvert des offrandes de tous les Français libres, rubans tricolores, bonnets de la liberté, hymnes, inscriptions, peinture, sera le fruit qui plaît à la déesse; à ses pieds, sera un énorme bûcher, avec des gradins au pourtour. C'est là que, dans le plus profond silence, seront offerts en sacrifice expiatoire, les imposteurs attributs de la royauté; là, en présence de la déesse chérie des Français, les quatre-vingt-six commissaires, chacun une torche à la main, s'empresseront à l'envie d'y mettre le feu. La mémoire du tyran sera dévouée à l'exécration publique, et aussitôt après, des milliers d'oiseaux rendus à la liberté, portant à leur col de légères banderolles, prendront leur vol rapide dans les airs, et porteront au ciel le témoignage de la liberté rendue à la terre.

Quatrième Station

La quatrième station se fera sur la place des Invalides; au milieu de la place, sur la cîme d'une montagne, sera représenté en sculpture, par une figure colossale, le Peuple français, de ses bras vigoureux rassemblant le faisceau départemental; l'ambitieux fédéralisme sortant de son fangeux marais, d'une main écartant les roseaux, s'efforce de l'autre d'en détacher quelque portion; le Peuple français l'aperçoit, prend la massue, le frappe, et le fait rentrer dans ses eaux croupissantes, pour n'en sortir jamais.

Cinquième Station

Enfin, la cinquième et dernière station aura lieu au Champ-de-Mars. Avant d'y entrer, on rendra un hommage éclatant à l'égalité par un acte authentique et nécessaire dans une République; on passera sous un portique, dont la nature seule semblera avoir fait tous les frais; deux thermes, symbole de l'égalité et de la liberté, ombragés par un épais feuillage, séparés et, en face l'un de l'autre, tiendront, à une distance proportionnée, une guirlande tricolore, et tendue, à laquelle sera suspendu un vaste niveau, le niveau national; il planera sur toutes les têtes indistinctement: orgueilleux, vous courberez la tête.

Arrivés dans le Champ-de-Mars, le président de la Convention nationale, la Convention nationale, les quatre-vingt-six commissaires des envoyés des Assemblées primaires, les envoyés des Assemblées monteront les degrés de l'autel de la patrie. Pendant ce temps, chacun ira attacher son offrande au pourtour de l'autel, les fruits de son travail, les instruments de son métier ou de son art. C'est ainsi qu'il se trouvera plus magnifiquement paré que par les emblèmes recherchés d'une futile et insignifiante peinture, c'est un peuple immense et laborieux qui fait hommage à la patrie des instruments de son métier, avec lesquels il fait vivre sa femme et ses enfants. Cette cérémonie terminée, le peuple se rangera autour de l'autel; là, le président de la Convention nationale ayant déposé sur l'autel de la patrie, tous les actes de resencement des votes des Assemblées primaires, le vœu du peuple français sur la constitution, sera proclamé en présence de tous les envoyés du souverain, et sous la voûte du ciel. Le peuple fera serment de la défendre jusqu'à la mort; une salve générale annoncera cette sublime protestation: le serment fait, les quatre-vingt-six commissaires des Assemblées primaires s'avanceront vers le président de la Convention; ils lui remettront chacun la portion du faisceau qu'ils ont porté à la main tout le temps de la marche; le président s'en saisira il les rassemblera toutes ensembles, avec un ruban tricolore, puis, il remettra au peuple le faisceau étroitement uni, en lui représentant qu'il sera invincible s'il ne se divise pas; il lui remettra aussi l'arche qui renferme la constitution; il prononcera à haute voix: Peuple, je remets le dépôt de la constitution sous la sauvegarde de toutes les vertus. Le peuple s'en emparera respectueusement; il les portera en triomphe, et des baisers fraternels mille fois répétés termineront cette scène nouvelle et touchante.

Citoyens, n'oublions pas les services glorieux qu'ont rendus à la patrie nos frères morts pour la défense de la liberté.

Après avoir confondu nos sentiments mutuels dans de tendres embrassements, il nous reste un devoir sacré à remplir, celui de célébrer par des hymnes et des cantiques le trépas glorieux de nos frères. Le président de la Convention nationale remettra au peuple l'urne cinéraire, après l'avoir couronnée de laurier sur l'autel de la patrie. Le peuple, majestueusement, s'en emparera; il ira la déposer dans l'endroit désigné, pour y être élevé par la suite une superbe pyramide. Le terme de toutes ces cérémonies sera un banquet frugal; le peuple assis fraternellement sur l'herbe et sous des tentes pratiquées à cet effet au pourtour de l'enceinte, confondra avec ses frères la nourriture qu'il aura apportée. Enfin, il sera construit un vaste théâtre où seront représentés, par des pantomimes, les principaux événements de notre révolution.

Indépendamment du décret que vous avez rendu pour le traitement et de route, et du séjour à Paris, des envoyés des Assemblées primaires, il sera pourvu par la municipalité, au logement des envoyés des Assemblées primaires, l'honneur d'exercer envers eux, les droits sacrés de l'hospitalité, sera réservé aux citoyens estimés par leurs sections pour être les plus vertueux, ou qui auront

rendu le plus de services à la révolution. Comme ceux-là sont souvent les plus indigents, il leur sera accordé une indemnité honorable, pour qu'ils puissent mieux accueillir leurs hôtes; tous, également, doivent recevoir cette indemnité. Le portique de la maison qu'habitera un envoyé des Assemblées primaires, sera décoré de guirlandes de chêne. Ces maisons seules jouiront de cet honneur. Toutes les autres auront seulement, ainsi que celle-ci, une flamme tricolore sur le comble.
La Convention nationale, après avoir entendu le rapport de son Comité d'Instruction publique, décrète que le rapport sera imprimé, affiché et envoyé aux départements et aux armées; charge le conseil exécutif provisoire de toutes les dispositions nécessaires, dont les frais seront acquittés par le trésor national: autorise le Comité d'Instruction publique à nommer deux commissaires, qui surveilleront immédiatement les préparatifs et l'exécution«.

(Wildenstein, Nr. 459)

IV.

Erster Brief der Charlotte Corday an Marat vom 13. Juli 1793 (Original nicht erhalten):

Au citoyen Marat, faubourg Saint-Germain, rue des Cordeliers, à Paris.

Paris, 13 juillet, l'an II de la République.

Citoyen, j'arrive de Caen. Votre amour pour la patrie me fait présumer que vous connaîtrés avec plaisir les malheureux événements de cette partie de la République. Je me présenterai donc chez vous vers une heure. Ayés la bonté de me recevoir et de m'accorder un moment d'entretien. Je vous mettrai à même de rendre un grand service à la France. Je suis, etc.... Marie Corday«

(Villiers, 194)

V.

Zweiter Brief der Charlotte Corday an Marat vom 13. Juli 1793 mit Polizeivermerk des Kommissars Guellard (Paris, Archives nationales, W 277, plaquette 82, pièce II):

»Au Citoyen Marat faubourg St. germain Rue des Cordeliers à Paris.

Je vous ai écrit ce matin; Marat, avés-vous reçu ma lettre, puis-je espérer un moment d'audience, si vous l'avés reçue, j'espère que vous ne me refuserés pas, voyant combien la chose est intéressante, suffit que je sois bien malheureuse pour avoir droit à votre protection.«

[Polizeivermerk:]

»La présente n'a point été remise à son adresse, devenue inutile par l'admission de l'assassin, à sa deuxième présentation, vers les sept heures et demie de relevée, à laquelle elle a commencé son forfait. GUELLARD«.

(Villiers, 236)

VI.

Adresse der »Section du Panthéon« an den Nationalkonvent am 14. Juli 1793 mit dem Antrag, Marat unverzüglich ins Panthéon aufzunehmen:

»Un de nos frères, un des fondateurs de la république, un représentant du souverain, vient d'être assassiné. La section du Panthéon dépose dans votre sein le sentiment de sa douleur. Vous avez décrété que les honneurs du Panthéon ne seront décernés que vingt ans après la mort de celui qui les aura mérités. Cette loi est l'ouvrage de votre sagesse; mais il est de votre justice de déclarer que Marat a mérité les honneurs dus aux grands hommes. Par cette déclaration, vous acquitterez une première dette envers la mémoire de cet illustre martyr de la liberté. Qu'il ne soit ensuite transféré au Panthéon qu'après le délai prescrit par ce décret. Sa mémoire acquerra une nouvelle gloire en passant ainsi au creuset de l'opinion, et à travers les jugements de la postérité. Les calomnies auront bientôt disparu. Les préventions et les impostures feront place à la vérité; et la justice nationale plus éclairée, le vengera de ses calomniateurs. Les mânes du Caton français ne seront point offensées de cet honorable sursis. Le coeur de tous les bons républicains lui fait d'avance un Panthéon plus durable et plus glorieux, etc.«

»Signé par le commissaire de police.«

(Moniteur, Nr. 197, 16. Juli 1793)

VII.

Rede von Guirault als Sprecher der »Section du Contrat social« am 14. Juli 1793 im Nationalkonvent mit dem Bildauftrag an David:

»Représentants, le passage de la vie à la mort est un instant bien court, Marat n'est plus....Peuple, tu as perdu ton ami! Marat n'est plus....Nous ne venons pas chanter tes louanges, immortel législateur! nous venons te pleurer; nous venons rendre hommage aux belles actions de ta vie. La liberté était gravée dans ton coeur en caractères ineffaçables. O crime! une main parricide nous a ravi le plus intrépide défenseur du peuple. Il s'est constamment sacrifié pour la liberté: voilà son forfait. Nos yeux le cherchent encore parmi vous. O spectacle affreux! il est sur un lit de mort. Où es-tu David? tu as transmis à la postérité l'image de Lepelletier mourant pour la patrie; il te reste encore un tableau à faire. (DAVID: Aussi le ferai-je.) Et vous, législateurs, décrétez une loi de circonstance. Le supplice le plus affreux n'est pas assez pour venger la nation d'un aussi énorme attentat. Anéantissez pour jamais la scéleratesse et le crime.-Apprenez aux forcenés ce que vaut la vie; et au lieu de la leur trancher comme un fil, que l'effroi des tourments désarme les mains parricides qui menacent les têtes des représentants du peuple.«

(Moniteur, Nr. 197, 16. Juli 1793)

VIII.

Zeugenaussage von Laurent Bas über den Tathergang, redigiert und verlesen im Jakobinerclub am 15. Juli 1793:

»Le citoyen Laurent Bas, commissionnaire, demeurant au coin du pont Saint-Michel et de la rue Saint-Louis, chez le citoyen Berthoud, horloger, travailloit chez le citoyen Marat, représentant du peuple, à plier les numéros des journaux de l'Ami du Peuple.

A sept heures et demie du soir, le samedi treize juillet mil sept cent quatre-vingt-treize, l'an deuxième de la République une et indivisible, une personne du sexe descendant d'une voiture de place en déshabillé moucheté, chapeau à haute forme avec cocarde noire et trois cordons noirs et portant un éventail est venue demander à parler au citoyen Marat; la portière lui a répondu qu'il n'étoit pas visible pour le moment, la personne a répliqué qu'elle venoit pour la troisième fois de la journée, qu'il étoit désagréable et abominable de ne pouvoir être introduite. Elle a demandé si la lettre qu'elle lui avoit écrite le matin par la petite poste lui avoit été remise; la citoyenne Marat, sœur, a répondu que si la lettre avoit été écrite, elle étoit vraisemblablement parvenue au citoyen son frère; la sœur est allé demandé à son frère s'il falloit laisser entrer la personne; le citoyen Marat a répondu que oui.

Il étoit dans le bain travaillant et écrivant; la personne introduite s'est assise sur une chaise près la baignoire placée dans une pièce très-petite et n'ayant de place que pour deux personnes;

elle a fermé la porte. Il n'y avoit personne dans la pièce atténante ni dans l'autre pièce voisine de l'antichambre où le citoyen Bas travailloit avec trois citoyennes plieuses.

Sept à huit minutes après l'entrée de la personne dans la pièce du Bain, le citoyen Bas et les trois citoyennes ont entendu le citoyen Marat crier à voix sourde et âcre: A moi, ma chère amie! à moi! (Il appeloit sa sœur.)

Le citoyen Bas et les trois citoyennes se sont levées; les portes des deux chambres intermédiaires étoient ouvertes, la personne étoit dans la chambre attenante au cabinet du Bain, le citoyen Bas a apperçu du sang jaillir de ce cabinet dans cette chambre. Les trois citoyennes sont sorties pour crier à la garde. La citoyenne Marat a couru à son frère, lui a appliqué une de ses mains sur la blessure, mais l'infortuné ne respiroit plus; un grand couteau neuf de table étoit sur la tablette de la baignoire, c'est l'arme avec laquelle l'assassin a privé la Nation d'un de ses Représentants.

Le citoyen Bas voyant venir l'assassin s'est emparé d'une chaise pour l'arrêter. Ce monstre faisant les plus grands efforts est parvenu dans l'antichambre. Le Bas lui a donné, de cette chaise, un coup qui a étendu le monstre par terre. L'assassin s'est relevé aussitôt; il a jeté un coup d'œil prononcé sur la croisée de l'antichambre donnant sur la cour. Bas se défiant de ses propres forces, a saisi le Monstre par les mamelles, l'a terrassé et l'a frappé. - Bas tenant l'assassin par terre, a vu entrer dans l'antichambre un citoyen à lui inconnu et qu'il a appris depuis être le principal locataire de la maison; ensuite le citoyen Cuisinier, limonadier, place du pont Saint-Michel, qui étoit de garde au poste de la Section du Théâtre-Français dite de Marseille, rue des Cordeliers. Le Bas a crié: A moi, citoyen Cuisinier! au secours! Le citoyen Cuisinier et les autres citoyens du même poste, arrivés successivement, se sont emparés de l'assassin.

Le citoyen Hébert, Substitut du Procureur de la Commune, est survenu, et successivement plusieurs autres citoyens, ayant diverses décorations civiques et que Bas croit être des Commissaires de la Section du Théâtre-Français et de la Municipalité, et encore d'autres citoyens qu'on a dit au citoyen Bas être des membres de la Convention Nationale.

Le procès-verbal de description de l'état des lieux, le procès-verbal de l'état du corps du Représentant du Peuple assassiné a été rédigé l'assassin conduit vers minuit aux prisons de l'Abbaye.

Signé: *Laurent Bas.*«

(Villiers, 274 - 276)

IX.

Bericht des Abgeordneten Nicolas Maure als Vorsitzender der Jakobinerdeputation, die Marat am 12. Juli 1793 zum letzten Mal besuchte:

»Nous venons de trouver notre frère Marat dans le bain. Une table, un encrier, des journaux, des livres auprès de lui, l'occupaient sans relâche de la chose publique. Ce n'est point une maladie, mais une indisposition qui ne prendra jamais les membres du côté droit; c'est beaucoup de patriotisme pressé, resserré dans un trop petit corps. Les efforts violents du patriotisme, qui s'exhalent de toutes parts, le tuent. Il se plaint de la Convention, qui a négligé de lire plusieurs vues de salut public qu'il lui a adressées«.

(Villiers, 183f.)

X.

Bericht Davids am 15. Juli 1793 im Nationalkonvent über den letzten Besuch zusammen mit Nicolas Maure bei Marat und über die geplante Schaustellung des Leichnams:

»La veille de la mort de Marat, la Société des Jacobins nous envoya, Maure et moi, nous informer de ses nouvelles. Je le trouvai dans une attitude qui me frappa. Il avait auprès de lui un billot de bois sur lequel étaient placés de l'encre et du papier, et sa main, sortie de la baignoire, écrivait ses dernières pensées pour le salut du peuple. Hier, le chirurgien qui a embaumé son corps m'a envoyé demander de quelle manière nous l'exposerions aux regards du peuple dans l'église des Cordeliers. On ne peut point découvrir quelques parties de son corps, car vous savez qu'il avait une lèpre et que son sang était brûlé. Mais j'ai pensé qu'il serait intéressant de l'offrir dans l'attitude où je l'ai trouvé, »écrivant pour le bonheur du peuple««.

(Wildenstein, Nr. 463)

XI.

Bericht Davids am 16. Juli 1793 im Nationalkonvent über das geänderte Projekt der Schaustellung von Marats Leichnam und den Charakter seines Grabes:

»En vertu du décret d'hier, je me suis rendu, avec mes collègues Maure et Bentabole, à la section du Théâtre-Français. Après avoir fait part à cette section de mes idées sur les obsèques de Marat, j'ai reconnu qu'elles étaient impraticables. Il a été arrêté que son corps serait exposé couvert d'un drap mouillé qui représenterait la baignoire et qui, arrosé de temps en temps, empêcherait l'effet de la putréfaction. Il sera inhumé aujourd'hui à cinq heures du soir, sous les arbres où il se plaisait à instruire ses concitoyens. La sépulture aura la simplicité convenable à un républicain incorruptible, mort dans une honorable indigence. C'est du fond d'un souterrain qu'il désignait au peuple ses amis et ses ennemis: que mort il y retourne et que sa vie serve d'exemple. Caton, Aristide, Socrate, Timoléon, Fabricius et Phocion, vous dont j'admire la respectable vie, je n'ai pas vécu avec vous, j'ai connu Marat, je l'ai admiré comme vous, la postérité lui rendra justice«.

(Wildenstein, Nr. 466)

XII.

Ankündigung Davids im Nationalkonvent am 14. Oktober 1793 über die Vollendung seines Gemäldes »Marat à son dernier soupir« und Bitte, es vor der Übergabe an den Nationalkonvent zusammen mit dem Le-Peletier-Bild der Öffentlichkeit vorführen zu dürfen:

»La section ci-devant du Louvre, actuellement du Muséum, se dispose Mercredi prochain à rendre les honneurs funèbres à la mémoire de Lepelletier et de Marat. Je suis de la Section du Muséum, c'est dans son sein que je viens de terminer le tableau représentant Marat à son dernier soupir. Je vous demande la permission, citoyens collègues, avant de vous l'offrir de me permettre de le prêter à mes concitoyens de la section du Muséum ainsi que celui de Lepelletier afin qu'ils puissent être l'un et l'autre présents en quelque sorte aux honneurs civiques qu'ils reçoivent de leurs concitoyens. Je vous demande encore que vous veuillez bien me permettre de les exposer chez moi l'un l'autre une quinzaine de jours aux yeux du public qui m'en a souvent témoigné le désir et je vous y invite les premiers à les venir voir chez moi au Louvre, à commencer de Samedi prochain.«

(Wildenstein, Nr. 601)

XIII.

Rede Davids am 14. November 1793 bei der Übergabe des Marat-Gemäldes an den Nationalkonvent:

»Le peuple redemandoit son ami, sa voix désolée se faisait entendre, il provoquoit mon art, il voulait revoir les traits de son ami fidèle: David! saisis tes pinceaux, s'écria-t-il, venge notre ami, venge Marat; que ses ennemis vaincus pâlissent encore en voyant ses traits défigurés, réduis-les à envier le sort de celui que, n'ayant pu corrompre, ils ont eu la lâcheté de faire assassiner. J'ai entendu la voix du peuple, j'ai obéi.

Accourez tous! la mère, la veuve, l'orphelin, le soldat opprimé, vous tous qu'il a défendu au péril de sa vie, approchez! et contemplez votre ami, celui qui veilloit n'est plus; sa plume, la terreur des traîtres, sa plume échappe de ses mains. O désespoir! notre infatigable est mort. Il est mort, votre ami, en vous donnant son dernier morceau de pain; il est mort, sans même avoir de quoi se faire enterrer. Postérité, tu le vengeras; tu diras à nos neveux combien il eût pu posséder de richesses, s'il n'eût préféré la vertu à la fortune. Humanité, tu diras à ceux qui l'appeloient buveur de sang, que jamais ton enfant chéri, que jamais Marat, ne t'a fait verser de larmes.

Toi même, je t'évoque, exécrable calomnie; oui, je te verrai un jour, et ce jour n'est pas loin, étouffant de tes deux mains tes serpens désséchés, mourir de rage, en avalant tes propres poisons. Alors, on verra l'aristocratie épuisée, confuse, ne plus oser se montrer.

Et toi, Marat, du fond de ton tombeau, tes cendres se réjouiront, tu ne regretteras plus ta dépouille mortelle, ta tâche glorieuse sera remplie; et le peuple, une seconde fois couronnant tes travaux, te portera dans ses bras au Panthéon.

C'est à vous, mes collègues, que j'offre l'hommage de mes pinceaux; vos regards, en parcourant les traits livides et ensanglantés de Marat, vous rappelleront ses vertus, qui ne doivent jamais cesser d'être les vôtres.

Citoyens, lorsque nos tyrans, lorsque l'erreur égaroient encore l'opinion, l'opinion porte Mirabeau au Panthéon. Aujourd'hui, les vertus, les efforts du Peuple ont détruit le prestige; la Vérité se montre, devant elle, la gloire de l'ami des rois se dissipe comme une ombre, que le vice, que l'imposture fuient du Panthéon, le peuple y appelle celui qui ne le trompas jamais.

Je vote pour Marat les honneurs du Panthéon«.

(Wildenstein, Nr. 674)

XIV.

Dekret des Nationalkonvents vom 14. November 1793 über die Aufnahme Marats ins Panthéon, die ständige Anbringung des Le-Peletier- und des Marat-Gemäldes am Sitzungsort der Volksvertreter und die Stichwiedergabe:

»Art. 1er. Les honneurs du Panthéon sont décernés à Marat, *l'ami et le représentant du peuple.* La Convention nationale dérogeant au décret du...relatif a l'époque où ces honneurs doivent être décernés.

II. Le Comité d'instruction publique présentera le plan de la cérémonie.

III. Les tableaux de *Lepelletier* et de *Marat* peints par David, et offerts par lui à la Nation, seront placés dans le lieu des séances des représentants du peuple.

IV. Ils seront gravés sous la direction de David, qui choisira lui-même le graveur.

V. La trésorerie nationale tiendra à la disposition du ministre de l'intérieur jusqu'à la concurrence de 24.000 livres, pour subvenir aux frais de gravure et d'impression.

VI. Mille exemplaires de chaque gravure seront distribués aux représentants du peuple et aux départements; le surplus sera déposé aux archives.

VII. Après avoir tiré mille exemplaires, les planches resteront à David.

VIII. Les tableaux après avoir été gravés dans les lieux des séances de la Convention, ils ne pourront en être retirés, sous aucun prétexte, par les législateurs qui lui succéderont.«

(Procès-Verbal de la Convention Nationale, tom. XXV, Paris 1793, 221)

XV.

Matthieu-Guillaume-Therèse Villenave 1826 über den Verkauf des »Le Peletier auf dem Totenbett«:

»Je me souviens d'avoir vu (frimaire an III) ce tableau et celui de Marat assassiné dans sa baignoire, faisant pendant à celui de Lepelletier, placés, dans la salle de la Convention, à droite et à gauche du président et de la tribune.«

(Villenave, 120)

Zeittafel 1789 - 95

1789

5. Mai	Eröffnung der Generalstände in Versailles.
17. Juni	Selbsternennung des Dritten Standes zur »Assemblée nationale«.
20. Juni	Schwur der »Assemblée nationale« im Ballhaus von Versailles, sich bis zur Festlegung einer Verfassung nicht wieder zu trennen.
14. Juli	Sturm auf die Bastille.
15. August	Ausstellung von Davids »Brutus« im Salon, ebenda auch das Staatsporträt Ludwigs XVI. von Antoine-François Callet.
26. August	Verkündung der Menschen- und Bürgerrechte.
16. September	Gründung von Marats Zeitung »L'Ami du peuple«.
19. Dezember	Gesetz über die Ausgabe von Assignaten zur Deckung der Staatsschuld.

1789	Erscheinen von Marats Schrift »La Constitution ou projet de Déclaration des droits de l'homme et du citoyen«.

1790

15. Januar	Ersetzung der alten Provinzen durch 83 »départements«.
14. März	Beschluß zum Einzug aller Kirchengüter.
17. April	Bestimmungen zur Ausgabe weiterer Assignaten.
19. Juni	Abschaffung des Adels.
21. - 27. Juni	Gemeindegesetz zur Umwandlung der 60 Pariser Distrikte in 48 Sektionen.
12. Juli	Zivilverfassung der Geistlichkeit.
14. Juli	»Fest der Föderation« am Jahrestag des Sturms auf die Bastille.
10. August	Ausgabe der neuen Assignaten.
Ende August	Die ersten 400 Millionen Assignaten verbraucht.
10. September	Rücktritt des Finanzministers Jacques Necker.
29. September	Dekret über die Ausgabe zusätzlicher Assignaten.
1790	Neuausgabe von Marats »Plan de législation criminelle«.

1791

2. März	Abschaffung der Zünfte und Korporationen.
2. April	Tod Mirabeaus.

18. Mai	Verlegung des Versammlungsorts der »Société des Amis des Droits de l'Homme et du Citoyen« (Club des Cordeliers) aus dem Klosterkonvent der Cordeliers ins Hôtel Impérial in der Rue de Thionville (Rue Dauphine).
27. Mai	Forderung Marats von 50.000 Köpfen.
20. Juni	Flucht der königlichen Familie nach Varennes.
11. Juli	Überführung Voltaires ins Panthéon.
3. September	Verabschiedung der Verfassung für das Königreich als erste Repräsentativverfassung des Kontinents.
12. September	Ausstellung von fünf Werken Davids im Salon: »Schwur im Ballhaus« (Zeichnung), »Schwur der Horatier«, »Brutus«, »Sokrates« und ein Damenporträt.
16. September	Ernennung Davids durch die »Société des Amis de la Constitution« (Club der Jakobiner) zum Kommissar für die Künste.
1. Oktober	Zusammentritt der »Assemblée législative«.

1792

2. Januar	Erster Diskurs Robespierres über den Krieg.
11. Januar	Zweiter Diskurs Robespierres über den Krieg.
23. Januar	Beginn von Unruhen wegen Versorgungsschwierigkeiten in Paris.
Januar/Februar	Widmung eines Selbstbildnisses Davids an Robespierre.
20. April	Kriegserklärung Frankreichs an Österreich.
10. August	Sturm auf die Tuilerien und Gefangensetzung der königlichen Familie.
14. August	Dekret über die Beschlagnahme von Skulpturen aus Bronze, Kupfer oder Blei.
21. August	Installierung der Guillotine auf der »Place de la Réunion« (Place du Caroussel).
31. August	Hinrichtung von zwei Assignatenfälschern.
1. September	In Verdun öffentlicher Selbstmord des Kommandanten Beaurépaire.
2. - 7. September	Ermordung von ca. 3000 Royalisten und Geistlichen in Paris und im ganzen Lande (sog. Septembermorde).
6. September	Vorschlag der Kandidatur Davids zum Abgeordneten des neuen Nationalkonvents durch Marat an die »Assemblée électorale«.
7. September	Vorschlag der Kandidatur Marats zum Abgeordneten des neuen Nationalkonvents durch François Chabot in der »Société des Amis de la Constitution« (Club der Jakobiner).
14. September	Beschluß der Nationalversammlung zur künftigen Nutzung des Theaters in den Tuilerien als Halle der Legislative.
20. September	Kanonade von Valmy und Ende des Vormarschs der preußisch-österreichischen Armee unter Beteiligung Goethes (»Campagne in Frankreich«).

21. September	Erste Sitzung des neuen Nationalkonvents: Abschaffung der Monarchie und Ausrufung der einheitlichen und unteilbaren Republik.
22. September	Beginn des Jahres I der Republik durch rückwirkendes Dekret vom 6. Oktober 1793. Umbenennung der »Société des Amis de la Constitution« in »Société des Jacobins, Amis de la Liberté et de l'Egalité«.
13. Oktober	Ernennung Davids zum Mitglied des »Comité d'instruction publique«. Goethe bei der »Campagne in Frankreich« in Arlon.
24. Oktober	Beschuldigung Marats, 200.000 Köpfe gefordert zu haben.
26. Oktober	Goethe in Trier.
November	Bei den Jakobinern Forderung Chabots nach Verzicht auf jegliches staatliche Entgegenkommen zugunsten der katholischen Religion.
11. Dezember	Beginn des Prozesses gegen Ludwig XVI.

1793

14. Januar	Literarisches Selbstporträt Marats.
19. Januar	Beschluß des Nationalkonvents mit Davids Stimme zur Hinrichtung des Königs ohne Aufschub.
20. Januar	Ermordung des Abgeordneten Le Peletier.
21. Januar	Hinrichtung Ludwigs XVI.
24. Januar	Aufbahrung Le Peletiers auf der »Place des Piques« (Place Vendôme) und Überführung ins Panthéon.
25. Januar	Vorschlag Davids zur Errichtung eines Marmordenkmals für Le Peletier. Adoption der Tochter Le Peletiers durch den Nationalkonvent.
1. Februar	Kriegserklärung Frankreichs an England und die Generalstaaten der Niederlande.
10. Februar	Vergleich Davids mit Cicero und Brutus durch eine Abgeordnetengattin.
15. Februar	Vorlage eines Verfassungsprojekts im Nationalkonvent.
20. Februar	Bericht Davids über eine Porträtbüste Le Peletiers.
24. Februar	Dekret über die Aushebung von 300.000 Freiwilligen. Öffentliche Absage von Philippe Egalité an die Freimaurerei.
Seit März	Verbindungsfunktion des Abgeordneten Chabot zwischen Jakobinern und Enragés um den Abbé Roux.
1. März	Kritik Marats an den Assignaten.
10. März	Einrichtung des Revolutionstribunals.
25. März	Einsetzung des »Comité de Salut public« (Wohlfahrtsausschuß).
29. März	Übergabe des Gemäldes »Le Peletier auf dem Totenbett« durch David an den Nationalkonvent.
3. April	Verteidigung Marats durch David im Nationalkonvent.
5. April	Verringerung des Wohlfahrtsausschusses von 25 auf 9 Mitglieder.

13./14. April	Beschluß zur Anklage gegen Marat.
23. April	Beisetzung Lazowskis auf der »Place de la Réunion« (Place du Caroussel). In Caen Ausstellung eines Reisepasses für Charlotte Corday nach Paris.
24. April	Prozeß und Freispruch Marats durch das Revolutionstribunal.
Mai	Soldatentod des Generals A.-M.-H. Picot Dampierre.
7. Mai	Verlegung der Guillotine von der »Place de la Réunion« (Place du Caroussel) auf die »Place de la Révolution« (Place de la Concorde).
10. Mai	Umzug des Nationalkonvents aus der Manège in das umgestaltete Theater in den Tuilerien.
29. Mai	Annahme einer neuen Erklärung der Menschenrechte durch den Nationalkonvent. Beiordnung von fünf Abgeordneten zum Wohlfahrtsausschuß zur Ausarbeitung eines neuen Verfassungsprojekts.
31. Mai - 2. Juni	Aufstand der Pariser Sansculotten. Verhaftung von 27 Wortführern der Girondisten. Beginn der Jakobinerherrschaft. Beschluß einer täglich sechsstündigen Beschäftigung des Nationalkonvents mit der Verfassung.
Mai/Juni	Vergleich Davids mit Marat, Danton und Robespierre durch die Sansculotten.
4. Juni	Forderung Marats nach Hilfsmaßnahmen für die Soldatenfamilien.
10. Juni	Verlesung der republikanischen Verfassung im Nationalkonvent.
16. Juni	Wahl Davids zum Präsidenten der Jakobiner für einen Monat.
20. Juni	Forderung einer verfassungsmäßigen Verankerung der Todesstrafe für Wucherer durch den Abbé Roux.
21. Juni	Forderung Marats nach Abschaffung der Permanenz der Versammlungen der Pariser Sektionen.
23. Juni	Beschluß einer neuen Erklärung der Menschen- und Bürgerrechte durch den Nationalkonvent.
24. Juni	Veröffentlichung der republikanischen Verfassung.
1. - 14. Juli	Verfassungsreferendum in Paris.
4. Juli	Auftrag an David für das Projekt zum Verfassungsfest am 10. August.
5. Juli	Pressehinweis Marats auf seine Krankheit.
9. Juli	Abreise von Charlotte Corday aus Caen nach Paris.
11. Juli	Ankunft von Charlotte Corday in Paris und Unterkunft im »Hôtel de la Providence«. Vorlage von Davids Projekt für das Verfassungsfest vom 10. August im Nationalkonvent.
12. Juli	Besuch der Abgeordneten David und Nicolas Maure beim kranken Marat.
13. Juli, morgens	Kauf eines Küchenmessers durch Charlotte Corday und erster vergeblicher Annäherungsversuch an Marat.
halb acht Uhr abends	Anmeldung Charlotte Cordays zum Gespräch mit Marat.
gegen acht Uhr abends	Tod Marats.

14. Juli	Morgens Schaustellung Marats in seiner Wohnung. Bei den Jakobinern unter der Präsidentschaft Davids Vorstellung des Attentatszeugen Laurent Bas. Im Nationalkonvent unter der Präsidentschaft von Jean Bon Saint-André Bekanntgabe der Annahme der Verfassung in Paris. Forderung der »Section du Panthéon« nach Aufnahme Marats ins Panthéon. Bildauftrag an David durch die »Section du Contrat social«. Entgegennahme von Chabots Attentatsbericht. Verfassungsreferendum in den meisten Départements.
15. Juli	Bei den Jakobinern Verlesung der redigierten Erklärung des Zeugen Bas. Im Nationalkonvent Vorschlag Davids zur öffentlichen Schaustellung Marats in der Badewanne.
16. Juli	Zeugenvernehmung und Prozeß gegen Charlotte Corday vor dem Revolutionstribunal. Änderung des ursprünglichen Projekts zur Schaustellung Marats zugunsten eines Totenbetts und Vorschlag Davids für die Grabgestaltung im Garten der Cordeliers.
gegen fünf Uhr nachmittags	Beginn der Leichenprozession von Marats Wohnhaus zur Kirche der Cordeliers. Dort Schaustellung auf dem Totenbett.
abends	Défilé des Nationalkonvents und aller Sektionen.
Mitternacht	Beisetzung Marats im Garten der Cordeliers. In Lyon Enthauptung des jakobinischen Abgeordneten Joseph Chalier durch royalistische Rebellen.
17. Juli	Hinrichtung Charlotte Cordays.
20. Juli	Meldung des Chirurgen Deschamps über die Beisetzung von Marats Eingeweiden.
21. Juli	Angebot eines Marat-Gemäldes durch den Bürger d'Issy an den Nationalkonvent, das im Salon der Freiheit angebracht wird. Fortsetzung des Verfassungsreferendums in den meisten Départements.
25. Juli	Beschluß des Nationalkonvents zur Aufstellung einer Marat-Büste im Sitzungssaal.
26. Juli	Gesetz über Todesstrafe für Kornaufkäufer. Presseankündigung der Deponierung von Marats Herz bei den Cordeliers.
27. Juli	Zuwahl Robespierres in den Wohlfahrtsausschuß. Annoncierung von Tassaerts Schabkunstblatt nach Hauers Porträt der Charlotte Corday.
28. Juli	Der Abgeordnete Cussy aus dem Département Calvados per Dekret zum Vaterlandsverräter erklärt. Translation von Marats Herz zu den Cordeliers.
31. Juli	Forderung Barères nach Zerstörung der königlichen Gräber in Saint Denis.
Ende Juli	Errichtung eines provisorischen Marat-Monuments auf der »Place de la Réunion« (Place du Caroussel).
August	Funktion Davids als Sekretär des Nationalkonvents unter Präsidentschaft Dantons.
1. August	Dekret über die Zerstörung der Königsgräber in Saint-Denis.
4. August	Verfassungsreferendum in den Hautes-Alpes, Basses-Alpes und im Var.
6. - 8. August	Zerstörung der Königsgräber in Saint-Denis.

6. August	Genehmigung einer Marat-Büste durch den Nationalkonvent, die im Salon der Freiheit aufgestellt wird.
8. August	Rede Davids im Nationalkonvent zur Abschaffung aller Akademien. Uraufführung des Marat-Dramas von Gassier Saint-Amand im Théâtre des Variétés Amusantes.
9. August	Forderung Davids zur Deponierung der Verfassungslade und des Faszienbündels des Verfassungsfests im Nationalkonvent und zur Prägung einer Erinnerungsmedaille.
10. August	Feier des Verfassungsfests (»Fête de la Réunion ou de l'Unité et de l'Indivisibilité de la République«). Im Salon der Freiheit des Nationalkonvents Anbringung der Statuen von Voltaire und Rousseau. Am Abend Deponierung der Verfassungslade im Sitzungssaal des Nationalkonvents.
11. August	Fortsetzung des Verfassungsreferendums in den Hautes-Alpes, Basses-Alpes und im Var.
13. August	Auftrag des »Comité d'instruction publique« an David zum Projekt für die Erinnerungsmedaille des Verfassungsfests vom 10. August.
15. August	In Reims Sturz des Denkmals Ludwigs XV. von Pigalle.
19. August	Translation von Marats Badewanne, Tisch, Lampe, Schreibzeug und -papier zusammen mit seiner Büste ins provisorische Monument auf der Place du Caroussel.
20. August	Vorlage des Medaillenprojekts durch David im Nationalkonvent.
23. August	»Levée en masse«: Einführung der Wehrpflicht für alle ledigen Männer zwischen 18 und 25 Jahren.
31. August	Bericht des Abbé Grégoire über die Zerstörungen durch den Vandalismus.
3. September	Wahl Davids zum Sekretär des »Comité d'instruction publique«.
4. September	Volksaufstand wegen Hungersnot.
5. September	Beginn der Terreur.
6. - 8. September	Pyrrhussieg der Franzosen unter General Houchard in der Schlacht von Hondschoot bei Dünkirchen.
9. September	Abschaffung der Permanenz der Versammlungen der Pariser Sektionen.
13. September	Niederlage der Franzosen unter General Houchard bei Menin.
14. September	Ernennung Davids zum Mitglied des »Comité de sûreté générale«.
17. September	Gesetz gegen die Verdächtigungen.
20. September	Verhaftung und Anklage gegen General Houchard. Vorlage des »Rapport sur l'ère de la République« durch Gilbert Romme.
29. September	Einführung des Großen Maximums, d.h. Festsetzung von Höchstpreisen für Grundnahrungsmittel und Konsumgüter, sowie Festsetzung von Maximallöhnen.
3. Oktober	Anklage gegen Hubert Robert. Unterzeichnung des Haftbefehls gegen Philippe Egalité durch David.

6. Oktober	Offizielle Einführung der neuen Zeitrechnung, rückwirkend vom 22. September 1792.
7. Oktober	Vorschlag zur Errichtung eines Nationaldenkmals zur öffentlichen Belehrung (»Temple à l'Egalité«).
7./8. Oktober	Verhör des Dauphin durch das »Comité de sûreté générale«.
10. Oktober	Weitreichende Vollmachten für den Wohlfahrtsausschuß (»gouvernement révolutionnaire«).
14. Oktober	Ankündigung Davids über die Vollendung des Marat-Bildes und Projekt zur öffentlichen Ausstellung. Schließung von Lebensmittelgeschäften.
16. Oktober vormittags	In Saint-Denis Übertragung des Leichnams des ersten Dauphin in ein Massengrab. In Paris Fahrt Marie Antoinettes zum Schafott, von David gezeichnet, und Hinrichtung um viertel nach zwölf Uhr.
nachmittags	»Staatsbürgerliche Ehrungen« für die im Hof des Louvre ausgestellten Bilder »Le Peletier auf dem Totenbett« und »Tod des Marat«.
28. Oktober	Zweiter Bericht des Abbé Grégoire über die Zerstörungen durch den Vandalismus.
29. Oktober	Einführung von Brotkarten.
31. Oktober	Hinrichtung des Bischofs von Calvados, C. Fauchet.
Ende Oktober	Verhaftung von Hubert Robert.
November	Verfassungsreferendum in den vom Krieg heimgesuchten Départements.
6. November	Hinrichtung von Philippe Egalité. Uraufführung des Marat-Stücks von Mathelin in der Opéra Comique in Paris.
7. November	Lossagung des Bischofs von Paris, J.-B. Gobel, vom christlichen Glauben. Vorschlag Davids zur Errichtung eines Denkmals für den Sieg über Gewaltherrschaft und Aberglauben zum Ruhm des französischen Volkes auf dem Pont-Neuf.
10. November	»Fest der Vernunft« in der ehemaligen Kathedrale Notre-Dame.
14. November, nachmittags	Übergabe des »Tod des Marat« durch David an den Nationalkonvent unter der Präsidentschaft von P.A. Laloy. Dekret über die Aufnahme Marats ins Panthéon, über die Stichwiedergabe des Marat- und des Le-Peletier-Bildes und über die ständige Anbringung der beiden Gemälde im Nationalkonvent.
15. November	Hinrichtung des Generals Houchard.
17. November	Bericht Davids und Dekret des Nationalkonvents für die Errichtung der Kolossalstatue des französischen Volkes auf dem Pont-Neuf.
18. November	Unterzeichnung des Haftbefehls gegen Chabot durch David. In Mennecy Abtretung allen Kirchenschmucks an die Nation.
21. November	Bestätigung des »Höchsten Wesens« und Verdammung des Atheismus durch Robespierre. Beerdigung Marie Antoinettes.

24. November	Gesuch der »Société populaire des gardes françaises« zur Ausstattung aller Revolutionstribunale mit Davids »Le Peletier« und »Marat«.
Dezember	Fortsetzung des Verfassungsreferendums in den vom Krieg heimgesuchten Départements.
4. Dezember	Verfassung des »gouvernement révolutionnaire«.
6. Dezember	Bestätigung der Religionsfreiheit.
14. Dezember	Dritter Bericht des Abbé Grégoire über die Zerstörungen durch den Vandalismus.
1793	Neuauflage von Marats »Plan de législation criminelle« und »The chains of slavery«.

1794

Januar	Präsidentschaft Davids im »Comité de sûreté générale«.
5. Januar	Wahl Davids zum Präsidenten des Nationalkonvents für zwei Wochen.
12. Januar	Bitte Chabots an David um Befürwortung seines Gnadengesuchs.
13. Januar	Empfehlung Davids an den Nationalkonvent zur Belobigung von J.B. Wicar und A. Devosge für ihre Zeichnungen nach »Marat« bzw. »Le Peletier«.
16. Januar	Anbringung eines Gemäldes mit der Wiedergabe der Menschenrechte sowie der Büsten von Marat und Le Peletier im Sitzungssaal der Cordeliers.
20. Januar	Letzter Tag der Präsidentschaft Davids im Nationalkonvent. Abordnung der Cordeliers im Nationalkonvent mit Marats Herzurne und Forderung nach Neuauflage seiner politischen Schriften.
3. Februar	Uraufführung eines Marat-Dramas im »Théâtre de la République« in Toulouse.
4. Februar	Abschaffung der Sklaverei in den Kolonien durch den Nationalkonvent.
7. Februar	Bei den Jakobinern Präsentation eines Stichs von J.-A. Constant nach Davids »Marat«.
10. Februar	Selbstmord des Abbé Roux im Gefängnis.
14. Februar	Vertrag Davids mit A.-A. Morel über die Stichwiedergabe des »Marat«.
6. März	Umbettung von Marats Herz aus Achatvase in ein Bleibehältnis.
8. März	Rückerstattung der Achatvase durch die Cordeliers an das staatliche Möbellager.
13. März	Verhaftung Héberts und seiner Anhänger.
20. März	Fest des 30. Ventôse des Jahres II (Salpeterfest) im Nationalkonvent.
22. März	Warnung des »Comité de sûreté générale« vor ausländischer Subversion mit gefälschten Assignaten.
24. März	Hinrichtung Héberts.

30. März	Verhaftung Dantons und seiner Anhänger.
4. April	Verfassungsreferendum in der Gemeinde Brasparts im Finistère.
5. April	Hinrichtung von Danton, Desmoulins und Chabot.
10. April	Anklage gegen Gobel, ehemals Bischof von Paris, wegen Atheismus.
13. April	Hinrichtung Gobels.
14. April	Beschluß des Nationalkonvents zur Aufnahme Rousseaus ins Panthéon.
7. Mai	Antrag Robespierres auf offizielle Anerkennung des »Höchsten Wesens« und der Unsterblichkeit der Seele und Forderung nach Pantheonisierung von Barra und Viala. Projekt Davids für das »Fest des Höchsten Wesens«.
8. Mai	Hinrichtung Lavoisiers.
10. Mai	Auftrag des Nationalkonvents für Gobelins nach Davids »Le Peletier« und »Marat«.
27. Mai	Strangulierung von Charles Nicolas Beauvais de Préau durch die Engländer.
8. Juni	»Fest des Höchsten Wesens«.
10. Juni	Beginn der Grande Terreur.
11. Juli	Projekt Davids für die Pantheonisierung von Barra und Viala.
23. Juli	Veröffentlichung des Maximums der Löhne.
27. Juli	Verhaftung Robespierres (9. Thermidor).
28. Juli	Hinrichtung Robespierres. Beginn der Herrschaft der »Thermidorianer«.
30. Juli	Verhaftung des Artilleriekommandeurs Napoleon Bonaparte in Italien als Anhänger des gestürzten Robespierre.
2. August	Verhaftung Davids als Anhänger Robespierres.
21. August	Beschluß der Cordeliers über sicherere Aufbewahrung der Herzen von Marat und Verrière.
18. September	Behauptung über Marats Vermächtnis seines Herzens an die Cordeliers.
20. September	Exhumierung der sterblichen Überreste Marats und Aufbahrung im Vestibül des Nationalkonvents.
21. September	Überführung Marats ins Panthéon und Ausschluß Mirabeaus.
9. Oktober	Ankunft der sterblichen Reste Rousseaus in Paris.
11. Oktober	Aufnahme Rousseaus ins Panthéon.
11. November	Schließung des Clubs der Jakobiner.
22. November	Verlegung des Clubs der Cordeliers aus dem Hôtel Impérial in der Rue de Thionville (Rue Dauphine) in den Tanzsaal Cirier in der Rue des Boucheries-Saint-Germain.
15. Dezember	Letzter Polizeibeleg über die Existenz des Clubs der Cordeliers.

24. Dezember	Abschaffung der Maximum-Gesetze.
28. Dezember	Entlassung Davids aus der Haft.

1795

1. Januar	Zahlungsbeleg an Morel für die Stichwiedergabe von Davids »Marat«.
21. Januar	Zeremonielle Parodie auf Marats Pantheonisierung.
Februar	Zerstörung von Marats ehemaligem Grab im Garten der Cordeliers.
2. Februar	Marat-Spottprozession von Kindern in Paris.
8. Februar	Ausschluß Marats aus dem Panthéon. Abbruch des Marat-Monuments auf der Place du Caroussel.
9. Februar	Rückgabe des »Marat« und des »Le Peletier« an David und Entfernung der Büsten von Marat, Le Peletier, Dampierre und Beauvais aus dem Nationalkonvent.
1. April	Aufstand der Sansculotten gegen den Nationalkonvent.
11. April	Beginn der Diskussion einer neuen Verfassung.
20. - 23. Mai	Aufstand der Sansculotten (1. Prairial des Jahres III).
28. Mai	Beschluß des Nationalkonvents zu erneuter Inhaftierung Davids.
29. Mai	Erneute Inhaftierung Davids.
8. Juni	Tod des Dauphin (Ludwig XVII.).
8. Juli	Davids Porträt seines Mithäftlings Jean Bon Saint-André.
4. August	Entlassung Davids aus der Haft.
22. August	Verabschiedung der neuen Direktorialverfassung.
5. Oktober	Niederschlagung eines Royalistenaufstands in Paris durch Bonaparte, den neu ernannten Garnisonskommandanten der Hauptstadt.
17. Oktober	Ernennung Bonapartes zum Divisionsgeneral durch den Nationalkonvent.
26. Oktober	Amnestierung Davids.
27. Oktober	Ernennung Bonapartes zum kommandierenden General der Heimatarmee.
31. Oktober	Bildung des ersten Direktoriums.

Abgekürzt zitierte Literatur

Alpatow, Michail W.: »Der Tod des Marat« von J.L. David, in ders.: Studien zur Geschichte der westeuropäischen Kunst. Mit einem Vorwort von Werner Hofmann, Köln 1974, 276 - 291

Aulard, François A./Mirkine-Guetzévitch, Boris S. (Hrsg.): Les déclarations des droits de l'homme et les garanties des libertés individuelles dans tous les pays, Paris 1929 (Bibliothèque politique et économique)

Ausstellungskatalog de David à Delacroix. La peinture française de 1774 à 1830. Grand Palais 16. November 1974 - 3. Februar 1975 (Generalkommissar Pierre Rosenberg), Paris 1974

Ausstellungskatalog Les Fêtes de la Révolution, Clermont-Ferrand, Musée Bargoin, 15. Juni bis 15. September 1974 (Vorwort André Chastel; Redaktion Jean Paul Bouillon, Monique Mosser, Daniel Rabreau)

Ausstellungskatalog Goya. Das Zeitalter der Revolutionen 1789 - 1830, Hamburger Kunsthalle, 17. Oktober 1980 bis 4. Januar 1981 (Hrsg. Werner Hofmann; Katalogredaktion Werner Hofmann, Hanna Hohl, Siegmar Holsten, Gisela Hopp, Andrea Heesemann-Wilson), München 1980

Ausstellungskatalog La Révolution Française. Le Premier Empire. Dessins du Musée Carnavalet (Hrsg. Bernard de Montgolfier), Paris 22. Februar -22. Mai 1982 (Musée La Franc-Maçonnerie Carnavalet)

Batz, Georges de: History, truth and art, in: The Art Quarterly 8 (1945), 149 - 260

Benkard, Ernst: Das ewige Antlitz. Eine Sammlung von Totenmasken. Mit einem Geleitwort von Georg Kolbe, 11. - 15. Auflage Berlin 1926

Bertin, Claude: Les assassins célèbres. Ravaillac. Charlotte Corday, écrit sous la direction de Claude Bertin, o.O. 1967

Bleyl, Matthias: Das klassizistische Porträt. Gestaltungsanalyse am Beispiel J.-L. Davids (Bochumer Schriften zur Kunstgeschichte, 1), Frankfurt a. Main 1982

Boime, Albert: The Second Republic's Contest for the Figure of the Republic, in: Art Bulletin 53 (1971), 63 - 83

Boppe, Auguste: Les vignettes emblématiques sous la Révolution, Paris-Nancy 1911

Bord, Gustave:en France des origines à 1815. I. Les ouvriers de l'idée révolutionnaire (1688 - 1771), Paris 1908

Bordes, Philippe: Le Serment du Jeu de Paume de Jacques-Louis David. Le peintre, son milieu et son temps de 1789 à 1792, Musée national du Château de Versailles (Notes et documents des Musées de France, 8), Paris 1983

Boudard, J.B.: Iconologie tirée de divers auteurs. Ouvrage utile aux gens de lettres, aux poètes, aux artistes, et généralement à tous les Amateurs des

Beaux-Arts, Vienne 1766 (Nachdruck New York -London 1976)

Bougeart, Alfred: Marat. L'Ami du Peuple, 2 Bände, Paris 1865

Bowman, Franck Paul: Le »Sacre-Coeur« de Marat (1793), in: Jean Ehrard/Paul Vallaneix (Hrsg.): Les Fêtes de la Révolution. Actes du Colloque de Clermont-Ferrand (juin 1974), Paris 1977, 155 - 179

Boyer, Ferdinand: Les Tuileries sous la Convention. Les Tuileries sous le Directoire, in: Bulletin de la Société de l'Histoire de l'art français, 1934, 197 - 263

Brookner, Anita: Jacques-Louis David, London 1980

Brückner, Wolfgang: Bildnis und Brauch. Studien zur Bildfunktion der Effigies, Berlin 1966

Cabanès, Docteur: Marat inconnu. L'Homme Privé. Le Médecin. Le Savant, 2. Aufl. Paris 1911

Chèvremont, François: Jean-Paul Marat. Esprit politique accompagné de sa vie scientifique, politique et privée, 2 Bände, Paris 1880

Coupin, P.A.: Essai sur J.-L. David, Peintre d'Histoire, suivie d'une liste des ouvrages de David, Paris 1827

David, Jules: Notice sur le Marat de Louis David suivie de la liste de ses tableaux dressée par lui-même, Paris 1867

David, J.-L. Jules: Le peintre Louis David 1748 -1825. Souvenirs et Documents inédits, Paris 1880

Delécluze, Etienne J.: Louis David, son école et son temps. Souvenirs, Paris 1855 (Neudruck Paris 1983, Préfaces et notes de Jean-Pierre Mouille-seaux)

Dowd, David Lloyd: Pageant-Master of the Republic. Jacques-Louis David and the French Revolution (University of Nebraska

Studies, 1948, New Series Nr. 3), Lincoln 1948

Dowd, David Lloyd: Jacques-Louis David, Artist Member of the Committee of General Security, in: The American Historical Review 57 (1952), 871 -892

Durand-Greville, E.: »La Mort de Marat«, de David, in: L'Artiste, Revue de Paris 59 (1889), II, 79ff

Ehrard, Jean/Vallaneix, Paul (Hrsg.): Les Fêtes de la Révolution. Actes du Colloque de Clermont-Ferrand (juin 1974), Paris 1977

Farge, René: Le local du Club des Cordeliers et le Coeur de Marat, in: Annales Historiques de la Révolution Française 4 (1927), 320 - 347

Fassy, Paul: Marat, sa mort, ses véritables funérailles d'après les documents empruntés aux archives de la Préfecture de Police, Paris 1867

Feist, Peter H.: Jacques Louis Davids Gemälde »Der ermordete Marat«. Zum Realismusgehalt des revolutionären Klassizismus, in ders.: Künstler, Kunstwerk und Gesellschaft. Studien zur Kunstgeschichte und zur Methodologie der Kunstwissenschaft, Dresden 1978, 78 - 95

Fournel, Victor: Le culte de Marat, Le Pelletier, Chalier, Lazowski, in: Revue de la Révolution 3 (1884), 329 - 351, 451ff (I); (1884), 5 - 25 (II)

Furet, François/Richet, Denis: Die Französische Revolution, München o.J. (1980)

Giesey, Ralph E.: The Royal Funeral Ceremony in Renaissance France (Travaux d'Humanisme et Renaissance, XXXVII), Genève 1960

Godechot, Jacques: Les Constitutions de la France depuis 1789, Neuausgabe Paris 1970

Godechot, Jacques: Les Institutions de la France sous la Révolution et l'Empire (Histoire des Institutions), 2. Auflage Paris 1968

Goethe, Johann Wolfgang von: Campagne in Frankreich, in: Goethes Werke, hrsg. im Auftrag der Großherzogin Sophie von Sachsen, 33, Weimar 1898, 1 - 271

Gorce, Pierre de la: Histoire religieuse de la Révolution Française, 3 Bände, Paris 1912 - 23 (Nachdruck New York 1969)

Gottschalk, Louis R.: Jean Paul Marat. A Study in Radicalism, Chicago-London 1967

Gravelot, H.-F./Cochin, C.-N.: Iconologie par figures ou Traité complet des Allégories, Emblèmes etc. Ouvrages utile aux Artistes, aux Amateurs, et peuvent servir à l'éducation des jeunes personnes, 4 Bände, Paris o.J. (1789 - 91, Nachdruck Genève 1972)

Hautecoeur, Louis: Louis David, Paris 1954

Henkel, Arthur/Schöne, Albrecht (Hrsg.): Emblemata. Handbuch zur Sinnbildkunst des XVI. und XVII. Jahrhunderts, Stuttgart 1967

Herbert, Robert L.: David, Voltaire, Brutus and the French Revolution: an essay in art and politics, London 1972 (Art in Context)

Herding, Klaus: Diogenes als Bürgerheld, in: Boreas. Münstersche Beiträge zur Archäologie 5 (1982), 232 - 254

Herding, Klaus: Davids »Marat« als »dernier appel à l'unité révolutionnaire«, in: Idea. Jahrbuch der Hamburger Kunsthalle 2 (1983), 89 - 112

Hillairet, Jacques: Dictionnaire historique des rues de Paris, 2 Bände, Paris 1963

Hinman, Helen E.: Jacques-Louis David and Madame Tussaud, in: Gazette des Beaux-Arts 6. per. 66 (1965), 331 - 338

Huet, Marie-Hélène: Rehearsing the Revolution. The Staging of Marat's Death, 1793 - 1797, Berkeley-Los Angeles-London 1982

Jaurès, Jean: Histoire socialiste de la Révolution française. Edition revue et annotée par Albert Soboul. Préface par Ernest Labrousse, 7 Bände, Paris 1968 - 1973

Kantorowicz, Ernst H.: The King's Two Bodies. A Study in Medieval Political Theology, Princeton 1957

Kemp, Wolfgang: Natura. Ikonographische Studien zur Geschichte und Verbreitung einer Allegorie, Diss. Tübingen 1973

Kloss, Georg: Geschichte der Freimaurerei in Frankreich aus ächten Urkunden dargestellt (1725 - 1830), 2 Bände, Darmstadt 1852 - 53 (Nachdruck Graz 1971)

Koch, Guntram: Die mythologischen Sarkophage, Teil 6: Meleager (Die antiken Sarkophagreliefs, 12. Band), Berlin 1975

Kruft, Hanno-Walter: An antique model for David's »Death of Marat«, in: The Burlington Magazine 125, 2 (1983), Nr. 967, 605 -607

Lankheit, Klaus: Jacques-Louis David. Der Tod Marats, Stuttgart 1962 (Werkmonographien zur bildenden Kunst in Reclams Universalbibliothek, hrsg. von Carl Georg Heise, Nr. 74)

Lennhoff, Eugen/Posner, Oskar: Internationales Freimaurerlexikon, Wien 1932 (Nachdruck Wien-München 1973)

Lenning, C.: Encyclopädie der Freimaurerei, nebst Nachrichten über die damit in wirklicher oder vorgeblicher Beziehung stehenden geheimen Verbindungen, in alphabetischer Ordnung, 3 Bände, Leipzig 1822 - 1828

Lenoir, Alexandre: David. Souvenirs historiques, in: Journal de l'Institut Historique de France III (August 1835), 1 - 13

Lindner, Erich J.: Die königliche Kunst im Bild. Beiträge zur Ikonographie der Freimaurerei, Graz 1976

Maier, Hans: Revolution und Kirche. Studien zur Frühgeschichte der christlichen Demokratie (1789 - 1901), 2. erweiterte Aufl. Freiburg i. B. 1965

Maison, K.E.: Note on a Drawing by J.-L. David: »Marat assassiné«, in: Gazette des Beaux-Arts 6. per. 69 (1967), 60

Marat, Jean Paul: Plan einer Criminalgesetzgebung. Mit einem Vorwort zur russischen Ausgabe von Prof. A.A. Herzenson, Berlin 1955

Marrinan, Michael: Images and Ideas of Charlotte Corday: Texts and Contexts of an Assassination, in: Arts Magazine 54 (1980), 158 - 176

Meier-Graefe, Julius: Entwicklungsgeschichte der modernen Kunst. Nach der dritten Auflage neu hrsg. von Benno Reifenberg und Annemarie Meier-Graefe-Broch, 2 Bände, München 1966

Menestrier, Claude-François: L'art des emblèmes où s'enseigne la morale par les figures de la fable, de l'histoire et de la nature, Paris 1684 (Nachdruck hrsg. v. Karl Möseneder, Mittenwald 1981)

Michelet, Jules: Geschichte der Französischen Revolution, bearbeitet und hrsg. v. Friedrich M. Kircheisen (Übersetzung von Richard Kühn), 10 Bände, Wien-Hamburg-Zürich o.J.

Möseneder, Karl: Barocke Bildphilosophie und Emblem. Menestriers »L'Art des Emblèmes«, in: Menestrier, Claude-François: L'art des emblèmes etc., in: (Nachdruck der Ausgabe Paris 1684, hrsg. von Karl Möseneder, Mittenwald 1981), 1 - 62

Moniteur (=Gazette Nationale ou Le Moniteur Universel), Nr. 197, 16. Juli 1793 und 16. November 1793 (Paris)

Pernoud, Georges und Flaissier, Sabine (Hrsg.): Die Französische Revolution in Augenzeugenberichten. Mit einem Vorwort von André Maurois, 5. Aufl. Düsseldorf 1962

Plutarch: Lebensbeschreibungen. Mit Anmerkungen nach der Übersetzung von Kaltwasser bearbeitet von Dr. Hanns Floerke, 6 Bände, München-Leipzig 1913

Procès-Verbal de la Convention Nationale, imprimé par son ordre, tom. XVI und XXV, Paris 1793

Réau, Louis: J.-B. Pigalle, Paris 1950 (Les grands sculpteurs français)

Réau, Louis: Histoire du Vandalisme. Les monuments détruits de l'art français, 2 Bände, Paris 1959

Reck-Malleczewen, Fritz: Charlotte Corday. Geschichte eines Attentats, Berlin 1938

Robespierre, Maximilien: Sur la guerre, in: Oeuvres de Maximilien Robespierre, VIII. Discours (3. part.) Octobre 1791 - Septembre 1792, hrsg. von M. Bouloiseau, G. Lefebvre, A. Soboul, Paris o.J. (1953)

Rosenblum, Robert: Transformations in Late Eighteenth Century Art, Princeton 1967

Rousseau, Jean-Jacques: Vom Gesellschaftsvertrag oder Grundsätze des Staatsrechts, in: Rousseau: Sozialphilosophische und Politische Schriften (Erstübersetzung von Eckhart Koch, Dietrich Leube, Melanie Walz und Hanns Zischler sowie bearbeiteten und ergänzten Übersetzungen aus dem 18. und 19. Jahrhundert), München 1981

Sauerländer, Willibald: Davids »Marat à son dernier soupir« oder Malerei und Terreur, in: Idea. Jahrbuch der Hamburger Kunsthalle 2 (1983), 49 - 88

Saunier, Charles: Le »Marat expirant« de Louis David et ses copies, in: Gazette des Beaux-Arts 4. per. 10 (1913), 24 - 31

Schauberg, Joseph: Vergleichendes Handbuch der Symbolik der Freimaurerei, mit besonderer Rücksicht auf die Mythologien und Mysterien des Alterthums, 3 Bände, Schaffhausen 1861

Scheinfuß, Katharina (Hrsg.): Von Brutus zu Marat. Kunst im Nationalkonvent 1789 - 1795. Reden und Dekrete I, Dresden 1973

Schlanger, Judith E.: Le Peuple au Front Gravé (1793), in: Jean Ehrard/Paul Vallaneix (Hrsg.): Les Fêtes de la Révolution. Actes du Colloque de Clermont-Ferrand (juin 1974), Paris 1977, 387 - 395

Schlosser, Julius von: Geschichte der Porträtbildnerei in Wachs. Ein Versuch, in: Jahrbuch der Kunsthistorischen Sammlungen des Allerhöchsten Kaiserhauses 29 (1910/11), 171 - 258

Schmitt, Eberhard: Einführung in die Geschichte der Französischen Revolution, München 1976

Schnapper, Antoine: J.-L. David und seine Zeit, Fribourg-Würzburg 1981

Schoch, Rainer: Das Herrscherbild in der Malerei des 19. Jahrhunderts (Studien zur

Kunst des 19. Jahrhunderts, Band 23), München 1975

Sieburg, Friedrich: Im Licht und Schatten der Freiheit. Frankreich 1789 - 1848. Bilder und Texte, 2. Aufl. Stuttgart 1964

Soboul, Albert: Sentiment religieux et Cultes populaires pendant la Révolution: Saintes patriotes et martyrs de la liberté, in: Annales Historiques de la Révolution Française 29 (1957), 193 - 213

Sprigath, Gabriele: Paul Baudrys »Charlotte Corday« im Pariser Salon von 1861, in: Städel-Jahrbuch, N.F. 5 (1975), 200 - 226

Starobinski, Jean: 1789. Die Embleme der Vernunft (hrsg. und mit einem Vorwort versehen von Friedrich A. Kittler), Paderborn-München-Wien-Zürich 1981

Stolpe, Elmar: Klassizismus und Krieg. Über den Historienmaler Jacques-Louis David, Frankfurt-New York 1985

Traeger, Jörg: Über die Säule der Großen Armee auf der Place Vendôme in Paris, in: Festschrift Wolfgang Braunfels (hrsg. von Friedrich Piel und Jörg Traeger), Tübingen 1977, 405 - 418

Traeger, Jörg: »...als ob einem die Augenlider weggeschnitten wären«. Bildtheoretische Betrachtungen zu einer Metapher von Kleist, in: Kleist-Jahrbuch 1980, 86 - 106

Traeger, Jörg: Napoleon, Trajan, Heine. Imperiale Staatsmalerei in Frankreich, in Hans Bungert (Hrsg.): Das antike Rom in Europa. Die Kaiserzeit und ihre Nachwirkungen, in: Schriftenreihe der Universität Regensburg, 12, Regensburg 1986, 141 - 206. Kurzfassung in: Görres-Gesellschaft zur Pflege der Wissenschaft im Katholischen Deutschland: Jahres- und Tagungsbericht 1984, 71 - 86

Tussaud, Marie: Madame Tussaud's Memoires and Reminiscences of France forming an abridged history of the French Revolution (hrsg. von Francis Hervé), London 1838

Verbraeken, René: Jacques-Louis David jugé par ses contemporains et par la postérité (Préface de Louis Hautecoeur), Paris 1973

Villenave, M.-G.-T.: Mon livre ou moi et d'autres. Avec quelques chapitres de ma vie et de mes ouvrages, in: Revue Rétrospective. Recueil de pièces intéressantes et de citations curieuses, 10. Jg. Nouvelle série (1894), 85 - 144, 208 - 216

Villiers, Chéron de: Marie-Anne Charlotte Corday d'Armont. Sa vie-son temps-ses écrits-son procès-sa mort (Text und Tafelband), Paris 1865

Vovelle, Michel (Hrsg.): Marat. Textes choisis, Paris 1963 (Les Classiques du Peuple)

Wildenstein, Daniel und Guy: Documents complémentaires au Catalogue de l'oeuvre de Louis David, Paris 1973 (Fondation Wildenstein)

Wolfstieg, August: Die Philosophie der Freimaurerei. 2 Bände. I. Freimaurerische Arbeit und Symbolik. II. Die geistigen, sittlichen und ästhetischen Werte der Freimaurerei, Berlin 1922

Register

Das Register erfaßt mit Ausnahme von J.-L. David und J.-P. Marat alle Personennamen aus Haupttext, Quellenanhang und Zeittafel,dazu diejenigen aus dem Anmerkungsteil, welche hier kommentierend bzw. kommentiert auftreten; reine Belegstellen sind nicht erfaßt.

A

B

G

H

I/J

K

T

V

W/Z

Bildnachweis

Berlin (DDR), Staatliche Museen zu Berlin 25
Brüssel, Musées Royaux des Beaux-Arts I-V
Chicago, The Art Institute of Chicago 16
Detroit, Institute of Arts 61
Dijon, Musée des Beaux-Arts 6
Florenz, Alinari 36 (Anderson), 37, 46, 47, 104
Sopraintendenza beni artistici e storici di Firenze 4
Göttingen, Staats- und Universitätsbibliothek 96
Hamburg, Kunsthalle 95, 114
Hannover, Landesbibliothek 92
Heidelberg, Universetätsbibliothek 97
Kopenhagen, Statens Museum for Kunst 32
Thorvaldsens Museum 106
München, Bayerische Staatsgemäldesammlungen 78, 81, 108,
Prestel Verlag 31, 100, 101, 122, 123, 136
Oslo, Munch-museet 1a-c
Paris, Bibliotheque Nationale 7, 9, 14, 20, 21, 22, 23, 24, 28, 29, 48, 49, 54, 56, 57, 67, 68, 73, 74, 76, 77, 88, 90, 93, 109, 115, 116, 118, 27, 128, 133
Caisse Nationale des Monuments Historiques et des Sites 13, 83
Lauros-Giraudon (Photographie Giraudon) 17, 18, 19, 45, 51, 52, 58, 69, 99
Musée National du Louvre 3, 8, 33, 38, 44, 53, 62, 79, 84, 91, 94, 121, 135
Photographie Bulloz 80, 117, 125, 134
Regensburg, Archiv des Verfassers 2, 5, 10, 11, 12, 26, 27, 30, 40, 41, 42, 43, 50, 55, 59, 60, 63, 64, 65, 66, 70, 71, 72, 75, 82, 85, 86, 87, 89, 103, 105, 107, 110, 111, 112, 113, 119, 120, 124, 126, 129, 130, 131, 132
Eugen Trapp 34, 35
Sacramento, Crocker Art Museum 39
Toulouse, Musée des Augustins 102
Wolfenbüttel, Herzog August Bibliothek 98